文娱领域
税收合规与风险防范

刘剑 ◎ 编著

立信会计出版社

图书在版编目(CIP)数据

文娱领域税收合规与风险防范 / 刘剑编著. —上海：立信会计出版社,2023.3
ISBN 978-7-5429-6972-9

Ⅰ.①文… Ⅱ.①刘… Ⅲ.①文化产业—财政政策—研究—中国 ②文化产业—税收政策—研究—中国 Ⅳ.①G124 ②F812.0

中国国家版本馆 CIP 数据核字(2023)第 039315 号

责任编辑　毕芸芸

文娱领域税收合规与风险防范
WENYU LINGYU SHUISHOU HEGUI YU FENGXIAN FANGFAN

出版发行	立信会计出版社			
地　　址	上海市中山西路 2230 号	邮政编码	200235	
电　　话	(021)64411389	传　　真	(021)64411325	
网　　址	www.lixinaph.com	电子邮箱	lixinaph2019@126.com	
网上书店	http://lixin.jd.com		http://lxkjcbs.tmall.com	
经　　销	各地新华书店			
印　　刷	涿州市星河印刷有限公司			
开　　本	787 毫米×1092 毫米　1/16			
印　　张	22.75			
字　　数	446 千字			
版　　次	2023 年 3 月第 1 版			
印　　次	2023 年 3 月第 1 次			
书　　号	ISBN 978-7-5429-6972-9/G			
定　　价	98.00 元			

如有印订差错,请与本社联系调换

前　言

近年来,文娱领域部分企业及明星艺人、网络主播因偷逃税等违法行为被追缴巨额税款、滞纳金和罚款,引起社会关注。

在大数据应用、以数治税、智慧税务背景下,偷逃税、虚开发票等违法行为的查处和曝光逐渐成为大概率事件。动辄高达数亿元的罚款,给文娱领域从业人员敲响了警钟,上了一堂严肃的法治课——知名艺人、网红主播的税法遵从意识必须与其迅速增长的财富和社会知名度相匹配。相关案件的查处也成为潜在的催化剂,推动着影视演艺、网络直播等文娱领域强化行业自律,逐步形成行业惩戒措施和机制,为行业健康稳定发展奠定法律遵从的基石。文娱企业和相关从业人员只有加强政策学习、主动遵从税法、依法诚信纳税,才能避免和防范相关法律风险。

本书旨在为文娱领域相关企业和明星艺人、网络主播等学习税收知识、提高纳税遵从、防范法律风险提供帮助,为税务人员了解掌握影视文化、网络直播等行业的经营方式、盈利模式提供参考,以便开展税收监管和税务稽查工作。本书根据最新的法律法规和税收政策,结合近百个税务稽查、司法审判等实务案例,向读者呈现以下内容:影视演艺、网络直播等文娱行业的商业模式与税收处理,文娱行业纳税申报、税款缴纳等日常税收事项的办理,文娱企业税收优惠正确享受,大数据应用与税收风险管理,税收筹划误区和法律风险防范,偷逃税、虚开发票、编造虚假计税依据等法律风险防范,文娱领域合规管理和税务合规指引,文娱领域经典案例与疑难问题解析等。

本书写作过程中,得到了武汉大学熊伟教授、中国政法大学翁武耀教授、兰州财经大学苏强教授、南京江北新区人民检察院何立超专委、中国税务报社金黄老师、中国税务杂志社刘嘉怡老师等专家学者的指导和帮助,在此表示真诚的感谢!

特别感谢王海燕、马选利、崔轩老师从专业的角度为本书撰写提出宝贵意见,并完成了全书的校对和整理工作。感谢王书红、徐晓华、张荣、钟良、李学艺、许海美、罗多多、吉宇翔、张晨、高新杰、刘永松、王嘉悦、王松等老师完成了书稿相关章节的文字校对、审核等工作。参与书稿整理校对并提出建议的,还包括来自税务机关、公安机关、人民法院、检察机关、律师事务所、影视文娱企业等部门和行业的各位朋友,在此表示衷心的感谢!

  本书写作初期,爱人到北京出差,女儿在南京读书,家人各自的努力给了我前进的动力,感谢家人的理解、支持和辛勤付出,使得本书顺利撰写完成。

  由于水平有限,书中疏漏之处在所难免,敬请读者朋友们批评指正,具体修改意见和建议,请发送至邮箱newtax2022@163.com,以便后期更正完善。

刘 剑
2023 年 2 月

目　　录

第一章　文娱领域概述及影视文化行业商业模式与税收问题 ·················· 1

　第一节　文娱领域概述 ··· 1

　　一、文娱领域概况 ··· 1

　　二、文娱领域发展 ··· 1

　　三、文娱领域综合治理 ··· 2

　　四、文娱领域税收监管 ··· 2

　第二节　影视文化行业商业模式与税收问题 ··································· 4

　　一、影视文化企业经纪业务的两种模式 ····································· 4

　　二、艺人经纪业务的三种结算方式 ··· 4

　　三、演员聘用合同与税收问题 ··· 6

　第三节　影视文化行业典型涉税案例 ··· 8

第二章　网络直播商业模式与税收问题 ·· 18

　第一节　直播电商商业模式与税收问题 ······································ 18

　　一、网络直播概况 ·· 18

　　二、直播电商概况 ·· 22

　　三、直播电商商业模式 ·· 23

　　四、直播平台税收问题 ·· 26

　　五、网络主播税收问题 ·· 29

　　六、网络直播税收法律风险防范 ·· 34

　　七、网络直播的监管 ·· 37

　第二节　游戏直播商业模式与税收问题 ······································ 39

　　一、游戏直播平台联合运营导流及其税收问题 ······························ 40

二、游戏虚拟装备销售的税务处理 ························· 40

第三节　网络主播典型涉税案例 ····························· 41

第三章　文娱领域税收事项管理

第一节　文娱企业设立阶段涉税事项

一、设立阶段涉税事项办理 ································· 49

二、设立阶段涉税注意事项 ································· 53

第二节　文娱领域纳税人账簿、凭证管理

一、依法管理账簿、凭证 ··································· 57

二、账簿、凭证管理的法律责任与风险防范 ··················· 58

第三节　文娱领域纳税申报

一、依法进行纳税申报 ····································· 59

二、未按期申报的风险和法律责任 ··························· 64

三、不能按期申报的正确处理 ······························· 66

四、纳税申报注意事项 ····································· 67

第四节　文娱领域税款缴纳

一、按期缴纳税款 ··· 68

二、逾期缴税的法律责任和风险 ····························· 69

三、不能按期缴纳税款的正确处理 ··························· 71

第四章　文娱领域税收优惠政策

第一节　文娱领域应关注的区域性税收优惠政策

一、西部大开发税收优惠政策 ······························· 73

二、海南自由贸易港税收优惠政策 ··························· 78

三、喀什、霍尔果斯企业所得税优惠 ························· 85

第二节　文娱领域应关注的分税种税收优惠政策

一、增值税优惠政策 ······································· 86

二、企业所得税优惠政策 ··································· 97

三、个人所得税优惠政策 ·································· 103

四、其他税费优惠政策 ···································· 106

第三节 文娱领域税收优惠的正确享受与风险防范 …… 116
  一、形式符合，实质更要符合 …… 117
  二、相关资料，妥善留存备查 …… 120
  三、骗取优惠，承担法律责任 …… 121

第五章 文娱领域税收筹划误区和风险防范 …… 124

第一节 税收筹划概述 …… 124
  一、税收筹划基本概念 …… 124
  二、正确理解政策，享受优惠红利 …… 125
  三、税收筹划风险问题 …… 126

第二节 税收筹划常见误区与案例分析 …… 127
  一、税收筹划常见误区 …… 127
  二、莫把偷税当筹划 …… 128
  三、错误筹划案例分析 …… 129

第三节 税收筹划风险防范 …… 130
  一、筹划不当的税收风险 …… 130
  二、错误筹划的刑事法律风险 …… 132

第六章 大数据应用与税收风险管理 …… 133

第一节 大数据应用与税收风险概述 …… 133
  一、税收风险与防范 …… 133
  二、税收领域大数据应用 …… 134
  三、以数治税与金税四期 …… 135

第二节 文娱领域常见税收风险 …… 137
  一、文娱领域日常管理中的税收风险 …… 137
  二、文娱领域纳税评估风险 …… 139
  三、文娱领域税务稽查风险 …… 140

第三节 网络主播等高收入人群税收风险 …… 145
  一、高收入人群现状及特点 …… 145
  二、加强高收入人群税收监管 …… 145

三、高收入人群税收遵从风险 …………………………………… 146

　　四、高收入人群税收案例分析 …………………………………… 149

　　五、依法诚信纳税，控制税收风险 ……………………………… 150

第七章　文娱领域税务稽查风险与案例分析 ………………………… 153

第一节　文娱领域自查补税案例分析 …………………………… 153

第二节　文娱领域偷逃税等案例分析 …………………………… 156

　　一、未按规定代扣代缴税款风险与案例分析 …………………… 157

　　二、偷逃税风险与案例分析 ……………………………………… 160

　　三、逃避追缴欠税风险与案例分析 ……………………………… 168

　　四、编造虚假计税依据风险与案例分析 ………………………… 169

第三节　文娱领域虚开发票风险与案例分析 …………………… 173

　　一、虚开增值税专用发票风险与案例分析 ……………………… 173

　　二、虚开普通发票风险与案例分析 ……………………………… 175

　　三、取得严重违规发票风险与案例分析 ………………………… 176

第四节　文娱领域涉税中介机构相关案例分析 ………………… 178

　　一、涉税中介机构法律风险 ……………………………………… 178

　　二、涉税中介机构案例分析 ……………………………………… 178

第八章　文娱领域法律风险与案例分析 ……………………………… 180

第一节　文娱领域偷逃税的法律风险与防范 …………………… 180

　　一、偷逃税历史沿革 ……………………………………………… 180

　　二、偷逃税的法律责任 …………………………………………… 181

　　三、偷逃税的处罚与风险防范 …………………………………… 191

第二节　文娱领域虚开发票的法律风险与案例分析 …………… 194

　　一、虚开发票的行政责任 ………………………………………… 194

　　二、虚开增值税专用发票的刑事责任 …………………………… 200

　　三、虚开普通发票的刑事风险 …………………………………… 207

第三节　隐匿、销毁账簿凭证的法律责任与案例分析 ………… 211

　　一、隐匿、损毁账簿凭证的行政责任 …………………………… 211

二、隐匿、销毁账簿凭证的刑事责任 ··· 212

　　三、会计资料保管要求 ··· 213

第四节　文娱领域逃避追缴欠税的法律责任与案例分析 ········· 214

　　一、逃避追缴欠税的行政责任 ··· 214

　　二、逃避追缴欠税的刑事责任 ··· 216

第九章　文娱领域税收合规管理 ·· 219

第一节　合规第三方监督评估机制 ··· 219

　　一、企业合规改革试点情况 ·· 219

　　二、合规第三方监督评估机制的基本规定 ······························ 220

　　三、合规第三方监督评估机制的启动和运行流程 ··················· 221

第二节　涉案企业合规建设实务操作 ··· 222

　　一、全面停止涉罪违规违法行为 ··· 223

　　二、健全合规建设组织机构 ·· 223

　　三、制订专项合规计划 ··· 223

　　四、融入企业发展战略和文化 ··· 223

　　五、建立健全合规管理的制度机制 ··· 223

　　六、注意事项 ·· 223

第三节　涉税企业合规案例分析 ··· 227

第四节　文娱领域税务行政合规指引与案例 ····························· 229

第十章　文娱领域税收经典案例与疑难问题解析 ····················· 246

第一节　上市公司虚构业务多缴冤枉税 ····································· 246

第二节　文物、艺术品的税务处理 ··· 248

第三节　疑难问题解析：税务稽查后能否避免罚款 ················· 253

　　一、不予处罚的常见情形 ·· 253

　　二、检查前补税能否定偷税再罚款 ··· 254

　　三、税务稽查后是否都要补缴税款滞纳金罚款 ······················· 255

附录　相关法律和文件 ··· 257

1. 中华人民共和国税收征收管理法(2015 年修正) ······················· 257
2. 中华人民共和国税收征收管理法实施细则(2016 年修正) ··············· 270
3. 中华人民共和国税收征收管理法修订草案(征求意见稿) ················ 285
4. 中华人民共和国发票管理办法(2019 年修订) ························· 305
5. 中华人民共和国发票管理办法实施细则(2019 年修正) ················· 311
6. 中华人民共和国刑法(2020 年修正)(危害税收征管罪部分) ············· 315
7. 2022 年最新涉税犯罪刑事案件立案追诉标准 ························· 319
8. 关于加强网络直播规范管理工作的指导意见 ·························· 322
9. 网络直播营销管理办法(试行) ······································ 326
10. 关于进一步规范网络直播营利行为促进行业健康发展的意见 ··········· 331
11. 关于开展"清朗·整治网络直播、短视频领域乱象"专项行动的通知 ····· 334
12. 关于规范涉税中介服务行为　促进涉税中介行业健康发展的通知 ······· 336
13. 涉税专业服务监管办法(试行) ····································· 339
14. 关于进一步加强涉税专业服务行业自律和行政监管的通知 ············· 343
15. 涉案企业合规建设、评估和审查办法(试行) ························· 346

参考文献 ·· 351

第一章　文娱领域概述及影视文化行业商业模式与税收问题

第一节　文娱领域概述

文娱领域既包括传统的文娱行业，如影视、动漫、音乐、媒体、阅读，又包括近几年兴起的网络直播、短视频等。党的十八大以来，我国的文艺事业不断繁荣发展，优秀的作品和人才不断涌现，人民文化需求得以满足，人民精神力量日益增强。但是，文娱领域也出现了天价片酬、偷税逃税等问题，严重败坏了文艺界风气、损害了文艺工作者形象、影响了文艺事业健康发展。

一、文娱领域概况

文娱包括文学、影视、游戏、动漫、音乐、演出及衍生品等多元文化娱乐内容，文娱产业的产业链上下游围绕着"内容"的生产、流动和消费而展开。文娱领域既包括影视、文化传媒、直播平台、经纪公司等企业，又包括上述企业的从业人员，比如演艺明星艺人、网络主播等个人。

近年来，伴随着互联网和移动互联网技术的发展，文娱领域的传播途径由传统的线下演变成线上、线下相结合的形式。线上娱乐按照其内容和形式可分为文学、影视、游戏、动漫、音乐、演出、衍生品等多个板块，在板块内容的支撑下形成了版权服务、艺人网红等衍生品。

另外，大数据、云计算、5G、AI、VR/AR 等新技术的普及应用也进一步丰富了文娱领域的内容生产方式和传播渠道，元宇宙的沉浸体验、创造系统，为广大受众提供了更丰富、更细腻的文化体验，文娱领域发展前景可观。

二、文娱领域发展

改革开放以来，我国文娱产业历经了 40 多年的发展，大致经历了起步、初级发展、快速发展以及产业爆发发展四个阶段。

一是起步阶段(1978—1992年),在经济建设日渐稳固的基础上,中央提出要加强精神文明建设,逐步探索文化产业的发展。

二是初级发展阶段(1993—2002年),人民群众日益增长的物质文化需要推动产业发展,文化产业由之前国有体制主导逐步向市场化探索。

三是快速发展阶段(2003—2010年),文化产业迎来PC端快速发展阶段,2005年以来,政策由之前偏向鼓励转向鼓励与监管并重。

四是产业爆发阶段(2011年至今),随着移动互联网时代到来,文化产业不断出现新业态,进入爆发阶段,但同时衍生市场乱象频发,政策监管也在快速出击。

三、文娱领域综合治理

2021年9月,针对流量至上、"饭圈"乱象、违法失德等文娱领域出现的问题,中央宣传部印发了《关于开展文娱领域综合治理工作的通知》。

近年来,文娱行业在满足人民群众多样化文化需求、推动经济增长等方面发挥了积极作用。有关主管部门就深化影视业综合改革、促进影视业健康发展、强化网络内容监管等采取了一系列措施,对明星艺人天价片酬、"阴阳合同"、偷逃税、低俗信息炒作和劣迹艺人管理等不断加大整治力度,取得了一定的成效。但是,随着文娱产业的迅速发展,天价片酬、"阴阳合同"、偷逃税等问题又以新方式、新手段死灰复燃,流量至上、畸形审美、"饭圈"乱象、"耽改"之风等新情况、新问题迭出。

为此,中央宣传部会同有关部门集中开展文娱领域综合治理工作,强调要遏制资本不良牟利,抵制天价片酬,合理配置成本比例,严厉查处偷逃税行为,有效维护市场秩序。

四、文娱领域税收监管

为贯彻落实中央宣传部印发的《关于开展文娱领域综合治理工作的通知》有关要求,依法依规深化文娱领域税收秩序规范工作,促进行业长期健康发展,国家税务总局办公厅2021年9月18日发出通知[①],要求进一步加强文娱领域从业人员税收管理。

(一)加强文娱领域从业人员日常税收管理

对明星艺人、网络主播成立的个人工作室和企业,辅导其依法依规建账建制,并采用查账征收方式申报纳税。定期开展税收风险分析,近期结合2020年度个人所得税

---

① 来源:国家税务总局网站。

汇算清缴办理情况,对存在涉税风险的明星艺人、网络主播进行一对一风险提示和督促整改,对2021年年底前能够主动报告并及时纠正涉税问题的,可以依法从轻、减轻或者免予处罚;对税务机关调查核实和督促整改工作拒不配合的,依法责令限改,并提请行业主管部门和行业协会协助督促纠正;情节严重的,严肃依法查处。定期开展对明星艺人、网络主播的"双随机、一公开"税收检查,以事实为依据、以法律为准绳,依法依规加大对文娱领域偷逃税典型案件查处震慑和曝光力度。加强对基层税务机关日常征管情况的监督检查,对利用职权徇私舞弊的税务人员,依法依规严肃处理。

(二) 加强明星艺人、网络主播经纪公司等税收管理

加强明星艺人、网络主播经纪公司和经纪人及相关制作方的税收管理,督促其依法履行个人所得税代扣代缴义务,提供相关信息并配合税务机关依法对明星艺人、网络主播实施税收管理工作。

(三) 规范文娱领域涉税优惠管理

切实规范文娱领域涉税优惠管理,对各类违规设置或者以变通方式实施的税收优惠,各级税务机关不得执行。依法开展对明星艺人、网络主播是否应享受税收优惠情况的核查,既要严格禁止扩大税收优惠政策执行范围,也要确保相关企业和个人依法依规应享尽享税收优惠。

(四) 加强和改进税法教育和宣传引导

进一步加强和改进对明星艺人、网络主播等文娱领域从业人员及其经纪公司、经纪人的税法教育和宣传引导,对相关人员和企业提出的纳税缴费服务需求及合法合理的涉税费诉求,及时研究解决。对依法诚信纳税的文娱领域从业人员及企业,加大正面典型宣传力度,发挥其引导示范作用,进一步提升文娱领域从业人员及企业的税法遵从度,切实促进文娱领域在规范中发展,在发展中规范。

2022年3月,为进一步规范网络直播营利行为,促进网络直播行业规范健康发展,国家互联网信息办公室、国家税务总局、国家市场监督管理总局联合制定了《关于进一步规范网络直播营利行为促进行业健康发展的意见》(税总所得发〔2022〕25号),税收方面,分别对网络直播平台、网络直播服务机构、网络直播发布者及中介机构等不同网络直播的参与主体作出规定。该意见强调以下几点:一是依法履行代扣代缴义务;二是规范税收服务和征缴;三是打击涉税违法犯罪行为。对为网络直播发布者违法违规策划、帮助实施偷逃税行为的中介机构及相关人员依法严肃处理和公开曝光。

第二节　影视文化行业商业模式与税收问题

影视文化企业主要从事影视文化内容的提供与运营,业务涵盖电视剧及电视节目制作、电影制作、综艺节目制作和经纪业务等。收入方面,以影视文化行业收入为主,包括电影销售、影院票房、电视剧销售、综艺、经纪业务等。

一、影视文化企业经纪业务的两种模式

影视文化企业依托自身的影视资源和专业管理经验,为影视演艺人员提供涵盖策划、形象塑造、培训、联系和安排演艺及广告活动、谈判、签约、收益获取、法律事务代理和行政顾问在内的全方位的经纪代理服务。

影视文化企业会建立成熟的艺人经纪梯队,主要通过专业院校选拔、专业制作公司推荐、专业人士推荐等方式选拔艺人,并为其提供专业表演培训课程以及剧组实习推荐。其通常根据艺人的从业年限、合作年限、续约情况等约定签约年限。

与纯经纪公司相比,影视文化企业开展艺人经纪业务,能够通过自身强大的电视剧及电视节目业务、电影业务和其他衍生业务资源,为艺人提供资源赋能,为其在发展道路中提供更为多元的项目选择和培养环境。

影视文化企业根据与艺人签署的经纪服务协议,约定与艺人的分成比例、服务模式等条款,对艺人的服务模式分为对其直接管理和为其成立个人工作室两种类型,负责艺人所有演出、宣传推广、收入分成等。在直接管理的模式下,由影视文化企业直接向主办方收取旗下艺人参与演艺、广告等商务活动的相关收入,并根据事先约定的协议比例向艺人分成,由此取得经纪收入。在成立个人工作室的模式下,由个人工作室向主办方收取艺人参与演艺、广告等商务活动的相关收入,并根据事先约定的协议比例向公司和艺人分成,由此取得经纪收入。

一般而言,经纪业务具有排他性,即在经纪期内,该艺人的所有商业活动全部由某一个影视公司或经纪公司安排。

二、艺人经纪业务的三种结算方式

(一)三方签约模式

公司、客户、艺人(艺人工作室)签署三方业务合同,这种情况下由客户根据公司与艺人签署的经纪业务合同,以一定分配比例分别向公司和艺人支付艺人劳务或代言款

项(图 1-1、图 1-2)。

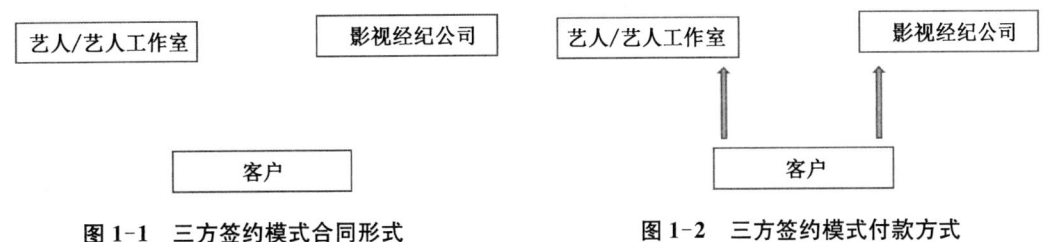

图 1-1　三方签约模式合同形式　　　图 1-2　三方签约模式付款方式

(二) 公司客户签约模式

公司直接与客户签署业务合同,这种情况下先由客户向公司支付全部艺人劳务或代言款项,公司再根据与艺人约定的收益分配比例与艺人进行结算(图 1-3、图 1-4)。

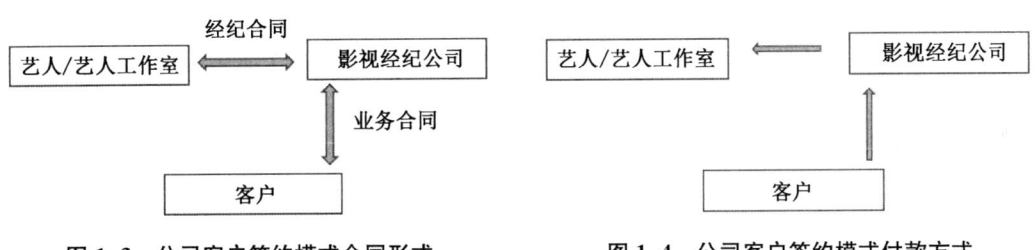

图 1-3　公司客户签约模式合同形式　　　图 1-4　公司客户签约模式付款方式

(三) 艺人客户签约模式

艺人(艺人工作室)直接与客户签署业务合同,这种情况下先由客户向艺人(艺人工作室)支付劳务或代言款项,艺人(艺人工作室)再根据与公司约定的收益分配比例与公司进行结算(图 1-5、图 1-6)。

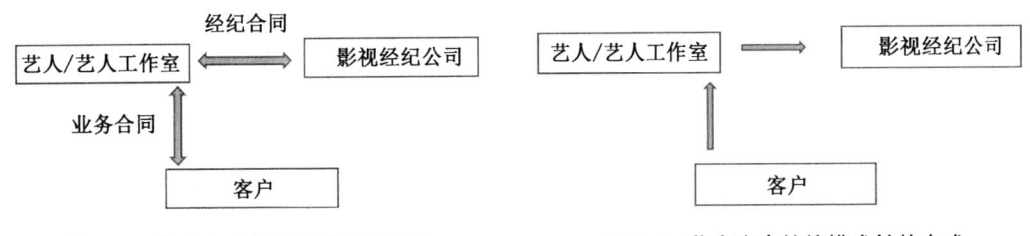

图 1-5　艺人客户签约模式合同形式　　　图 1-6　艺人客户签约模式付款方式

由于不同艺人处于不同的成长和发展阶段,业界影响力存在一定差异,影视公司与艺人之间的收益分配比例会有所不同。公司与艺人之间的收益分配比例是双方在长期合作过程中形成的,符合双方基本诉求。通常影视公司在艺人经纪业务方面取得的收益分配比例范围为 10%～40%。根据公开资料,某影视公司获得知名演员范某某出演的电视剧收入的10％、电影收入的10％、广告表演收入的20％、广告宣传及其他演艺活动收入的50％作为佣金；对于另一位演员，该公司则获得其演艺收入的40％、广告总收入的60％作为佣金。

三、演员聘用合同与税收问题

2022年5月7日，中国广播电视社会组织联合会和中国网络视听节目服务协会发布了《演员聘用合同示范文本(试行)》(以下简称示范文本)。示范文本部分条款涉及税收内容，有利于加强对演员、演员工作室以及出品方/承制方的税收监管，有利于上述各方提高税收遵从，防范税收风险。

示范文本提到，合同签订前，电视剧、网络剧出品方/承制方应当出示广播电视节目制作经营许可证、营业执照(或事业单位法人证书、民办非企业单位登记证书)等相应资质或证明文件，演员经纪公司/演员工作室、演员本人应当出具营业执照、身份证件等相应资质或证明文件。

示范文本提到，演员片酬等劳务合同须以本人名义采取书面形式签订，不得为税后收入合同，不得以近亲属或其他与演艺活动无关的关联方个人名义签订咨询、策划等合同分拆片酬。片酬等劳务收入，不得使用现金方式支付，不得以股权、房产、珠宝、字画、收藏品等变相支付报酬形式隐匿收入，严格区分个人收入和工作室经营所得、公司收入。演员聘用合同书应列明演员经纪公司/演员工作室与演员本人之间的酬金分配以及对应合同义务等情况。

片酬等劳务收入，要求不得使用现金方式支付，不得以股权等变相支付报酬形式隐匿收入。而上述隐瞒收入行为是近年来文娱领域从业人员偷逃税的常见情形。

个人的劳务报酬和工作室的经营收入要求严格区分，并且要列明酬金分配方案，这样有利于防止演艺人员通过转换收入性质虚假申报偷逃税款。而转换收入性质虚假申报，恰恰是近年来明星艺人、网络主播等文娱领域从业人员偷逃税的主要手段之一。

此外，示范文本还提到，各方应严格依照国家税收法律法规履行依法纳税、代扣代缴义务等法定义务，演员本人应按有关规定做好自行申报纳税。

附：

《演员聘用合同示范文本(试行)》使用说明

一、本合同文本为电视剧、网络剧演员聘用合同示范文本，供电视剧、网络剧的出品方/承制方与演员、演员授权的经纪公司/工作室等单位之间签订聘用合同时使用。

二、合同各方当事人在签约之前应当仔细阅读本合同内容,特别是具有选择性、补充性、填充性、修改性的内容。

三、各方当事人应结合具体情况选定本合同文本的选择性条款,并在空白括号内自行约定补充内容或删除该条款。各方当事人也可以对文本条款的内容进行修改、增补或删除,但不得随意减轻或者免除应当由合同当事人承担的法定责任。合同签订生效后,未被修改的文本视为各方同意的内容。

四、本合同文本涉及的选择、填写内容以手写项为优先。

五、合同签订前,电视剧、网络剧出品方/承制方应当出示广播电视节目制作经营许可证、营业执照(或事业单位法人证书、民办非企业单位登记证书)等相应资质或证明文件,演员经纪公司/演员工作室、演员本人应当出具营业执照、身份证件等相应资质或证明文件。

六、各方知晓并愿意严格遵守《国家广播电视总局关于进一步加强广播电视和网络视听文艺节目管理的通知》《国家广播电视总局办公厅关于进一步加强文艺节目及其人员管理的通知》等相关文件及精神,将演员片酬比例和最高片酬标准限定在合理的制作成本范围内。

各方知晓并愿意严格遵守中国广播电影电视社会组织联合会电视制片委员会、中国广播电影电视社会组织联合会演员委员会、中国电视剧制作产业协会、中国网络视听节目服务协会发布的《关于电视剧网络剧制作成本配置比例的意见》要求,全部演员的总片酬不超过制作总成本的40%,其中主要演员不超过演员总片酬的70%,其他演员不低于演员总片酬的30%。

七、根据国家有关部门要求,各方知晓并同意,演员片酬等劳务合同须以本人名义采取书面形式签订,不得为税后收入合同,不得以近亲属或其他与演艺活动无关的关联方个人名义签订咨询、策划等合同分拆片酬。片酬等劳务收入,不得使用现金方式支付,不得以股权、房产、珠宝、字画、收藏品等变相支付报酬形式隐匿收入,严格区分个人收入和工作室经营所得、公司收入。演员聘用合同书应列明演员经纪公司/演员工作室与演员本人之间的酬金分配以及对应合同义务等情况。

八、各方应严格依照国家税收法律法规履行依法纳税、代扣代缴义务等法定义务,演员本人应按有关规定做好自行申报纳税。各方违反国家税收法律法规相关规定的,应当依法承担相应法律责任。合同相关条款若存在与国家税收法律法规或国家税务总局相关规定不一致的,以国家税收法律法规或国家税务总局相关规定为准。

九、本合同示范文本由中国广播电视社会组织联合会、中国网络视听节目服务协会制定。

第三节　影视文化行业典型涉税案例

近年来,税务部门深入开展文娱领域税收综合治理,根据群众举报和税收监管中的线索,经税收大数据分析发现范某某、郑某、邓某等一批影视明星涉嫌严重偷逃税,依法依规对其进行了严肃查处,促进相关行业在发展中规范、在规范中发展。

案例1-1　税务部门依法查处范某某"阴阳合同"等偷逃税问题①

2018年6月初,群众举报范某某"阴阳合同"涉税问题后,国家税务总局高度重视,即责成相关税务机关依法开展调查核实,目前案件事实已经查清。

从调查核实情况来看,范某某在电影《D轰炸》剧组拍摄过程中实际取得片酬3 000万元,其中1 000万元已经申报纳税,其余2 000万元以拆分合同方式偷逃个人所得税618万元,少缴税金及附加112万元,合计730万元。此外,还查出范某某及其担任法定代表人的企业少缴税款2.48亿元,其中偷逃税款1.34亿元。

对于上述违法行为,税务机关依据《税收征收管理法》②第三十二条、第五十二条的规定,对范某某及其担任法定代表人的企业追缴税款2.55亿元,加收滞纳金0.33亿元;依据《税收征收管理法》第六十三条的规定,对范某某采取拆分合同手段隐瞒真实收入偷逃税款处4倍罚款计2.4亿元,对其利用工作室账户隐匿个人报酬的真实性质偷逃税款处3倍罚款计2.39亿元;对其担任法定代表人的企业少计收入偷逃税款处1倍罚款计94.6万元;依据《税收征收管理法》第六十九条和《税收征收管理法实施细则》第九十三条的规定,对其担任法定代表人的两户企业未代扣代缴个人所得税和非法提供便利协助少缴税款各处0.5倍罚款,分别计0.51亿元、0.65亿元。

依据《行政处罚法》第四十二条等相关规定,2018年9月26日,税务机关依法先向范某某下达《税务行政处罚事项告知书》,对此范某某未提出听证申请。9月30日,税务机关依法已向范某某正式下达《税务处理决定书》和《税务行政处罚决定书》,要求其将追缴的税款、滞纳金、罚款在收到上述处理处罚决定后在规定期限内缴清。

依据《刑法》第二百零一条的规定,由于范某某属于首次被税务机关按偷税予以行

---

① 来源:新华社、国家税务总局网站。
② 本书中涉及大量法律法规,为行文简洁,将法律法规名称中的"中华人民共和国"略去,如《中华人民共和国税收征收管理法》简写为《税收征收管理法》。

政处罚,且此前未因逃避缴纳税款受过刑事处罚,上述定性为偷税的税款、滞纳金、罚款在税务机关下达追缴通知后在规定期限内缴纳的,依法不予追究刑事责任。超过规定期限不缴纳税款和滞纳金、不接受行政处罚的,税务机关将依法移送公安机关处理。

经查,2018年6月,在税务机关对范某某及其经纪人牟某广所控制的相关公司展开调查期间,牟某广指使公司员工隐匿、故意销毁涉案公司会计凭证、会计账簿,阻挠税务机关依法调查,涉嫌犯罪。截至2018年6月牟某广等人已被公安机关依法采取强制措施,案件正在进一步侦查中。

案例1-2 依法严肃查处郑某偷逃税案件[①]

2021年4月初,××市税务局第一稽查局依法受理了关于郑某涉嫌偷逃税问题的举报。税务机关针对郑某利用"阴阳合同"涉嫌偷逃税问题,以及2018年规范影视行业税收秩序以后郑某参加的演艺项目和相关企业及人员涉税问题,以事实为依据,以法律为准绳,依法依规开展全面深入检查。

日前,××市税务局第一稽查局已查明郑某2019年至2020年未依法申报个人收入1.91亿元,偷税4526.96万元,其他少缴税款2652.07万元,并依法作出对郑某追缴税款、加收滞纳金并处罚款共计2.99亿元的处理处罚决定。

国家税务总局坚决支持对郑某偷逃税案件依法严肃进行处理,要求各级税务机关对各种偷逃税行为,坚持依法严查严处,坚决维护国家税法权威,促进社会公平正义。

近年来,税务部门持续加强对高收入人群、高风险行业的税收监管,会同相关部门深入开展影视行业税收秩序综合治理。针对当前影视行业个别从业人员偷逃税的新手法,税务部门将与广电、电影等行业主管部门密切协作,加强对影视企业和从业人员的法治宣传教育,保障影视企业和从业人员合法权益,完善跨部门常态化联动监管机制,持续提升精准监管能力,加大"双随机、一公开"抽查力度,严厉查处和曝光各类恶意偷逃税行为,进一步规范影视行业税收秩序,弘扬社会主义核心价值观,促进影视行业长期健康规范发展。

附:

××市税务局第一稽查局有关负责人就郑某偷逃税案件答记者问[②]

××市税务局第一稽查局2018年4月初受理关于郑某利用"阴阳合同"涉嫌偷逃

---

① 来源:国家税务总局网站。
② 来源:国家税务总局网站。

税问题的举报后,依法对郑某进行立案检查。目前,案件事实已经查明并依法进行了处理。××市税务局第一稽查局有关负责人就案件查处情况回答了记者提问。

(1) 请介绍一下税务部门查办郑某偷逃税案件的具体情况。

答:郑某偷逃税案件涉及全国多个地区、多个公司、多个演艺项目,案情复杂。在国家税务总局指导督办下,在多地税务机关配合协助下,在市税务局具体领导下,我局以事实为依据,以法律为准绳,全力推进案件查办工作。4个多月来,针对郑某利用"阴阳合同"涉嫌偷逃税问题,以及2018年规范影视行业税收秩序以后郑某参加的演艺项目和相关企业及人员涉税问题开展全面深入检查,对十几个省市的几十户企事业单位和上百位证人进行取证,调查和分析了大量的财务和资金数据,查明了案件事实并依法进行了处理。

经查,郑某于2019年主演电视剧《Q女幽魂》,与制片人约定片酬为1.6亿元,实际取得1.56亿元,分为两个部分收取。其中,第一部分4 800万元,将个人片酬收入改变为企业收入进行虚假申报、偷逃税款;第二部分1.08亿元,制片人与郑某实际控制公司签订虚假合同,以"增资"的形式支付,规避行业监管获取"天价片酬",隐瞒收入进行虚假申报、偷逃税款。在《Q女幽魂》项目中,根据郑某违法事实认定为偷税4 302.7万元,其他少缴税款1 617.78万元。同时查明,2018年规范影视行业税收秩序后,郑某另有其他演艺收入3 507万元,同样存在以企业收入名义改变个人收入性质、进行虚假申报的问题,根据郑某违法事实认定为偷税224.26万元,其他少缴税款1 034.29万元。以上合计,郑某2019年至2020年未依法申报个人收入1.91亿元,偷税4 526.96万元,其他少缴税款2 652.07万元。

我局依据《税收征收管理法》第三十二条、第六十三条等规定,以及《个人所得税法》第二条、第十条、第十一条和《增值税暂行条例》第一条、第十九条等规定,对郑某追缴税款、加收滞纳金并处罚款共计2.99亿元。其中,依法追缴税款7 179.03万元,加收滞纳金888.98万元;对改变收入性质偷税部分处以4倍罚款,计3 069.57万元;对收取所谓"增资款"完全隐瞒收入偷税部分处以5倍"顶格"罚款,计1.88亿元。

依据《行政处罚法》第四十四条相关规定,我局依法向郑某送达了《税务行政处罚事项告知书》,对此郑某未提出听证申请。之后,依法向郑某正式下达《税务处理决定书》和《税务行政处罚决定书》,限其在规定期限内缴清税款、滞纳金及罚款。目前,郑某已在规定期限内缴清全部税款和滞纳金。税务部门正依法督促其在规定期限内缴清罚款。

(2) 本案中罚款有的是4倍、有的是5倍,这是如何确定的?

答:依据《税收征收管理法》第六十三条第一款规定,对纳税人偷税的,由税务机关追缴其不缴或者少缴的税款、滞纳金,并处不缴或者少缴的税款50%以上5倍以下的罚款。本案中,考虑到郑某偷逃税案件发生在2018年规范影视行业税收秩序以后,主观故意明显,区分其不同的违法行为,税务机关依法从严进行处罚。其中,对改变收入性质偷税部分,处以4倍罚款;对收取所谓"增资款"完全隐瞒收入偷税部分,由于情节更为严重,处以5倍"顶格"罚款。

(3) 前期有网民称,郑某与制片人已经解除了"增资"协议,为何还要追缴此部分资金涉及的税款?

答:经查,郑某于2019年主演电视剧《Q女幽魂》,实际取得片酬1.56亿元,其中的1.08亿元,制片人通过向郑某实际控制公司"增资"的形式支付。双方先通过签订所谓"增资协议"来规避行业主管部门对"天价片酬"的监管,然后再通过虚假申报偷逃税款。2020年,郑某与张某发生纠纷向法院提起民事诉讼后,相关当事人担心"天价片酬"事实败露而解除"增资协议"。依据《个人所得税法》《增值税暂行条例》《营业税改征增值税试点实施办法》(财税〔2016〕36号附件1)等相关规定,郑某在2019年已提供演艺服务并实际取得片酬,已发生税法规定的纳税义务,应当依法申报纳税;解除"增资协议"不改变郑某未如实申报导致少缴税款的既定事实,也不影响对其偷逃税主观故意行为性质和金额的认定,税务部门因此依法对该部分片酬涉及的税款进行追缴,并加收滞纳金和处以相应罚款。

(4) 是否会对郑某追究刑事责任?

答:《刑法》第二百零一条规定,纳税人有逃避缴纳税款行为的,经税务机关依法下达追缴通知后,补缴应纳税款,缴纳滞纳金,已受行政处罚的,不予追究刑事责任;但是,5年内因逃避缴纳税款受过刑事处罚或者被税务机关给予二次以上行政处罚的除外。

本案中,郑某首次被税务机关按偷税予以行政处罚且此前未因逃避缴纳税款受过刑事处罚,相应的税款及滞纳金已在规定期限内全部缴清。若其能在规定期限内缴清罚款,则依法不予追究刑事责任;若其在规定期限内未缴清罚款,税务机关将依法移送公安机关处理。

(5) 为何税务部门要对张某进行处理?

答:张某虽是本案举报人之一,但税务部门检查发现,其存在涉嫌通过策划组织、沟通接洽、具体操作等行为,帮助郑某偷逃税款。具体是:2018年12月,张某作为郑某参演《Q女幽魂》的经纪人,负责郑某拍摄《Q女幽魂》的演艺合同签订、片酬商谈、合同拆分、催款收款等事宜,并具体策划起草"增资协议",设立"掩护公司",帮助郑某掩盖"天价片酬",规避行业主管部门监管,逃避履行纳税义务,影响恶劣。我局已依法对张某进行立案检查,并将依法另行处理。

××市税务局第一稽查局有关负责人指出,该局将认真贯彻国家税务总局和市税务局部署,针对当前影视行业个别从业人员偷逃税的新手法,持续加大"双随机、一公开"抽查力度,严厉查处和曝光各类恶意偷逃税行为,进一步规范影视行业税收秩序,推动影视行业长期健康规范发展。

案例1-3 ××市税务局部门依法对张某进行处罚①

××市税务局第一稽查局前期在郑某偷逃税案件检查过程中发现,张某作为郑某参演《Q女幽魂》的经纪人,负责相关演艺合同签订、片酬商谈、合同拆分、催款收款等事宜,并具体策划起草"增资协议",设立"掩护公司",掩盖"天价片酬",规避行业主管部门监管,帮助郑某逃避履行纳税义务。

依据《税收征收管理法实施细则》第九十三条和《行政处罚法》第三十二条的规定,综合考虑张某的违法事实以及有关情节等因素,对张某处以郑某在《Q女幽魂》项目中偷税额(4 302.7万元)0.75倍的罚款,计3 227万元。××市税务局第一稽查局已向张某依法送达《税务行政处罚决定书》,限其在规定期限内缴清罚款。

××市税务局有关负责人表示,将深入贯彻落实中央宣传部、国家税务总局有关要求,加强和改进对明星艺人、网络主播等文娱领域从业人员及其经纪公司、经纪人的税法宣传教育和税收管理,依法依规加大偷逃税典型案件查处和曝光力度。发现经纪公司及经纪人等帮助明星艺人、网络主播设计、策划、实施逃避税行为的,将进行联动检查,一并依法从严处理,切实促进文娱领域在发展中规范,在规范中发展。

附:

××市税务局第一稽查局有关负责人就依法处罚张某答记者问②

(1)为何税务部门要对经纪人张某进行处罚?

答:《税收征收管理法实施细则》第九十三条规定,为纳税人、扣缴义务人非法提供银行账户、发票、证明或者其他方便,导致未缴、少缴税款或者骗取国家出口退税款的,税务机关除没收其违法所得外,可以处未缴、少缴或者骗取的税款1倍以下的罚款。税务部门检查发现,张某作为郑某参演《Q女幽魂》项目的经纪人,策划并操作了约定片酬的合同拆分、"掩护公司"设立等事宜,帮助郑某逃避履行纳税义务,因此依法对其进行处罚。

---

① 来源:国家税务总局网站。
② 来源:国家税务总局网站。

(2) 张某的违法事实有哪些？

答：2018年12月，张某负责郑某拍摄《Q女幽魂》的演艺合同签订、演出报酬和支付方式确定等事宜。张某与制片方等共同商讨郑某片酬的拆分及收款方式，策划具体操作细节，确定了1.6亿元的片酬数额及支付方案，即拆分为4 800万元和1.12亿元两个部分，并对1.12亿元（实际取得1.08亿元）部分，双方商定由制片方对郑某实际控制公司以"增资"的形式支付。之后，张某与郑某商定了设立收款公司、提供"增资"合同等事宜。在片酬支付过程中，张某多次向制片方催款。张某通过上述违法行为，掩盖"天价片酬"，帮助郑某偷逃税款。

(3) 为什么对张某处郑某在《Q女幽魂》项目中所偷税款0.75倍的罚款？

答：依据《税收征收管理法实施细则》第九十三条和《行政处罚法》第三十二条等规定，张某通过策划组织、沟通接洽、具体操作等行为，帮助郑某偷逃税款，影响恶劣，同时考虑张某是郑某偷逃税案件的举报人之一等有关情节，故依法对其处以郑某在《Q女幽魂》项目中偷税额（4 302.7万元）0.75倍的罚款，计3 227万元。

案例1-4　依法对邓某偷逃税案件进行处理①

2022年3月，根据税收监管中的线索，××市税务局第四稽查局经税收大数据进一步分析，发现邓某涉嫌偷逃税款，依法对其开展了全面深入的税务检查。

经查，邓某在2019年至2020年，通过虚构业务转换收入性质进行虚假申报，偷逃个人所得税4 765.82万元，其他少缴个人所得税1 399.32万元。

在税务检查过程中，邓某能够积极配合检查并主动补缴税款4 455.03万元，同时主动报告税务机关尚未掌握的涉税违法行为。综合考虑上述情况，××市税务局第四稽查局依据《个人所得税法》《税收征收管理法》《行政处罚法》等相关法律法规规定，按照《××市税务行政处罚裁量基准》，对邓某追缴税款、加收滞纳金并处罚款，共计1.06亿元。其中，对其虚构业务转换收入性质虚假申报偷税但主动自查补缴的4 455.03万元，处0.5倍罚款计2 227.52万元；对其虚构业务转换收入性质虚假申报偷税但未主动自查补缴的310.79万元，处4倍罚款计1 243.16万元。××市税务局第四稽查局已依法向邓某送达《税务行政处理处罚决定书》。

××市税务局第四稽查局有关负责人表示，税务部门将持续加强对文娱领域从业人员的税收监管，并对协助偷逃税款的相关经纪公司及经纪人、中介机构等进行联动检查，依法严肃查处涉税违法行为，不断提升文娱领域从业人员及企业的税法遵从度，

---

① 来源：国家税务总局网站。

进一步营造法治公平的税收环境。

××市税务局第四稽查局有关负责人就邓某偷逃税案件答记者问[①]

2022年3月,××市税务局第四稽查局对邓某涉嫌偷逃税问题进行了查处。该局有关负责人就案件查处情况回答了记者提问。

(1) 为什么××市税务局第四稽查局要对邓某进行检查?

答:我市税务部门高度重视并持续加强文娱领域税收监管,不断加大日常监管力度,深入开展税收综合治理,提示辅导相关从业人员依法纳税,并督促整改。在去年以来开展的文娱领域税收综合治理中,通过税收大数据分析发现,邓某存在涉嫌偷逃税问题,且经税务机关提醒督促仍整改不彻底,遂依法依规对其进行立案并开展了全面深入的税务检查。

(2) 邓某的违法事实有哪些?

答:2019年至2020年,邓某虚构业务将个人劳务报酬转换为企业收入进行虚假申报,偷逃税款,同时存在其他少缴税款的行为。

我局依据《个人所得税法》《税收征收管理法》等规定,依法认定其偷逃税款4 765.82万元,其他少缴税款1 399.32万元。

(3) 请问本案中不同的罚款倍数是如何确定的?

答:《税收征收管理法》第六十三条第一款规定,对纳税人偷税的,由税务机关追缴其不缴或者少缴的税款、滞纳金,并处不缴或者少缴的税款50%以上5倍以下的罚款。

我局坚持依法依规、过罚相当的原则,充分考虑了违法行为的事实、性质、情节和社会危害程度等因素对邓某进行处罚。

一方面,对其主动纠错的偷逃税等违法行为依法从轻处理。邓某积极配合检查并主动补缴税款,同时主动报告税务机关尚未掌握的涉税违法行为,具有主动减轻违法行为危害后果等情节。我局依据《税收征收管理法》《行政处罚法》等有关规定,按照《××市税务行政处罚裁量基准》,对邓某虚构业务转换收入性质虚假申报偷税但主动自查补缴税款部分处0.5倍罚款。

另一方面,对其未能纠错的违法行为依法严肃处理。邓某虚构业务转换收入性质虚假申报偷税且未主动自查补缴部分,性质恶劣。我局依据《税收征收管理法》《行政

---

① 来源:国家税务总局上海市税务局网站。

处罚法》等有关规定,按照《上海市税务行政处罚裁量基准》,对其予以从重处罚,处4倍罚款。

案例1-5　依法对吴×凡(WU×FAN)偷逃税案件进行处理①

前期,××市税务局第二稽查局根据有关方面线索和税收大数据分析,依法对加拿大籍艺人吴×凡(WU×FAN)2019年至2020年涉嫌偷逃税问题开展了税务检查。由于吴×凡(WU×FAN)大量经营信息、资金往来涉及多家境内外关联企业,案情较为复杂,××市税务部门会同相关税务机关进行了认真细致的调查,目前案情已经查清。

经查,吴×凡(WU×FAN)在2019年至2020年,采取虚构业务转换收入性质虚假申报、通过境内外多个关联企业隐匿个人收入等方式偷逃税款0.95亿元,其他少缴税款0.84亿元。××市税务局第二稽查局依据《个人所得税法》《税收征收管理法》《行政处罚法》等相关法律法规规定,对吴×凡(WU×FAN)追缴税款、加收滞纳金并处罚款,共计6.00亿元。其中,对其虚构业务转换收入性质虚假申报偷逃税款的部分处4倍罚款计3.45亿元;对其隐匿个人收入偷逃税款的部分处5倍罚款计0.42亿元。目前,××市税务局第二稽查局已依法向吴×凡(WU×FAN)送达税务行政处理处罚决定书。

××市税务局有关负责人表示,税务部门将持续做好文娱领域税收监管工作,依法严肃查处涉税违法行为,坚决维护我国税收主权,不断提升文娱领域从业人员的税法遵从度,进一步营造法治公平的税收环境。

附:

××市税务局第二稽查局有关负责人就吴×凡(WU×FAN)偷逃税案件答记者问②

日前,××市税务局第二稽查局对吴×凡(WU×FAN)涉嫌偷逃税问题进行了查处。该局有关负责人就案件查处情况回答了记者提问。

(1) 为什么××市税务局第二稽查局要对吴×凡(WU×FAN)进行检查?

答:××市税务部门高度重视并持续加强文娱领域税收监管,不断加大日常监管力度,深入开展税收综合治理,提示辅导相关从业人员依法纳税并督促整改。××市税务局第二稽查局根据有关方面线索和税收大数据分析,依法对吴×凡(WU×FAN)

---

① 来源:国家税务总局网站。
② 来源:国家税务总局网站。

2019年至2020年涉嫌偷逃税问题进行立案并开展了税务检查。

(2) 吴×凡(WU×FAN)的违法事实有哪些？

答：吴×凡(WU×FAN)虽是加拿大国籍，但2019年和2020年在中国境内停留时间均超过183天，按照《个人所得税法》规定，属于中国税收居民个人，应就其来自中国境内外所得依法缴纳个人所得税。

经查，吴×凡(WU×FAN)在2019年至2020年，虚构业务转换收入性质进行虚假申报、通过境内外多个关联企业隐匿个人收入，偷逃税款，同时存在其他少缴税款的行为。

我局依据《个人所得税法》《税收征收管理法》等规定，依法认定其偷逃税款0.95亿元，其他少缴税款0.84亿元。

(3) 请问本案中不同的罚款倍数是如何确定的？

答：《税收征收管理法》第六十三条第一款规定，对纳税人偷税的，由税务机关追缴其不缴或者少缴的税款、滞纳金，并处不缴或者少缴的税款50%以上5倍以下的罚款。

我局坚持依法依规、过罚相当的原则，充分考虑了违法行为的事实、性质、情节和社会危害程度等因素对吴×凡(WU×FAN)进行处罚。

一方面，对其虚构业务转换收入性质虚假申报偷税部分，依据《税收征收管理法》《行政处罚法》等有关规定，处4倍罚款。

另一方面，对其隐匿个人收入偷税部分，由于情节更加恶劣，依据《税收征收管理法》《行政处罚法》等有关规定，予以从重处罚，"顶格"处5倍罚款。

本案中，吴×凡(WU×FAN)首次被税务机关按偷税予以行政处罚且此前未因逃避缴纳税款受过刑事处罚，若其能在规定期限内缴清税款、滞纳金和罚款，则依法不予追究逃避缴纳税款的刑事责任；若其在规定期限内未缴清税款、滞纳金和罚款，税务机关将依法移送公安机关处理。

(4) 本案的偷税手法有什么特点？

答：本案中，吴×凡(WU×FAN)偷税行为的一个特点是利用境外企业隐瞒个人收入、转换收入性质。

调查发现，吴×凡(WU×FAN)在我国境内从事演艺活动时，利用其外籍身份并凭借其在演艺圈的流量优势，要求境内企业或境内企业设立的境外机构将其个人劳务报酬支付给其境外注册的企业，将境内个人收入"包装"成境外企业收入，以此隐匿其个人从我国境内取得应税收入的事实，或转换收入性质进行虚假申报，企图逃避我国税收监管，从而达到偷逃税款的目的。与已公布的其他偷逃税案件相比，吴×凡

（WU×FAN）案件的偷税手法更加隐蔽,并严重危害我国税收主权。

随着跨境交易和资金往来越来越频繁,少数不法分子企图借机利用跨境交易和国际避税地来逃避中国境内纳税义务。对此,税务部门将不断完善税收监管手段,提升税收监管能力,切实加强对新型偷逃税行为的查处曝光,坚决维护国家税收安全。

第二章　网络直播商业模式与税收问题

第一节　直播电商商业模式与税收问题

近年来,网络直播已成为中国经济新业态,网络主播也逐渐成为一种新职业,成为拉动社会就业的新动力。具有强互动性、高转化率优势的直播电商成为电商行业促销推广的新趋势。部分厂商积极抓住直播带货风口,应用直播带货的营销模式,与知名头部主播合作,开拓腰部主播合作和素人直播投放,打造厂商自有直播,为消费者带来更为即时、直观、生动的互动式购物体验。国家互联网信息办公室、公安部、商务部、文化和旅游部、国家税务总局、国家市场监督管理总局、国家广播电视总局等七部门联合发布《网络直播营销管理办法(试行)》(国信办发文〔2021〕5号印发),自2021年5月25日起施行,旨在规范网络市场秩序,维护人民群众合法权益,促进新业态健康有序发展,营造清朗网络空间。

一、网络直播概况

网络直播是一种新型的传播形式,在互联网时代的快速发展中,从文字、图片、视频发展到了现在基于高速互联网的多内容、强交互、低门槛、高自主性的网络直播。网络直播行业呈现高速发展趋势,由于具有操作便利、门槛低、收益高等特点,直播行业刚一兴起就吸引了无数从业者。而随着未来网络直播平台自制综艺、5G技术、虚拟直播等在线直播新浪潮的出现,在线网络直播平台用户规模也将持续上涨。

根据中国互联网络信息2023年3月2日中心发布的第51次《中国互联网络发展状况统计报告》,截至2022年12月,我国网络直播用户规模达7.51亿,较2021年12月增长4 728万,占网民整体的70.3%。其中,电商直播用户规模为5.15亿,较

2021年12月增长5 105万,占网民整体的48.2%;游戏直播的用户规模为2.66亿,较2021年12月减少3 576万,占网民整体的24.9%;真人秀直播的用户规模为1.87亿,较2021年12月减少699万,占网民整体的17.5%;演唱会直播的用户规模为2.07亿,较2021年12月增长6 491万,占网民整体的19.4%;体育直播的用户规模为3.73亿,较2021年12月增长8 955万,占网民整体的35.0%。

根据中国演出行业协会网络表演(直播)分会发布的《中国网络表演(直播)行业发展报告(2021—2022)》,截至2021年12月,网络表演(直播)行业主播账号累计近1.4亿个。网络直播已成为中国经济新业态,网络主播逐渐成为一种新职业,成为拉动社会就业的新动力。2020年7月,人力资源和社会保障部联合国家市场监管总局等部门发布了互联网营销师等9个新职业,其中,在"互联网营销师"职业下增设"直播销售员"工种。这意味着带货主播成为正式工种,将享受其他职业同等的就业保障与能力提升培训。网络直播产业的发展,也促进了人才需求量的增长和从业人员收入的提升。智联招聘携手淘榜单共同发布的《2021年直播产业人才报告》显示,2021年第三季度,直播行业招聘职位数同比增加11.72%,大于全平台岗位6.82%的增幅;直播相关岗位平均薪酬同比上涨10.78%,达到10 448元,其中直播产品开发岗位平均薪酬最高,达26 372元。

(一) 网络直播类型

网络直播是继文字、图片、视频之后的新一代线上娱乐平台,按照网络直播的内容进行分类,目前直播平台可分为电商直播、游戏直播、娱乐直播、生活直播、体育直播、文化直播等。

1. 电商直播

随着网络直播的迅猛发展,传统产业借力网络直播加快转型升级,焕发出产业创新的活力。尤其是在新冠疫情防控期间的"宅家生活",更是加速了网络直播的常态化进程,网络直播成了复产复工、脱贫攻坚和乡村振兴的强力帮手,为区域经济发展和产能升级发挥了新引擎作用。目前,电商直播平台较多且各具特点,比如淘宝直播是转化率比较高的电商直播平台,而快手直播是短视频电商平台,等等。新冠疫情防控期间,居民商品购买消费转向线上为主,直播带货这种新业态也逐渐被更多人所知晓和接受。

艾瑞咨询发布的《2021年中国直播电商行业研究报告》显示,2020年中国直播电商市场规模超1.2万亿元,年增长率为197.0%,从业人数达到123.4万人,预计2023年直播电商规模将超过4.9万亿元。由2020年的10.6%提高到2023年的24.3%。

电商直播领域,其发展变化主要集中在直播主体、商品来源和运营规范三个方面。

一是主体多元化。随着电商直播业态的火热发展,越来越多的中小商户将自建直播渠道作为重点。数据显示,淘宝直播近1000个销售额过亿元直播间中,商家直播间数量占比超过55%,高于明星主播的直播间数量;快手2021年第二季度绝大部分电商交易额均来自私域流量。

二是商品本土化。电商直播对本土商户产品宣传方面的积极影响在2021年得到良好体现。从老字号品牌到地方特色农产品商户,都通过电商直播渠道获得了良好的营销效果。数据显示,2021年"双11"期间超过180家老字号开启直播,多个老字号直播间成交额突破百万元。此外,中央电视台联合拼多多在"双11"期间开设大型直播带货专场,大力推介优质国货和农货品牌。

三是运营规范化。《关于加强网络直播规范管理工作的指导意见》(国信办发文〔2021〕3号印发)、《网络直播营销管理办法(试行)》(国信办发文〔2021〕5号印发)等相关政策在2021年陆续推出。随着规章制度的实施,电商直播监管体系逐渐得到完善,消费者权益保护力度进一步加大。

2. 游戏直播

游戏直播一直非常火爆,手游、网游以及页游三大种类覆盖齐全。

3. 娱乐直播

娱乐直播仍然是直播平台最主要的形式之一,网络主播在平台上进行才艺展示,这是从国内直播行业兴起时就开始发展,并逐渐成熟的模式,也是最为人们所熟知的直播模式。

4. 生活直播

分享与陪伴正成为视频直播的新动力,越来越多人希望将自己的生活搬到摄像头前,生活直播顺势而生。

5. 体育直播

社会消费都在发生着日新月异的变化,体育直播的产业链正在逐步走向完善的道路。目前,体育直播这类直播主要被几家视频平台和中央电视台垄断,其形式也可分为现场视频直播、演播室访谈式直播、文字图片直播和即时比分直播等4种。

在体育直播领域,疫情对赛事负面影响逐渐减弱,体育直播模式升级也在不断提升用户观赛体验。

一是赛事回暖让版权交易重回正轨。随着全球各地体育赛事的陆续恢复,相关企业也重新展开对版权资源的竞争,重要体育赛事的直播版权交易频繁发生。东京奥运会、北京冬奥会、中超联赛、英超联赛、美洲杯等赛事的网络直播渠道均在2021年陆续确定。作为所有网络直播中最为重视版权资源的业态，赛事版权交易的回暖预示了体育直播的良好前景。

二是以云服务、5G为代表的新兴技术推动了体育直播业务模式的进一步升级。在2021年东京奥运会上，由阿里云和奥林匹克广播服务公司联手打造的"奥林匹克转播云"首次投入使用，为全球转播机构提供转播支持。基于该平台，转播方工作人员不但通过远程方式即可完成转播和编辑工作，还能利用运动员追踪技术，让观众在田径短跑项目中看到每个运动员的实时奔跑速度等信息。

三是运动员赛后连麦直播丰富了用户观赛体验。在社交媒体平台，连麦直播成为运动员与观众交流互动的新形式，为用户提供了了解运动员和赛事的新途径。数据显示，2021年共有103名体育运动员在微博参与了144场连麦直播，直播观看量累计达到3.28亿人次。

6. 文化直播

网络直播扩展了文化传播的路径，扩大了文化传承的声量，为多元文化创新传播与文化生命力延续提供了更多可能性。多家直播平台自发开展了一系列精彩纷呈的文化直播活动，如"直播＋非遗文化""直播＋戏曲"等，实现了直播行业助力传承传统文化的愿景。网络直播拓展了共享共创的边界，不仅链接了历史纵向的文化传承，还推动了现实横向的知识普惠。新冠疫情防控期间，各类院校、医院、科研机构等利用直播平台开展公开课、讲座、知识科普等活动，有效减小了数字鸿沟，为用户提供了纾解压力、了解外界的新渠道。网络直播还有助于社会创新和个人才艺潜能的挖掘，开启了公益传播的微时代。新冠疫情防控期间的"爱心抗疫"行动，直播平台成了汇聚公益力量的集中站；网络直播也是新时代的群众路线，激发出每一个普通人身上的创新活力。

（二）网络直播收入类型

目前国内的各大直播平台的收入来源不尽相同，但是总体而言，打赏收入、广告收入、佣金收入以及会员增值服务收入是主要的收入来源，对于维持各类直播平台的发展起着关键作用。

1. 打赏收入

网络直播平台的打赏收入主要是通过"充值"并进行"打赏"的方式进行。具体流程为，用户通过充值的方式向平台购买虚拟币，之后用户可基于在观看直播的过程中产生了精神的愉悦并产生打赏的意向，将虚拟币兑换的礼物等"打赏"给主播，在直播结束后，平台会依据相应的结算规则，将礼物兑换成的虚拟币放到主播个人的虚拟账户中,虚拟账户中的虚拟币最终可以兑换成人民币,进行提现。在此过程中,主播一般无法获得收到的礼物兑换的全部收益,而是基于与平台的协议,通过与平台进行分成的方式分享收益。

2. 广告收入

网络直播平台的广告具有网络广告的一般特性,是以网络直播平台为播放的媒介和载体,依托其大规模的用户基础和访问流量,迅速地传递广告信息。其不受时间限制,高度灵活,特别是高度的互动性和相对较低的传播成本,具有传统网络广告、电视广告和其他广告不可比拟的优势。

3. 佣金收入

随着移动全民直播的兴起,网络直播平台为传统的电子商务平台提供了全新的线上商品销售的途径,众多网上店主纷纷加入了全民直播行列,"面对面"地向观看直播的消费群体推销商品。视频展现比图片更接近商品真实的状态,因此也吸引了一大批具有网购需求的消费者,而网络直播平台作为这种新型电商的载体,会通过提取销售佣金或自有商品销售等模式,来实现平台的电商业务收入。

4. 会员增值服务收入

会员增值服务是网络直播平台共有的业务模式,除了在一些细节上的表现形式不同,该类服务的管理模式和盈利模式都具有一致性。管理模式方面,网络直播平台下设会员管理部统一进行平台会员的管理工作,包括会员资料的管理、会员特权的更新、会员需求的调研及反馈等,会员作为网络直播平台的重要客户和主要盈利点,对于网络直播平台的发展至关重要,会员的管理工作收归平台本身所有。盈利模式方面,网络直播平台通过在一定的期限内,为会员成员提供差异化的服务,如超高清画质、身份标识、差异化弹幕等会员特权,吸引用户进行充值消费。

二、直播电商概况

直播电商是以直播为渠道来达成营销目的的电商形式,是数字化时代背景下直播与电商双向融合的产物。与传统电商相比,直播电商拥有强互动性、高转化率等优势。

根据《网络直播营销管理办法(试行)》(国信办发文〔2021〕5号印发)的规定,直播营销平台,是指在网络直播营销中提供直播服务的各类平台,包括互联网直播服务平台、互联网音视频服务平台、电子商务平台等。直播间运营者,是指在直播营销平台上注册账号或者通过自建网站等其他网络服务,开设直播间从事网络直播营销活动的个人、法人和其他组织。直播营销人员,也就是从事直播营销的网络主播,是指在网络直播营销中直接向社会公众开展营销的个人。直播营销人员服务机构,是指为直播营销人员从事网络直播营销活动提供策划、运营、经纪、培训等的专门机构。

2016年被称为"中国网络直播元年",截至2016年6月,我国网民规模达7.10亿,网络直播用户规模达3.25亿,占网民总数的45.8%,占比超四成。[①] 网民数量增多,预示着网络直播的潜在用户将继续增长。2016—2019年,直播电商年均市场规模增速均保持在200%以上,从2019年起,快手、抖音等社交网络平台纷纷进军直播领域,加速了全民直播时代的到来。直播带货成了一种全新的电商服务方式,2019年被称为"直播带货元年",截至2021年12月,全国网购用户数量已经达到8.42亿个,比2020年12月增长5 969万个,占全国网民总数的81.6%。在诸多网购活动中,直播电商成为推动网络金融消费需求增长的新助力。

历经5年高速发展,直播电商生态逐步完善:中游平台方、MCN机构(经纪公司)及主播,实现上游商家与下游消费者的链接。平台主要包含三类:具有电商基因的传统电商平台与导购社区平台,以直播手段拓展营销渠道;自带流量的社交内容平台,拥抱电商以推动流量变现。而MCN机构则主要扮演"中介"角色,为平台输送主播资源。随着直播电商渗透率的不断提升,主播跨界趋势愈发明显,名人、明星艺人、虚拟偶像纷纷入局直播电商。[②]

三、直播电商商业模式

直播电商商业模式通常分为付费主播和厂商自播等模式。

(一) 付费主播模式

1. 付费主播模式基本情况

在付费主播模式下,主播一般由所属MCN机构管理,厂商与MCN机构就产品、价格、主播、利益分成、直播平台、直播日期等进行协商沟通,并与MCN机构直接签署直播电商推广合同和订单。大众主播一般为个人主播,无MCN机构管理,厂商与主播沟通后直接达成直播合作意向和方案,并通过线上平台结算线上佣金。在付费主播的合作与推广中,厂商一般不与淘宝直播、抖音、快手等直播平台直接签署相关协议,而是与MCN或主播个人签署协议。专门培养孵化网红主播的机构,通过签约合作的方式利用公司旗下具备一定影响力的主播或者明星进行直播带货,主播依据个人魅力吸引粉丝后转化成流量和购买力进行带货。比如,网红主播黄某作为付费主播,曾被

---

① 数据来源:36氪研究院:《2020年中国直播电商行业研究报告》。
② 数据来源:中国互联网络信息中心:第38次《中国互联网络发展状况统计报告》。

称为带货女王,风光一时,却因偷逃税问题补缴税款滞纳金及罚款13.41亿元,让人们了解到付费主播的庞大利益链条。

在直播推广时,主播在约定的直播时段对厂商的具体产品进行介绍与推广,消费者可通过直播页面中的商品链接跳转至相应电商平台进行下单购买,厂商负责备货、发货、退换货、售前、售后等事宜。

在付费主播模式下,厂商与MCN机构或主播协商确定合作定价及利益分配的方式,主要的合作定价及利益分配方式包括线上佣金和线下费用等。

2. 主播带货商业模式分析

如前所述,直播电商推广活动通常分为付费主播和厂商自播,而付费主播模式又包括网红主播、明星主播、大众主播、虚拟主播等。大家比较关注的是网红主播和明星主播,如李佳琦、罗永浩等。这里重点讨论一下网红主播、明星主播带货商业模式及分成问题。

网红主播通常由MCN机构进行直播运营,直播经验较为丰富,推动直播转化率提升,马太效应明显,腰尾部主播竞争激烈。明星主播自带流量,通过粉丝经济与直播平台的碰撞,触发新一轮增量,虽然明星与网红等主播影响力大、知名度高、娱乐性强,但缺乏产品知识、营销技巧与售后服务保障。

直播电商生态中,厂商、平台及MCN机构/主播三方以成交额为基础,共同参与分成。不同直播形式下,各方分成模式各异。

网红主播、明星主播带货模式中,分成模式主要为"佣金＋坑位费"。

坑位费即商品在直播间的上架费用,由主播影响力、带货品类、上架时间等要素决定。头部主播对坑位费有更强的议价能力,且大促期间如"双十一",坑位费则一路"水涨船高"。此外,部分坑位费与商品的投资回报率或投入产出比直接挂钩,只有达到一定门槛后,主播才有机会获得坑位费。

佣金金额的确定以CPS模式为主,即Cost Per Sales,以成交额定佣金。佣金由直播平台、第三方合作平台、MCN机构/主播共有,各直播平台对佣金分配比例的划分不尽相同,产品性质、主播实力、平台推广等原因对佣金比例有重要影响,比较常见的佣金为商品交易总额的20%。以淘宝平台为例,非合作状态下,佣金的30%,即商品交易总额的6%流入阿里旗下营销平台阿里妈妈和阿里创作平台,剩余70%的佣金由MCN机构和主播进行二次分配;与抖音、快手等第三方平台合作场景下,淘宝平台收取商品交易总额的7.4%作为内容场景及技术服务费,剩余佣金归属合作平台与MCN机构/主播。①

---

① 数据来源:36氪研究院:《2020年中国直播电商行业研究报告》。上市公司法律意见书。

3. 关于 MCN 机构

本书讨论的 MCN 机构，主要是指网络主播经纪公司。MCN 始于美国，MCN 机构是指对内容创作者进行集中的管理、打造和营销的一系列网络公司。在此基础上衍生出包括内容生产、运营、营销、电商、经纪、知识付费、IP 授权、版权八大类行业发展模式。MCN 机构是内容生产者、平台方、广告方等之间的中介组织，通过将众多能力相对薄弱的内容生产者聚合起来建立频道，并帮助内容生产者更好地实现分发和商业价值变现。从本质上说，MCN 机构就是经纪中介公司，能够促进内容生产者、网红、平台方与广告方等之间的有机互动，打造多方共赢、良性互动的生态系统。

网络数据显示，我国的 MCN 整体市场规模已达百亿元级，远超国外。2021 年我国 MCN 行业，从红人指数、内容创意、发展潜力等方面进行综合评分，排名靠前的 MCN 机构有谦寻、美 one、新片场、青藤文化、蜂群、古麦嘉禾等。公开数据显示，2020 年中国 MCN 机构数量超 28 000 家，相比之下，2015 年中国 MCN 机构仅有 160 家。随着淘宝、抖音、哔哩哔哩等平台"网红"的兴起，仅上海市的 MCN 机构签约达人就近 2 000 人，覆盖粉丝量上千万的机构有 33 个，拥有千万量级红人的机构有 13 个，累计覆盖粉丝 24 亿左右。

虽然兴起时间不长，但整体上 MCN 市场已经逐渐趋于饱和，各平台的网红经济获益者也越来越多地集中在头部玩家中。

(二) 厂商自播模式

基于成本的考虑，越来越多的厂家和商家自建直播团队，进行品牌自播或通过第三方运营公司进行代播。厂商自播也称为品牌自播，在此模式下，厂商老板或员工直接在直播平台介绍与推荐具体产品，消费者可通过直播页面中的商品链接跳转至直播平台对应的电商平台商品详情页进行下单购买。在厂商自播模式下，厂商老板或员工直接进行直播推广活动，直播平台、电商平台对直播推广活动不收取促销推广费，电商平台按电商成交额和不同商品的对应费率收取平台服务费。在厂商自播模式下，主播是公司内部的员工，通常对推广的商品更为了解，公司也只需支付工资和奖金，相比外部知名主播和明星艺人成本要低得多。因此，厂商自播已逐渐成为普遍发展趋势。

厂商自播模式下，直播团队人工、直播间装修及营销费用等构成商家核心成本。部分商家与直播运营机构签订协议进行代播，期间产生的代播服务费也会构成商家的部分成本。代播成本主要以直播时间为基础进行核算，各运营机构收费标准存在一定差异。

四、直播平台税收问题

(一) 直播平台自营商品

网络直播平台颠覆了传统的信息传播方式,其信息实时互动的特性受到电商平台的追捧。电商直播平台以直播形式为电商赋能,有供应链、品牌商资源等后端优势,平台直播起到补充用户购物体验的作用,同时提高转化率,进一步释放存量用户的购买力,如淘宝、京东商城、拼多多等。网络直播平台的"直播+零售"模式,区别于传统的实体零售及电商,是围绕消费者线上线下双重体验为中心的泛零售形态,成为电商平台品牌营销的重要手段。电商直播通过传播有价值的信息,有效吸引用户,提高买卖双方商品交易的效率,从而实现较高的转化率。电商直播由主播充当导购角色为用户介绍商品,用户可以在线购买。若商品比较抢手,还可以竞拍的方式让用户获得,直播销售的货物可谓包罗万象。此外,直播平台对宣传推广中人气迅速提升的签约主播,以其名义开通淘宝店或在其他网络销售渠道直销或代销货物,通过直播带货实现人气商品化的收益转化。

网络直播销售的货物如为平台自营商品,则直播平台需按销售货物缴纳增值税。经过2017年简并增值税税率结构和2018年、2019年两次调低税率后,目前境内销售货物,除特定货物适用9%的较低税率外,一般适用税率为13%。网络直播平台销售的货物通常为家用电器、品牌服装、日用百货等商品,通常适用的增值税税率为13%;若平台销售的货物为粮食等农产品、食用植物油、音像制品、电子出版物等商品,适用9%的增值税税率;若平台销售蔬菜、部分鲜活肉蛋产品等商品,可适用流通环节免征增值税优惠政策。纳税人兼营不同税率的货物,应当分别核算不同税率货物的销售额;未分别核算销售额的,从高适用税率。

企业所得税方面,企业以货币形式和非货币形式从各种来源取得的收入,为收入总额,包括销售货物收入、提供劳务收入、转让财产收入等。其中销售货物收入,是指企业销售商品、产品、原材料、包装物、低值易耗品以及其他存货取得的收入。平台自营商品按照销售货物收入处理。企业为促进商品销售而在商品价格上给予的价格扣除属于商业折扣,商品销售涉及商业折扣的,应当按照扣除商业折扣后的金额确定销售商品收入金额。

此外,直播平台销售以游戏为主概念的玩具、食品、饰品、音乐、图像、书籍等游戏周边产品,以及话筒、键盘、玩偶等主播周边产品,均需按照销售货物计算缴纳增值税、企业所得税等相关税费。[①]

---

① 秦燕,刘剑:《网络直播平台的税务处理》,载《注册税务师》2012年第12期。

（二）直播平台广告变现

网络直播平台的广告变现方式主要有传统排期和流量引导等形式。互联网时代，有流量和大量用户的地方，就存在广告商业价值。移动互联网终端（手机、平板电脑等）的普及，成功突破用户在使用时间与空间方面的限制，使得直播平台广告的传播力远远超出了报纸、杂志、广播、户外媒体等传统媒介。网页、直播室是直播平台的重要广告资源，开屏、直播背景、主播口播插入等展示类广告（传统排期）形式，以及置顶、弹窗、精选等平台广告推送（流量引导）都是平台提供广告服务的常见形式。直播平台可在网页、直播室或直播礼物中植入广告，吸引各类相关商家进行广告投放。为增强广告排期的宣传效果，平台通常将 Banner（网页导航图片）作为广告位，定时切换的 Banner 位广告可以为平台带来更多收益。直播平台充分发挥大数据在广告投放上的作用，通过用户画像和精准的流量分析，提供广告的底层分发，帮助广告主精准定位，使受传者更容易产生共鸣，实现广告主的不同营销需求。

增值税方面，直播平台提供的广告服务，属于现代服务业的文化创意服务，适用税率为6%。企业所得税方面，平台提供广告服务取得的收入，按照提供劳务收入处理，在相关广告或商业行为出现于公众面前时确认收入。此外，对于上述提供广告服务行为，应按提供广告服务取得的计费销售额和3%的费率计算缴纳文化事业建设费。需要注意，这里的计费销售额包含增值税在内，具体是指缴纳义务人提供广告服务取得的全部含税价款和价外费用，减除支付给其他广告公司或广告发布者的含税广告发布费后的余额。缴纳义务人减除价款的，应当取得增值税专用发票或国家税务总局规定的其他合法有效凭证，否则不得减除。

（三）直播平台用户打赏分成

网络直播平台的增值服务，催生了直播平台独特的粉丝经济。直播的直观、实时、互动性强等特点很容易让用户消费直播的内容，用户通过平台在线付费充值，购买各种虚拟道具或者礼物赠送给主播，充值道具产生的经济利益，由主播与平台方分成。用户打赏模式是各类直播平台中最常见的流量变现方式之一，实现了粉丝经济变现。

网络直播平台获得的用户打赏收入分成，并非平台提供播映、培训、咨询、表演等服务取得的收入，而是为主播提供电子商务平台服务的收入。此外，直播平台的电商变现业务中，网络直播平台销售非自营商品的，以商户名义经营、开票、承担相关法律责任，平台依托互联网为入驻商户提供进行商品交易活动"场所"，直播平台提供的是电子商务平台服务，承担管理和连带责任。直播间销售电影票，网络直播平台提供的也是一种信息技术服务。

增值税方面，直播平台利用信息系统资源，为用户附加提供信息技术服务，依照与商户约定的抽成比例确认收入,按"现代服务—信息技术服务—信息系统增值服务(电子商务平台)"税目缴纳增值税,并开具发票给商户,适用税率为6%。同时,网络直播平台接受软件硬件基础设施服务方所提供的相应技术支持,如提供足够的网络宽带、数据的存储管理及其他网络技术支持等服务。网络直播平台取得相应的电信服务、信息技术服务等增值税扣税凭证上注明的增值税税额,准予从销项税额中抵扣。企业所得税方面,平台提供信息技术服务按照提供劳务收入处理。为长期合作客户提供信息技术服务收取的劳务费,在相关劳务活动发生时确认收入。直播平台接受网络技术支持服务等与生产经营相关的、合理的支出,准予在计算应纳税所得额时扣除。

(四) 资金结算手续费

电子商务的蓬勃发展催生了第三方支付。为加强用户资金安全监管,电子商务平台通常采用与第三方支付机构合作的方式,支付结算服务通过银行、非银行支付机构提供,或以自建支付平台的方式完成交易环节的实现。目前,直播平台一般通过支付宝、微信等第三方支付平台进行款项结算。第三方支付按照交易比例收取资金结算手续费。结合支付宝、微信支付公布的手续费结算标准,餐饮购物等行业使用第三方支付服务收取款项的商户,需按结算资金的0.6%支付手续费;而对于网络媒体类行业,第三方支付平台对商户收取的手续费通常达到1%。

增值税方面,平台利用第三方支付发生的资金结算费用,取得增值税专用发票上注明的增值税额,准予从销项税额中抵扣。企业所得税方面,平台利用第三方支付发生的费用,作为结算的财务费用凭发票入账,一般在互联网上可以打印相关结算凭据。

此外,对于开发自建资金结算系统的直播平台,提供资金结算服务按照交易比例收取的服务费或者手续费,增值税方面,确认为"金融服务——直接收费金融服务",适用税率为6%;企业所得税方面,按照提供劳务收入处理。由于消费者将钱款打给商户设在平台的账户,网络消费在消费者付款与商家收款结算间通常有一定时间差,使得部分平台支付账户会有一部分沉淀资金,从而产生存款利息收入。增值税方面,存款利息收入属于不征税收入;企业所得税方面,存款利息收入冲减财务费用,并入企业所得税的应纳税所得额。

(五) 经纪代理等服务

娱乐直播平台为其签约主播提供的经纪服务,网络直播平台为用户提供的撮合交易服务等,均属于经纪代理服务。部分电商平台引入"互联网+房地产"跨界新模式,推出直播销售"自营"房产。平台寻找合适的房地产品牌,将开发商直供房源纳入平台,开设房产旗舰店,在交易、支付、金融服务等环节发挥互联网平台对购房者用户画像更为详细的优势,并开发购房后的家装、家居、家电等市场。房产销售直播实质上是楼盘的宣传广告,即便是平台自营旗舰店,直播平台充当的仍是"线上中介"角色,提供在线选房看房、收退订金、电子签约等交易撮合、金融服务等业务。从其经营实质来看,房地产电商化更多还是实现平台引流,获客预约等功能,即用优惠锁定用户,再引导至线下交易,而并非将商品房统一购入后,再放到平台上出售。

增值税方面,电商直播平台"自营"房产等交易撮合业务,平台提供的是经纪代理服务,适用税率为6%。利用第三方支付发生的资金结算费用,取得增值税专用发票上注明的增值税额,准予从销项税额中抵扣。企业所得税方面,平台提供经纪代理服务按照提供劳务收入处理。对于长期为客户提供重复的劳务收取的劳务费,在相关劳务活动发生时确认收入。

此外,头部电商平台不断向产业边缘探索,逐步发展新业务生态,在物流、金融等方面布局,建立平台自己的物流服务、消费金融等系统。增值税方面,平台提供的物流信息管理,属于"现代服务——信息技术服务——业务流程管理服务",适用税率为6%;收派服务属于"现代服务——物流辅助服务",适用税率为6%;资金结算等直接收费金融服务,属于金融服务,适用税率为6%。网络直播平台涉及在线支付,即从事经营性互联网信息服务的,应当按规定办理《增值电信业务经营许可证》。增值电信服务属于"电信服务",适用税率为6%。企业所得税方面,平台提供的物流信息管理、物流辅助服务等取得的收入,按照提供劳务收入处理。

五、网络主播税收问题

直播电商生态中,包括厂商、直播平台、电商平台、MCN 机构、主播个人、消费者(粉丝)等多方参与者。通常除了消费者,其他各方都涉及税收问题,主要涉及增值税、企业所得税、个人所得税等税种。这里重点分析一下网络主播个人的税收问题,尤其是主播的个人所得税,以及厂商、MCN 机构的代扣代缴义务。

网红主播在直播带货中,主播的收入主要来自为厂商带货的分成收入,主要是佣金和"坑位费"等。这些收入可能涉及《个人所得税法》规定的工资薪金所得、劳务报酬所得、经营所得等。

(一)劳务报酬所得和经营所得的区分

根据《个人所得税法实施条例》第六条的规定,经营所得是指个体工商户、个人独资企业投资人以及合伙企业的个人合伙人从事生产、经营活动,个人依法从事办学、咨询等有偿服务活动,以及个人从事其他生产、经营活动取得的所得;劳务报酬所得,是指个人从事劳务取得的所得。从形式上看,主播以个人身份为平台或MCN机构提供独立劳务时,取得的收入为劳务报酬所得;主播设立个体工商户、个人独资企业以及合伙企业,从事生产经营活动时,在业务真实的前提下,取得的收入为经营所得。实务中,基于业务内容和经济实质的判断,劳务报酬与经营所得的界限有时不是非常清晰。

根据《个人所得税法实施条例》第六条的规定,虽未办理营业执照,个人依法从事办学、咨询等有偿服务活动,以及个人从事其他生产经营取得的所得也属于经营所得。劳务报酬所得和经营所得如何区分:经营所得,一般是指有稳定的机构场所、有经营设备、持续经营、自担经营风险且不是独立的个人活动而取得的所得;劳务报酬所得,是指个人独立从事劳务活动而取得的所得。实践中,有大量自由职业者并未注册商事组织,但持续经营,不但投入了资金和设备,有相对固定的经营场所,而且不是一个人独立完成,聘用了相关工作人员,甚至形成了相对稳定的团队。《国家税务总局对十三届全国人大三次会议第8765号建议的答复》中提到,灵活用工人员取得的收入是否作为经营所得计税,要根据经济实质进行判定。

网络主播,特别是头部主播在按销售额收取一定比例佣金的同时,还会另外收取坑位费。坑位费,字面理解也就是占坑需要付的钱。在电商直播中,坑位费可以理解成发布费或上架费,也就是厂商需要给带货主播坑位费,主播才会给商品上架,在直播间介绍你的商品。例如,一个主播会给某厂商5~10分钟时间来介绍厂商的商品,厂商要为此支付5万元。不管厂商的商品卖不卖得出去,卖出去多少,这个5万元的费用都是固定的。这5~10分钟的介绍推广,就是坑位。厂商支付的这5万元,就是坑位费。不同粉丝量的主播,不同咖位的明星,坑位费是不一样的,相差还比较大。

根据《国家税务总局关于印发〈广告市场个人所得税征收管理暂行办法〉的通知》(国税发〔1996〕148号)第五条的规定,纳税人在广告设计、制作、发布过程中提供名义、形象而取得的所得,应按劳务报酬所得项目计算纳税。有一种观点认为坑位费就是网红主播靠外在的形象、气质和名气挣钱。对照上述规定,进而得出网络主播取得的佣金和坑位费属于"提供名义、形象而取得的所得,应按劳务报酬所得项目计算纳税"的结论。这种观点值得商榷。

(二)劳务报酬所得和工资薪金的区分

随着平台经济的兴起,劳务和劳动关系有时的确难以区分。主播个人与MCN机构或厂商是否存在雇佣劳动关系,是区分工资、薪金所得与劳务报酬所得的关键。新《个人所得税法》实施后,我国建立起综合与分类相结合的个人所得税制度,劳务报酬所得和工资、薪金所得都属于综合所得,年度汇算时适用一样的税率,但劳务报酬所得的预扣比率通常更高一些,允许相应的费用扣除,两者略有不同(表2-1、表2-2)。同时,如果是劳动关系将涉及社保缴纳等问题,MCN机构或厂商的负担较重。此外,主播与平台之间是劳务关系还是劳动关系,不仅决定了个人所得税的所得类型,还涉及主播是否要缴纳增值税问题。如果是劳动关系,根据《增值税暂行条例》和《营业税改征增值税试点实施办法》(财税〔2016〕36号附件1)的规定,员工为本单位或者雇主提供取得工资的服务,不征增值税;如果是劳务关系,则网络主播应就其收到的劳务报酬计算缴纳增值税,同时开具发票。

表2-1 个人所得税预扣率表一

(居民个人工资、薪金所得预扣预缴适用)

级数	累计预扣预缴应纳税所得额	预扣率(%)	速算扣除数
1	不超过36 000元	3	0
2	超过36 000元至144 000元的部分	10	2 520
3	超过144 000元至300 000元的部分	20	16 920
4	超过300 000元至420 000元的部分	25	31 920
5	超过420 000元至660 000元的部分	30	52 920
6	超过660 000元至960 000元的部分	35	85 920
7	超过960 000元的部分	45	181 920

表2-2 个人所得税预扣率表二

(居民个人劳务报酬所得预扣预缴适用)

级数	预扣预缴应纳税所得额	预扣率(%)	速算扣除数
1	不超过20 000元	20	0
2	超过20 000元至50 000元的部分	30	2 000
3	超过50 000元的部分	40	7 000

(三) 主播收入的定性和征收

网络主播与MCN机构或直播平台、厂商之间有不同的合作模式和法律关系,主播取得的所得来源多样,需要根据合作模式和具体情况确定其所得性质。

1. 要看法律关系

网络主播的收入通常包括佣金和坑位费等,既可能从MCN机构取得收入,也可能从直播平台或厂商取得。

如果主播与MCN机构或直播平台、厂商之间订立劳动合同,或者符合人身、组织以及财产的依附性,双方之间构成任职或者受雇的劳动关系,网络主播取得的所得可以定性为工资、薪金所得。

如果主播与直播平台或经纪机构之间为合作关系,双方之间构成劳务提供关系,网络主播取得的所得可能是劳务报酬所得或经营所得。

2. 要看纳税主体的形式外观

在所得定性的过程中,劳务报酬所得与经营所得的区分较为模糊,可首先进行形式外观判断,如以个人身份的形式提供劳务,其取得的所得一般为劳务报酬所得;如以个体工商户、个人独资企业或者合伙企业的形式提供劳务,其取得的所得一般为经营所得。

3. 要看形式外观与经济实质是否一致

遵循经济实质原则,在判断个人收入是否构成经营所得时,不宜单纯以形式外观作为标准。个人以个体工商户、个人独资企业的形式从事生产经营活动,取得的所得虽一般为经营所得,当出现外观与实质严重不符时,税务机关有权依据《个人所得税法》第八条反避税条款进行纳税调整。

当网络主播滥用个体工商户、个人独资企业等形式谋求不当税收利益时,税务机关将进行调整处理。比如,在朱某慧、林某珊偷逃税案件中,就是通过在多地设立个人独资企业,虚构业务将其取得的个人工资、薪金和劳务报酬所得转变为个人独资企业的经营所得,从而偷逃个人所得税。两人的上述行为违反了相关税收法律法规,扰乱了税收征管秩序。最终,税务机关对朱某慧追缴税款、加收滞纳金并拟处1倍罚款,共计6 555.31万元,对林某珊追缴税款、加收滞纳金并拟处1倍罚款,共计2 767.25万元。

(四) 网络主播的个人所得税扣缴问题

《个人所得税法》第九条规定,个人所得税以所得人为纳税人,以支付所得的单位或者个人为扣缴义务人。《个人所得税法实施条例》第二十四条规定,扣缴义务人向个人支付应税款项时,应当依照《个人所得税法》规定预扣或者代扣税款,按时缴库,并专项记载备查。个人所得税扣缴制度对加强税收征管和防止税款流失具有重要意义。具体到网络主播的个人所得税,主要是要不要代扣代缴、由谁代扣代缴、如何代扣代缴以及未按规定扣缴的法律风险等问题。

1. 要不要代扣代缴

如果网络主播取得的是经营所得,则由其自行申报;如果认定为劳务报酬所得或工资、薪金所得,则需要由支付方履行扣缴义务。

2. 谁负责代扣代缴

如果网络主播从签约的MCN机构取得收入,则由MCN机构负责依法代扣代缴个人所得税。如果网络主播不通过MCN机构,直接与厂商合作,签订合同,提供服务并取得收入,则厂商要依法履行代扣代缴义务,或者主播就是厂商的内部员工,厂商应当按工资、薪金所得扣缴个人所得税。另外,网络主播从厂商、直播平台、MCN 机构等多处取得收入,多方支付主体之间可能存在多重支付的情形下,则要根据具体情况分别确定扣缴义务人。

3. 如何代扣代缴

这里讨论按什么所得类型代扣代缴个人所得税。如前所述,对于生产经营所得,不用代扣代缴,而是由主播或其工作室自行申报纳税。

(1) 网络主播以个人身份为 MCN 机构或直播平台、厂商提供劳务时,网络主播取得的所得为劳务报酬所得。区别于工资、薪金所得,取得劳务报酬所得的个人与所得支付方之间不存在劳动雇佣关系,而是个人独立提供劳务取得的所得。

(2) 网络主播任职或者受雇于 MCN 机构或直播平台、厂商,网络主播取得的所得为工资、薪金所得。根据《个人所得税法实施条例》第六条的规定,工资、薪金所得是个人因任职或者受雇取得的所得。如果网络主播与 MCN 机构或直播平台、厂商之间订立劳动合同或形成劳动雇佣关系,主播从 MCN 机构或直播平台、厂商取得的收入,应定性为工资、薪金所得。

(3) 网络主播注册个体工商户、个人独资企业以及合伙企业从事生产经营活动时,其为 MCN 机构或直播平台、厂商提供劳务而取得的所得为经营所得。值得注意的是,经营所得的本质是从事生产经营活动取得的收入,并不完全以办理营业执照为前提。基于业务内容和经济实质的判断,即便注册了个体工商户或个人独资企业,如果所有活动都是以个人名义进行,或者虽然以个人独资企业等名义从事活动,但收入、成本都与其注册的个人独资企业等无关,也可能不被认定为经营所得。比如,某网络主播黄某,通过在上海设立多家个人独资企业、合伙企业,虚构业务,将其个人从事直播带货取得的佣金、坑位费等劳务报酬所得转换为企业经营所得,被税务机关定性为进行虚假申报偷逃税款,处以 1 倍罚款。

4. 未按规定扣缴的法律风险

在网络直播行业,代扣代缴个人所得税作为一种法定义务,是 MCN 机构或直播平台、厂商常见的税收法律风险。税法规定,个人所得税以支付所得的单位或个人为扣缴义务人。MCN 机构或直播平台、厂商是向网络主播支付所得的单位,针对其支付的工资、薪金或者劳务报酬,需要依法履行扣缴义务。经营所得,无扣缴义务,由纳税人自行申报。需要注意的是,所得性质将会实质影响 MCN 机构或直播平台、厂商是否发生扣缴义务。如果税务机关认定主播的所得名为经营所得,实为劳务报酬所得时,其可能面临应扣未扣的法律风险。《税收征收管理法》第六十九条规定,扣缴义务人应扣未扣、应收而不收税款的,由税务机关向纳税人追缴税款,对扣缴义务人处应扣未扣、应收未收税款50%以上3倍以下的罚款。MCN机构或直播平台、厂商如果没有履行代扣代缴义务,将面临50%以上3倍以下的罚款。而网络主播作为纳税人,仍然要承担纳税义务。

(五) 不同模式的具体税务问题

1. 外部付费主播模式

对于付费主播模式,外部主播个人取得的佣金、提成以及坑位费等收入,通常属于劳务报酬所得。如果厂商不直接与外部主播合作,而是与其签约的MCN机构进行合作,包括签署合作协议、款项支付、发票开具等均是与MCN机构之间进行,则主播的个人所得税由MCN机构负责代扣代缴。

大众主播一般为个人主播,无MCN机构管理,厂商与主播沟通后直接达成直播合作意向和方案,并通过线上平台结算线上佣金。这种情况下,主播不通过MCN机构而是直接与厂商签订合同开展合作,则主播的个人所得税由厂商负责代扣代缴。

2. 厂商自播模式

对于厂商自播模式,公司内部员工主播提供内容营销服务,取得的收入属于工资、薪金所得,按照签订的劳动合同与其结算工资、薪金,厂商作为扣缴义务人,按照《个人所得税法》的相关规定,为内部员工主播办理全额扣缴申报,按月预扣预缴税款,并向员工主播提供其个人所得和已扣缴税款等信息。主播和其他员工一样,按规定进行个税年度汇算清缴。

六、网络直播税收法律风险防范

网络直播平台、经纪公司、网络主播等应依法依规经营、加强自身管理、提高税法遵从、诚信纳税,防范涉税法律风险。

(一)"应扣未扣"个税风险防范

《税收征收管理法》第六十九条规定,扣缴义务人应扣未扣、应收而不收税款的,由税务机关向纳税人追缴税款,对扣缴义务人处应扣未扣、应收未收税款50%以上3倍以下的罚款。网络直播平台、网络直播服务机构应当明确区分和界定网络直播发布者各类收入来源及性质,并依法履行个人所得税代扣代缴义务,不得通过成立网络直播发布者"公会"、借助第三方企业或者与网络直播发布者签订不履行个人所得税代扣代缴义务的免责协议等方式,转嫁或者逃避个人所得税代扣代缴义务;不得策划、帮助网络直播发布者实施逃避税。

(二) 偷逃税风险防范

近年来,公开曝光的明星艺人、网络主播税收违法案件中,大多涉及采用隐匿收入、转换收入性质虚假申报等手段偷逃税问题。依据《税收征收管理法》第六十三条第一款的规定,对纳税人偷税的,由税务机关追缴其不缴或者少缴的税款、滞纳金,并处不缴或者少缴的税款50%以上5倍以下的罚款。税务机关在查处上述明星艺人偷逃税案件时,根据不同的违法手段、主观故意等情节分别处以0.5倍到5倍的罚款。值得注意的是,偷逃税款构成犯罪的,将移送司法机关,依法追究刑事责任。税务机关在联合相关部门依法打击涉税违法犯罪行为的同时,对情节严重、性质恶劣、社会反映强烈的典型案件还会进行公开曝光。

有的明星艺人、网络主播通过设立多家个人独资企业,甚至使用其他人的身份注册,而这些个人独资企业并未实质经营,没有经营场所,没有必要的经营设备,也没有任何费用发生,主播艺人也从未到过其个人独资企业的注册地,只是以个人独资企业的名义签订合同、收取款项、开具发票,通过虚构业务将其取得的个人工资、薪金和劳务报酬所得转变为个人独资企业的经营所得,这属于虚假申报偷逃税行为。

明星艺人、网络主播应加强对税法的学习,自觉遵从税法规定,依法依规建账建制,采用查账征收方式申报纳税,防范法律风险。

(三) 虚开发票风险防范

在公开曝光的案例中,网络主播常见的偷逃税方法,除了隐藏收入,就是在税收洼地设立个人独资企业等,为MCN机构、直播平台或厂商开具发票。通过上述操作,虚构业务将个人劳务报酬转换为生产经营所得,进行虚假申报,偷逃税款。

一旦被认定为虚构业务转换所得性质,则上述个人独资企业经营收入将失去基础,其开票行为没有实际业务支撑,这就涉嫌虚开发票了。根据《发票管理办法》的规定,为他人开具与实际经营业务情况不符的发票,属于虚开发票。虚开发票不仅会被处以50万元以下的罚款,情节严重的还会涉及刑事责任。虚开发票金额累计在50万元以上的或虚开发票100份以上且票面金额在30万元以上的就属于情节严重[①],将面临2年以下有期徒刑、拘役或者管制,并处罚金。如果虚开的是增值税专用发票,后果将更为严重,根据我国刑法和最新司法解释的规定,虚开增值税专用发票税款数额

---

① 2022年4月29日,最高人民检察院、公安部联合发布修订后的《最高人民检察院 公安部关于公安机关管辖的刑事案件立案追诉标准的规定(二)》。该规定自2022年5月15日施行,将"虚开金额累计在四十万元以上的"提高至"虚开发票金额累计在五十万元以上的",将"虚开发票一百份以上"修改为"虚开发票一百份以上且票面金额在三十万元以上的"。

10 万元以上①的,就可以判处 3 年以下有期徒刑或者拘役。某种意义上讲,虚开发票,不管是虚开普通发票还是虚开增值税专用发票,比偷逃税风险要严重得多,因为一旦定性为虚开,符合条件的就可能直接面临刑事责任,而不像逃税那样补缴税款滞纳金罚款之后有"首犯不罚"的机会。而且虚开增值税专用发票将最高面临无期徒刑的严重法律后果。

税务机关将对虚开发票行为进行常态化监管,并加大打击力度。经国务院批准,2022 年 3 月 24 日,财政部、税务总局联合制发了《财政部 税务总局关于对增值税小规模纳税人免征增值税的公告》(财政部 税务总局公告 2022 年第 15 号),明确自 2022 年 4 月 1 日至 2022 年 12 月 31 日,适用 3% 征收率的应税销售收入,免征增值税;适用 3% 预征率的预缴增值税项目,暂停预缴增值税。该项政策优惠力度和覆盖面均超过以往。不可避免,有不法分子会蠢蠢欲动,想利用该项优惠政策虚开发票谋取非法利益。2022 年 3 月 31 日,国家税务总局发布《国家税务总局关于推出 2022 年"我为纳税人缴费人办实事暨便民办税春风行动 2.0 版"的通知》(税总纳服函〔2022〕32 号),提出开展虚假代开发票专项治理,依法打击不法分子利用自然人、小规模纳税人身份虚假代开发票行为。文娱领域直播行业等相关企业和从业人员要遵从税法规定,防范风险,不能滥用优惠政策进行虚开发票,同时要提高警惕,拒绝接受此类虚开的发票。

(四)帮助主播偷逃税风险防范

在公开曝光的案例中,发现有经纪公司、经纪人、中介机构或相关人员帮助明星艺人、网络主播实施偷逃税等违法行为。2022 年 3 月,国家互联网信息办公室、国家税务总局、国家市场监督管理总局等三部门联合出台的《关于进一步规范网络直播营利行为促进行业健康发展的意见》(税总所得发〔2022〕25 号印发)强调,网络直播平台、网络直播服务机构不得策划、帮助网络直播发布者实施逃避税;直播平台、中介机构及相关人员违法违规策划、帮助主播实施偷逃税的,将依法严肃处理和公开曝光。中介机构及相关人员需要注意,帮助他人偷逃税款是要承担法律责任的。《税收征收管理法实施细则》第九十三条规定,为纳税人、扣缴义务人非法提供银行账户、发票、证明或者其他方便,导致未缴、少缴税款或者骗取国家出口退税款的,税务机关除没收其违法所得外,可以处未缴、少缴或者骗取的税款 1 倍以下的罚款。税务部门将持续加强对网络直播行业从业人员的税收监管,并对协助偷逃税款的相关经纪公司及经纪人、网络平台企业、中介机构等进行联动检查,依法严肃查处涉税违法行为,切实提高税法遵

---

① 《最高人民检察院 公安部关于公安机关管辖的刑事案件立案追诉标准的规定(二)》将虚开增值税专用发票的税款数额由"五万元以上"提高到"十万元以上"。

从度,营造法治公平的税收环境。

在演员郑某偷逃税案件中,张某负责相关演艺合同签订、片酬商谈、合同拆分、催款收款等事宜,并具体策划起草"增资协议",设立"掩护公司",掩盖"天价片酬",规避行业主管部门监管,帮助郑某逃避履行纳税义务。张某因帮助郑某偷逃税款,被依法处以郑某相应偷税款额的0.75倍罚款,计3 227万元。网络主播朱某慧、林某珊偷逃税案件中,税务部门发现李某强涉嫌策划、实施和帮助朱某慧、林某珊偷逃税,并干扰税务机关调查。税务部门已依法对李某强进行立案检查,依法另行处理。网络主播黄某的偷逃税案件查处后,其丈夫发布致歉信称,聘用了所谓的专业机构进行税务统筹合规,但后续发现这些所谓的合法合规的税务统筹均存在问题,发现税务统筹有极大风险。在演员范某某偷逃税案件中,税务机关对范某某及其经纪人牟某广所控制的相关公司展开调查期间,牟某广指使公司员工隐匿、故意销毁涉案公司会计凭证、会计账簿,阻挠税务机关依法调查,涉嫌犯罪。牟某广等人被公安机关采取强制措施,依法处理。

明星艺人、网络主播一方面要加强学习,提高依法纳税意识,主动遵从税法规定;另一方面,在选择涉税中介机构进行服务时,要明辨是非,远离那些打着税收筹划幌子,以逃避纳税义务、虚开发票为目的的违法"黑中介"。

七、网络直播的监管

(一)加强网络直播规范管理

2021年2月9日,国家互联网信息办公室、全国"扫黄打非"工作小组办公室等七部门联合发布《关于加强网络直播规范管理工作的指导意见》(国信办发文〔2021〕3号印发),旨在进一步加强网络直播行业的正面引导和规范管理,重点规范网络打赏行为,推进主播账号分类分级管理,提升直播平台文化品位,促进网络直播行业高质量发展。该文件强调压实平台主体责任;明确主播法律责任;强化用户行为规范;严惩违法违规行为指导。

(二)加强网络直播营销管理

2021年4月,国家互联网信息办公室、公安部、商务部、文化和旅游部、国家税务总局、国家市场监督管理总局、国家广播电视总局等七部门联合发布《网络直播营销管理办法(试行)》(国信办发文〔2021〕5号印发),要求直播平台向税务机关报送主播身份信息和其他涉税信息、依法履行代扣代缴义务。该办法明确了直播营销平台、直播间运营者、直播营销人员等概念,为相应法律法规的适用奠定了基础。同时明确,有关部门根据需要对直播营销平台履行主体责任情况开展监督检查,对存在问题的平台开展专项检查。

(三) 以税收风险为导向,精准实施税务监管

2021年4月29日,国家税务总局稽查局在国家税务总局官方网站发布《以税收风险为导向 精准实施税务监管》一文,公布了2021年全国税务系统稽查工作的8个重点领域和行业以及五类涉税违法行为,其中直播平台名列其中,隐瞒收入、利用"税收洼地"和关联交易恶意税收筹划以及利用新型经营模式逃避税等也是重点查处的涉税违法行为。具体内容如下:

为深入贯彻落实中共中央办公厅、国务院办公厅印发的《关于进一步深化税收征管改革的意见》,国家税务总局要求各地税务部门以税收风险为导向、以"双随机、一公开"为基本方式,针对逃避税问题多发的重点领域,适当提高抽查比例,有序开展随机抽查,精准实施税务监管,打击涉税违法行为,保护守法诚信经营,维护经济税收秩序,维护国家税收安全,维护社会公平正义。

聚焦重点领域。围绕社会舆论和人民群众关切,针对农副产品生产加工、废旧物资收购利用、大宗商品(如煤炭、钢材、电解铜、黄金)购销、营利性教育机构、医疗美容、直播平台、中介机构、高收入人群股权转让等行业和领域,重点查处虚开(及接受虚开)发票、隐瞒收入、虚列成本、利用"税收洼地"和关联交易恶意税收筹划以及利用新型经营模式逃避税等涉税违法行为。

(四) 加强文娱领域从业人员税收管理

为贯彻落实中央宣传部《关于开展文娱领域综合治理工作的通知》有关要求,依法依规深化文娱领域税收秩序规范工作,促进行业长期健康发展,国家税务总局办公厅2021年9月18日发出通知,要求进一步加强文娱领域从业人员税收管理。

(五) 三部门发文进一步规范网络直播营利行为

为了构建跨部门协同监管长效机制,加强网络直播营利行为规范性引导,鼓励支持网络直播依法合规经营,促进网络直播行业发展中规范,规范中发展,2022年3月,国家互联网信息办公室、国家税务总局、国家市场监督管理总局联合印发了《关于进一步规范网络直播营利行为促进行业健康发展的意见》(税总所得发〔2022〕25号印发,以下简称《规范意见》)。

《规范意见》强调要规范税收管理,促进纳税遵从。

一是依法履行代扣代缴义务。网络直播平台、网络直播服务机构应当明确区分和界定网络直播发布者各类收入来源及性质,并依法履行个人所得税代扣代缴义务,不得通过成立网络直播发布者"公会"、借助第三方企业或者与网络直播发布者签订不履行个人所得税代扣代缴义务的免责协议等方式,转嫁或者逃避个人所得税代扣代缴义

务;不得策划、帮助网络直播发布者实施逃避税。

二是规范税收服务和征缴。各级税务部门要优化税费宣传辅导,促进网络直播平台、网络直播服务机构、网络直播发布者税法遵从,引导网络直播发布者规范纳税、依法享受税收优惠;网络直播发布者开办的企业和个人工作室,应按照国家有关规定设置账簿,对其原则上采用查账征收方式计征所得税;切实规范网络直播平台和相关第三方企业委托代征、代开发票等税收管理;进一步加强税收大数据分析,健全常态化监管机制。

三是打击涉税违法犯罪行为。依法查处偷逃税等涉税违法犯罪行为,对情节严重、性质恶劣、社会反映强烈的典型案件进行公开曝光。对为网络直播发布者违法违规策划、帮助实施偷逃税行为的中介机构及相关人员依法严肃处理和公开曝光。

《规范意见》还强调网络直播平台要更好落实管理主体责任。

一是加强网络直播账号注册管理。网络直播平台应当严格按照有关法律法规规定及"后台实名、前台自愿"的原则,对网络直播发布者进行基于身份证件信息、统一社会信用代码等的认证登记,开展动态巡查核验,确保认证信息真实可信。网络直播平台应当每半年向所在地省级网信部门、主管税务机关报送存在网络直播营利行为的网络直播发布者个人身份、直播账号、网络昵称、取酬账户、收入类型及营利情况等信息。

二是加强网络直播账号分级分类管理。网络直播平台应当严格按照有关法律法规要求,建立并严格执行网络直播账号分级分类管理制度;对违反相关法律法规的网络直播账号,依法依规采取警示提醒、责令限期改正、限制账号功能、暂停账号使用、永久关闭账号、禁止重新注册等处置措施,保存有关记录并按要求及时向有关部门报告。

三是配合开展执法活动。网络直播平台应当在服务协议中明确提示网络直播发布者在市场主体登记、税收等方面的权利义务,但不得强制要求网络直播发布者成立工作室或者个体工商户。网络直播平台应当配合网信、市场监管、税务等部门依法实施的监督检查,提供必要的文件、资料和数据等,并为依法调查、检查活动提供技术支持和帮助。

第二节 游戏直播商业模式与税收问题

根据中国互联网络信息中心发布的第 51 次《中国互联网络发展状况统计报告》,

截至 2022 年 12 月,我国网络游戏用户规模达 5.22 亿,较 2021 年 12 月减少 3 186 万,占网民整体的 48.9%。

一、游戏直播平台联合运营导流及其税收问题①

游戏联运是游戏直播平台变现的一个有效手段。游戏直播平台大多为手游和页游的代理商,主打电子竞技直播,涵盖手游职业竞赛、互动视频直播、综合演艺类等多种直播内容,如虎牙、斗鱼、映客等。游戏联运导流变现为游戏直播平台所独有,是游戏直播平台与游戏开发商合作运营模式。游戏开发商将游戏客户端嵌入直播平台,并提供游戏更新包以及充值、客服系统等必要资源;游戏直播平台提供平台使用权、广告位等,双方以游戏运营为合作基础,利益共享、风险共担。

增值税方面,游戏直播平台提供信息系统服务(包括网站对非自有的网络游戏提供的网络运营服务),以及信息系统增值服务(电子商务平台),按照"现代服务——信息技术服务"缴纳增值税,适用税率为 6%。企业所得税方面,平台提供信息系统服务及信息系统增值服务,按照提供劳务收入处理。平台为有效解决网络拥挤状况,提高用户访问网站的响应速度而使用的 CDN(内容分发网络)系统的带宽成本,准予在计算应纳税所得额时扣除。

二、游戏虚拟装备销售的税务处理

网络游戏虚拟道具、会员权等均属于"无形资产——其他权益性无形资产"。玩家参与游戏需要支付一定的费用,以获得游戏时间和游戏虚拟装备的游戏卡。游戏虚拟装备作为游戏主要产品之一,是在网络游戏的虚拟环境中产生,以数字形式存在于特定空间,属于在一定条件下可以进行交易的特殊资产。对采用会员制的游戏,玩家通过购买会员权,在享受会员专属游戏身份的同时,获得游戏内专属会员商城一定的消费折扣,以及更多 VIP 游戏特权体验。

增值税方面,销售无形资产是指转让无形资产所有权或者使用权的业务活动。无形资产包括技术、商标、著作权、商誉、自然资源使用权和其他权益性无形资产。游戏直播平台发生的销售或取得无形资产业务,通常与网络游戏虚拟道具、域名、会员权等其他权益性无形资产相关,适用税率为 6%。直播平台购入游戏软件版权等无形资产,取得合法有效扣税凭证的,可以作为进项税额抵扣。企业所得税方面,平台销售网络游戏虚拟道具等权益性资产按照转让财产收入处理。企业取得的财产转让收入,除

---

① 秦燕,刘剑:《网络直播平台的税务处理》,载《注册税务师》2012 年第 12 期。

另有特殊规定以外(如符合条件的债务重组等),均应一次性计入确认收入的年度计算缴纳企业所得税。企业转让资产,该项资产的净值准予在计算应纳税所得额时扣除。此外,需要注意会员费的企业所得税收入确认时点,如只有会籍而不享受连续服务的,取得该会员费时确认收入;申请入会或加入会员后,不再付费就能够享受连续服务的应在整个受益期内分期确认收入。

第三节 网络主播典型涉税案例

近年来,税务部门通过税收大数据分析发现黄某、平某等一批网络主播涉嫌偷逃税款,随即开展了全面深入的税务稽查,并依法依规进行了严肃处理,促进网络直播行业在发展中规范、在规范中发展。税务部门将按照文娱领域税收综合治理工作的有关要求,进一步加强对文娱领域从业人员的税收管理,促使其提升税法遵从意识,自觉依法纳税。对涉嫌偷逃税的人员,依法依规加大查处力度,有利于营造公平竞争的税收环境,积极推动文娱领域长期规范健康发展。

案例2-1 税务部门依法对朱某慧、林某珊偷逃税案件进行处理[①]

税务部门通过税收大数据分析,发现朱某慧、林某珊2名网络主播涉嫌偷逃税款,在相关税务机关协作配合下,对其依法开展了全面深入税务稽查。

经查,朱某慧、林某珊在2019年至2020年,通过在上海、广西、江西等地设立个人独资企业,虚构业务将其取得的个人工资、薪金和劳务报酬所得转变为个人独资企业的经营所得,偷逃个人所得税。两人的上述行为违反了相关税收法律法规,扰乱了税收征管秩序。

××市税务局稽查局依据《税收征收管理法》《个人所得税法》《行政处罚法》等相关法律法规,对朱某慧追缴税款、加收滞纳金并拟处1倍罚款,共计6 555.31万元,对林某珊追缴税款、加收滞纳金并拟处1倍罚款,共计2 767.25万元。××市税务局稽查局已依法向朱某慧、林某珊下达税务行政处理决定书,并依法履行税务行政处罚告知程序。

检查中,税务部门发现李某强涉嫌策划、实施和帮助朱某慧、林某珊偷逃税,并干扰税务机关调查。税务部门已依法对李某强进行立案检查,将依法另行处理。

---

① 来源:国家税务总局浙江省税务局网站。

同时，税务部门通过税收大数据分析，还发现其他个别网络主播在文娱领域税收综合治理中自查自纠不到位，存在涉嫌偷逃税行为，正由属地税务机关依法进行稽查。

 附：

××市税务局稽查局有关负责人就朱某慧、林某珊偷逃税案件答记者问①

2021年11月，××市税务局稽查局对朱某慧、林某珊2名网络主播涉嫌偷逃税款问题进行了查处。该局有关负责人就案件查处情况回答了记者提问。

（1）为什么××市税务部门要对朱某慧、林某珊二人进行检查？

答：我们在开展规范文娱领域税收秩序工作中，通过税收大数据分析发现，朱某慧、林某珊两名网络主播涉嫌偷逃税款，于是依法依规对其进行立案并开展全面深入税务稽查。目前，案件事实已经查明并依法进行了处理。

（2）朱某慧、林某珊二人的违法事实有哪些？

答：朱某慧在2019年至2020年，通过设立北海宸汐营销策划中心、北海瑞宸营销策划中心、上海豆梓麻营销策划中心、上海皇桑营销策划中心、宜春市宜阳新区豆梓麻营销服务中心、宜春市宜阳新区黄桑营销服务中心等个人独资企业，虚构业务把从有关企业取得的个人工资、薪金和劳务报酬所得8 445.61万元，转换为个人独资企业的经营所得，偷逃个人所得税3 036.95万元。

林某珊在2019年至2020年，通过设立北海灵珊营销策划中心、北海珊妮营销策划中心、宜春市宜阳新区玉珊企业管理中心、宜春市宜阳新区蓝珊营销服务中心等个人独资企业，虚构业务把从有关企业取得的个人工资、薪金和劳务报酬所得4 199.5万元，转换为个人独资企业的经营所得，偷逃个人所得税1 311.94万元。

（3）为什么对朱某慧、林某珊拟处偷税金额1倍的罚款？

答：朱某慧、林某珊二人通过设立多家个人独资企业，虚构业务将个人工资、薪金和劳务报酬所得转换为个人独资企业的经营所得，偷逃个人所得税，属于《税收征收管理法》规定的偷税行为。同时，综合考虑朱某慧、林某珊在税务稽查立案后较为配合，在案情查实前主动补缴部分税款，具有主动减轻违法行为危害后果等情节，依据《税收征收管理法》第六十三条、《个人所得税法》第二条、《行政处罚法》第三十二条等规定，对两人拟处偷税金额1倍的罚款。

---

① 来源：国家税务总局浙江省税务局网站。

案例 2-2　税务部门依法对黄某偷逃税案件进行处理①

2021年12月,税务部门经税收大数据分析发现网络主播黄某(网名:薇Y)涉嫌偷逃税款,在相关税务机关协作配合下,依法对其开展了全面深入的税务检查。

经查,黄某在2019年至2020年,通过隐匿个人收入、虚构业务转换收入性质虚假申报等方式偷逃税款6.43亿元,其他少缴税款0.6亿元。

在税务调查过程中,黄某能够配合并主动补缴税款5亿元,同时主动报告税务机关尚未掌握的涉税违法行为。综合考虑上述情况,国家税务总局××市税务局稽查局依据《个人所得税法》《税收征收管理法》《行政处罚法》等相关法律法规规定,按照《ZJ省税务行政处罚裁量基准》,对黄某追缴税款、加收滞纳金并处罚款,共计13.41亿元。其中,对隐匿收入偷税但主动补缴的5亿元和主动报告的少缴税款0.31亿元,处0.6倍罚款计3.19亿元;对隐匿收入偷税但未主动补缴的0.27亿元,处4倍罚款计1.09亿元;对虚构业务转换收入性质偷税少缴的1.16亿元,处1倍罚款计1.16亿元。××市税务局稽查局已依法向黄某送达税务行政处理处罚决定书。

××市税务局有关负责人表示,税务部门将持续加强对网络直播行业从业人员的税收监管,并对协助偷逃税款的相关经纪公司及经纪人、网络平台企业、中介机构等进行联动检查,依法严肃查处涉税违法行为,切实提高税法遵从度,营造法治公平的税收环境。

附1:

××市税务局稽查局有关负责人就黄某偷逃税案件答记者问②

2021年12月,××市税务局稽查局对网络主播黄某(网名:薇Y)涉嫌偷逃税问题进行了查处。该局有关负责人就案件查处情况回答了记者提问。

(1) 为什么××市税务部门要对黄某进行检查?

答:近年来,税务部门一直重视并持续规范网络直播行业税收秩序。我们分析发现部分网络主播存在一定涉税风险,及时开展了风险核查,提示辅导相关网络主播依法纳税。经税收大数据分析评估发现,黄某存在涉嫌重大偷逃税问题,且经税务机关多次提醒督促仍整改不彻底,遂依法依规对其进行立案并开展了全面深入的税务检查。

---

① 来源:国家税务总局网站。
② 来源:国家税务总局网站。

(2) 黄某的违法事实有哪些？

答：2019年至2020年，黄某通过隐匿其从直播平台取得的佣金收入虚假申报偷逃税款；通过设立A企业管理咨询中心、B企业管理咨询合伙企业等多家个人独资企业、合伙企业虚构业务，将其个人从事直播带货取得的佣金、坑位费等劳务报酬所得转换为企业经营所得进行虚假申报偷逃税款；从事其他生产经营活动取得收入，未依法申报纳税。

我局依据《个人所得税法》《税收征收管理法》等规定，依法确认其偷逃税款6.43亿元，其他少缴税款0.6亿元。

(3) 请问本案中的不同罚款倍数是如何确定的？

答：《税收征收管理法》第六十三条第一款规定，对纳税人偷税的，由税务机关追缴其不缴或者少缴的税款、滞纳金，并处不缴或者少缴的税款50%以上5倍以下的罚款。

我局坚持依法依规、宽严相济、过罚相当的原则，充分考虑了违法行为的事实、性质、情节和社会危害程度等因素对黄某进行处罚。

一方面，对其主动纠错的偷逃税等违法行为依法从轻处理。黄某对其隐匿个人收入偷税行为进行自查并到税务机关提交补税申请，能够配合调查主动补缴税款5亿元，占查实偷逃税款的78%，并主动报告税务机关尚未掌握的涉税违法行为，具有主动减轻违法行为危害后果等情节。我局依据《行政处罚法》第三十二条规定，按照《ZJ省税务行政处罚裁量基准》，给予从轻处罚，对黄某隐匿收入偷税但主动补缴和报告的少缴税款处0.6倍罚款。

另一方面，对其未能纠错的违法行为视危害程度依法严肃处理。根据《税收征收管理法》的规定，按照《ZJ省税务行政处罚裁量基准》，黄某隐匿收入偷税且未主动补缴部分，性质恶劣，严重危害国家税收安全，扰乱税收征管秩序，对其予以从重处罚，处4倍罚款；黄某虚构业务转换收入性质虚假申报偷税部分，较隐匿收入不申报行为，违法情节和危害程度相对较轻，处1倍罚款。

(4) 是否会对黄某追究刑事责任？

答：《刑法》第二百零一条规定，纳税人有逃避缴纳税款行为的，经税务机关依法下达追缴通知后，补缴应纳税款，缴纳滞纳金，已受到行政处罚的，不予追究刑事责任；但是，5年内因逃避缴纳税款受过刑事处罚或者被税务机关给予2次以上行政处罚的除外。

本案中，黄某首次被税务机关按偷税予以行政处罚且此前未因逃避缴纳税款受过刑事处罚，若其能在规定期限内缴清税款、滞纳金和罚款，则依法不予追究刑事责任；

若其在规定期限内未缴清税款、滞纳金和罚款,税务机关将依法移送公安机关处理。

(5) 加强网络主播税收监管将对平台经济发展产生什么影响?

答:平台经济是经济发展的新业态,在更好满足消费者需求、促进新旧动能转换、推动经济高质量发展等方面发挥了积极作用。在平台经济快速发展过程中,部分网络主播的税收违法行为,扰乱了税收征管秩序,破坏了公平竞争的市场环境。税务部门依法依规对有关网络主播税收违法行为进行查处,有利于平台经济长期规范健康发展。同时,税务部门将认真落实好各项税费优惠政策,持续优化税费服务,为平台经济发展创造良好的税收营商环境。

附2:

中国新闻社:薇 Y 偷逃税被查,网络直播税收秩序规范迎来新拐点①

2021 年 12 月 20 日,××市税务部门公布了对网络主播黄某(网名:薇 Y)偷逃税案件的处理情况。国家税务总局表示,坚决支持××市税务部门依法严肃处理黄某偷逃税案件,并要求各级税务机关对各种偷逃税行为,坚持依法严查严处,坚决维护国家税法权威,促进社会公平正义。

经查,黄某在 2019 年至 2020 年,通过隐匿个人收入、虚构业务转换收入性质虚假申报等方式偷逃税款 6.43 亿元,其他少缴税款 0.6 亿元。××市税务局稽查局依据相关法律法规,对薇 Y 追缴税款、加收滞纳金并处罚款,共计 13.41 亿元。

查处黄某偷逃税案背后,给社会各界带来哪些警示?

(1) 不问名气大小,不管流量多少。

近年来,包括网络直播在内的新经济新业态迅猛发展,在保护新业态蓬勃生机的同时,税务部门一直重视并持续规范网络直播行业税收秩序,不断通过税收大数据对网络直播行业进行税收风险核查。

2021 年 9 月,国家税务总局办公厅发出通知,要求进一步加强网络直播从业人员的税收管理,明确提出对存在涉税风险的网络主播进行一对一风险提示和督促整改。换言之,不问名气大小、不看流量多少,是否遵纪守法是唯一的判断标准。

据××市税务局稽查局有关负责人透露,税务部门分析发现部分网络主播存在一定涉税风险,及时开展了风险核查,提示辅导相关网络主播依法纳税。经税收大数据分析评估发现,黄某存在涉嫌重大偷逃税问题,且经过税务机关多次提醒督促仍整改

---

① 来源:中国新闻社网站。

不彻底，遂依法依规对其立案并开展了全面深入的税务检查。

（2）网络主播们该怎么办？

直播电商产业发展可谓迅猛，毕马威联合阿里研究院发布的《迈向万亿市场的直播电商》报告显示，2020年直播电商整体规模达到1.05万亿元，2021年这一规模将扩大至2万亿元。而根据商务部此前公布的数据，2020年上半年全国电商直播活跃主播人数超过40万人。

行业"大姐大"被罚对他们来说意味着什么？

这是一次响亮的警钟声，敲打着每一位网络主播，让他们意识到过往有着偷逃税行为的应第一时间积极整改，切莫尝试在税收体系中玩"躲猫猫"。

这是一堂严肃的法治课，教育着每一位网络主播，他们的税法遵从度必须要能跟得上迅速增长的财富，在税务部门有关负责人的答记者问中，违法的事实依据、处罚的法律依据都一目了然，一位好的带货达人应首先是一位合格合规的纳税人。

这是一瓶潜在的催化剂，推动着网络直播行业强化行业自律，逐步形成行业惩戒措施和机制，为直播行业未来的健康稳定发展奠定关键基石。

在规范网络直播行业税收秩序过程中，税务部门始终秉持着宽严相济的态度，为网络主播们的"自我救赎"打开了一扇窗。国家税务总局发布的《关于开展文娱领域综合治理工作的通知》中明确指出，对2021年年底前能够主动报告并及时纠正涉税问题的，可以依法从轻、减轻或者免予处罚。据悉，已有上千人主动自查补缴税款。

必须承认，过去一段时间以来，网络主播纳税问题不断在舆论场升温，此次大案浮出水面后，网络主播们不用人人自危，而应正视反面教材带来的正面作用，与政府、行业、平台等各方一道共建长期良好的网络直播行业税收生态。

（3）加强网络直播税收监管有何影响？

网络直播行业不是"税收盲区"，对其涉税违法行为保持零容忍将成为常态，加强监管对整体平台经济和普通老百姓而言都将释放利好。

从平台经济角度来说，无形之中，偷逃税者等于变相增加了那些诚信纳税人的税收负担，使得诚信纳税人相较于偷逃税者而言在市场竞争中处于不利地位。

更为可怕的事情是，偷逃税行为造成的实际税负不公，可能会驱使社会上其他纳税人争相效仿，导致诚信纳税人越来越少，劣币驱逐良币下整个市场都将变得乌烟瘴气。

监管部门对平台经济向来坚持规范和发展并重，对于网络主播的涉税问题整治和查处将有利于营造公平竞争的税收环境。

税收取之于民，用之于民。公共基础设施、民生福利改善等都需要大量的资金投入,偷逃税直接减少国家财政收入,减少国家在公共事业上的投资来源,最终会"偷走"我们本应该享受到的社会公共服务。

税收的重要功能之一就是调节收入分配,不同收入群体对应的个人所得税纳税比例不同,高收入者纳税多,低收入者纳税少,这有助于在二次分配环节缩小收入分配差距,促进社会公平。

案例2-3 税务部门依法对网络主播平某偷逃税案件进行处理①

2022年2月,税务部门通过税收大数据分析,发现网络主播平某(网名:L嫂平某)涉嫌偷逃税款,对其依法开展了全面深入的税务检查。

经查,平某在2019年至2020年,通过隐匿直播带货佣金收入偷逃个人所得税1 926.05万元,未依法申报其他生产经营收入少缴有关税款1 450.72万元。

在税务检查过程中,平某能够积极配合检查并主动补缴税款。综合考虑上述情况,××市税务局稽查局依据《个人所得税法》《税收征收管理法》《行政处罚法》等相关法律法规规定,按照《GD省税务系统税务行政处罚裁量基准》,对平某追缴税款、加收滞纳金并处0.6倍罚款,共计6 200.3万元。日前,××市税务局稽查局已依法向平某送达税务行政处理处罚决定书。

××市税务局有关负责人表示,税务部门将持续加强对税收大数据的分析运用,有针对性地完善网络直播行业税收监管措施,严厉打击涉税违法行为,促进行业在发展中规范,在规范中发展。

××市税务局稽查局有关负责人
就网络主播平某偷逃税案件答记者问②

2022年2月,××市税务局稽查局对网络主播平某(网名:L嫂平某)涉嫌偷逃税问题进行了查处。该局有关负责人就案件查处情况回答了记者提问。

(1) 为什么广州市税务部门要对平某进行检查?

答:近期,广州市税务部门在税收大数据分析中发现网络主播平某涉嫌偷逃税款,且经税务机关提醒督促仍整改不彻底,遂依法依规对其进行立案并开展全面深入的税务检查。

---

① 来源:国家税务总局网站。
② 来源:国家税务总局网站。

(2) 平某的违法事实有哪些?

答：平某在2019年至2020年，存在隐匿直播带货佣金收入偷逃税款，以及未依法申报其他生产经营收入少缴税款等行为。

我局根据《个人所得税法》《税收征收管理法》等规定，依法认定其存在隐匿个人收入偷逃个人所得税1926.05万元、未依法申报其他生产经营收入少缴税款1450.72万元。

(3) 请问本案中的罚款倍数是如何确定的?

答：《税收征收管理法》第六十三条第一款规定，对纳税人偷税的，由税务机关追缴其不缴或者少缴的税款、滞纳金，并处不缴或者少缴的税款50%以上5倍以下的罚款。《税收征收管理法》第六十四条第二款规定，纳税人不进行纳税申报，不缴或者少缴应纳税款的，由税务机关追缴其不缴或者少缴的税款、滞纳金，并处不缴或者少缴的税款50%以上5倍以下的罚款。

我局坚持依法依规、过罚相当的原则，同时综合考虑平某在稽查立案后能够积极配合检查，并主动补缴税款，具有主动减轻违法行为危害后果等情节，依据《税收征收管理法》第六十三条、第六十四条和《行政处罚法》第三十二条的规定，按照《GD省税务系统税务行政处罚裁量基准》，对平某隐匿直播带货佣金收入偷逃的税款和未依法申报其他生产经营收入少缴的税款处0.6倍罚款。

第三章　文娱领域税收事项管理

第一节　文娱企业设立阶段涉税事项

一、设立阶段涉税事项办理

文娱企业和其他企业一样，设立是公司成立的必经程序。公司设立，是公司设立人依照法定的条件和程序，为组建公司并取得法人资格而完成的程序。从时间上看，从出资人达成设立公司的协议开始，到市场主体登记机关颁发企业法人营业执照为止的这一期间，属于公司设立阶段。设立行为的目的在于最终成立公司，取得法律主体资格。

（一）税务登记

税务登记，是税务机关依据税法规定，对纳税人的生产、经营活动进行登记管理的一项法律制度，也是纳税人依法履行纳税义务的法定手续。税务登记包括开业登记、变更登记、停业、复业登记、注销登记、税种登记、扣缴税款登记等。

文娱领域企业设立阶段和其他企业一样会涉及相关税收事项的办理。企业设立开办的涉税事项有两类：一是企业依申请办理的事项，具体包括登记信息确认、发票票种核定、增值税一般纳税人登记、增值税专用发票最高开票限额审批、增值税税控系统专用设备初始发行（含税务 UKey 发放）、发票领用等事项；二是税务机关依职权办理的事项，为主管税务机关及（分局）科所分配、税（费）种认定等事项。

新办纳税人涉税事项综合申请表、企业开办涉税事项办理流程图分别如表 3-1 和图 3-1 所示。

表 3-1 新办纳税人涉税事项综合申请表

基本信息	纳税人名称		统一社会信用代码	
	经办人		身份证件类型	
	证件号码		联系电话	

增值税一般纳税人资格登记	是否登记为增值税一般纳税人：是□；否□（无需填写以下一般纳税人资格登记信息）	
	纳税人类别：	企业□　个体工商户□　农民合作社□　其他□ （请选择一个项目并在□内打"√"）
	主营业务类别：	工业□　商业□　服务业□　其他□ （请选择一个项目并在□内打"√"）
	会计核算健全：	是□　（请选择一个项目并在□内打"√"）
	一般纳税人资格生效之日：	当月1日□　次月1日□ （请选择一个项目并在□内打"√"）

首次办税申领发票	发票种类名称	单份发票最高开票限额	每月最高领票数量	领票方式
	领票人	联系电话	身份证件类型	身份证件号码
	税务行政许可申请事项：	增值税专用发票（增值税税控系统）最高开票限额审批		
	增值税专用发票（增值税税控系统）最高开票限额申请	一千元□　一万元□　十万元□ （请选择一个项目并在□内打"√"）		

纳税人声明：能够提供准确税务资料，上述各项内容真实、可靠、完整。如有虚假，愿意承担相关法律责任。

经办人：　　　　代理人：　　　　纳税人（印章）：
　　　　　　　　　　　　　　　　　　年　月　日

【填表说明】
1. 本表适用于新办企业，新办个体工商户、农民合作社可参照适用；
2. 表单一式一份，由税务机关留存。
新办企业可搜索所在省市的税务局官方网站，点击电子税务局登录框中的"税务登记"，点击"新办企业纳税人套餐"进入信息采集界面，选择"工商登记企业套餐式办理登记表"，填报完成后点击提交即可。

企业开办涉税事项办理参考流程

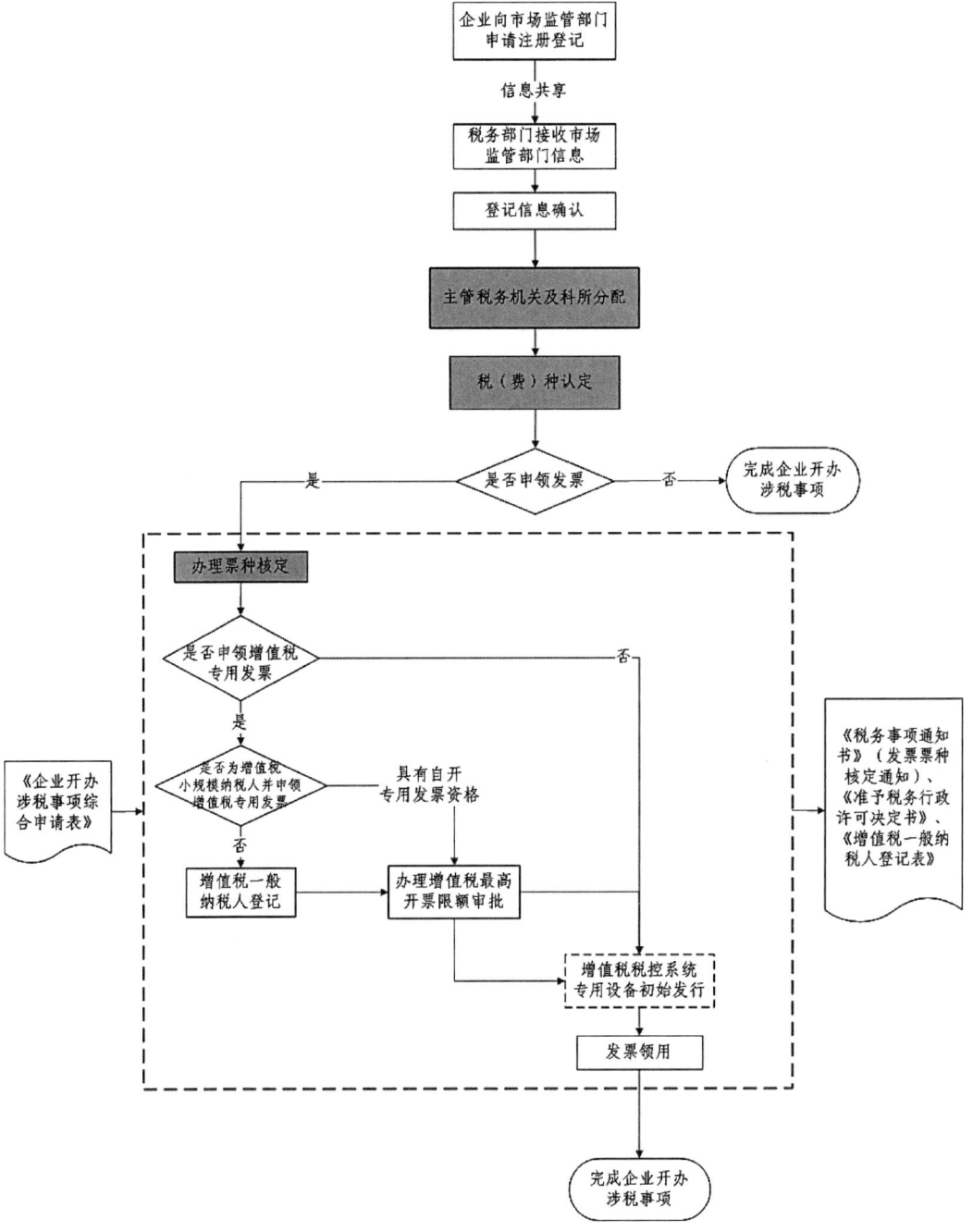

图 3-1 企业开办涉税事项办理参考流程

（二）筹建期间采购商品、服务

网络直播等企业设立阶段会涉及筹建期间租赁场所、采购直播设备、办公用品、招聘员工等税收问题。企业虽然尚未注册成立，但是这一期间所发生的相关支出，一定要保存好发票等各种票据凭证，能取得发票的一定要依法索取发票，切忌因价格优惠等原因而放弃索取发票的权利；同时注意将发票抬头写成即将成立的公司的名称，以便日后进行核算及税前扣除，否则存在被纳税调整的风险。

1. 进项税额抵扣风险

新设立的企业，从办理税务登记，到开始生产经营，往往要经过一定的筹建期，进行基础建设、租赁经营场所、购买办公和经营设备、建账建制、招聘员工等。在此期间，企业也会取得一定数量的增值税专用发票等扣税凭证。有些情况下，企业在筹建期间未能及时登记为一般纳税人，在税务机关的征管系统中存在一段时间的小规模纳税人状态，导致其取得的增值税扣税凭证在抵扣进项税额时遇到障碍。为有效解决这一问题，国家税务总局制发了《国家税务总局关于纳税人认定或登记为一般纳税人前进项税额抵扣问题的公告》（国家税务总局公告2015年第59号，以下简称《59号公告》）。《59号公告》规定，纳税人自办理税务登记至认定或登记为一般纳税人期间，未取得生产经营收入，未按照销售额和征收率简易计算应纳税额申报缴纳增值税的，其在此期间取得的增值税扣税凭证，可以在登记为一般纳税人后抵扣进项税额。

需要注意的是，《59号公告》所称的"未取得生产经营收入，未按照销售额和征收率简易计算应纳税额申报缴纳增值税"，指的是纳税人按照会计制度和税法的规定，真实记录和准确核算的经营结果，如果通过隐瞒收入形成的"未取得生产经营收入，未按照销售额和征收率简易计算应纳税额申报缴纳增值税"，其在小规模纳税人期间取得的扣税凭证，不仅不能在登记为一般纳税人后抵扣，还要承担补税、罚款等法律责任和风险。

2. 税前扣除风险

企业设立阶段购入的货物、服务和劳务，符合实际发生、合理性和相关性原则，且税前扣除凭证符合真实性、合法性、关联性原则，可以在计算应纳税所得额时扣除。

税前扣除凭证，是指企业在计算企业所得税应纳税所得额时，证明与取得收入有关的、合理的支出实际发生，并据以税前扣除的各类凭证。企业发生支出，应取得税前扣除凭证，作为计算企业所得税应纳税所得额时扣除相关支出的依据。实务中，取得支出凭证时需要严格遵循税前扣除凭证的真实性、合法性、关联性原则，避免因凭证不符合要求而被纳税调整的风险。真实性是指税前扣除凭证反映的经济业务真实，且支出已经实际发生；合法性是指税前扣除凭证的形式、来源符合国家法律、法规等相关规定；关联性是指税前扣除凭证与其反映的支出相关联且有证明力。

(三) 筹建期间人员工资等支出

企业在设立阶段,需要办理公司名称核准、提交注册材料、领取营业执照、办理公司公章、财务章、合同章等印章的刻制等。公司设立阶段开展的各项工作,需要支付相应的人员工资。

公司在核准登记之前,被称为设立中的公司,此时的公司尚不具备独立的主体资格。根据《税收征收管理法》的规定,企业自领取营业执照之日起15日内设置账簿,故设立阶段的企业通常并未设置会计账簿。如果公司被核准登记,发起人为设立所实施的各项行为,其后果原则上归属于公司,其设立阶段发生的相关支出应由公司承担。基于上述原因,企业发生登记、验资、公证等费用,按规定取得相关票据,待公司设置会计账簿后,作为开办费计入管理费用。根据现行企业所得税法及相关政策规定,企业发生的开办费,可以在开始经营之日的当年一次性扣除;也可以按照企业所得税法有关长期待摊费用的处理规定,按照不低于3年的期限进行分期摊销,一经选定,不得改变。

(四) 筹建期间业务招待费及广告宣传费用

文娱企业设立阶段发生的业务招待费、广告宣传费等费用的税务处理可参照企业筹建期间相关费用的税务处理。

企业筹办期间发生的业务招待费直接按实际发生额的60%,先计入筹办费,然后再按照规定进行税前扣除,即企业所得税法中筹办费未明确列作长期待摊费用,企业可以在开始经营之日的当年一次性扣除,也可以按照有关长期待摊费用的处理规定处理,但一经选定,不得改变。企业在筹建期间发生的业务招待费将不受收入额高低的限制[正常经营期间,企业发生的业务招待费需考虑销售(营业)收入5‰的限制],可按照实际发生额的60%直接计入企业筹办费,并按有关规定在税前扣除。企业筹建期结束,必须将筹建期发生的业务招待费全部结清并列入筹办期的业务招待费。企业应准确划分筹办期与正常经营期间,切不可为规避正常经营后业务招待费受销售(营业)收入5‰的限制,而虚开业务招待费发票提前列入筹办期费用,从而引发相关涉税风险。

需要注意的是,"可按实际发生额的60%计入企业筹办费"是指税务处理,并非会计处理,企业在会计处理时应全额列入费用支出,仅是在计算缴纳企业所得税进行纳税调整时,按实际发生额的60%计入企业可税前扣除的筹办费。

二、设立阶段涉税注意事项

(一) 税务登记与"多证合一"

《税收征收管理法》规定,企业应自领取营业执照之日起规定时间内,持有关证件向税务机关申报办理税务登记。纳税人不办理税务登记的,由税务机关责令限期改正;逾期不改正的,经税务机关提请,由市场主体登记机关[①]吊销其营业执照。

"三证合一""五证合一"改革之后,税务登记相关流程发生了变化。"三证合一",是指将企业登记时依次申请,分别由市场主体登记机关核发工商营业执照、质量技术监督部门核发组织机构代码证、税务部门核发税务登记证,改为一次申请,由市场主体登记机关核发一个加载法人和其他组织统一社会信用代码营业执照,简称"一照一码"。新设立企业领取"一照一码"营业执照后,无须再单独办理税务登记证。根据《国家税务总局关于落实"三证合一"登记制度改革的通知》(税总函〔2015〕482号)的规定,新设立企业、农民专业合作社(以下统称企业)领取由市场主体登记机关核发加载法人和其他组织统一社会信用代码(以下称统一代码)的营业执照后,无需再次进行税务登记,不再领取税务登记证。企业办理涉税事宜时,在完成补充信息采集后,凭加载统一代码的营业执照可代替税务登记证使用。2017年10月1日,"多证合一"改革全面实施。在企业、农民专业合作社工商营业执照、组织机构代码证、税务登记证、社会保险登记证、统计登记证"五证合一、一照一码"登记制度改革和个体工商户工商营业执照、税务登记证"两证整合"的基础上,将涉及企业(包括个体工商户、农民专业合作社)登记、备案等有关事项和各类证照进一步整合到营业执照上,实现"多证合一、一照一码"。

除以上情形外,其他税务登记按照原有法律法规及规范性文件规定执行。

生产经营地、财务负责人、核算方式由企业登记机关在新设时采集,在税务管理过程中,上述信息发生变化的,由企业向主管税务机关申请变更。除上述三项信息外,企业在登记机关新设时采集的信息发生变更,均由企业向市场主体登记机关申请变更。

(二) 不同出资方式注意事项

根据《公司法》的规定,股东可用的出资形式主要包括货币以及实物、知识产权、土地使用权等可以用货币估价并可以依法转让的非货币财产。

1. 货币资金出资

货币出资较为简便,有助于防止高估或者低估非货币性资产的出资,但需要股东立即动用其流动资金。以现金、银行存款等货币资金投资的,既不属于增值税销售或视同销售行为,也不属于企业所得税征税范围。企业接受投资不是成本、费用核算内

---

① 原市场主体登记管理工作由工商行政管理部门负责,《税收征收管理法》也采用工商行政管理机关的表述;目前市场监督管理部门主管市场主体登记管理工作,而部分地区市场主体登记由行政审批局等其他部门负责,为了规范和叙述简便,本书统一采用市场主体登记机关的表述。

容,所投入资产也并不与当期利润直接相关。所以,作为被投资方的企业,接受货币出资,不涉及增值税和企业所得税的涉税处理。但应按照"营业账簿"税目缴纳印花税,以"实收资本(股本)"的金额为计税依据,以实缴当日为纳税义务发生时间,认缴出资部分暂不缴纳印花税。

2. 实物资产出资

1) 接受实物资产出资的增值税处理

实物资产出资,从投资方企业角度,用实物资产投资入股应按规定视同销售缴纳增值税,可以开具增值税专用发票或普通发票。从被投资企业角度,如取得投资企业开具的增值税专用发票等合法扣税凭证,可按规定作为进项税额处理。企业新办初期,因前期投资较大,通常会形成较大金额的留抵税额。2019年4月起,国家陆续推出一系列制度性留抵退税政策,企业可对照现行留抵退税政策要求条件,按规定享受增值税留抵退税政策,减轻企业资金占用压力。如被投资企业未按规定取得增值税专用发票,则损失了实物投资对应的进项税额,也丧失了申请留抵退税的机会。

需要注意的是,如果被投资企业将接受投资的实物资产用于简易计税方法计税项目、免征增值税项目、集体福利等用途的,其进项税额不得从销项税额中抵扣。其中涉及的固定资产、无形资产、不动产,仅指专用于上述项目的固定资产、无形资产(不包括其他权益性无形资产)、不动产。

2) 接受实物资产出资的所得税问题

企业以非货币性资产出资,应在交易发生时将该项交易分解为按公允价值销售实物资产或无形资产和投资两项业务进行处理。作为接受实物资产投资的企业,其实物资产入账价值及计税基础通常为该项资产的市场公允价值。

(1) 折旧的计提。企业接受投资的实物资产,其折旧费用按规定税前扣除。对企业拥有并用于生产经营的主要或关键的固定资产,由于技术进步,产品更新换代较快或常年处于强震动、高腐蚀状态等原因确需加速折旧的,可以缩短折旧年限或者采取加速折旧的方法。需要注意的是,企业采取缩短折旧年限方法的,对其购置的新固定资产,最低折旧年限不得低于税法规定的折旧年限的60%。

(2) 折旧扣除依据。对于接受股东个人设备等实物资产投资,未按规定取得发票的,可以凭借其他证明设备成本真实性的资料,如《非货币性资产投资分期缴纳个人所得税备案表》复印件以及评估报告等,作为设备扣除的资料凭证,并据此计提折旧在计算企业所得税应纳税所得额时扣除。

3. 无形资产出资

现行企业所得税政策规定,通过捐赠、投资、非货币性资产交换、债务重组等方式取得的无形资产,以该资产的公允价值和支付的相关税费为计税基础。企业以工业产权、非专利技术、场地使用权、商誉等无形资产出资,可以通过投资时的资产评估增值,实现被投资企业税收上的利益。具体来说,无形资产在投资环节的评估增值,会分期体现为被投资企业的管理费用等(无形资产的摊销费用),增加企业所得税税前扣除的费用支出。

实务中,需要关注无形资产价值评估虚高引发的税收风险。无形资产按照直线法计算的摊销费用,准予扣除。投资人以"虚高"的无形资产投资入股后,被投资企业以评估价值进行了无形资产摊销,减少了纳税所属期间的企业所得税应纳税所得额,需要按照税法规定进行追溯调整。

(三) 不同分支机构注意事项

文娱企业在扩大经营规模时,会涉及设立分公司还是子公司等问题。跨区经营一般设立分支机构,分支机构包括分公司、子公司、办事处,其中子公司属于独立法人,具有独立的法律主体资格;而分公司和办事处不是独立法人企业,由总公司统一核算盈亏。

1. 设立子公司

增值税方面,对子公司并无特殊政策,不同分支机构形式在税收方面的差异主要体现在企业所得税方面。母公司在控股权的基础上,享有对子公司重大事务的决定权,实际控制子公司的经营。子公司可以按规定享受免税期、优惠税率等在内的各种税收优惠政策。特定业务下,费用支出可以在母子公司之间进行分摊。如对签订广告费和业务宣传费分摊协议的关联企业,其中一方发生的不超过当年销售(营业)收入税前扣除限额比例内的广告费和业务宣传费支出可以在本企业扣除,也可以将其中的部分或全部按照分摊协议归集至另一方扣除。另一方在计算本企业广告费和业务宣传费支出企业所得税税前扣除限额时,可将按照上述办法归集至本企业的广告费和业务宣传费不计算在内。

2. 设立分公司、办事处

分公司和办事处作为非独立法人,不能独立享受免税期、优惠税率等在内的各种税收优惠政策。一般在生产经营初期,产生亏损的可能性较大,设立分公司可合并报表冲减总公司利润,减少应纳税所得额,从而达到少缴纳企业所得税的效果。

1) 总分机构调拨商品的增值税政策

设有两个以上机构并实行统一核算的纳税人,将货物从一个机构移送其他机构用于销售需视同销售,但相关机构设在同一县(市)的除外。因此,不在同一县市的总分公司之间调拨商品用于销售应当在发货的当天开具专用发票,缴纳增值税。如果总分机构之间的商品调拨不是用于销售,则不需缴纳增值税。

受货机构的货物移送行为,向购货方开具发票,或者收取货款的,应当向所在地税务机关缴纳增值税,否则应由总机构统一缴纳增值税。如果受货机构只就部分货物向购买方开具发票或收取货款,则应当区别不同情况计算,并分别向总机构所在地或分支机构所在地缴纳税款。需要注意的是,企业以总机构的名义在各地开立账户,通过资金结算网络在各地向购货方收取销货款,由总机构直接向购货方开具发票的行为,如不具备受货机构向购货方开具发票、向购货方收取货款两种情形之一的,其取得的应税收入应当在总机构所在地缴纳增值税。此外,如果将分支机构仅作为货物的存放地,由总机构给客户开票并收款,则总机构发货至异地仓库时,不征增值税,而应由总公司开票时缴纳增值税。

2）总分机构调拨商品的企业所得税政策

不在同一县市的总分机构间,发生商品的调拨转移,因资产所有权属并未发生改变,故在企业所得税上不作视同销售处理。总分机构之间的商品的调拨和转移,在实务处理中,不得处理成销售收入和成本。上述收入成本差额无需缴纳企业所得税,而是采用汇总申报时,纳税调减收入和成本的方法处理。

第二节 文娱领域纳税人账簿、凭证管理

一、依法管理账簿、凭证

(一) 依法设置账簿

纳税人、扣缴义务人按照有关法律、行政法规和国务院财政、税务主管部门的规定设置账簿,根据合法、有效凭证记账,进行核算。从事生产、经营的纳税人应当自领取营业执照或者发生纳税义务之日起 15 日内,按照国家有关规定设置账簿。账簿,是指总账、明细账、日记账以及其他辅助性账簿。总账、日记账应当采用订本式。

账簿、会计凭证和报表,应当使用中文。民族自治地方可以同时使用当地通用的一种民族文字。外商投资企业和外国企业可以同时使用一种外国文字。

纳税人应当按照税务机关的要求安装、使用税控装置,并按照税务机关的规定报送有关数据和资料。

(二) 财务会计制度及时备案

从事生产、经营的纳税人的财务、会计制度或者财务、会计处理办法和会计核算软件,应当报送税务机关备案。从事生产、经营的纳税人应当自领取税务登记证件之日

起 15 日内,将其财务、会计制度或者财务、会计处理办法报送主管税务机关备案。

纳税人、扣缴义务人的财务、会计制度或者财务、会计处理办法与国务院或者国务院财政、税务主管部门有关税收的规定抵触的,依照国务院或者国务院财政、税务主管部门有关税收的规定计算应纳税款、代扣代缴和代收代缴税款。

(三) 计算机记账

纳税人使用计算机记账的,应当在使用前将会计电算化系统的会计核算软件、使用说明书及有关资料报送主管税务机关备案。纳税人建立的会计电算化系统应当符合国家有关规定,并能正确、完整地核算其收入或者所得。

纳税人、扣缴义务人会计制度健全,能够通过计算机正确、完整计算其收入和所得或者代扣代缴、代收代缴税款情况的,其计算机输出的完整的书面会计记录,可视同会计账簿。

纳税人、扣缴义务人会计制度不健全,不能通过计算机正确、完整计算其收入和所得或者代扣代缴、代收代缴税款情况的,应当建立总账和与纳税或者代扣代缴、代收代缴税款有关的其他账簿。

(四) 妥善保管账簿凭证

从事生产、经营的纳税人、扣缴义务人必须按照国务院财政、税务主管部门规定的保管期限保管账簿、记账凭证、完税凭证及其他有关资料。账簿、记账凭证、完税凭证及其他有关资料不得伪造、变造或者擅自损毁。

账簿、记账凭证、报表、完税凭证、发票、出口凭证以及其他有关涉税资料应当合法、真实、完整。账簿、记账凭证、报表、完税凭证、发票、出口凭证以及其他有关涉税资料应当保存 10 年;但是,法律、行政法规另有规定的除外。

二、账簿、凭证管理的法律责任与风险防范

文娱领域纳税人应按照规定设置、保管账簿,妥善保管记账凭证和有关资料,否则将面临罚款等法律风险。

(一) 罚款风险

纳税人有下列行为之一的,由税务机关责令限期改正,可以处 2 000 元以下的罚款;情节严重的,处 2 000 元以上 1 万元以下的罚款:

(1) 未按照规定设置、保管账簿或者保管记账凭证和有关资料的。

(2) 未按照规定将财务、会计制度或者财务、会计处理办法和会计核算软件报送税务机关备查的。

(3) 未按照规定将其全部银行账号向税务机关报告的。

（4）未按照规定安装、使用税控装置，或者损毁或者擅自改动税控装置的。

扣缴义务人未按照规定设置、保管代扣代缴、代收代缴税款账簿或者保管代扣代缴、代收代缴税款记账凭证及有关资料的，由税务机关责令限期改正，可以处 2 000 元以下的罚款；情节严重的，处 2 000 元以上 5 000 元以下的罚款。

（二）核定税额风险

纳税人依照法律、行政法规的规定应当设置账簿但未设置的、擅自销毁账簿或者拒不提供纳税资料的或者虽设置账簿，但账目混乱或者成本资料、收入凭证、费用凭证残缺不全，难以查账的，税务机关有权核定其应纳税额。

（三）进项税额不得抵扣风险

根据《增值税暂行条例》及其实施细则的规定，一般纳税人会计核算不健全，或者不能够提供准确税务资料的，应按销售额依照增值税税率计算应纳税额，不得抵扣进项税额，也不得使用增值税专用发票。

（四）纳税信用评价风险

因未按规定设置账簿等，在纳税信用评价中扣分分值较高，对评价结果影响较大，应引起足够的重视（表3-2）。

表3-2　账簿凭证相关的纳税信用评价指标

纳税信用评价二级指标	纳税信用评价三级指标	扣分标准
0402.账簿与凭证	040201.应设置未设置或未按照规定设置账簿、记账凭证以及其他纳税资料的；040202.未按照规定保管账簿、记账凭证以及其他纳税资料的；040203.账目混乱、残缺不全难以查账或原始凭证不合法、不真实的	11分
	040204.不能按照国家统一的会计制度规定设置账簿，并根据合法、有效凭证核算，向税务机关提供准确税务资料的	11分

第三节　文娱领域纳税申报

一、依法进行纳税申报

（一）纳税申报基本规定

1. 纳税申报概念

纳税申报，是指纳税人按照税法规定定期或者按次就计算缴纳税款的有关事项，向税务机关提出的书面报告,是税收征收管理的一项重要制度安排。

2. 纳税申报方式和渠道

纳税人、扣缴义务人可以直接到税务机关办理纳税申报或者报送代扣代缴、代收代缴税款报告表,也可以按照规定采取邮寄、数据电文或者其他方式办理上述申报、报送事项。

目前,最常见的是数据电文申报方式,即通过电子税务局等方式足不出户进行申报纳税。

3. 纳税申报资料

纳税人办理纳税申报时,应当如实填写纳税申报表,并根据不同的情况相应报送下列有关证件、资料:

(1) 财务会计报表及其说明材料。

(2) 与纳税有关的合同、协议书及凭证。

(3) 税控装置的电子报税资料。

(4) 外出经营活动税收管理证明和异地完税凭证。

(5) 境内或者境外公证机构出具的有关证明文件。

(6) 税务机关规定应当报送的其他有关证件、资料。

扣缴义务人办理代扣代缴、代收代缴税款报告时,应当如实填写代扣代缴、代收代缴税款报告表,并报送代扣代缴、代收代缴税款的合法凭证以及税务机关规定的其他有关证件、资料。

纳税人采取邮寄方式办理纳税申报的,应当使用统一的纳税申报专用信封,并以邮政部门收据作为申报凭据。邮寄申报以寄出的邮戳日期为实际申报日期。

纳税人采取电子方式办理纳税申报的,应当按照税务机关规定的期限和要求保存有关资料,并定期书面报送主管税务机关。目前,纳税人大多是通过电子税务局等非接触方式进行申报,上述相关资料需要留存备查,根据要求报送主管税务机关。

(二) 必须按期申报纳税

文娱领域纳税人和其他纳税人一样,必须按照期限及时申报纳税。具体来说,按期申报是指依照法律、行政法规规定或者税务机关依照法律、行政法规的规定确定的申报期限、申报内容如实办理纳税申报,报送纳税申报表、财务会计报表以及税务机关根据实际需要要求纳税人报送的其他纳税资料。

扣缴义务人必须依照法律、行政法规规定或者税务机关依照法律、行政法规的规定确定的申报期限、申报内容如实报送代扣代缴、代收代缴税款报告表以及税务机关根据实际需要要求扣缴义务人报送的其他有关资料。

1. 法律、行政法规规定的申报期限

文娱领域纳税人通常会涉及增值税、企业所得税、个人所得税等税种的申报纳税，消费税、环境保护税等税种一般不会涉及。

1) 增值税申报纳税期限

根据《增值税暂行条例》的规定，增值税的纳税期限分别为1日、3日、5日、10日、15日、1个月或者1个季度。纳税人的具体纳税期限，由主管税务机关根据纳税人应纳税额的大小分别核定；不能按照固定期限纳税的，可以按次纳税。纳税人以1个月或者1个季度为1个纳税期的，自期满之日起15日内申报纳税；以1日、3日、5日、10日或者15日为1个纳税期的，自期满之日起5日内预缴税款，于次月1日起15日内申报纳税并结清上月应纳税款。

增值税纳税人分为增值税一般纳税人和增值税小规模纳税人。根据《国家税务总局关于合理简并纳税人申报缴税次数的公告》（国家税务总局公告2016年第6号）的规定，增值税小规模纳税人缴纳增值税、消费税、文化事业建设费，以及随增值税、消费税附征的城市维护建设税、教育费附加等税费，原则上实行按季申报。当然，根据自愿的原则，增值税小规模纳税人也可以自行选择按月纳税。

增值税一般纳税人一般按月申报，有少部分特定纳税人按季申报。根据《营业税改征增值税试点实施办法》（财税〔2016〕36号附件1）的规定，银行、财务公司、信托投资公司、信用社以1个季度为纳税期限。

通常情况下，文娱领域一般纳税人按月申报，小规模纳税人按季申报。个人临时从事表演、演出、广告、代言等活动的，按次向主管税务机关申报纳税，同时可以根据需要申请代开普通发票。

2) 企业所得税申报纳税期限

根据《企业所得税法》的规定，企业所得税按月或季度预缴，按年汇算清缴。预缴的申报期限是月份或者季度终了之日起15日内，汇算清缴的申报期限是年度终了之日起5个月内，即次年的5月底之前。

企业所得税按纳税年度计算。纳税年度自公历1月1日起至12月31日止。企业在一个纳税年度中间开业，或者终止经营活动，使该纳税年度的实际经营期不足12个月的，应当以其实际经营期为一个纳税年度。企业依法清算时，应当以清算期间作为一个纳税年度。

企业所得税分月或者分季预缴。企业应当自月份或者季度终了之日起15日内，向税务机关报送预缴企业所得税纳税申报表，预缴税款。

企业应当自年度终了之日起5个月内,向税务机关报送年度企业所得税纳税申报表,并汇算清缴,结清应缴应退税款。

企业在年度中间终止经营活动的,应当自实际经营终止之日起60日内,向税务机关办理当期企业所得税汇算清缴。

企业应当在办理注销登记前,就其清算所得向税务机关申报并依法缴纳企业所得税。

3)个人所得税申报纳税期限

根据《个人所得税法》的规定,居民个人取得综合所得,按年计算个人所得税;有扣缴义务人的,由扣缴义务人按月或者按次预扣预缴税款;需要办理汇算清缴的,应当在取得所得的次年3月1日至6月30日内办理汇算清缴。综合所得包括工资、薪金所得,劳务报酬所得,稿酬所得和特许权使用费所得等四项所得。

纳税人取得经营所得,按年计算个人所得税,由纳税人在月度或者季度终了后15日内向税务机关报送纳税申报表,并预缴税款;在取得所得的次年3月31日前办理汇算清缴。

纳税人取得利息、股息、红利所得,财产租赁所得,财产转让所得和偶然所得,按月或者按次计算个人所得税,有扣缴义务人的,由扣缴义务人按月或者按次代扣代缴税款。

纳税人取得应税所得没有扣缴义务人的,应当在取得所得的次月15日内向税务机关报送纳税申报表,并缴纳税款。纳税人取得应税所得,扣缴义务人未扣缴税款的,纳税人应当在取得所得的次年6月30日前,缴纳税款;税务机关通知限期缴纳的,纳税人应当按照期限缴纳税款。

居民个人从中国境外取得所得的,应当在取得所得的次年3月1日至6月30日内申报纳税。非居民个人在中国境内从两处以上取得工资、薪金所得的,应当在取得所得的次月15日内申报纳税。纳税人因移居境外注销中国户籍的,应当在注销中国户籍前办理税款清算。

扣缴义务人每月或者每次预扣、代扣的税款,应当在次月15日内缴入国库,并向税务机关报送扣缴个人所得税申报表。

2. 税务机关依照法律、行政法规的规定确定的申报期限

以2022年为例,根据《税收征收管理法实施细则》第一百零九条的规定,结合《国务院办公厅关于2022年部分节假日安排的通知》(国办发明电〔2021〕11号)要求,税务总局办公厅发布了《国家税务总局办公厅关于明确2022年度申报纳税期限的通知》(税总办征科函〔2021〕201号,以下简称《通知》)。《通知》对实行每月或者每季度期满后 15 日内申报纳税的各税种 2022 年度具体申报纳税期限进行了明确，具体如下：

(1) 3 月、7 月、8 月、11 月、12 月申报纳税期限分别截至当月 15 日。

(2) 1 月 1 日至 3 日放假 3 天，1 月申报纳税期限顺延至 1 月 19 日。

(3) 2 月 1 日至 6 日放假 6 天，2 月申报纳税期限顺延至 2 月 23 日。

(4) 4 月 3 日至 5 日放假 3 天，4 月申报纳税期限顺延至 4 月 20 日。

(5) 5 月 1 日至 4 日放假 4 天，5 月申报纳税期限顺延至 5 月 19 日。

(6) 6 月 3 日至 5 日放假 3 天，6 月申报纳税期限顺延至 6 月 20 日。

(7) 9 月 10 日至 12 日放假 3 天，9 月申报纳税期限顺延至 9 月 20 日。

(8) 10 月 1 日至 7 日放假 7 天，10 月申报纳税期限顺延至 10 月 25 日。

该通知还规定，各地遇特殊情况需要调整申报纳税期限的，应当提前上报国家税务总局(征管科技司)备案。

文娱领域相关纳税人，应按照上述申报期限，及时申报纳税，避免逾期申报被处以罚款及加收滞纳金。可以通过国家税务总局及各省市税务局的官方网站、微信公众号等渠道获取当年的申报纳税期限。除了提前发布次年的纳税申报期限，国家税务总局及各省市还会根据自然灾害、疫情防控需要等原因，重新延长确定特定时期的纳税申报期限。例如，2021 年 7 月下旬开始，河南省各地遭受特大暴雨灾情和新冠病毒感染突发疫情，对纳税人、扣缴义务人(以下简称纳税人)正常办理涉税业务造成重大影响，为进一步便利纳税人统筹办理纳税申报事项，支持企业灾后重建和疫情防控，国家税务总局河南省税务局依照税收法律法规以及国家税务总局、河南省委省政府防汛救灾和疫情防控的有关文件精神，将河南省 2021 年 8 月纳税申报期延长至 2021 年 8 月 31 日。纳税人要密切关注所在省市的最新通知，以便了解当地的准确申报纳税期限，及时申报纳税防止逾期。

(三) 何时开始必须申报

1. 传统要求

纳税人办理税务登记之后，税务机关会根据纳税人的经营范围、行业等信息，在征管信息系统中做税(费)种认定，从税种认定的有效期开始，就会产生应申报信息，纳税人就要按规定进行申报，不管是否有应纳税款；否则就属于应申报而未申报，从而产生受到行政处罚等风险。

2. 面临困境

"多证合一"后，部分市场主体在市监部门办理营业执照后，长期不经营，也没有领用发票等需求，不知道要办理纳税申报等涉税事宜，如果按照传统的做法，将产生大量的违法违章处罚信息,影响大众创业热情,不符合"放管服"的要求,也不符合新的形势。

3. 现行做法

在纳税人首次办理纳税申报或领用发票时,再对纳税人进行税种(基金、费)核定。税种核定后,纳税人应当按照法律法规规定,连续按期纳税申报。就此问题,原深圳市国税局曾向国家税务总局进行了请示,国家税务总局也给予了明确的答复。

目前,全国各地均采用了类似的做法,具体以主管税务机关的要求为准,关注电子税务局的应申报信息等。

二、未按期申报的风险和法律责任

(一)被罚款的风险

纳税人未按照规定的期限办理纳税申报和报送纳税资料的,或者扣缴义务人未按照规定的期限向税务机关报送代扣代缴、代收代缴税款报告表和有关资料的,由税务机关责令限期改正,可以处2 000元以下的罚款;情节严重的,可以处2 000元以上1万元以下的罚款。

案例3-1 三×传媒未按规定办理纳税申报,被税务机关处以罚款2 000元

三×传媒发布公告称,因未按照规定期限办理纳税申报,被税务所罚款2 000元。

公告显示,经北京市朝阳区地方税务局××税务所核实发现,三×传媒未按照规定的期限办理纳税申报和报送纳税资料,违反了《税收征收管理法》相关规定。

为此,三×传媒被××税务所罚款2 000元。2017年3月20日,三×传媒已全额缴纳了罚款。

(二)缴纳滞纳金的风险

逾期申报,如果有应纳税款,除了罚款,还要依法加收滞纳金。纳税人未按照规定期限缴纳税款的,扣缴义务人未按照规定期限解缴税款的,税务机关除责令限期缴纳外,从滞纳税款之日起,按日加收滞纳税款0.05%的滞纳金。

(三)纳税信用评价风险

未按规定期限纳税申报,是企业在纳税信用评价中比较容易被扣分的失信行为。未按规定期限纳税申报的每次扣5分,按税种按次计算。比如,娅娅影视文化公司2022年4月申报期内,增值税、城市维护建设税、企业所得税均未按期申报,将被扣15分。仅这一个月的未按期申报扣分,就将导致该公司评不上A级纳税人,因为A级

纳税人要求得分 90 分以上（表 3-3）。

表 3-3　跟纳税申报相关的纳税信用评价指标

二级指标	三级指标	扣分标准
0101. 按照规定申报纳税	010101. 未按规定期限纳税申报（按税种按次计算）	5 分
	010102. 未按规定期限代扣代缴（按税种按次计算）	5 分
	010103. 未按规定期限填报财务报表（按次计算）	3 分
	010104. 评价年度内非正常原因增值税连续 3 个月或累计 6 个月零申报、负申报的	11 分
	010105. 自纳税人向税务机关办理纳税申报之日起不足 3 年的	11 分

（四）领用发票的影响

逾期未申报，将影响纳税人正常领用发票。从事生产、经营的纳税人、扣缴义务人有《税收征收管理法》规定的税收违法行为，拒不接受税务机关处理的，税务机关可以收缴其发票或者停止向其发售发票。逾期未申报，经责令限期改正后仍未申报的，将被税务机关停供发票。

（五）未按期申报风险防范

未按规定期限纳税申报，将面临被处以罚款、加收滞纳金、纳税信用扣分、停供发票等风险，企业在日常工作中，要加强管理，注意防范。

1. 加强学习，提高税法遵从

企业要通过学习《税收征收管理法》及相关政策，了解不按期申报的法律责任和风险，学习《增值税暂行条例》《企业所得税法》等法律法规，掌握各税种的申报期限，主动遵从，及时按期申报，避免罚款等法律风险。

2. 加强管理，明确内部责任

企业应健全内部管理制度，明确财务等部门的岗位责任。做到纳税申报有专人负责，有人提醒，有人监督，确保按期申报。

3. 申请延期，避免逾期处罚

遇到自然灾害、疫情、会计生病等情形，无法准期申报的，企业可以在规定的期限内向税务机关提出书面延期申请，经税务机关核准，在核准的期限内办理。经批准的，可以避免罚款。

4. 尽快改正，减轻税务处罚

企业万一未按期申报，自己发现或经税务机关通知，要尽快补申报。一方面可以对照"首违不罚"的规定争取免予处罚,另一方面尽快改正,还可以在纳税信用方面挽回一定的损失。

三、不能按期申报的正确处理

纳税人未能按期申报将面临行政处罚等风险。如果因为自然灾害等特殊原因导致不能准时申报的,可以按照规定依法申请延期申报。

(一)延期申报基本规定

1. 基本规定

纳税人、扣缴义务人按照规定的期限办理纳税申报或者报送代扣代缴、代收代缴税款报告表确有困难,需要延期的,应当在规定的期限内向税务机关提出书面延期申请,经税务机关核准,在核准的期限内办理。

纳税人、扣缴义务人因不可抗力,不能按期办理纳税申报或者报送代扣代缴、代收代缴税款报告表的,可以延期办理;但是应当在不可抗力情形消除后立即向税务机关报告。税务机关应当查明事实,予以核准。

2. 预缴税款

申请延期申报后,主管税务机关同意延期的,按照纳税人上期实际缴纳的税额或者核定税额预缴税款。对于经营情况变动大的,结合纳税人本期经营情况来确定预缴税款,避免出现本期应纳税额远远大于比照上期税额的预缴税款。

(二)延期申报办理流程

1. 受理

申请人通过办税窗口、电子税务局等途径向主管税务机关提交申请材料。申请人可以委托代理人提出申请,税务机关不得拒绝受理。主管税务机关收到申请材料后,当场或者在2个工作日内进行核对。材料齐全、符合法定形式的,自收到申请材料之日起即为受理;材料不齐全、不符合法定形式的,制作《税务事项通知书(补正通知)》一次性告知需要补正的全部内容。

2. 核实

主管税务机关对延期申报申请材料进行核实,应当以书面核实为原则;根据法定条件和程序,需要进行实地核实的,应当指派2名以上税务人员核实。申请人、利害关系人有权进行陈述和申辩,税务机关应当认真听取申请人、利害关系人的意见,对其提出的事实、理由和证据应当进行复核;申请人、利害关系人提出的事实、理由或者证据成立的,应当采纳,有关过程应当予以记录。

3. 通知

（1）符合法定条件的，主管税务机关出具加盖本税务机关印章或者税收业务专用章的《延期申报通知书》，同时根据《税收征收管理法》第二十七条第二款规定确定预缴税额，一并通知申请人。

（2）不符合法定条件的，主管税务机关出具加盖本税务机关印章或者税收业务专用章的《不予延期申报通知书》，并应当说明理由，告知申请人享有申请行政复议或者提起行政诉讼的权利。

（三）延期申报注意事项

1. 延期内补税不加收滞纳金

在结算过程中，如果预缴税额大于实际应纳税额的，税务机关结算退税但不向纳税人计退利息，如果预缴税额小于应纳税额的，在结算补税时不加收滞纳金。

申请延期申报的纳税人应当在法定纳税期内按照核定的税款预缴，否则将按日加收滞纳金。

2. 延期申报不等于延期纳税

经核准延期办理相关规定的申报、报送事项的，应当在纳税期内按照上期实际缴纳的税额或者税务机关核定的税额预缴税款，并在核准的延期内办理税款结算。

四、纳税申报注意事项

（一）无税、免税也要申报

文娱领域的企业、个体户等需要注意，即使在纳税期内没有应纳税款的，也应当按照规定办理纳税申报。纳税人享受减税、免税待遇的，在减税、免税期间应当按照规定办理纳税申报。

（二）并非逾期申报就要处罚——自由裁量权与首违不罚

《税收征收管理法》对于纳税人逾期申报的行为，无论情节是否严重，均是"可以处罚"，并非"应当处罚"，这就给了税务机关较大的自由裁量权。

《税务行政处罚"首违不罚"事项清单》（国家税务总局公告2021年第6号发布）规定，对于首次发生清单中所列事项且危害后果轻微，在税务机关发现前主动改正或者在税务机关责令限期改正的期限内改正的，不予行政处罚。税务机关应当对当事人加强税法宣传和辅导。

未按照《税收征收管理法》及其实施细则等有关规定的期限办理纳税申报和报送纳税资料，就属于"首违不罚"清单中的事项（表3-4）。纳税人逾期未申报，在税务机关发现前主动补申报,或者在税务机关责令改正的期限内补申报的,不予行政处罚。

表 3-4 税务行政处罚"首违不罚"事项清单

序号	事项
1	纳税人未按照《税收征收管理法》及其实施细则等有关规定将其全部银行账号向税务机关报送
2	纳税人未按照《税收征收管理法》及其实施细则等有关规定设置、保管账簿或者保管记账凭证和有关资料
3	纳税人未按照《税收征收管理法》及其实施细则等有关规定的期限办理纳税申报和报送纳税资料
4	纳税人使用税控装置开具发票,未按照《税收征收管理法》及其实施细则、《发票管理办法》等有关规定的期限向主管税务机关报送开具发票的数据且没有违法所得
5	纳税人未按照《税收征收管理法》及其实施细则、《发票管理办法》等有关规定取得发票,以其他凭证代替发票使用且没有违法所得
6	纳税人未按照《税收征收管理法》及其实施细则、《发票管理办法》等有关规定缴销发票且没有违法所得
7	扣缴义务人未按照《税收征收管理法》及其实施细则等有关规定设置、保管代扣代缴、代收代缴税款账簿或者保管代扣代缴、代收代缴税款记账凭证及有关资料
8	扣缴义务人未按照《税收征收管理法》及其实施细则等有关规定的期限报送代扣代缴、代收代缴税款有关资料
9	扣缴义务人未按照《税收票证管理办法》的规定开具税收票证
10	境内机构或个人向非居民发包工程作业或劳务项目,未按照《非居民承包工程作业和提供劳务税收管理暂行办法》的规定向主管税务机关报告有关事项

第四节 文娱领域税款缴纳

一、按期缴纳税款

根据《税收征收管理法》的规定,纳税人、扣缴义务人按照法律、行政法规规定或者税务机关依照法律、行政法规的规定确定的期限,缴纳或者解缴税款。

扣缴义务人依照法律、行政法规的规定履行代扣、代收税款的义务。对法律、行政法规没有规定负有代扣、代收税款义务的单位和个人,税务机关不得要求其履行代扣、代收税款义务。

注意:扣缴义务人依法履行代扣、代收税款义务时,纳税人不得拒绝。纳税人拒绝的,扣缴义务人应当及时报告税务机关处理。

二、逾期缴税的法律责任和风险

(一) 缴纳滞纳金的风险

根据《税收征收管理法》的规定,纳税人未按照规定期限缴纳税款的,扣缴义务人未按照规定期限解缴税款的,税务机关除责令限期缴纳外,从滞纳税款之日起,按日加收滞纳税款0.05%的滞纳金。

加收滞纳金的起止时间,为法律、行政法规规定或者税务机关依照法律、行政法规的规定确定的税款缴纳期限届满次日起至纳税人、扣缴义务人实际缴纳或者解缴税款之日止。补缴和追征税款、滞纳金的期限,自纳税人、扣缴义务人应缴未缴或者少缴税款之日起计算。

文娱领域企业和从业者需要注意,按日加收滞纳税款0.05%的滞纳金,相当于年利率18%左右,滞纳超过5年意味着翻一倍。

(二) 被罚款的风险

1. 未按期缴纳税款的处罚

纳税人、扣缴义务人在规定期限内不缴或者少缴应纳或者应解缴的税款,经税务机关责令限期缴纳,逾期仍未缴纳的,税务机关除依照《税收征收管理法》第四十条的规定采取强制执行措施追缴其不缴或者少缴的税款外,可以处不缴或者少缴的税款50%以上5倍以下的罚款。

2. 扣缴义务人应扣未扣的处罚

扣缴义务人应扣未扣、应收而不收税款的,由税务机关向纳税人追缴税款,对扣缴义务人处应扣未扣、应收未收税款50%以上3倍以下的罚款。

3. 对税务代理人的处罚

税务代理人违反税收法律、行政法规,造成纳税人未缴或少缴税款的,除由纳税人缴纳或者补缴应纳税款、滞纳金外,对税务代理人处纳税人未缴或者少缴税款50%以上3倍以下的罚款。

(三) 被强制执行的风险

从事生产、经营的纳税人、扣缴义务人未按照规定的期限缴纳或者解缴税款,纳税担保人未按照规定的期限缴纳所担保的税款,由税务机关责令限期缴纳,逾期仍未缴纳的,经县以上税务局(分局)局长批准,税务机关可以采取下列强制执行措施:

(1) 书面通知其开户银行或者其他金融机构从其存款中扣缴税款。

(2) 扣押、查封、依法拍卖或者变卖其价值相当于应纳税款的商品、货物或者其他财产,以拍卖或者变卖所得抵缴税款。

税务机关采取强制执行措施时,对上述所列纳税人、扣缴义务人、纳税担保人未缴纳的滞纳金同时强制执行。

个人及其所扶养家属维持生活必需的住房和用品,不在强制执行措施的范围之内。

(四) 被阻止出境的风险

按照法律规定,欠缴税款的纳税人或者其法定代表人需要出境的,应当在出境前向税务机关结清应纳税款、滞纳金或者提供担保。未结清税款、滞纳金,又不提供担保的,税务机关可以通知出境管理机关阻止其出境。

艺人、网络主播个人欠税的,可能无法正常出境;文娱企业欠税的,其法定代表人也将面临无法正常出境的问题。

《税收征收管理法》第四十四条规定,欠缴税款的纳税人或者他的法定代表人需要出境的,应当在出境前向税务机关结清应纳税款、滞纳金或者提供担保。未结清税款、滞纳金,又不提供担保的,税务机关可以通知出境管理机关阻止其出境。《税收征收管理法实施细则》第七十四条规定,欠缴税款的纳税人或者其法定代表人在出境前未按照规定结清应纳税款、滞纳金或者提供纳税担保的,税务机关可以通知出入境管理机关阻止其出境。

国家税务总局和公安部联合制定的《阻止欠税人出境实施办法》(国税发〔1996〕215号印发)第三条第一款、第三条第三款、第四条第一款规定,经税务机关调查核实,欠税人未按规定结清应纳税款又未提供纳税担保且准备出境的,税务机关可依法向欠税人申明不准出境。对已取得出境证件执意出境的,税务机关可按本办法第四条规定的程序函请公安机关办理边控手续,阻止其出境。欠税人为法人的,阻止出境对象为其法定代表人。阻止欠税人出境由县级以上(含县级下同)税务机关申请,报省、自治区、直辖市税务机关审核批准,由审批机关填写《边控对象通知书》,函请同级公安厅、局办理边控手续。

据有关部门统计,自2015年启动联合惩戒措施以来,截至2019年第一季度,公安部门配合税务机关办理阻止出境4 778人次。

案例3-2 企业欠税不缴,法定代表人被阻止出境

北京一公司法定代表人刘女士,因公司存在偷税违法被阻止出境,将税务稽查机关告上法庭。刘女士在复议和诉讼中均提出,其未参与公司的经营活动,对公司的偷税并不知情,因此不应被阻止出境。法院认为,阻止出境措施相对于偷税、逃避追缴欠税、骗税、抗税行为,是一种法律责任的承担方式,针对企业存在的上述违法行为阻止企业法定代表人出境的目的在于督促企业承担纳税的法律责任。刘女士一审、二审均以败诉告终。

案例3-3 公司欠税,董事长被限制出境

ST×洲2021年7月2日晚间发布公告,称该公司于当日收到国家税务总局海口桂林洋经济开发区税务局的《阻止出境决定书》。《阻止出境决定书》内容显示:"鉴于你(单位)未按规定结清应纳税款、滞纳金,又不能提供纳税担保,依据《税收征收管理法》第四十四条的规定,决定并通知出入境管理机关于2021年1月28日起阻止你(单位)公司法定代表人、董事长王×出境。"

截至公告披露日,ST×洲累计已缴纳809.51万元(不含滞纳金),尚欠缴所得税4 333.8万元(不含滞纳金)。

(五) 被公告的风险

税务机关将依法对纳税人欠缴税款的情况,定期在办税场所或者广播、电视、报纸、期刊、网络等新闻媒体上定期公告。

文娱企业欠税的,税务机关将公告企业的名称、纳税人识别号、法定代表人或负责人姓名、居民身份证或其他有效身份证件号码、经营地点、欠税税种、欠税余额和当期新发生的欠税金额。

演艺明星、网络主播等个人欠税的,税务机关将公告其姓名、居民身份证或其他有效身份证件号码、欠税税种、欠税余额和当期新发生的欠税金额。

(六) 限制使用发票的风险

《国家税务总局关于进一步加强欠税管理工作的通知》(国税发〔2004〕66号)第三条第(七)项规定,实行以票控欠,对于业务正常但经常欠税的纳税人,税务机关应控制发票售量,督促其足额纳税。对于有逃税嫌疑的欠税人,税务机关应采用代开发票的办法,严格控制其开票量。

三、不能按期缴纳税款的正确处理

文娱领域纳税人和其他纳税人一样,因有特殊困难,不能按期缴纳税款的,经省、自治区、直辖市税务局批准,可以延期缴纳税款,但是最长不得超过3个月。经批准的延期缴纳期间不计滞纳金。

大连、青岛、宁波、厦门、深圳等计划单列市税务局可以参照省级税务局的批准权限，审批纳税人延期缴纳税款。

特殊困难包括：一是因不可抗力，纳税人发生较大损失，正常生产经营活动受到较大影响的；二是当期货币资金在扣除应付职工工资、社会保险费后，不足以缴纳税款的。

纳税人需要延期缴纳税款的，应当在缴纳税款期限届满前提出申请，并报送下列材料：申请延期缴纳税款报告，当期货币资金余额情况及所有银行存款账户的对账单，资产负债表，应付职工工资和社会保险费等税务机关要求提供的支出预算。税务机关应当自收到申请延期缴纳税款报告之日起20日内作出批准或者不予批准的决定；不予批准的，从缴纳税款期限届满之日起加收滞纳金。《国家税务总局关于优化纳税人延期缴纳税款等税务事项管理方式的公告》(国家税务总局公告2022年第20号)对延期缴纳税款的办理程序进行了简化，将"对纳税人延期缴纳税款的核准"事项的受理机关由省税务机关调整为主管税务机关，取消代办转报环节，同时还简并了办理程序，将办理程序由"申请、受理、审查、决定"调整为"申请、受理、核准"。该公告自2022年11月1日起施行。

第四章　文娱领域税收优惠政策

税收优惠是税法的重要组成部分,是税收参与宏观调控的重要手段,是税法对某些纳税人和征税对象给予鼓励和照顾的一种特殊规定,是国家对于纳税人所给予的税收上的额外利益。税收优惠作为税法条款一般性的例外规定,通过减轻特定纳税人的税收负担,达到鼓励或支持的政策目的。《2022年国务院政府工作报告》提出,国家将实施新的组合式税费支持政策,坚持阶段性措施和制度性安排相结合,减税与退税并举,发挥税收调节作用,助企纾困,涵养税源。财政部、税务总局等部门也陆续发布一系列税费支持政策。

现行的税收法律和政策中,单独针对文娱领域的税收优惠并不多。但是普惠性的税收优惠,文娱企业和个人只要符合条件的,都可以对照享受。比如西部大开发税收优惠政策、海南自由贸易港税收优惠政策等区域性税收优惠政策以及小微企业税收优惠等。

第一节　文娱领域应关注的区域性税收优惠政策

一、西部大开发税收优惠政策

按照现行政策规定,文娱领域相关产业中的广播影视制作、发行、交易、播映、出版、衍生品开发,网络视听节目技术服务、开发以及演艺业等在西部地区可以享受西部大开发税收优惠政策。另有规定,文娱领域部分企业须在指定的省市方可享受西部大开发税收优惠政策,如短视频、直播、网络表演等信息服务、数字营销、在线文化娱乐服务等在重庆市可以享受西部大开发优惠政策。

文娱领域相关企业可对照《西部地区鼓励类产业目录(2020年本)》,判断是否符合条件,也可以对照目录提前布局,在西部省份布局相关产业,享受企业所得税15%

低税率优惠。

《财政部 税务总局 国家发展改革委关于延续西部大开发企业所得税政策的公告》(财政部 税务总局 国家发展改革委公告2020年第23号)将此前到期的西部大开发企业所得税优惠政策再延续10年,规定自2021年1月1日至2030年12月31日,对设在西部地区的鼓励类产业企业减按15%的税率征收企业所得税。

(一) 西部大开发企业所得税优惠政策条件

文娱领域相关企业要享受西部大开发税收优惠政策,一方面须设在西部地区,另一方面必须是鼓励类产业企业。所称鼓励类产业企业,是指以《西部地区鼓励类产业目录(2020年本)》中规定的产业项目为主营业务,且其主营业务收入占企业收入总额60%以上的企业。此前已经到期的《财政部 海关总署 国家税务总局关于深入实施西部大开发战略有关税收政策问题的通知》(财税〔2011〕58号)规定主营业务收入占企业收入总额70%以上,财政部、税务总局、国家发展改革委2020年第23号公告将此比例降低为60%,更有利于企业符合条件,以便享受企业所得税15%低税率优惠。

(二) 享受优惠的关键是鼓励类产业企业

文娱领域相关企业要注意,并不是设在西部地区就能享受西部大开发企业所得税优惠政策。能否享受西部大开发优惠,判定是否属于鼓励类产业很关键。必须要以《西部地区鼓励类产业目录(2020年本)》中规定的产业项目为主营业务才可以享受优惠。文娱领域相关企业就不一定符合这一条件。《西部地区鼓励类产业目录(2020年本)》由国家发展和改革委员会牵头制定,自2021年3月1日起施行。

《西部地区鼓励类产业目录(2020年本)》包括两部分,一是国家现有的产业目录中的鼓励类产业,二是西部地区新增鼓励类产业。

1. 国家现有产业目录中的鼓励类产业

国家现有产业目录中的鼓励类产业包括《产业结构调整指导目录(2019年本)》中的鼓励类产业和《鼓励外商投资产业目录(2022年版)》中的产业。

1)《产业结构调整指导目录(2019年本)》

文娱领域相关企业可以对照《产业结构调整指导目录(2019年本)》,如果属于其中的鼓励类产业可以享受西部大开发企业所得税优惠。经对照发现,鼓励类产业包括以下文化产业相关行业:

(1) 公共文化、文化艺术、新闻出版、广播电视电影、网络视听、文化遗产保护利用及设施建设。

(2) 文化创意设计服务,数字文化创意(含数字文化创意技术装备、数字文化创意软件、数字文化创意内容制作、新型媒体服务、数字文化创意内容应用服务），动漫创作、制作、传播、出版、衍生产品开发。

（3）广播影视制作、发行、交易、播映、出版、衍生品开发，网络视听节目技术服务、开发。

（4）演艺业。

2）《鼓励外商投资产业目录（2022年版）》

文娱领域相关企业可以对照，属于《鼓励外商投资产业目录（2022年版）》中产业的，可以享受西部大开发企业所得税优惠。

经对照发现，中西部地区外商投资优势产业目录中海南省包括以下文化产业相关行业：

（1）演出经纪机构。

（2）娱乐场所经营。

（3）体育健康休闲、体育旅游、养生休闲等休闲服务。

需要注意的是，中西部地区外商投资优势产业目录按省、自治区、直辖市分列。

2. 西部地区新增鼓励类产业

西部地区新增鼓励类产业按省、自治区、直辖市分列，原则上适用于在相应省、自治区、直辖市生产经营的内资企业，并根据实际情况适时修订；如所列产业被国家相关产业目录明确为限制、淘汰、禁止等类型产业，其鼓励类属性自然免除。

下面以重庆市和西藏自治区为例，对照是否有文娱领域相关行业属于新增鼓励类产业。

1）重庆市新增鼓励类产业

影视节目、电竞、音乐、网络文学、知识付费、沉浸式互动式场景等数字内容创作生产、文化IP产业；数字媒体、数字出版、短视频、直播、网络表演等信息服务、数字营销、在线文化娱乐服务。

2）西藏自治区新增鼓励类产业

广播电视集成播控、录音制作、文艺创作与表演、文物保护、艺术表演场馆、群众文体活动等文化艺术服务业。

再次强调，西部地区新增鼓励类产业按省、自治区、直辖市分列，既要看行业也要看省份。比如，某文化传媒公司准备从事影视节目等数字内容创作生产、短视频、直播、网络表演等信息服务、数字营销、在线文化娱乐服务等，该文化传媒公司设立在重庆市，就符合鼓励类产业条件，可以享受西部大开发企业所得税优惠；如果设立在甘肃省，就未必符合条件。

（三）主营业务收入占企业收入总额 60% 以上

设立在西部地区的鼓励类产业企业减按 15% 的税率征收企业所得税。鼓励类产业企业是指以《西部地区鼓励类产业目录（2020 年本）》中规定的产业项目为主营业务，且其主营业务收入占企业收入总额 60% 以上的企业。

1. 收入总额

收入总额是指《企业所得税法》第六条规定的收入总额。企业以货币形式和非货币形式从各种来源取得的收入，为收入总额。其包括：

（1）销售货物收入。

（2）提供劳务收入。

（3）转让财产收入。

（4）股息、红利等权益性投资收益。

（5）利息收入。

（6）租金收入。

（7）特许权使用费收入。

（8）接受捐赠收入。

（9）其他收入。

2. 比例

主营业务收入占企业收入总额的比例从此前的 70% 降到了 60%，相关企业要关注这一指标。企业一方面要关注因为兼营其他非鼓励类产业的收入对主营业务收入占比的影响，另一方面要注意转让财产收入、租金收入等非主营业务收入对比例的影响。

（四）西部地区具体范围

西部地区包括内蒙古自治区、广西壮族自治区、重庆市、四川省、贵州省、云南省、西藏自治区、陕西省、甘肃省、青海省、宁夏回族自治区、新疆维吾尔自治区和新疆生产建设兵团。湖南省湘西土家族苗族自治州、湖北省恩施土家族苗族自治州、吉林省延边朝鲜族自治州和江西省赣州市，可以比照西部地区的企业所得税政策执行。

（五）公司总部不在西部能否享受西部大开发优惠

这是在优惠地区内外分别设有机构的企业能否享受西部大开发优惠税率问题。

1. 总机构设在西部大开发税收优惠地区的企业

仅就设在优惠地区的总机构和分支机构（不含优惠地区外设立的二级分支机构在

优惠地区内设立的三级以下分支机构)的所得确定适用15%优惠税率。在确定该企业是否符合优惠条件时,以该企业设在优惠地区的总机构和分支机构的主营业务是否符合《西部地区鼓励类产业目录(2020年本)》及其主营业务收入占其收入总额的比重加以确定,不考虑该企业设在优惠地区以外分支机构的因素。该企业应纳所得税额的计算和所得税缴纳,按照《跨地区经营汇总纳税企业所得税征收管理办法》(国家税务总局公告2012年第57号印发)第十八条的规定执行。

2. 总机构设在西部大开发税收优惠地区外的企业

企业在优惠地区内设立的分支机构(不含仅在优惠地区内设立的三级以下分支机构),仅就该分支机构所得确定适用15%优惠税率。在确定该分支机构是否符合优惠条件时,仅以该分支机构的主营业务是否符合《西部地区鼓励类产业目录(2020年本)》及其主营业务收入占其收入总额的比重加以确定。该企业应纳所得税额的计算和所得税缴纳,按照《跨地区经营汇总纳税企业所得税征收管理办法》(国家税务总局公告2012年第57号印发)第十八条的规定执行。

案例4-1 子公司设在西部可享受税收优惠

德邦股份有限公司(注册地:上海)对设在西部地区的鼓励类产业企业减按15%的税率征收企业所得税。

其子公司广西德邦物流有限公司、成都全程德邦物流有限公司、重庆德邦物流有限公司、昆明德邦物流有限公司等,分公司德邦(上海)运输有限公司昆明分公司、德邦(上海)运输有限公司贵阳分公司、德邦(上海)运输有限公司兰州分公司设立在西部地区,且已取得国家鼓励类产业的批复,减按15%的税率征收企业所得税。

其中,拉萨市德邦物流有限公司和内蒙古德邦物流有限公司在西部地区的鼓励类产业企业减按15%的税率征收企业所得税的基础上,根据民族自治地方的自治机关对本民族自治地方的企业缴纳的企业所得税中属于地方分享的40%部分免征。

(六) 税收优惠叠加享受问题

1. 一般情况下可以同时享受

根据《财政部 国家税务总局关于执行企业所得税优惠政策若干问题的通知》(财税〔2009〕69号)第一条和第二条的规定,企业既符合西部大开发15%优惠税率条件,又符合《企业所得税法》及其实施条例和国务院规定的各项税收优惠条件的,可以同时享受。在涉及定期减免税的减半期内,可以按照企业适用税率计算的应纳税额减半征税。

2. 减低税率类优惠不得叠加享受

比如西部大开发和高新技术企业都属于减低税率类优惠,不能叠加享受,两个优惠政策都符合条件的,企业自主选择享受其中一项优惠政策。

二、海南自由贸易港税收优惠政策

为支持海南自由贸易港建设,财政部、国家税务总局于2020年印发了《财政部 税务总局关于海南自由贸易港企业所得税优惠政策的通知》(财税〔2020〕31号)、《财政部 税务总局关于海南自由贸易港高端紧缺人才个人所得税政策的通知》(财税〔2020〕32号)等文件,明确了企业所得税和个人所得税等优惠政策。《国家税务总局 海南省税务局关于海南自由贸易港企业所得税优惠政策有关问题的公告》(国家税务总局 海南省税务局公告2020年第4号)、《海南省财政厅 国家税务总局 海南省税务局 海南省市场监督管理局 中共海南省委人才发展局关于落实海南自由贸易港高端紧缺人才个人所得税优惠政策有关问题的通知》(琼财税〔2020〕1019号)等文件进一步明确了优惠政策具体执行口径和征管要求。

文娱领域相关企业和从业人员可对照文件,布局海南自由贸易港,符合条件的,可以享受上述企业所得税和个人所得税优惠。

(一)鼓励类产业企业减按15%税率征收企业所得税

对注册在海南自由贸易港并实质性运营的鼓励类产业企业,减按15%的税率征收企业所得税。享受优惠的主体是注册在海南自由贸易港(以下简称自贸港)并实质性运营的鼓励类产业企业,包括设立在自贸港的非居民企业机构、场所。

1. 鼓励类产业企业

鼓励类产业企业,是指以海南自由贸易港鼓励类产业目录中规定的产业项目为主营业务,且其主营业务收入占企业收入总额60%以上的企业。企业包括设立在自贸港的非居民企业机构、场所。

《海南自由贸易港鼓励类产业目录(2020年本)》(发改地区规〔2021〕120号印发)包括《产业结构调整指导目录(2019年本)》《鼓励外商投资产业目录(2022年版)》和海南自由贸易港新增鼓励类产业目录。上述目录在《财政部 税务总局关于海南自由贸易港企业所得税优惠政策的通知》(财税〔2020〕31号)执行期限内修订的,自修订版实施之日起按新版本执行。

国家发展和改革委员会印发了《海南自由贸易港鼓励类产业目录(2020年本)》(发改地区规〔2021〕120号印发),文娱领域相关企业可以对照执行,可重点关注该目录中的文化、体育和娱乐业,包括智能体育及电子竞技、文化和旅游宣传推广及目的地营销、线上旅游服务、休闲渔业、演出经纪服务,演出场所、娱乐场所经营等行业。

2. 实质性运营

实质性运营,是指企业的实际管理机构设在海南自由贸易港,并对企业生产经营、人员、账务、财产等实施实质性全面管理和控制。对不符合实质性运营的文娱企业等,不得享受优惠。

根据《国家税务总局 海南省税务局 海南省财政厅 海南省市场监督管理局关于海南自由贸易港鼓励类产业企业实质性运营有关问题的公告》(国家税务总局 海南省税务局 海南省财政厅 海南省市场监督管理局公告2021年第1号)的规定,实质性运营要符合以下条件:

(1) 注册在自贸港的居民企业,从事鼓励类产业项目,并且在自贸港之外未设立分支机构的,其生产经营、人员、账务、资产等在自贸港,属于在自贸港实质性运营。

注意:对于仅在自贸港注册登记,其生产经营、人员、账务、资产等任一项不在自贸港的居民企业,不属于在自贸港实质性运营,不得享受自贸港企业所得税优惠政策。

(2) 注册在自贸港的居民企业,从事鼓励类产业项目,在自贸港之外设立分支机构的,该居民企业对各分支机构的生产经营、人员、账务、资产等实施实质性全面管理和控制,属于在自贸港实质性运营。

(3) 注册在自贸港之外的居民企业在自贸港设立分支机构的,或者非居民企业在自贸港设立机构、场所的,该分支机构或机构、场所具备生产经营职能,并具备与其生产经营职能相匹配的营业收入、职工薪酬和资产总额,属于在自贸港实质性运营。

(4) 注册在自贸港的居民企业,其在自贸港之外设立分支机构的,或者注册在自贸港之外的居民企业,其在自贸港设立分支机构的,应严格按照《跨地区经营汇总纳税企业所得税征收管理办法》(国家税务总局公告2012年第57号印发)的规定,计算总机构及各分支机构应纳税所得额和税款,并按规定缴纳企业所得税。

(5) 设立在自贸港的非居民企业机构、场所符合规定条件汇总缴纳企业所得税的,应严格按照《国家税务总局 财政部 中国人民银行关于非居民企业机构场所汇总缴纳企业所得税有关问题的公告》(国家税务总局公告2019年第12号)的规定,计算应纳税所得额和税款,并按规定缴纳企业所得税。

(6) 符合实质性运营并享受自贸港鼓励类产业企业所得税优惠政策的企业,应当在完成年度汇算清缴后,按照《国家税务总局 海南省税务局关于海南自由贸易港企业所得税优惠政策有关问题的公告》(国家税务总局 海南省税务局公告2020年第

4号)的规定,归集整理留存相关资料,以备税务机关核查。

(7) 企业享受税收优惠政策,应执行查账征收方式征收企业所得税。

3. 总、分支机构企业享受优惠的判断

对总机构设在海南自由贸易港的符合条件的企业,仅就其设在海南自由贸易港的总机构和分支机构的所得,适用15%税率;对总机构设在海南自由贸易港以外的企业,仅就其设在海南自由贸易港内的符合条件的分支机构的所得,适用15%税率。具体征管办法按照国家税务总局有关规定执行。

对总机构设在自贸港的企业,仅将该企业设在自贸港的总机构和分支机构(不含在自贸港以外设立的二级以下分支机构在自贸港设立的三级以下分支机构)纳入判断是否符合规定条件范围,设在自贸港以外的分支机构不纳入判断范围;对总机构设在自贸港以外的企业,仅就设在自贸港的分支机构(不含在自贸港以外设立的二级以下分支机构在自贸港设立的三级以下分支机构)判断是否符合规定条件,设在自贸港以外的总机构和分支机构不纳入判断范围。

4. 预缴申报时可按规定享受

鼓励类产业企业减按15%税率征收企业所得税政策,在预缴申报时可按规定享受,主要留存备查资料如下:

(1) 主营业务属于《海南自由贸易港鼓励类产业目录(2020年本)》(发改地区规〔2021〕120号印发)中的具体项目、属于目录的主营业务收入占企业收入总额60%以上的说明。

(2) 企业进行实质性运营的相关情况说明,包括企业资产总额、收入总额、人员总数、工资总额等,并说明在自贸港设立的机构相应占比。

(二) 三大产业新增境外直接投资所得免征企业所得税

对在海南自由贸易港设立的旅游业、现代服务业、高新技术产业企业新增境外直接投资取得的所得,免征企业所得税。

1. 新增境外直接投资所得应当符合的条件

(1) 从境外新设分支机构取得的营业利润,或从持股比例超过20%(含)的境外子公司分回的,与新增境外直接投资相对应的股息所得。

新增境外直接投资是指企业在2020年1月1日至2024年12月31日新增的境外直接投资,包括在境外投资新设分支机构、境外投资新设企业、对已设立的境外企业增资扩股以及收购境外企业股权。

(2) 被投资国(地区)的企业所得税法定税率不低于5%。

旅游业、现代服务业、高新技术产业,按照《海南自由贸易港鼓励类产业目录

(2020年本)》(发改地区规〔2021〕120号印发)执行。

2. 留存备查资料

旅游业、现代服务业、高新技术产业企业新增境外直接投资取得的所得免征企业所得税政策,在年度纳税申报时可按规定享受,主要留存备查资料为:企业属于《海南自贸港鼓励类产业目录(2020年本)》(发改地区规〔2021〕120号印发)中的旅游业、现代服务业、高新技术产业以及新增境外直接投资所得符合条件的说明。

(三) 新购置的资产一次性扣除或加速折旧和摊销问题

对在海南自由贸易港设立的企业,新购置(含自建、自行开发)固定资产或无形资产,单位价值不超过500万元(含)的,允许一次性计入当期成本费用在计算应纳税所得额时扣除,不再分年度计算折旧和摊销;新购置(含自建、自行开发)固定资产或无形资产,单位价值超过500万元的,可以缩短折旧、摊销年限或采取加速折旧、摊销的方法。固定资产,是指除房屋、建筑物以外的固定资产。

(1) 自行开发的无形资产,按达到预定用途的时间确认购置时点。

(2) 无形资产在可供使用的当年一次性扣除或开始加速摊销。

(3) 企业购置的无形资产按《国家税务总局 海南省税务局关于海南自由贸易港企业所得税优惠政策有关问题的公告》(国家税务总局 海南省税务局公告2020年第4号)第三条规定缩短摊销年限或采取加速摊销方法的,可比照《国家税务总局关于企业固定资产加速折旧所得税处理有关问题的通知》(国税发〔2009〕81号)相关规定执行。

(4) 新购置的资产一次性扣除或加速折旧和摊销政策,在预缴申报时可按规定享受,主要留存备查资料为:①有关资产购进时点的资料(如以货币形式购进资产的发票,以分期付款或赊销方式购进资产的到货时间说明,自行建造固定资产的竣工结算说明,自行开发的无形资产达到预定用途情况说明);②有关资产记账凭证;③核算有关资产税务处理与会计处理差异的台账。

(5) 设立在自贸港实行查账征收的二级分支机构及非居民企业机构、场所可以享受一次性扣除或加速折旧和摊销政策。

以上关于海南自由贸易港税收优惠政策自2020年1月1日起执行至2024年12月31日。

(四) 海南自由贸易港高端紧缺人才个人所得税政策

1. 高端和紧缺人才个人所得税税负15%

对在海南自由贸易港工作的高端人才和紧缺人才,其个人所得税实际税负超过

15%的部分,予以免征。

2. 来源于海南的所得才能享受优惠

享受相关优惠政策的所得包括来源于海南自由贸易港的综合所得(包括工资薪金、劳务报酬、稿酬、特许权使用费四项所得)、经营所得以及经海南省认定的人才补贴性所得。

纳税人在海南省办理个人所得税年度汇算清缴时享受上述优惠政策。

来源于海南的所得,是指高端紧缺人才从海南取得的综合所得(包括工资薪金、劳务报酬、稿酬、特许权使用费四项所得)、经营所得以及经海南省认定的人才补贴性所得,相应税款在海南缴纳。其中:

(1) 工资薪金所得,是指个人因在海南任职、受雇,从该任职受雇单位取得的工资、薪金、奖金、年终加薪、劳动分红、津贴、补贴以及与任职、受雇有关的其他所得。

(2) 劳务报酬所得,是指个人因在海南从事劳务从海南取得的所得。

(3) 稿酬所得,是指个人因其作品以图书、报刊等形式出版、发表,从海南取得的所得。

(4) 特许权使用费所得,是指个人因提供专利权、商标权、著作权、非专利技术以及其他特许权的使用权,从海南取得的所得。

(5) 经营所得,是指在海南从事生产、经营活动取得的所得。

(6) 海南省认定的人才补贴性所得,根据发放对象、发放方式分别确认。与任职、受雇有关的,计入综合所得;与从事生产、经营活动有关的,计入经营所得。

3. 高端和紧缺人才清单管理

对享受优惠政策的高端人才和紧缺人才实行清单管理,由海南省商财政部、国家税务总局制定具体管理办法。

《海南自由贸易港享受个人所得税优惠政策高端紧缺人才清单管理暂行办法》(琼府〔2020〕41号印发)对高端紧缺人才享受个人所得税优惠的相关条件和注意事项进行了明确。

(1) 对缴纳社会保险的要求。享受个人所得税优惠政策的高端人才和紧缺人才,须在海南自由贸易港工作并且1个纳税年度在海南自由贸易港连续缴纳基本养老保险等社会保险6个月以上(须包含本年度12月当月),且与在海南自由贸易港注册并实质性运营的企业或单位签订1年以上的劳动合同或聘用协议等劳动关系证明材料。无法缴纳社会保险的境外高端人才和境外紧缺人才,须提供与在海南自由贸易港注册并实质性运营的企业或单位签订的1年以上劳动合同或聘用协议等劳动关系证明材料。

（2）享受个人所得税优惠政策的高端人才，还应当属于海南省各级人才管理部门所认定的人才或者1个纳税年度内在海南自由贸易港收入达到30万元人民币以上（海南省根据经济社会发展状况实施动态调整）。

（3）紧缺人才需求目录。享受个人所得税优惠政策的紧缺人才，应当符合海南自由贸易港行业紧缺人才需求范围。海南省人才管理部门负责发布《海南自由贸易港行业紧缺人才需求目录（2020年版）》（琼府〔2020〕41号附件），并适时更新。《海南自由贸易港行业紧缺人才需求目录（2020年版）》（琼府〔2020〕41号附件）列明的文化领域技能技术骨干和管理人才中包括编剧、导演、作曲、指挥、表演人员等，文娱领域相关人员符合条件的可以对照执行。

（4）符合条件的当年享受。确定为高端人才和紧缺人才的，当年享受税收优惠政策。不再符合高端人才和紧缺人才条件的，当年不得享受税收优惠政策。值得注意的是，被依法列为失信联合惩戒对象的人员，不得享受个人所得税优惠政策。

（5）监管和风险应对。依托海南社会管理信息化平台，海南省人才管理部门、社会保障、税务等部门应加强事中事后监管，对高端人才和紧缺人才的税收优惠情况开展随机抽查，并根据查核结果开展风险评估和风险应对工作。

（6）异议或争端解决。对享受税收优惠政策的人才存在异议或争端的，由海南省各级人才管理部门牵头协调解决。对人才所属企业或单位在海南自由贸易港是否开展实质性运营存在异议或争端的，由海南省市场监督管理部门牵头协调解决。

4. 高端和紧缺人才的确认

海南省委人才发展局根据掌握的高端、紧缺人才情况，于每年12月底前将高端、紧缺人才初步建议名单先后推送至税务、发改和社保等部门。海南省税务局按照琼府〔2020〕41号文件确定的收入标准对名单核对后，由发改、社保部门分别依托海南自由贸易港"信用共享"平台、海南社保登记系统等，对初步建议名单人才的信用、社保缴纳等情况进行核实。因失信受到联合惩戒人员、不符合琼府〔2020〕41号文件规定的社保缴纳及收入等条件人员不得确定为高端、紧缺人才。上述部门按照各自职责分工对初步建议名单核对后，于次年1月底前将核对信息反馈海南省委人才发展局。海南省委人才发展局应于次年2月15日前向海南省税务局提供最终确定的高端、紧缺人才名单。

海南省委人才发展局、海南省税务局在高端、紧缺人才名单确定后，以适当方式通知高端、紧缺人才，并通过海南省级人才服务"一站式"网络平台和人才服务窗口提供人才身份查询服务。

5. 高端紧缺人才减免税额的计算

(1) 居民个人综合所得减免税额计算：

$$\text{减免税额} = \left(\text{综合所得应纳税额} - \text{综合所得应纳税所得额} \times 15\%\right) \times \text{海南综合所得收入额} \div \text{综合所得收入额} \quad (4-1)$$

(2) 居民个人经营所得减免税额计算：

$$\text{减免税额} = \left(\text{经营所得应纳税额} - \text{经营所得应纳税所得额} \times 15\%\right) \times \text{海南经营所得应纳税所得额} \div \text{经营所得应纳税所得额} \quad (4-2)$$

(3) 非居民个人相关所得减免税额计算：

$$\text{非居民个人工资、薪金所得减免税额} = \left(\text{工资、薪金所得应纳税额} - \text{工资、薪金所得应纳税所得额} \times 15\%\right) \times \text{海南工资、薪金所得收入额} \div \text{工资、薪金所得收入额} \quad (4-3)$$

$$\text{非居民个人劳务报酬、稿酬、特许权使用费所得减免税额} = \text{海南应纳税额} - \text{海南应纳税所得额} \times 15\% \quad (4-4)$$

$$\text{非居民个人经营所得减免税额} = \left(\text{经营所得应纳税额} - \text{经营所得应纳税所得额} \times 15\%\right) \times \text{海南经营所得应纳税所得额} \div \text{经营所得应纳税所得额} \quad (4-5)$$

6. 征收管理和服务

1) 年度退税

被确认为高端、紧缺人才的个人，需要对其来源于海南的相关所得享受优惠政策的，其经营所得于次年1月1日至3月31日、综合所得于次年3月1日至6月30日在海南办理个人所得税年度退税。非居民个人在上述期间无法入境办理的，可委托涉税专业服务机构、其他单位或个人代为办理，或在离境前提前30日以上通过海南省税务局向海南省委人才发展局提出高端、紧缺人才身份确认申请。海南省委人才发展局应在10个工作日内对其是否属于高端、紧缺人才进行确认，发展改革、社保部门须予以配合。被确认为高端、紧缺人才的，税务部门按照上述规定为其办理退税。

2) 留存证明材料

高端紧缺人才应在5年内保留与海南实质性运营企业或单位签订的1年以上劳动合同或聘用协议等劳动关系证明材料。

3) 服务和监管

海南省税务局根据海南省委人才发展局推送的名单，依托电子税务局，向被确认为高端紧缺人才的纳税人提供享受减免税优惠政策相关服务。

海南省人才管理、社会保障、税务等部门应加强事中事后监管,对高端紧缺人才享受个人所得税优惠情况联合开展随机抽查。海南省委人才发展局、海南省市场监督管理局应根据工作职能,分别牵头做好有关争议解决工作,积极配合税务部门落实好个人所得税优惠政策。

三、喀什、霍尔果斯企业所得税优惠

《财政部 税务总局关于新疆困难地区及喀什、霍尔果斯两个特殊经济开发区新办企业所得税优惠政策的通知》(财税〔2021〕27号)规定了新疆困难地区以及喀什、霍尔果斯两个特殊经济开发区有关企业所得税优惠政策。

文娱领域企业可以对照《新疆困难地区重点鼓励发展产业企业所得税优惠目录》(财税〔2021〕42号印发,以下简称《优惠目录》),在相关地区符合条件的可以享受定期减免优惠政策,可以重点关注《优惠目录》文化产业中的文化创意设计服务,广播影视制作、发行、交易、播映、出版、衍生品开发,动漫创作、制作、传播、出版、衍生产品开发,移动多媒体广播电视、广播影视数字化、数字电影服务监管技术及应用等行业。

(一) 新疆困难地区新办企业"两免三减半"优惠政策

2021年1月1日至2030年12月31日,对在新疆困难地区新办的属于《优惠目录》范围内的企业,自取得第一笔生产经营收入所属纳税年度起,第一年至第二年免征企业所得税,第三年至第五年减半征收企业所得税。

享受上述企业所得税定期减免税政策的企业,在减半期内,按照企业所得税25%的法定税率计算的应纳税额减半征税。

新疆困难地区包括南疆三地州、其他脱贫县(原国家扶贫开发重点县)和边境县市。

(二) 喀什、霍尔果斯新办企业免税5年

2021年1月1日至2030年12月31日,对在新疆喀什、霍尔果斯两个特殊经济开发区内新办的属于《优惠目录》范围内的企业,自取得第一笔生产经营收入所属纳税年度起,5年内免征企业所得税。

(三) 鼓励发展产业企业所得税优惠目录

属于《优惠目录》范围内的企业是指以《优惠目录》中规定的产业项目为主营业务,其主营业务收入占企业收入总额60%以上的企业。

(四) 第一笔生产经营收入

第一笔生产经营收入,是指产业项目已建成并投入运营后所取得的第一笔收入。

第二节　文娱领域应关注的分税种税收优惠政策

一、增值税优惠政策

（一）电影广播电视等文化产业增值税优惠政策

1. 电影广播电视增值税优惠政策

《财政部　国家税务总局关于继续实施支持文化企业发展增值税政策的通知》（财税〔2019〕17号）规定了电影广播电视增值税优惠政策。

（1）对电影主管部门（包括中央、省、地市及县级）按照各自职能权限批准从事电影制片、发行、放映的电影集团公司（含成员企业）、电影制片厂及其他电影企业取得的销售电影拷贝（含数字拷贝）收入、转让电影版权（包括转让和许可使用）收入、电影发行收入以及在农村取得的电影放映收入，免征增值税。一般纳税人提供的城市电影放映服务，可以按现行政策规定，选择按照简易计税办法计算缴纳增值税。

（2）对广播电视运营服务企业收取的有线数字电视基本收视维护费和农村有线电视基本收视费，免征增值税。

2. 影视等出口服务适用增值税零税率政策

根据《跨境应税行为适用增值税零税率和免税政策的规定》（财税〔2016〕36号附件4），向境外单位提供的完全在境外消费的广播影视节目（作品）的制作和发行服务，适用增值税零税率；境内的单位和个人在境外提供的广播影视节目（作品）的播映服务，免征增值税。

3. 体育赛事电视转播等增值税优惠政策

《财政部　税务总局　海关总署关于北京2022年冬奥会和冬残奥会税收优惠政策的公告》（财政部　税务总局　海关总署公告2019年第92号）规定，奥林匹克转播服务公司、奥林匹克频道服务公司、国际奥委会电视与市场开发服务公司、奥林匹克文化与遗产基金、官方计时公司取得的与北京冬奥会有关的收入，免征增值税。

《财政部　税务总局　海关总署关于杭州2022年亚运会和亚残运会税收政策的公告》（财政部　税务总局　海关总署公告2020年第18号）规定，对杭州2022年亚运会和亚残运会及其测试赛组委会取得的电视转播权销售分成收入、赞助计划分成收入（货物和资金），免征增值税；对杭州2022年亚运会和亚残运会及其测试赛组委会取得的来源于广播、因特网、电视等媒体收入，免征增值税。

4. 动漫企业增值税优惠

《财政部　税务总局关于延续动漫产业增值税政策的通知》(财税〔2018〕38号)、《财政部　税务总局关于延长部分税收优惠政策执行期限的公告》(财政部　税务总局公告2021年第6号)规定,动漫软件出口免征增值税;2023年12月31日前,对动漫企业增值税一般纳税人销售其自主开发生产的动漫软件,按照适用税率征收增值税后,对其增值税实际税负超过3%的部分,实行即征即退政策。

(二) 纪念馆、博物馆、文化馆等文化体育服务增值税优惠

《营业税改征增值税试点过渡政策的规定》(财税〔2016〕36号附件3)第一条第(十一)项、第(十二)项规定,纪念馆、博物馆、文化馆、文物保护单位管理机构、美术馆、展览馆、书画院、图书馆在自己的场所提供文化体育服务取得的第一道门票收入免征增值税;寺院、宫观、清真寺和教堂举办文化、宗教活动的门票收入免征增值税。

《财政部　税务总局关于延续宣传文化增值税优惠政策的公告》(财政部　税务总局公告2021年第10号)规定,自2021年1月1日起至2023年12月31日,对科普单位的门票收入,以及县级及以上党政部门和科协开展科普活动的门票收入免征增值税。

(三) 图书等宣传文化服务增值税优惠

1. 图书批发、零售环节免征增值税

《财政部　税务总局关于延续宣传文化增值税优惠政策的公告》(财政部　税务总局公告2021年第10号)第二条规定,自2021年1月1日起至2023年12月31日,图书批发、零售环节免征增值税。电商平台、网红直播带货涉及的图书批发、零售也按上述规定享受免征增值税优惠。

2. 部分进口图书、报刊资料免征增值税等优惠

《财政部　国家税务总局关于北京中科进出口公司销售给高等学校、科研单位和北京图书馆的进口图书报刊资料免征增值税问题的通知》(财税字〔1998〕69号)规定,相关进口图书、报刊资料免征增值税。

《财政部　国家税务总局关于中国国际图书贸易总公司销售给高等学校教育科研单位和北京图书馆的进口图书报刊资料免征增值税问题的通知》(财税字〔1998〕68号)规定,相关进口图书、报刊资料免征增值税。

《财政部　国家税务总局关于中国教育图书进出口公司销售给高等学校教育科研单位和北京图书馆的进口图书、报刊资料免征增值税问题的通知》(财税字〔1998〕67号)规定,相关进口图书、报刊资料免征增值税。

《财政部 国家税务总局关于中国经济图书进出口公司、中国出版对外贸易总公司销售给大专院校和科研单位的进口书刊资料免征增值税的通知》(财税字〔1999〕255号)规定,相关进口图书、报刊资料免征增值税。

《财政部 国家税务总局关于中国科技资料进出口总公司销售进口图书享受免征国内销售环节增值税政策的通知》(财税〔2004〕69号)规定,相关进口的用于科研、教学的图书、文献报刊资料免征国内销售环节增值税。

《财政部 国家税务总局关于中国图书进出口总公司销售给科研教学单位的进口书刊资料免征增值税问题的通知》(财税字〔1997〕66号)规定,相关进口图书、报刊资料免征增值税。

3. 个人转让著作权免征增值税优惠

《营业税改征增值税试点过渡政策的规定》(财税〔2016〕36号附件3)第一条第(十四)项规定,个人转让著作权免征增值税优惠。

(四) 增值税小规模纳税人减免增值税政策

文娱领域的增值税小规模纳税人(以下简称小规模纳税人)企业或个体户可以享受小规模纳税人减免增值税政策。为进一步支持小微企业发展,2023年1月9日,财政部、国家税务总局联合制发了《财政部 税务总局关于明确增值税小规模纳税人减免增值税等政策的公告》(财政部 税务总局公告2023年第1号),规定自2023年1月1日至2023年12月31日,对月销售额10万元以下(含本数)的增值税小规模纳税人,免征增值税;小规模纳税人适用3%征收率的应税销售收入,减按1%征收率征收增值税;适用3%预征率的预缴增值税项目,减按1%预征率预缴增值税。同日,国家税务总局还制发了《国家税务总局关于增值税小规模纳税人减免增值税等政策有关征管事项的公告》(国家税务总局公告2023年第1号)对相关征管事项进行明确,主要包括免税或放弃免税开具发票、开具红字发票、填写申报表等问题。

1. 政策要点与注意事项

本次小规模纳税人减免增值税政策的适用主体是小规模纳税人,不管是企业还是个体工商户,只要是小规模纳税人,符合条件的均可适用政策。而增值税一般纳税人不适用上述减免政策,无论是免征还是减按1%征收率征收等政策,增值税一般纳税人都不适用。

1)免税政策

小规模纳税人发生增值税应税销售行为,合计月销售额未超过10万元(以1个季度为1个纳税期的,季度销售额未超过30万元,下同)的,免征增值税。

注意事项:①小规模纳税人发生增值税应税销售行为,合计月销售额超过10万元,但扣除本期发生的销售不动产的销售额后未超过10万元的,其销售货物、劳务、服务、无形资产取得的销售额免征增值税。②适用增值税差额征税政策的小规模纳税人,以差额后的销售额确定是否可以享受上述免征增值税政策。

根据《增值税暂行条例实施细则》的规定,个人是指个体工商户和其他个人。对于其他个人,采取一次性收取租金形式出租不动产取得的租金收入,可在对应的租赁期内平均分摊,分摊后的月租金收入未超过10万元的,免征增值税。

案例4-2　个人出租不动产免税政策

家住横店的小张,将两间门面房出租给某影视公司作为临时办公室,年租金108万元,平均到每个月的租金收入为9万元,未超过10万元,小张可以享受免征增值税的政策。

2) 减税政策

自2023年1月1日至2023年12月31日,小规模纳税人适用3%征收率的应税销售收入,减按1%征收率征收增值税;适用3%预征率的预缴增值税项目,减按1%预征率预缴增值税。

2. 发票开具问题

1) 放弃免减税开具增值税专用发票

小规模纳税人适用月销售额10万元以下免征增值税政策的,纳税人可对部分或者全部销售收入选择放弃享受免税政策,并开具增值税专用发票。小规模纳税人适用3%征收率销售收入减按1%征收率征收增值税政策的,纳税人可对部分或者全部销售收入选择放弃享受减税,并开具增值税专用发票。

2) 如何开具红字发票

小规模纳税人在2022年12月31日前已经开具增值税发票,发生销售折让、中止、退回或开票有误等情形需要开具红字发票的,应开具对应征收率的红字发票或免税红字发票,即如果2022年12月31日之前按3%征收率开具了增值税发票,则应按照3%的征收率开具红字发票;如果2022年12月31日之前按1%征收率开具了增值税发票,则应按照1%征收率开具红字发票;如果2022年12月31日之前开具了免税发票,则开具免税红字发票。纳税人开票有误需要重新开具发票的,在开具红字发票后,重新开具正确的蓝字发票。

案例4-3　文化传媒公司红字发票的开具

某文化传媒公司是小规模纳税人,有一笔纳税义务发生时间在2022年12月1日的应税销售收入,适用3%征收率,已按3%征收率缴纳税款并开具3%征收率增值税专用发票。2023年3月,该文化传媒公司发现购买方名称填写错误,需要重新开具发票。该文化传媒公司应当按照3%征收率开具红字增值税专用发票,再按照3%征收率重新开具正确的蓝字增值税专用发票。

3. 申报表填写问题

小规模纳税人发生增值税应税销售行为,合计月销售额未超过10万元的,免征增值税的销售额等项目应当填写在《增值税及附加税费申报表(小规模纳税人适用)》"小微企业免税销售额"或者"未达起征点销售额"相关栏次,如果没有其他免税项目,则无需填报《增值税减免税申报明细表》;减按1%征收率征收增值税的销售额应当填写在《增值税及附加税费申报表(小规模纳税人适用)》"应征增值税不含税销售额(3%征收率)"相应栏次,对应减征的增值税应纳税额按销售额的2%计算填写在《增值税及附加税费申报表(小规模纳税人适用)》"本期应纳税额减征额"和《增值税减免税申报明细表》减税项目相应栏次。

案例4-4 文化传媒公司申报表填写

某文化传媒公司是按季申报的小规模纳税人,2023年第一季度预计销售货物收入28万元左右,没有其他免税项目,由于季度销售额未超过30万元,适用免税政策。在增值税纳税申报时,不用选择减免性质代码,如纳税人是企业,将28万元的免税销售额填写在《增值税及附加税费申报表(小规模纳税人适用)》第10栏"小微企业免税销售额"即可;如纳税人是个体工商户,填写在第11栏"未达起征点销售额",无需填报《增值税减免税申报明细表》。

4. 享受减免税政策的风险防范

在享受小规模纳税人减免增值税政策的同时,相关纳税人一定要如实享受税收优惠,不能因为减免税而随意开具与实际经营情况不符的发票,否则将承担相应的法律责任。

风险1:虚开发票将面临罚款等行政责任。

根据《发票管理办法》的规定,虚开发票的,由税务机关没收违法所得;虚开金额在1万元以下的,可以并处5万元以下的罚款;虚开金额超过1万元的,并处5万元以上50万元以下的罚款;构成犯罪的,依法追究刑事责任。

开具与实际经营情况不符的发票,属于虚开发票,包括没有发生经营业务而虚开发票,以及有业务发生但开具金额、数量等不实的发票,比如实际服务金额5万元,却开具了 10 万元的发票。

另外,《发票管理办法》规定,违反发票管理法规,导致其他单位或者个人未缴、少缴或者骗取税款的,由税务机关没收违法所得,可以并处未缴、少缴或者骗取的税款 1 倍以下的罚款。

风险 2:虚开发票情节严重将面临有期徒刑等刑事责任。

《刑法》规定,虚开普通发票情节严重的,处 2 年以下有期徒刑、拘役或者管制,并处罚金;情节特别严重的,处 2 年以上 7 年以下有期徒刑,并处罚金。

风险 3:让他人为自己虚开发票也要承担法律责任。

部分文娱企业采用支付开票费的方式让其他企业为自己虚开发票,这属于"让他人为自己开具与实际经营业务情况不符的发票",是典型的虚开发票行为,将面临上述虚开发票的行政责任,甚至刑事责任。

(五)支持农业及改善民生等方面的增值税优惠

为了支持农业发展及改善民生,国家出台了多项税收优惠政策,文娱领域相关企业和个人符合条件的也可以享受。

1. 农业生产者销售的自产农产品

《增值税暂行条例》规定,农业生产者销售的自产农产品免征增值税。根据《农业产品征税范围注释》(财税字〔1995〕52 号印发)的规定,"农业生产者销售的自产农业产品",是指直接从事植物的种植、收割和动物的饲养、捕捞的单位和个人销售的注释所列的自产农业产品;对上述单位和个人销售的外购的农业产品,以及单位和个人外购农业产品生产、加工后销售的仍然属于注释所列的农业产品,不属于免税的范围,应当按照规定税率征收增值税。

农户或者其他农业生产者通过网络直播等方式销售其自产的农产品,符合上述条件的,可以享受免征增值税的优惠政策。

2. 蔬菜和鲜活肉蛋产品流通环节免征增值税优惠

电商平台或网红直播等销售下列蔬菜和鲜活肉蛋产品,符合条件的可以享受免征增值税政策。

1)蔬菜流通环节免征增值税

《财政部 国家税务总局关于免征蔬菜流通环节增值税有关问题的通知》(财税〔2011〕137 号)规定,对从事蔬菜批发、零售的纳税人销售的蔬菜免征增值税。

蔬菜,是指可作副食的草本、木本植物,包括各种蔬菜、菌类植物和少数可作副食的木本植物。蔬菜的主要品种参照《蔬菜主要品种目录》执行。

经挑选、清洗、切分、晾晒、包装、脱水、冷藏、冷冻等工序加工的蔬菜,属于财税

〔2011〕137号文件所述蔬菜的范围。

注意：各种蔬菜罐头不属于财税〔2011〕137号文件所述蔬菜的范围。蔬菜罐头是指蔬菜经处理、装罐、密封、杀菌或无菌包装而制成的食品。

纳税人既销售蔬菜又销售其他增值税应税货物的，应分别核算蔬菜和其他增值税应税货物的销售额；未分别核算的，不得享受蔬菜增值税免税政策。

2）部分鲜活肉蛋产品流通环节免征增值税

《财政部 国家税务总局关于免征部分鲜活肉蛋产品流通环节增值税政策的通知》（财税〔2012〕75号）规定，对从事农产品批发、零售的纳税人销售的部分鲜活肉蛋产品免征增值税。免征增值税的鲜活肉产品，是指猪、牛、羊、鸡、鸭、鹅及其整块或者分割的鲜肉、冷藏或者冷冻肉，内脏、头、尾、骨、蹄、翅、爪等组织。免征增值税的鲜活蛋产品，是指鸡蛋、鸭蛋、鹅蛋，包括鲜蛋、冷藏蛋以及对其进行破壳分离的蛋液、蛋黄和蛋壳。上述产品中不包括《野生动物保护法》所规定的国家珍贵、濒危野生动物及其鲜活肉类、蛋类产品。

注意：从事农产品批发、零售的纳税人既销售部分鲜活肉蛋产品又销售其他增值税应税货物的，应分别核算鲜活肉蛋产品和其他增值税应税货物的销售额；未分别核算的，不得享受部分鲜活肉蛋产品增值税免税政策。

（六）残疾人相关增值税优惠政策

残疾人个人可以享受为社会提供服务免征增值税等相关优惠政策。

1. 残疾人员提供的劳务、服务免征增值税

《营业税改征增值税试点过渡政策的规定》（财税〔2016〕36号附件3）第一条（六）项规定，残疾人员本人为社会提供的服务免征增值税。

《财政部 国家税务总局关于促进残疾人就业增值税政策的通知》（财税〔2016〕52号）第八条规定，残疾人个人提供的加工、修理修配劳务，免征增值税。

2. 安置残疾人就业增值税即征即退

《财政部 国家税务总局关于促进残疾人就业增值税政策的通知》（财税〔2016〕52号）规定，对安置残疾人的单位和个体工商户（以下称纳税人），实行由税务机关按纳税人安置残疾人的人数，限额即征即退增值税的办法。

安置的每位残疾人每月可退还的增值税具体限额，由县级以上税务机关根据纳税人所在区县（含县级市、旗，下同）适用的经省（含自治区、直辖市、计划单列市，下同）人民政府批准的月最低工资标准的4倍确定。

3. 享受税收优惠政策的条件

（1）纳税人（除盲人按摩机构外）月安置的残疾人占在职职工人数的比例不低于

25%(含25%),并且安置的残疾人人数不少于10人(含10人)。

盲人按摩机构月安置的残疾人占在职职工人数的比例不低于25%(含25%),并且安置的残疾人人数不少于5人(含5人)。

(2) 依法与安置的每位残疾人签订了1年以上(含1年)的劳动合同或服务协议。

(3) 为安置的每位残疾人按月足额缴纳了基本养老保险、基本医疗保险、失业保险、工伤保险和生育保险等社会保险。

(4) 通过银行等金融机构向安置的每位残疾人,按月支付了不低于纳税人所在区县适用的经省人民政府批准的月最低工资标准的工资。

《财政部 国家税务总局关于教育税收政策的通知》(财税〔2004〕39号)第一条第(七)项规定的特殊教育学校举办的企业,只要符合月安置的残疾人占在职职工人数的比例不低于25%(含25%),并且安置的残疾人人数不少于10人(含10人)的条件,即可享受限额即征即退增值税优惠政策。这类企业在计算残疾人人数时可将在企业上岗工作的特殊教育学校的全日制在校学生计算在内,在计算企业在职职工人数时也要将上述学生计算在内。

纳税人按照纳税期限向主管税务机关申请退还增值税。本纳税期已交增值税额不足退还的,可在本纳税年度内以前纳税期已交增值税扣除已退增值税的余额中退还,仍不足退还的可结转本纳税年度内以后纳税期退还,但不得结转以后年度退还。纳税期限不为按月的,只能对其符合条件的月份退还增值税。

注意:纳税人中纳税信用等级为税务机关评定的C级或D级的,不得享受安置残疾人增值税即征即退优惠政策。

纳税人应当分别核算上述享受税收优惠政策和不得享受税收优惠政策业务的销售额,不能分别核算的,不得享受增值税即征即退优惠政策。

如果既适用促进残疾人就业增值税优惠政策,又适用重点群体、退役士兵、随军家属、军转干部等支持就业的增值税优惠政策的,纳税人可自行选择适用的优惠政策,但不能累加执行。一经选定,36个月内不得变更。

4. 相关说明

(1) 残疾人,是指法定劳动年龄内,持有《残疾人证》或者《残疾军人证(1至8级)》的自然人,包括具有劳动条件和劳动意愿的精神残疾人。

(2) 残疾人个人,是指自然人。

(3) 在职职工人数,是指与纳税人建立劳动关系并依法签订劳动合同或者服务协议的雇员人数。

(4) 特殊教育学校举办的企业,是指特殊教育学校主要为在校学生提供实习场所、并由学校出资自办、由学校负责经营管理、经营收入全部归学校所有的企业。

(七) 生产、生活性服务业增值税加计抵减政策

为促进服务业领域困难行业纾困发展,2023年1月9日,财政部、国家税务总局联合发布了《财政部 税务总局关于明确增值税小规模纳税人减免增值税等政策的公告》(财政部 税务总局公告2023年第1号),规定自2023年1月1日至2023年12月31日,允许生产、生活性服务业纳税人分别按照当期可抵扣进项税额加计5%、10%抵减应纳税额。

1. 政策要点与注意事项

自2023年1月1日至2023年12月31日,增值税加计抵减政策按照以下规定执行:

(1) 允许生产性服务业纳税人按照当期可抵扣进项税额加计5%抵减应纳税额。生产性服务业纳税人,是指提供邮政服务、电信服务、现代服务、生活服务取得的销售额占全部销售额的比重超过50%的纳税人。

(2) 允许生活性服务业纳税人按照当期可抵扣进项税额加计10%抵减应纳税额。生活性服务业纳税人,是指提供生活服务取得的销售额占全部销售额的比重超过50%的纳税人。

(3) 纳税人适用加计抵减政策的其他有关事项,按照《财政部 税务总局 海关总署关于深化增值税改革有关政策的公告》(财政部 税务总局 海关总署公告2019年第39号)、《财政部 税务总局关于明确生活性服务业增值税加计抵减政策的公告》(财政部 税务总局公告2019年第87号)等有关规定执行。

注意事项:

(1) 生产、生活性服务业纳税人,是指提供邮政服务、电信服务、现代服务、生活服务(以下称四项服务)取得的销售额占全部销售额的比重超过50%的纳税人。能够享受5%加计抵减政策的纳税人,是指提供邮政服务、电信服务、现代服务、生活服务这四项服务取得的销售额合计占全部销售额的比重超过50%的纳税人。能够享受10%加计抵减政策的纳税人,是指提供生活服务取得的销售额占全部销售额的比重超过50%的纳税人。

(2) 四项服务的具体范围按照《销售服务、无形资产、不动产注释》(财税〔2016〕36号附件1附件)执行。

邮政服务,是指中国邮政集团公司及其所属邮政企业提供邮件寄递、邮政汇兑和机要通信等邮政基本服务的业务活动。其包括邮政普遍服务、邮政特殊服务和其他邮政服务。

电信服务,是指利用有线、无线的电磁系统或者光电系统等各种通信网络资源,提供语音通话服务,传送、发射、接收或者应用图像、短信等电子数据和信息的业务活动。其包括基础电信服务和增值电信服务。

现代服务,是指围绕制造业、文化产业、现代物流产业等提供技术性、知识性服务的业务活动。其包括研发和技术服务、信息技术服务、文化创意服务、物流辅助服务、租赁服务、鉴证咨询服务、广播影视服务、商务辅助服务和其他现代服务。广播影视服务,包括广播影视节目(作品)的制作服务、发行服务和播映(含放映)服务。

生活服务,是指为满足城乡居民日常生活需求提供的各类服务活动。其包括文化体育服务、教育医疗服务、旅游娱乐服务、餐饮住宿服务、居民日常服务和其他生活服务。文化体育服务,包括文化服务和体育服务。其中文化服务,是指为满足社会公众文化生活需求提供的各种服务,包括:文艺创作、文艺表演、文化比赛,图书馆的图书和资料借阅,档案馆的档案管理,文物及非物质遗产保护,组织举办宗教活动、科技活动、文化活动,提供游览场所。

(3) 加计抵减政策适用所称销售额,包括纳税申报销售额、稽查查补销售额、纳税评估调整销售额。其中,纳税申报销售额包括一般计税方法销售额,简易计税方法销售额,免税销售额,税务机关代开发票销售额,免、抵、退办法出口销售额,即征即退项目销售额。

稽查查补销售额和纳税评估调整销售额,计入查补或评估调整当期销售额确定适用加计抵减政策;适用增值税差额征收政策的,以差额后的销售额确定适用加计抵减政策。

案例 4-5 文化传媒公司增值税加计抵减

A 公司是一家位于市区的文化传媒企业,2020 年 6 月登记为增值税一般纳税人,从事文艺创作、文艺表演等文化服务,属于生活服务业,符合政策规定条件,2023 年度可以适用 10% 加计抵减,已按规定提交《适用加计抵减政策的声明》。2023 年 1 月,公司实现不含税销售收入 309 万元,当期增值税销项税额为 18.54 万元,进项税额为 6.2 万元,期初留抵税额为 0,且上期加计抵减无期末余额。

当期计提加计抵减额=6.2×10%=0.62(万元),当期可抵减加计抵减额为 0.62 万元,当月抵减前应纳增值税税额=18.54−6.2=12.34(万元),大于当期可抵减加计抵减额,抵减后当期应纳增值税税额=12.34−0.62=11.72(万元)。A 公司应缴纳增值税及其附加税费=11.72×(1+7%+3%+2%)=13.13(万元)。

若 A 公司不享受加计抵减优惠政策,则当月增值税应纳税额=18.54−6.2=

12.34（万元），应缴纳增值税及其附加税费＝12.34×(1＋7％＋3％＋2％)＝13.82（万元）。相比之下，A 公司享受加计抵减政策，可少缴增值税及其附加税费＝13.82－13.13＝0.69（万元）。

案例 4-6　影视文化公司增值税加计抵减

B 公司是一家位于市区的影视文化企业，2020 年 9 月登记为增值税一般纳税人，从事影视制作等广播影视服务，属于现代服务业，符合政策规定条件 2023 年度可以适用 5％加计抵减，已按规定提交《适用加计抵减政策的声明》。2023 年 1 月，公司实现不含税销售收入 309 万元，当期增值税销项税额为 18.54 万元，进项税额为 6.2 万元，期初留抵税额为 0，且上期加计抵减无期末余额。

当期计提加计抵减额＝6.2×5％＝0.31（万元），当期可抵减加计抵减额为 0.31 万元，当月抵减前应纳增值税税额＝18.54－6.2＝12.34（万元），大于当期可抵减加计抵减额，抵减后当期应纳增值税税额＝12.34－0.31＝12.03（万元）。B 公司应缴纳增值税及其附加税费＝12.03×(1＋7％＋3％＋2％)＝13.47（万元）。

若 B 公司不享受加计抵减优惠政策，则当月增值税应纳税额＝18.54－6.2＝12.34（万元），应缴纳增值税及其附加税费＝12.34×(1＋7％＋3％＋2％)＝13.82（万元）。相比之下，B 公司享受加计抵减政策，可少缴增值税及其附加税费＝13.82－13.47＝0.35（万元）。

上面两个案例中，A 公司从事文艺创作、文艺表演等文化服务对照《销售服务、无形资产、不动产注释》（财税〔2016〕36 号附件 1 附件），属于生活服务业，适用生活性服务业加计抵减政策，按当期可抵扣进项税额加计 10％抵减应纳税额；B 公司从事影视制作等广播影视服务，属于现代服务业，适用生产性服务业加计抵减政策，按当期可抵扣进项税额加计 5％抵减应纳税额。实际工作要注意生产、生活性服务业两类纳税人享受加计抵减政策的区别。

2. 加计抵减如何申报

1）加计抵减政策声明

符合《财政部　税务总局　海关总署关于深化增值税改革有关政策的公告》（财政部　税务总局　海关总署公告 2019 年第 39 号）、《财政部　税务总局关于明确增值税小规模纳税人减免增值税等政策的公告》（财政部　税务总局公告 2023 年第 1 号）规定的生产性服务业纳税人，应在年度首次确认适用 5％加计抵减政策时，通过电子税务局或办税服务厅提交《适用 5％加计抵减政策的声明》；符合《财政部　税务总局关于明确生活性服务业增值税加计抵减政策的公告》(财政部 税务总局公告2019年第87号)、《财政部 税务总局关于明确增值税小规模纳税人减免增值税等政策的公告》(财政部 税务总局公告2023年第1号)规定的生活性服务业纳税人,应在年度首次确认适用10%加计抵减政策时,通过电子税务局或办税服务厅提交《适用10%加计抵减政策的声明》。

加计抵减政策的声明见《国家税务总局关于增值税小规模纳税人减免增值税等政策有关征管事项的公告》(国家税务总局公告2023年第1号)的附件1和附件2。

2)申报表填写

适用加计抵减政策的生产、生活性服务业纳税人,当期按照规定可计提、调减、抵减的加计抵减额,在申报时填写在《增值税及附加税费申报表附列资料(四)》"二、加计抵减情况"相关栏次。

对适用加计抵减政策的纳税人,《增值税及附加税费申报表》第19栏"应纳税额"按以下公式自动计算填写:

本栏"一般项目"列"本月数"=第11栏"销项税额""一般项目"列"本月数"-第18栏"实际抵扣税额""一般项目"列"本月数"-《增值税及附加税费申报表附列资料(四)》第6行"一般项目加计抵减额计算""本期实际抵减额"列。

本栏"即征即退项目"列"本月数"=第11栏"销项税额""即征即退项目"列"本月数"-第18栏"实际抵扣税额""即征即退项目"列"本月数"-《增值税及附加税费申报表附列资料·(四)》第7行"即征即退项目加计抵减额计算""本期实际抵减额"列。

二、企业所得税优惠政策

(一)小型微利企业最新优惠政策

2022年3月5日,李克强同志在第十三届全国人民代表大会第五次会议上所作的2022年《政府工作报告》中提到,对小微企业年应纳税所得额100万元至300万元部分,再减半征收企业所得税。为贯彻落实党中央、国务院关于实施新的组合式税费支持政策的决策部署,财政部、国家税务总局发布了《财政部 税务总局关于进一步实施小微企业所得税优惠政策的公告》(财政部 税务总局公告2022年第13号),进一步加大小型微利企业所得税优惠力度。财政部、国家税务总局2022年第13号公告规定,2022年1月1日至2024年12月31日对小型微利企业年应纳税所得额超过100万元但不超过300万元的部分,减按25%计入应纳税所得额,按20%的税率缴纳企业所得税。此前,《财政部 税务总局关于实施小微企业和个体工商户所得税优惠政策的公告》(财政部 税务总局公告2021年第12号)规定,对小型微利企业年应纳税所得额不超过100万元的部分,在《财政部 税务总局关于实施小微企业普惠性税收减免政策的通知》(财税〔2019〕13号)第二条规定的优惠政策的基础上,再减半征收企业所得税。

文娱领域符合条件的小型微利企业现可以对照上述文件享受小微企业减半征收企业所得税等优惠政策。

1. 小型微利企业现行有效的优惠政策

经过财政部、国家税务总局2022年第13号公告调整后,加上此前继续有效的规定,小型微利企业所得税现行有效的优惠政策梳理归纳如下:

(1) 对小型微利企业年应纳税所得额不超过100万元的部分,减按25%计入应纳税所得额,按20%的税率缴纳企业所得税。

在2021年1月1日至2022年12月31日,在上述优惠政策基础上再减半征收企业所得税,即年应纳税所得额不超过100万元的部分,减按12.5%计入应纳税所得额(实际税负为2.5%)。

(2) 对年应纳税所得额超过100万元但不超过300万元的部分,减按50%计入应纳税所得额,按20%的税率缴纳企业所得税。

在2022年1月1日至2024年12月31日,对小型微利企业年应纳税所得额超过100万元但不超过300万元的部分,减按25%计入应纳税所得额(实际税负为5%)。

2. 小型微利企业的判断标准

小型微利企业,是指从事国家非限制和禁止行业,且同时符合年度应纳税所得额不超过300万元、从业人数不超过300人、资产总额不超过5 000万元等3个条件的企业。

从业人数,包括与企业建立劳动关系的职工人数和企业接受的劳务派遣用工人数。所称从业人数和资产总额指标,应按企业全年的季度平均值确定。具体计算公式如下:

$$季度平均值=(季初值+季末值)\div 2 \quad (4-6)$$

$$全年季度平均值=全年各季度平均值之和\div 4 \quad (4-7)$$

年度中间开业或者终止经营活动的,以其实际经营期作为一个纳税年度确定上述相关指标。小型微利企业预缴企业所得税时,资产总额、从业人数、年度应纳税所得额指标,暂按当年度截至本期预缴申报所属期末的情况进行判断。

案例4-7 文娱企业享受小型微利企业所得税优惠

A文娱企业于2020年成立,从事国家非限制和禁止行业,2022年各季度的资产总额、从业人数以及累计应纳税所得额情况如表 4-1 所示。

表 4-1 A 文娱企业 2022 年各季度资产总额、从业人数、累计应纳税所得额情况表

季度	从业人数（人）		资产总额（万元）		应纳税所得额（累计值，万元）
	期初	期末	期初	期末	
第一季度	120	200	2 000	4 000	150
第二季度	400	500	4 000	6 600	200
第三季度	350	200	6 600	7 000	280
第四季度	220	210	7 000	2 500	350

解析：

A 文娱企业在预缴 2022 年度企业所得税时，判断是否符合小型微利企业条件的具体过程如表 4-2 所示。

表 4-2 判断 A 文娱企业是否符合小型微利企业条件具体过程

指标		第一季度	第二季度	第三季度	第四季度
从业人数（人）	季初	120	400	350	220
	季末	200	500	200	210
	季度平均值	(120+200)÷2=160	(400+500)÷2=450	(350+200)÷2=275	(220+210)÷2=215
	截至本期末季度平均值	160	(160+450)÷2=305	(160+450+275)÷3=295	(160+450+275+215)÷4=275
资产总额（万元）	季初	2 000	4 000	6 600	7 000
	季末	4 000	6 600	7 000	2 500
	季度平均值	(2 000+4 000)÷2=3 000	(4 000+6 600)÷2=5 300	(6 600+7 000)÷2=6 800	(7 000+2 500)÷2=4 750
	截至本期末季度平均值	3 000	(3 000+5 300)÷2=4 150	(3 000+5 300+6 800)÷3=5 033.33	(3 000+5 300+6 800+4 750)÷4=4 962.5
应纳税所得额（累计值，万元）		150	200	280	350
判断结果		符合	不符合（从业人数超标）	不符合（资产总额超标）	不符合（应纳税所得额超标）

综上，A 文娱企业预缴第一季度企业所得税时，可以享受小型微利企业所得税优惠政策；预缴第二、第三、第四季度企业所得税时，不可以享受小型微利企业所得税优惠政策。

案例 4-8　文娱企业享受小型微利企业所得税优惠

B 文娱企业于 2022 年 5 月成立,从事国家非限制和禁止行业,2022 年各季度的资产总额、从业人数以及累计应纳税所得额情况如表 4-3 所示。

表 4-3　B 文娱企业 2022 年各季度资产总额、从业人数、累计应纳税所得额情况表

季度	从业人数(人)		资产总额(万元)		应纳税所得额（累计值,万元）
	期初	期末	期初	期末	
第二季度	100	200	1 500	3 000	200
第三季度	260	300	3 000	5 000	350
第四季度	280	330	5 000	6 000	280

解析：

B 文娱企业在预缴 2022 年度企业所得税时,判断是否符合小型微利企业条件的具体过程如表 4-4 所示。

表 4-4　判断 B 文娱企业是否符合小型微利企业条件具体过程

指标		第二季度	第三季度	第四季度
从业人数（人）	季初	100	260	280
	季末	200	300	330
	季度平均值	(100+200)÷2=150	(260+300)÷2=280	(280+330)÷2=305
	截至本期末季度平均值	150	(150+280)÷2=215	(150+280+305)÷3=245
资产总额（万元）	季初	1 500	3 000	5 000
	季末	3 000	5 000	6 000
	季度平均值	(1 500+3 000)÷2=2 250	(3 000+5 000)÷2=4 000	(5 000+6 000)÷2=5 500
	截至本期末季度平均值	2 250	(2 250+4 000)÷2=3 125	(2 250+4 000+5 500)÷3=3 916.67
应纳税所得额（累计值,万元）		200	350	280
判断结果		符合	不符合（应纳税所得额超标）	符合

综上,B 文娱企业预缴第二、四季度企业所得税时,可以享受小型微利企业所得税优惠政策;预缴第三季度企业所得税时,不可以享受小型微利企业所得税优惠政策。

3. 小型微利企业的实际应纳所得税额和减免税额的计算方法

小型微利企业年应纳税所得额不超过100万元、超过100万元但不超过300万元的部分,分别减按12.5%、25%计入应纳税所得额,按20%的税率缴纳企业所得税,实际税负分别下降至2.5%和5%。

案例 4-9 │ 文化传媒企业享受小型微利企业所得税优惠

C文化传媒企业符合小型微利企业条件。2022年第一季度应纳税所得额为50万元。C文化传媒企业在第一季度预缴申报时,可享受小型微利企业所得税优惠政策,实际应纳所得税额=50×12.5%×20%=1.25(万元),减免所得税额=50×25%－1.25=11.25(万元)。

C文化传媒企业2022年第一季度至第二季度累计应纳税所得额为150万元。C文化传媒企业第二季度预缴申报时,可继续享受小型微利企业所得税优惠政策,实际应纳所得税额=100×12.5%×20%+(150－100)×25%×20%=2.5+2.5=5(万元),减免所得税额=150×25%－5=32.5(万元)。

案例 4-10 │ 影视经纪公司享受小型微利企业所得税优惠

某影视经纪公司2022年第一季度不符合小型微利企业条件,第二季度和第三季度符合小型微利企业条件,第一季度至第三季度预缴企业所得税时,相应的累计应纳税所得额分别为20万元、100万元、200万元。

解析:

该影视经纪公司在预缴2022年第一季度至第三季度企业所得税时,实际应纳所得税额和减免税额的计算过程如表4-5所示。

表4-5 某影视经纪公司实际应纳税所得额和减免额计算过程

计算过程	第一季度	第二季度	第三季度
预缴时,判断是否为小型微利企业	不符合小型微利企业条件	符合小型微利企业条件	符合小型微利企业条件
应纳税所得额(累计值,万元)	20	100	200
实际应纳所得税额(累计值,万元)	20×25%=5	100×12.5%×20%=2.5	100×12.5%×20%+(200－100)×25%×20%=7.5
本期应补(退)所得税额(万元)	5	0(2.5－5<0,本季度应缴税款为0)	7.5－5=2.5

(续表)

计算过程	第一季度	第二季度	第三季度
已纳所得税额（累计值，万元）	5	5+0=5	5+0+2.5=7.5
减免所得税额（累计值，万元）	20×25%−5=0	100×25%−2.5=22.5	200×25%−7.5=42.5

综上，该影视经纪公司预缴2022年第一、第二、第三季度企业所得税时，分别减免企业所得税0元、22.5万元、42.5万元，分别缴纳企业所得税5万元、0元、2.5万元。

4. 享受税收优惠政策的程序

小型微利企业在预缴和汇算清缴企业所得税时均可享受优惠政策，享受政策时无需备案，通过填写企业所得税纳税申报表相关栏次，即可享受。对于通过电子税务局申报的小型微利企业，纳税人只需要填报从业人数、资产总额等基础信息，税务机关将为纳税人提供自动识别、自动计算、自动填报的智能服务，申报纳税享受优惠非常方便。

5. 小型微利企业优惠政策注意事项

(1) 征收方式不影响享受小型微利企业所得税优惠政策，小型微利企业无论是按查账征收方式还是核定征收方式缴纳企业所得税，均可享受小型微利企业所得税优惠政策。

(2) 企业设立不具有法人资格分支机构的，应当汇总计算总机构及其各分支机构的从业人数、资产总额、年度应纳税所得额，依据合计数判断是否符合小型微利企业条件。

(3) 小型微利企业所得税统一实行按季度预缴。

(二) 支持文化产业的企业所得税优惠政策

1. 动漫企业自主开发、生产动漫产品定期减免征收企业所得税

《财政部 国家税务总局关于扶持动漫产业发展有关税收政策问题的通知》(财税〔2009〕65号)规定，经认定的动漫企业自主开发、生产动漫产品，可申请享受国家现行鼓励软件产业发展的所得税优惠政策。

2. 经营性文化事业单位转制为企业的免征企业所得税

《财政部 税务总局 中央宣传部关于继续实施文化体制改革中经营性文化事业单位转制为企业若干税收政策的通知》(财税〔2019〕16号)规定，经营性文化事业单位转制为企业，自转制注册之日起5年内免征企业所得税。

经营性文化事业单位,是指从事新闻出版、广播影视和文化艺术的事业单位。转制包括整体转制和剥离转制。其中,整体转制包括(图书、音像、电子)出版社、非时政类报刊出版单位、新华书店、艺术院团、电影制片厂、电影(发行放映)公司、影剧院、重点新闻网站等整体转制为企业;剥离转制包括新闻媒体中的广告、印刷、发行、传输网络等部分,以及影视剧等节目制作与销售机构,从事业体制中剥离出来转制为企业。

转制注册之日,是指经营性文化事业单位转制为企业并进行企业法人登记之日。对于经营性文化事业单位转制前已进行企业法人登记,则按注销事业单位法人登记之日,或核销事业编制的批复之日(转制前未进行事业单位法人登记的)确定转制完成并享受本通知所规定的税收优惠政策。

3. 享受税收优惠政策的转制文化企业应同时符合的条件

(1) 根据相关部门的批复进行转制。

(2) 转制文化企业已进行企业法人登记。

(3) 整体转制前已进行事业单位法人登记的,转制后已核销事业编制、注销事业单位法人;整体转制前未进行事业单位法人登记的,转制后已核销事业编制。

(4) 已同在职职工全部签订劳动合同,按企业办法参加社会保险。

(5) 转制文化企业引入非公有资本和境外资本的,须符合国家法律法规和政策规定;变更资本结构依法应经批准的,需经行业主管部门和国有文化资产监管部门批准。

三、个人所得税优惠政策

(一) 个体工商户减半征收政策

根据《财政部 税务总局关于实施小微企业和个体工商户所得税优惠政策的公告》(财政部 税务总局公告2021年第12号)的规定,对个体工商户年应纳税所得额不超过100万元的部分,在现行优惠政策基础上,减半征收个人所得税。文娱领域个体工商户可以对照享受减半征收政策。

1. 减半征收政策的适用范围

根据政策规定,自2021年1月1日至2022年12月31日,个体工商户年应纳税所得额不超过100万元的部分,在现行优惠政策的基础上,再减半征收所得税。

2. 减半征收政策与其他优惠政策的关系

为最大限度地保障纳税人权益,《国家税务总局关于落实支持小型微利企业和个体工商户发展所得税优惠政策有关事项的公告》(国家税务总局公告2021年第8号)规定,个体工商户可以在现行优惠政策基础上,再享受减半征收政策。个体工商户,是促进就业、提供社会服务的重要力量,但是大部分规模较小、抗风险能力较差,尤其在疫情防控和复工复产期间,更需要政府关注和政策扶持。因此,国家税务总局在已经施行的一系列个税优惠政策基础上,又推出减半征收优惠政策,也就是说,纳税人可以在享受现行税收优惠的基础上,再减半征收个人所得税,优惠政策享受不冲突。这些现行税收优惠包括:残疾、孤老、烈属的个人所得税减免优惠;从事农业"四业(种植业、养殖业、饲养业、捕捞业)"经营的个体工商户,暂不征收个人所得税;对于建档立卡贫困人口、自主就业退役士兵、持《就业创业证》或《就业失业登记证》的个体工商户,3年内每户每年12 000元为限额,依次扣减包括个人所得税在内的相关税种,等等。

3. 个体工商户减免税额的计算

为了能让纳税人准确享受税收优惠政策,国家税务总局2021年第8号公告规定了减免税额的计算公式:

$$\text{减免税额} = \left(\begin{array}{c} \text{个体工商户经营} \\ \text{所得应纳税所得} \\ \text{额不超过100万元} \\ \text{部分的应纳税额} \end{array} - \begin{array}{c} \text{其他} \\ \text{政策} \\ \text{减免} \\ \text{税额} \end{array} \times \begin{array}{c} \text{个体工商户经营} \\ \text{所得应纳税所得} \\ \text{额不超过100万} \\ \text{元部分} \end{array} \div \begin{array}{c} \text{经营所} \\ \text{得应纳} \\ \text{税所} \\ \text{得额} \end{array} \right) \times (1 - 50\%)$$

(4-8)

案例4-11 网络直播个体工商户享受残疾人优惠政策

年应纳税所得额不超过100万元:从事网络直播的李某是个体工商户业主,年应纳税所得额为80 000元(适用税率10%,速算扣除数1 500),同时可以享受残疾人政策减免税额2 000元,那么李某该项政策的减免税额=[(80 000×10%-1 500)-2 000]×(1-50%)=2 250(元)。

案例4-12 个体工商户享受残疾人优惠政策

年应纳税所得额超过100万元:吴某是从事直播带货的个体工商户业主,年应纳税所得额为1 200 000元(适用税率35%,速算扣除数65 500),同时可以享受残疾人政策减免税额6 000元,那么吴某该项政策的减免税额=[(1 000 000×35%-65 500)-6 000×1 000 000÷1 200 000]×(1-50%)=139 750(元)。

上述计算规则已经内嵌到电子税务局的办税信息系统中,只要纳税人在电子税务局进行网络申报,税务机关将为纳税人提供申报表和报告表预填服务。纳税人填报经营情况数据后,系统可自动根据纳税人填写的数据计算减免税金额。即使还有少数纳税人选择填写纸质申报表,也仅需根据上述计算规则填写减免税额、减免税事项等几个数据项,整体仍然较为方便、快捷。

第四章 文娱领域税收优惠政策

4. 取得多处经营所得的优惠政策享受

按照现行政策规定,纳税人从两处以上取得经营所得的,应当选择向其中一处经营管理所在地主管税务机关办理年度汇总申报。为保证中低收入纳税人合法权益,同时避免部分高收入纳税人超额享受政策,如果个体工商户从两处以上取得经营所得并享受优惠政策的,需要在办理年度汇总纳税申报时,合并经营所得年应纳税所得额,重新计算减免税额,多退少补。

案例 4-13 个体户享受减半征收个人所得税政策

如果纳税人张某同时经营早点铺和文化传媒店2家个体工商户,其年应纳税所得额分别为80万元和50万元,则张某在年度汇总纳税申报时,应该将早点铺和文化传媒店的应纳税所得额合并起来,视为一处所得计算税收优惠,那么张某可以享受减半征收个人所得税政策的应纳税所得额为100万元。

5. 享受税收优惠政策的程序

为方便纳税人,国家税务总局2021年第8号公告规定个体工商户在预缴和汇算清缴时都可以享受优惠政策。在具体的享受方式上,切实优化政策享受流程,确保减税政策落实到位。

一是对于采用纸质申报表申报缴税的个体工商户,其在进行纳税申报时,将计算得出的减免税额填入对应经营所得纳税申报表"减免税额"栏次,并附报《个人所得税减免税事项报告表》即可享受。

二是对于通过电子税务局申报的个体工商户,税务机关为其提供了该优惠政策减免税额和报告表的预填服务,纳税人在申报时只需要核对相关信息、确认减免税额无误后即可方便快捷完成申报。

三是对于实行定期定额征收的个体工商户,其享受政策的流程也非常方便快捷,税务机关将在原定额的基础上计算税收优惠,并按照减免后的税额进行税款划缴。

(二)个人所得税其他优惠政策

1. 残疾、孤老、烈属等减征个人所得税

根据《个人所得税法》第五条的规定,残疾、孤老人员和烈属的所得以及因自然灾害遭受重大损失的可以减征个人所得税,具体幅度和期限,由省、自治区、直辖市人民政府规定,并报同级人民代表大会常务委员会备案。

比如,上海市财政局和上海市税务局就联合印发了《上海市财政局 国家税务总局上海市税务局关于本市残疾、孤老人员和烈属实行劳动所得减征个人所得税政策的通知》(沪财发〔2020〕1号),明确了上海市残疾、孤老人员和烈属所取得的劳动所得减征个人所得税的有关事项。自2020年1月1日起至2022年12月31日止,上海市残疾、孤老人员和烈属取得劳动所得,在一个纳税年度内,全年减征个人所得税的税款以7 320元为限额,不足7 320元的,据实减征。劳动所得,是指一个纳税年度内取得的综合所得和经营所得。纳税人同时符合残疾、孤老人员和烈属两种或两种以上身份的,选择其中一种身份享受减征优惠,不能重复享受。符合减征条件的年度应纳税额不足7 320元的,据实减征,实际减征额和7 320元的差额不得结转以后年度扣除。

相关纳税人可以根据《个人所得税法》第五条的规定,并对照所在省市的具体政策,享受相应的个税减征优惠。

2. 建档立卡贫困人口等重点群体从事个体经营扣减个人所得税

《财政部 税务总局 人力资源社会保障部 国务院扶贫办关于进一步支持和促进重点群体创业就业有关税收政策的通知》(财税〔2019〕22号)规定,建档立卡贫困人口、持《就业创业证》(注明"自主创业税收政策"或"毕业年度内自主创业税收政策")或《就业失业登记证》(注明"自主创业税收政策")的人员,从事个体经营的,自办理个体工商户登记当月起,在3年(36个月,下同)内按每户每年12 000元为限额依次扣减其当年实际应缴纳的增值税、城市维护建设税、教育费附加、地方教育附加和个人所得税。限额标准最高可上浮20%,各省、自治区、直辖市人民政府可根据本地区实际情况在此幅度内确定具体限额标准。

纳税人年度应缴纳税款小于上述扣减限额的,减免税额以其实际缴纳的税款为限;大于上述扣减限额的,以上述扣减限额为限。

上述人员具体包括:

(1) 纳入全国扶贫开发信息系统的建档立卡贫困人口。

(2) 在人力资源社会保障部门公共就业服务机构登记失业半年以上的人员。

(3) 零就业家庭、享受城市居民最低生活保障家庭劳动年龄内的登记失业人员。

(4) 毕业年度内高校毕业生。高校毕业生是指实施高等学历教育的普通高等学校、成人高等学校应届毕业的学生;毕业年度是指毕业所在自然年,即1月1日至12月31日。

文娱领域相关人员符合上述条件的可以享受相应个人所得税优惠政策。

四、其他税费优惠政策

文娱领域相关企业和个人,除了可以享受上述税收优惠政策,符合条件的还可以享受文化事业建设费以及"六税两费"等其他税费优惠政策。

(一) 文化事业建设费优惠政策

根据《财政部 国家税务总局关于营业税改征增值税试点有关文化事业建设费政策及征收管理问题的通知》(财税〔2016〕25号)和《财政部 国家税务总局关于营业税改征增值税试点有关文化事业建设费政策及征收管理问题的补充通知》(财税〔2016〕60号)的规定,在我国境内提供广告服务的广告媒介单位和户外广告经营单位以及提供娱乐服务的单位和个人,应按照规定缴纳文化事业建设费。上述相关文件以及《财政部关于调整部分政府性基金有关政策的通知》(财税〔2019〕46号)还规定了文化事业建设费的减免优惠政策。

1. 未达到增值税起征点的缴纳义务人,免征文化事业建设费

根据目前增值税起征点的政策,按照财税〔2016〕25号文件规定,增值税小规模纳税人中月销售额不超过2万元(按季纳税6万元)的企业和非企业性单位提供的应税服务,免征文化事业建设费。这项规定,一是明确了适用对象只能是小规模纳税人;二是明确了销售额范围,月销售额不超过2万元(按季纳税6万元);三是没有规定免征期限,也就是说符合条件的长期免征。[①]

2. 减半征收文化事业建设费

2019年4月3日,李克强同志主持召开国务院常务会议,决定至2024年年底对中央所属企事业单位减半征收文化事业建设费,并授权各省(区、市)在50%幅度内对地方企事业单位和个人减征此项收费。各级财政部门要统筹安排资金,根据宣传思想文化事业需要积极予以支持。中央财政加大对财力薄弱地方的转移支付力度,支持地方做好相关工作。

随后,各省(区、市)均出台了相应的优惠政策。2019年7月1日至2024年12月31日,对归属地方收入的文化事业建设费,按照缴纳义务人应缴费额的50%减征。比如,广东省出台了《广东省财政厅 国家税务总局 广东省税务局关于我省实施文化事业建设费减征政策的通知》(粤财税〔2019〕8号),充分利用中央授权顶格减征文化事业建设费,该项政策实施后,2019年下半年全省可为相关企业减轻负担约7亿元。

注意:减半征收文化事业建设费的优惠范围,是所有缴纳文化事业建设费人缴纳人,不再区分纳税人身份等。也就是说,一般纳税人也可以享受减半征收的政策。

3. 文化事业建设费热点问题

根据《财政部 税务总局关于明确增值税小规模纳税人免征增值税政策的公告》

[①] 刘剑,秦燕.建议加大对文化事业建设费的优惠力度[N].中国税务报,2018-01-24.

（财政部 税务总局公告2021年第11号）和《国家税务总局关于小规模纳税人免征增值税征管问题的公告》（国家税务总局公告2021年第5号）的规定，小规模纳税人发生增值税应税销售行为，合计月销售额未超过15万元（以1个季度为1个纳税期的，季度销售额未超过45万元）的，免征增值税。文化事业建设费是否适用按月15万元按季45万元的规定呢？

小规模纳税人免税标准为2万元时，为减轻文化事业建设费缴费人负担，财政部、国家税务总局发文明确，小规模纳税人中月销售额不超过2万元的缴费义务人，同时免征文化事业建设费，这是一项长期有效的政策。小规模纳税人免税标准提高至3万元后，财政部、国家税务总局又发文明确，对月销售额不超过3万元的缴费义务人，同时免征文化事业建设费，但此项政策有明确的执行期限，并已于2017年12月31日到期停止执行。小规模纳税人免税标准提高至15万元，以及阶段性免征增值税后，国家也未再相应提高免征文化事业建设费的标准。因此，目前仅有月销售额不超过2万元免征文化事业建设费的政策仍继续有效。

（二）小微企业"六税两费"减免政策优惠政策

为贯彻落实党中央、国务院决策部署，进一步减轻小微企业税费负担，更好服务市场主体发展，财政部、国家税务总局联合下发了《财政部 税务总局关于进一步实施小微企业"六税两费"减免政策的公告》（财政部 税务总局公告2022年第10号），明确由省、自治区、直辖市人民政府根据本地区实际情况和宏观调控需要，确定对增值税小规模纳税人、小型微利企业、个体工商户可以在50%的税额幅度内减征资源税、城市维护建设税、房产税、城镇土地使用税、印花税（不含证券交易印花税）、耕地占用税和教育费附加、地方教育附加（以下简称"六税两费"）。

根据《财政部 税务总局关于进一步实施小微企业"六税两费"减免政策的公告》（财政部 税务总局公告2022年第10号）的规定，国家税务总局发布了《国家税务总局关于进一步实施小微企业"六税两费"减免政策有关征管问题的公告》（国家税务总局公告2022年第3号）。

经当地政府同意，31个省（区、市）财税部门陆续发布公告，明确增值税小规模纳税人、小型微利企业和个体工商户按50%幅度顶格减征"六税两费"。大连、青岛、宁波、厦门、深圳5个计划单列市按照本省规定执行。

1. 优惠基本内容

2022年1月1日至2024年12月31日，增值税小规模纳税人、小型微利企业、个体工商户可以在50%的税额幅度内减征"六税两费"——资源税、城市维护建设税、房产税、城镇土地使用税、印花税（不含证券交易印花税）、耕地占用税和教育费附加、地方教育附加。

增值税小规模纳税人、小型微利企业和个体工商户已依法享受资源税、城市维护建设税、房产税、城镇土地使用税、印花税、耕地占用税、教育费附加、地方教育附加其他优惠政策的,可叠加享受此项优惠政策。

小型微利企业,是指从事国家非限制和禁止行业,且同时符合年度应纳税所得额不超过300万元、从业人数不超过300人、资产总额不超过5 000万元等3个条件的企业。

从业人数,包括与企业建立劳动关系的职工人数和企业接受的劳务派遣用工人数。所称从业人数和资产总额指标,应按企业全年的季度平均值确定。具体计算公式如下:

$$季度平均值=(季初值+季末值)\div 2 \qquad (4-9)$$

$$全年季度平均值=全年各季度平均值之和\div 4 \qquad (4-10)$$

年度中间开业或者终止经营活动的,以其实际经营期作为一个纳税年度确定上述相关指标。

小型微利企业的判定以企业所得税年度汇算清缴结果为准。登记为增值税一般纳税人的新设立的企业,从事国家非限制和禁止行业,且同时符合申报期上月末从业人数不超过300人、资产总额不超过5 000万元等两个条件的,可在首次办理汇算清缴前按照小型微利企业申报享受"六税两费"减免政策优惠政策。

2. 关于小型微利企业"六税两费"减免政策的适用

(1) 适用"六税两费"减免政策的小型微利企业的判定以企业所得税年度汇算清缴结果为准。登记为增值税一般纳税人的企业,按规定办理汇算清缴后确定是小型微利企业的,除下文第(2)项规定外,可自办理汇算清缴当年的7月1日至次年6月30日申报享受"六税两费"减免优惠;2022年1月1日至6月30日,纳税人依据2021年办理2020年度汇算清缴的结果确定是否按照小型微利企业申报享受"六税两费"减免优惠。

(2) 登记为增值税一般纳税人的新设立企业,从事国家非限制和禁止行业,且同时符合申报期上月末从业人数不超过300人、资产总额不超过5 000万元两项条件的,按规定办理首次汇算清缴申报前,可按照小型微利企业申报享受"六税两费"减免优惠。

按规定办理首次汇算清缴后确定不属于小型微利企业的一般纳税人,自办理汇算清缴的次月1日至次年6月30日,不得再申报享受"六税两费"减免优惠;按次申报的,自首次办理汇算清缴确定不属于小型微利企业之日起至次年 6 月 30 日,不得再申报享受"六税两费"减免优惠。

新设立企业按规定办理首次汇算清缴后,按规定申报当月及之前的"六税两费"的,依据首次汇算清缴结果确定是否可申报享受减免优惠。

新设立企业按规定办理首次汇算清缴申报前,已按规定申报缴纳"六税两费"的,不再根据首次汇算清缴结果进行更正。

(3) 登记为增值税一般纳税人的小型微利企业、新设立企业,逾期办理或更正汇算清缴申报的,应当依据逾期办理或更正申报的结果,按照上述第(1)项、第(2)项规定的"六税两费"减免税期间申报享受减免优惠,并应当对"六税两费"申报进行相应更正。

3. 关于增值税小规模纳税人转为一般纳税人时"六税两费"减免政策的适用

增值税小规模纳税人按规定登记为一般纳税人的,自一般纳税人生效之日起不再按照增值税小规模纳税人适用"六税两费"减免政策。增值税年应税销售额超过小规模纳税人标准应当登记为一般纳税人而未登记,经税务机关通知,逾期仍不办理登记的,自逾期次月起不再按照增值税小规模纳税人申报享受"六税两费"减免优惠。

上述纳税人如果是符合规定的小型微利企业,仍可申报享受"六税两费"减免优惠。

4. 关于"六税两费"减免优惠的办理方式

纳税人自行申报享受减免优惠,不需额外提交资料。

5. 关于纳税人未及时申报享受"六税两费"减免优惠的处理方式

纳税人符合条件但未及时申报享受"六税两费"减免优惠的,可依法申请抵减以后纳税期的应纳税费款或者申请退还。

6. 常见问题和案例解析

(1) 小型微利企业如何确定是否能够申报享受"六税两费"减免优惠?

答:按照企业所得税法有关规定,纳税人在办理年度汇算清缴后才能最终确定是否属于小型微利企业。为增强政策的确定性和可操作性,将政策红利及时送达市场主体,避免因汇算清缴后追溯调整增加办税负担,小型微利企业的判定以企业所得税年度汇算清缴结果为准。企业办理汇算清缴后确定是小型微利企业的,可自办理汇算清缴当年的 7 月 1 日至次年 6 月 30 日享受"六税两费"减免优惠;2022 年 1 月 1 日至 6 月 30 日,纳税人依据 2021 年办理 2020 年度汇算清缴的结果确定是否按照小型微利企业享受"六税两费"减免优惠。

案例 4-14　文化传媒小型微利企业申报享受"六税两费"减免优惠

A 文化传媒公司于 2020 年 6 月成立,9 月 1 日登记为增值税一般纳税人。2021 年 5 月,A 文化传媒公司办理了 2020 年度的汇算清缴申报,结果确定是小型微利企业。A 文化传媒公司于 2022 年 4 月征期申报 2022 年 1~3 月的"六税两费"时,可以享受减免优惠吗?

可以。A 文化传媒公司申报 2022 年 1~3 月的"六税两费"时,是否可享受减免优惠,依据 2021 年办理 2020 年度汇算清缴的结果确定。

案例 4-15　小型微利企业享受"六税两费"减免优惠的判断

B 网络直播公司于 2020 年 6 月成立,9 月 1 日登记为增值税一般纳税人。2021 年 5 月,B 网络直播公司办理了 2020 年度汇算清缴申报,确定不属于小型微利企业。2022 年 4 月,B 网络直播公司办理了 2021 年度汇算清缴申报,确定是小型微利企业。

问题 1:B 网络直播公司于 2022 年 4 月征期申报 3 月的"六税两费"时,可以享受减免优惠吗?

不可以。纳税人 2021 年办理 2020 年度汇算清缴申报后确定不属于小型微利企业,申报 2022 年 1 月 1 日至 6 月 30 日的"六税两费"时,不能享受减免优惠。

问题 2:B 网络直播公司于 2022 年 7 月征期申报 6 月的"六税两费"时,可以享受减免优惠吗?

不可以。纳税人 2021 年办理 2020 年度汇算清缴申报后确定不属于小型微利企业,申报 2022 年 1 月 1 日至 6 月 30 日"六税两费"时,不能享受减免优惠。

问题 3:B 网络直播公司于 2022 年 8 月征期申报 7 月的"六税两费"时,可以享受减免优惠吗?

可以。纳税人 2022 年办理 2021 年度汇算清缴申报后确定是小型微利企业,申报 2022 年 7 月 1 日至 2023 年 6 月 30 日的"六税两费"时,可以享受减免优惠。

(2) 新设立企业首次办理汇算清缴前,如何确定是否能申报享受"六税两费"减免优惠?

答:在首次办理汇算清缴前,新设立企业尚无法准确预判是否属于小型微利企业。为增强政策的确定性和可操作性,国家税务总局 2022 年第 3 号公告规定:①登记为增值税一般纳税人的新设立企业,从事国家非限制和禁止行业,且同时符合申报期上月末从业人数不超过 300 人、资产总额不超过 5 000 万元两项条件的,在首次办理汇算清缴前,可按照小型微利企业申报享受"六税两费"减免优惠;②登记为增值税一般纳税人的新设立企业,从事国家非限制和禁止行业,且同时符合设立时从业人数不超过300人、资产总额不超过5 000万元两项条件的,设立当月依照有关规定按次申报有关"六税两费"时,可申报享受"六税两费"减免优惠。

案例4-16 未办理首次汇缴小型微利企业能否享受"六税两费"减免优惠

C网络直播公司于2021年6月成立,从事国家非限制和禁止行业,12月1日登记为增值税一般纳税人,2022年3月31日的从业人数、资产总额分别为280人和4 500万元。C网络直播公司按规定于2022年4月10日申报2022年3月的资源税和2022年1~6月房产税时,尚未办理2021年度汇算清缴申报,是否可申报享受减免优惠?

答:可以。C网络直播公司4月10日尚未办理首次汇算清缴,可采用4月的上月末,即2022年3月31日的从业人数、资产总额两项条件,判断其是否可按照小型微利企业申报享受"六税两费"减免优惠。C网络直播公司2022年3月31日的从业人数不超过300人,并且资产总额不超过5 000万元,可按照小型微利企业申报享受"六税两费"减免优惠。

(3)新设立企业首次办理汇算清缴后,对于申报前已按规定申报缴纳的"六税两费"是否需要进行更正?

答:新设立企业按规定办理首次汇算清缴申报前,已按规定申报缴纳"六税两费"的,不再根据首次汇算清缴结果进行更正。

案例4-17 首次办理汇算清缴前"六税两费"的减免

C文化传媒公司于2021年6月成立,从事国家非限制和禁止行业,12月1日登记为增值税一般纳税人,2022年3月31日的从业人数、资产总额分别为280人和4 500万元。C文化传媒公司于4月10日申报2022年3月的资源税和2022年1~6月房产税时,按小型微利企业享受了减免优惠,4月20日办理了2021年度汇算清缴,结果确定不属于小型微利企业。汇算清缴后,C文化传媒公司需要对2022年4月10日申报2022年3月的资源税和2022年1~6月房产税进行更正吗?

答:无须更正。首次办理汇算清缴申报前,已按规定申报缴纳"六税两费"的,不再根据首次汇算清缴结果进行更正。

(4)新设立企业完成首次汇算清缴申报的当月,按次申报"六税两费"如何确定是否可申报享受减免优惠?

答:按规定办理首次汇算清缴后确定不属于小型微利企业的一般纳税人,按次申报的,自首次办理汇算清缴确定不属于小型微利企业之日起至次年 6 月 30 日,不得再申报享受"六税两费"减免优惠。

 案例 4-18 首次办理汇算清缴后"六税两费"的减免

D 文化娱乐公司于 2021 年 6 月成立,从事国家非限制和禁止行业,12 月 1 日登记为增值税一般纳税人,于 2022 年 4 月 20 日按规定期限办理了 2021 年度汇算清缴,结果确定不属于小型微利企业。D 文化娱乐公司于 4 月 23 日依照规定按次申报耕地占用税,可以申报享受减免优惠吗?

答:不可以。D 文化娱乐公司首次汇算清缴后已确定不属于小型微利企业,对于按次申报,自首次办理汇算清缴后确定不属于小型微利企业之日起至次年 6 月 30 日,不得再申报享受"六税两费"减免优惠。

(5) 新设立企业完成首次汇算清缴申报后,按规定申报之前的"六税两费",如何确定是否可申报享受减免优惠?按年申报的如何处理?

答:新设立企业按规定办理首次汇算清缴后确定不属于小型微利企业,自办理汇算清缴的次月 1 日至次年 6 月 30 日,不得申报享受"六税两费"减免优惠;新设立企业按规定办理首次汇算清缴后,按规定申报当月及之前的"六税两费"的,依据首次汇算清缴结果确定是否可申报享受减免优惠。

案例 4-19 汇缴与"六税两费"减免

E 网络直播公司于 2021 年 7 月成立,从事国家非限制和禁止行业,10 月 1 日登记为增值税一般纳税人,于 2022 年 5 月办理 2021 年度汇算清缴申报,确定不属于小型微利企业。E 公司于 2023 年 5 月 8 日办理 2022 年度汇算清缴申报,确定是小型微利企业。2023 年 5 月 12 日,E 网络直播公司根据本省有关规定办理 2022 年房产税申报,是否可享受减免优惠?

答:不可以。新设立企业办理首次汇算清缴申报后,确定不属于小型微利企业的,自办理汇算清缴的次月 1 日至次年 6 月 30 日,不得申报享受"六税两费"减免优惠。新设立企业办理首次汇算清缴后,按规定申报当月及之前的"六税两费"的,依据首次汇算清缴结果确定是否能够申报享受减免优惠。因此,E 网络直播公司按规定申报 2022 年全年的房产税,包括办理首次汇算清缴当月及之前(即 1~5 月)的房产税和汇算清缴后(即 6~12 月)的房产税时,不能享受减免优惠。

E 网络直播公司 2023 年 5 月 8 日办理了 2022 年度汇算清缴申报,确定是小型微利企业,其在申报2023年7月1日至2024年6月30日的"六税两费"时,可以享受减免优惠。

案例4-20 首次汇算清缴后小型微利企业"六税两费"减免

F网络直播公司于2021年7月成立,从事国家非限制和禁止行业,当月购买一栋办公楼,该楼是公司唯一的房产。12月1日登记为增值税一般纳税人。2022年5月首次办理2021年度汇算清缴,确定是小型微利企业。按照本省房产税征期规定,F网络直播公司应当于2022年12月征期一次性申报2022年全年房产税,是否可享受减免优惠?

答:可以。新设立企业办理首次汇算清缴后确定是小型微利企业的,自办理汇算清缴的次月1日至次年6月30日,可申报享受"六税两费"减免优惠。

F网络直播公司于2022年5月首次办理2021年度汇算清缴,确定是小型微利企业。因此,2022年12月按规定一次性申报2022年全年房产税时,可申报享受减免优惠。

(6)逾期办理汇算清缴或更正汇算清缴申报是否需要对"六税两费"的申报进行相应更正?

答:登记为增值税一般纳税人的小型微利企业、新设立企业,逾期办理或更正汇算清缴申报的,应当依据逾期办理或更正申报的结果,按照"六税两费"减免税期间申报享受减免优惠,并应当对"六税两费"申报进行相应更正。

案例4-21 首次汇算清缴与"六税两费"减免

G文化公司于2021年6月成立,从事国家非限制和禁止行业,10月1日登记为增值税一般纳税人。2022年5月底前,G文化公司未按期办理首次汇算清缴申报,8月,G文化公司办理汇算清缴申报,确定不属于小型微利企业。G文化公司根据国家税务总局2022年第3号公告规定,分别于2022年4月和7月征期申报当年1~3月和4~6月的"六税两费"时,按照小型微利企业申报享受了减免优惠。G文化公司8月办理首次汇算清缴后应当如何对"六税两费"纳税申报进行更正?

答:按照企业所得税有关规定,G文化公司应当于2022年5月底前办理首次汇算清缴,且根据国家税务总局2022年第3号公告规定,G文化公司7月征期申报4~6月的"六税两费"时,应当依据首次汇算清缴结果确定是否可享受税收优惠。逾期办理首次汇算清缴后,确定G文化公司不属于小型微利企业。因此,G文化公司7月征期申报的4~6月的"六税两费"不能享受减免优惠,应当进行更正申报,补缴减征的税款。根据国家税务总局2022年第3号公告规定,G文化公司在规定的首次汇算清缴期截止时间前于4月征期申报2022年1~3月的"六税两费"不必进行更正。

案例4-22 汇算清缴更正申报与"六税两费"减免

H公司于2020年7月成立,于9月1日登记为增值税一般纳税人。2021年5月,H公司办理了2020年度汇算清缴申报,结果确定是小型微利企业。H公司于2022年4月征期申报缴纳了1~3月的"六税两费",7月征期申报缴纳了4~6月的"六税两费"。2022年8月,H公司根据税务机关有关执法决定文书,对2020年度汇算清缴申报进行了更正,确定不属于小型微利企业。H公司8月更正汇算清缴申报后,应当如何对"六税两费"申报进行更正?

答:根据国家税务总局2022年第3号公告的规定,H公司2022年1月1日至6月30日的税款是否能够申报享受减免优惠,应当依据2020年度汇算清缴结果确定。H公司于2022年8月更正了2020年度的汇算清缴申报,最新结果确定不属于小型微利企业。根据国家税务总局2022年第3号公告的规定,H公司2022年1月1日至6月30日申报"六税两费"时不能够享受减免优惠,应当进行更正申报,补缴减征的税款。

(7) 增值税小规模纳税人按规定转登记为一般纳税人,或应登记为一般纳税人而逾期未登记的,是否可适用"六税两费"减免优惠?

答:为进一步明确纳税人类型发生变化时享受减免优惠的具体时间,按照有利于纳税人和简化申报的原则,根据《增值税一般纳税人登记管理办法》(国家税务总局令第43号公布)和《国家税务总局关于统一小规模纳税人标准等若干增值税问题的公告》(国家税务总局2018年第18号)的规定,国家税务总局2022年第3号公告第二条作出具体规定:增值税小规模纳税人按规定登记为一般纳税人的,自一般纳税人生效之日起不再按照增值税小规模纳税人适用"六税两费"减免政策。增值税年应税销售额超过小规模纳税人标准应当登记为一般纳税人而未登记,经税务机关通知,逾期仍不办理登记的,自逾期次月起不再按照增值税小规模纳税人申报享受"六税两费"减免优惠。纳税人如果符合国家税务总局2022年第3号公告第一条规定的小型微利企业和新设立企业的情形,或登记为个体工商户,仍可申报享受"六税两费"减免优惠。

案例4-23 网络直播公司"六税两费"减免优惠

I网络直播公司于2021年12月1日成立,从事国家非限制和禁止行业,2022年2月登记为增值税一般纳税人并于当月1日生效。2月末,I网络直播公司从业人数为200人,资产总额为3 000万元。

问题 1：I 网络直播公司于 2022 年 2 月征期申报 1 月的"六税两费"时可以申报享受减免优惠吗？

可以。I 网络直播公司 2 月征期申报 1 月的"六税两费"时，可以按照增值税小规模纳税人申报享受减免优惠。

问题 2：I 网络直播公司于 2022 年 3 月征期申报 2 月的"六税两费"时可以申报享受减免优惠吗？

可以。根据国家税务总局 2022 年第 3 号公告第二条的规定，增值税小规模纳税人按规定登记为一般纳税人的，自一般纳税人生效之日起不再按照增值税小规模纳税人适用"六税两费"减免政策。I 网络直播公司在 2 月登记为增值税一般纳税人并于当月 1 日生效，因此于 3 月征期申报 2 月的"六税两费"时，不再按照增值税小规模纳税人享受减免优惠。

但是，由于 I 网络直播公司 3 月申报期上月末的从业人数小于 300 人，并且资产总额小于 5 000 万元，符合国家税务总局 2022 年第 3 号公告新设立企业按小型微利企业享受减免优惠的标准，因此，可以按照小型微利企业享受减免优惠。

案例 4-24 个体工商户"六税两费"减免优惠

J 个体工商户从事短视频制作和发布业务，原是增值税小规模纳税人，因业务发展较快，于 2022 年 7 月登记为增值税一般纳税人并于当月 1 日生效。

问题 1：J 个体工商户于 2022 年 7 月征期申报 4~6 月的"六税两费"时如何申报享受减免优惠？

J 个体工商户申报 4~6 月的"六税两费"时，可按照增值税小规模纳税人申报享受减免优惠。

问题 2：J 个体工商户于 2022 年 10 月征期申报 7~9 月的"六税两费"时如何申报享受减免优惠？

J 个体工商户申报 7~9 月的"六税两费"不能再按增值税小规模纳税人申报享受减免优惠，但仍可按"一般纳税人——个体工商户"申报享受减免优惠。

第三节 文娱领域税收优惠的正确享受与风险防范

文娱企业和相关人员，可以登录国家税务总局网站，在"纳税服务"栏目查询下载最新的《减免税政策代码目录》,对照享受相应的减免税政策。需要注意的是,文娱领域纳税人一方面要认真学习相关优惠政策,充分享受国家给予的减税降费红利,另一方面要正确理解政策,防范因不符合条件享受优惠,甚至弄虚作假骗取税收优惠而带来的法律风险。

一、形式符合,实质更要符合

每一项税收优惠政策都会规定享受该项优惠的条件,纳税人要享受优惠政策就必须符合文件规定,既要形式符合,更要实质符合,否则就会有相应的税收风险。下面以海南自贸港企业所得税和个人所得税优惠政策为例,说明符合在海南实质性运营等实体条件,才能享受相关优惠政策的问题。文娱领域相关企业和个人应关注实质运营等实体条件,正确享受优惠政策,防范税收风险。

(一) 海南自由贸易港双 15% 优惠政策

如本章第一节所述,根据财政部和国家税务总局发布的相关政策文件,对注册在海南自由贸易港并实质性运营的鼓励类产业企业,减按 15% 的税率征收企业所得税。同时,对在海南自由贸易港工作的高端人才和紧缺人才,来源于海南自由贸易港的综合所得(包括工资薪金、劳务报酬、稿酬、特许权使用费四项所得)、经营所得以及经海南省认定的人才补贴性所得其个人所得税实际税负超过 15% 的部分,予以免征。双 15% 的利好政策,激励了大批企业到海南落户。

(二) 双 15% 优惠需要在海南实质性运营

1. 在海南实质性运营才能享受双 15% 优惠

对在海南注册成立的公司,要享受 15% 的企业所得税优惠的,必须是在海南实质性运营的鼓励类产业企业。享受个人所得税 15% 优惠政策的高端人才和紧缺人才,须与在海南注册并实质性运营的企业或单位签订 1 年以上的劳动合同或聘用协议等劳动关系证明材料。也就是说,无论是企业所得税还是个人所得税的双 15% 优惠享受,均需要满足"实质性运营要求"。

2. 海南实质性运营的要求

《财政部 税务总局关于海南自由贸易港企业所得税优惠政策的通知》(财税〔2020〕31号)明确了实质性运营的规定:所称实质性运营,是指企业的实际管理机构设在海南自由贸易港,并对企业生产经营、人员、账务、财产等实施实质性全面管理和控制。对不符合实质性运营的企业,不得享受优惠。

《国家税务总局 海南省税务局 海南省财政厅 海南省市场监督管理局关于海

南自由贸易港鼓励类产业企业实质性运营有关问题的公告》(国家税务总局 海南省税务局 海南省财政厅 海南省市场监督管理局公告2021年第1号)对实质性经营进一步细化为以下四类：

一是注册在海南,未在海南以外设立分支机构,从事鼓励类产业项目,生产经营、人员、账务、资产等在海南。

二是注册在海南,在海南以外设立分支机构,从事鼓励类产业项目,海南企业对各分支机构的生产经营、人员、账务、资产等实施实质性全面管理和控制。

三是注册在海南以外但在海南有分支机构,分支机构具备生产经营职能,并具备与其生产经营职能相匹配的营业收入、职工薪酬和资产总额。

四是非居民企业在海南有机构场所,机构、场所具备生产经营职能,并具备与其生产经营职能相匹配的营业收入、职工薪酬和资产总额。

就个人而言,享受个人所得税15%优惠政策的高端人才和紧缺人才,须与在海南注册并实质性运营的企业或单位签订1年以上的劳动合同或聘用协议等,同时,一个纳税年度在海南自由贸易港连续缴纳社会保险6个月以上(须包含本年度12月当月)。这条对无法缴纳社会保险的境外人才不做要求。经测算,综合所得应纳税所得额(每一纳税年度内的收入额减除费用6万元以及专项扣除、专项附加扣除和依法确定的其他扣除后的余额)约为31.9万元人民币,经营所得应纳税所得额(每一纳税年度的收入总额减除成本、费用以及损失后的余额)约为21万元人民币。该项政策从2020年1月1日起执行。

符合下列条件之一的即为高端人才：经海南省各级人才管理部门所认定的人才；一个纳税年度内在海南自由贸易港收入达到30万元人民币以上。

紧缺人才主要包括：

(1)旅游业、现代服务业、高新技术产业三大产业和热带高效农业种业、医疗、教育、体育、电信、互联网、文化、维修、金融、航运等重点领域技能技术骨干和管理人才。

(2)海南省机关事业单位人才以及法定机构、社会组织聘用人才。

(3)符合《外国人来海南工作许可管理服务暂行办法》(琼府办〔2019〕37号印发)相关标准的外国人才。

(4)在海南自由贸易港执业的港澳台人才。

(5)海南其他非限制性准入行业领域急需的技能骨干和管理人才。

(三)借助邮政速递公司核实企业经营情况

2021年12月20日和12月29日,海南市场监督管理局发布《责令限期改正通知书》,委托邮政速递公司采取派专人上门投递信函的方式对在海南注册的公司住所(经营场所)进行核实,对发现的部分无法核实地址的移入异常经营名录,逾期不整改的,将依法查处直至吊销执照。《责令限期整改告知书》内容如下:

《责令限期整改告知书》:近期,我局委托中国邮政速递物流股份有限公司海南省分公司通过委派专人上门投递商事主体地址确认专用信函的方式,对2019年以来成立的企业进行住所(经营场所)核查。经核查,发现部分企业通过登记的住所(经营场所)无法取得联系。我局已将存在上述情形的企业列入经营异常名录并通过国家企业信用信息公示系统(海南)进行公示。现限存在上述情形的企业于2022年1月31日前完成整改并向属地市场监管部门申请移出经营异常名录。逾期不整改的,我局将依法予以查处,情节严重的,依法吊销营业执照。

《责令限期整改告知书(第2号)》:为全面摸清我省2019年以来成立的企业的住所(经营场所)情况,近期,我局通过邮寄专用信函的方式与2019年以来成立的企业进行联系。有部分企业经向其登记的住所(经营场所)两次邮寄专用信函均无人签收。根据《企业经营异常名录管理暂行办法》第九条的规定,市场监管部门经向企业登记的住所(经营场所)两次邮寄专用信函无人签收的,视为通过登记的住所(经营场所)无法取得联系。

从海南省市场监督管理局官网查询,通过邮政速递公司核实企业经营情况实际在2020年12月之前就开始了,不少2021年新成立的,登记时间尚不到1年,就被列入经营异常或者直接吊销营业执照。

根据查询,自2022年1月7日到2021年1月14日6个工作日间,就有50余家海南企业被列入经营异常名录。

(四) 虚拟注册运营无法享受双15%优惠

海南省市场监督管理等部门通过委托邮政速递等方式对运营场所的核实,表面上看是核实住所和注册地址是否真实,并据此列入异常名录甚至吊销企业营业执照,而实质上则对该类新办企业享受海南双15%税收优惠将产生重要影响。道理很简单,一个被判定为经营异常的企业,不可能做到在海南对企业生产经营、人员、账务、财产等实施实质性全面管理和控制,也无法满足实质性运营的要求。

不少去海南注册的企业,采取的是虚拟注册和运营的模式,仅仅是在海南注册成立企业,而并没有在海南实质运营,其后期被核查为经营异常并无法享受双15%优惠的风险进一步加大。需要提醒的是,所有想去海南自由贸易港注册的企业要享受税收优惠政策,必须满足实质性运营的条件,要提前测算、考量,海南自由贸易港不是第二个霍尔果斯,只是虚拟地址注册、无实质性经营的是无法享受海南自贸港优惠红利的。

建议在海南注册前,提前运营规划,确保满足实质运营的要求,避免被市场监管等部门核查时列入异常,最终导致无法享受税收优惠,并承担相应法律风险。

二、相关资料,妥善留存备查

根据《国家税务总局关于发布修订后的〈企业所得税优惠政策事项办理办法〉的公告》(国家税务总局公告2018年第23号)的规定,企业享受优惠事项不再审批和备案,采取"自行判别、申报享受、相关资料留存备查"的办理方式。企业应当根据经营情况以及相关税收规定自行判断是否符合优惠事项规定的条件,符合条件的可以按照《企业所得税优惠事项管理目录(2017年版)》(国家税务总局公告2018年第23号附件,以下简称《管理目录》)列示的时间自行计算减免税额,并通过填报企业所得税纳税申报表享受税收优惠。

(一)企业承担法律责任和风险

企业依法享有享受税收优惠的权利,也有按时如实申报、接受监督和检查的义务。国家税务总局2018年第23号公告第九条规定,企业对优惠事项留存备查资料的真实性、合法性承担法律责任。企业享受税收优惠需实事求是,不得弄虚作假,否则要承担法律责任。

(二)资料留存备查

企业享受税收优惠政策,应按规定归集和留存相关资料备查。留存备查资料是指与企业享受优惠事项有关的合同、协议、凭证、证书、文件、账册、说明等资料,用于证实企业是否符合相关优惠事项规定的条件。由于企业情况不同,留存备查资料难以全部列示,因此将留存备查资料分为主要留存备查资料和其他留存备查资料。企业应当按照《管理目录》列示的清单归集和整理主要留存备查资料,其他留存备查资料则由企业根据享受优惠事项的情况自行归集,以助于税务机关在后续管理时能够做出准确判断。

由于我国企业所得税实行法人所得税制,因此,跨地区经营汇总纳税企业享受优惠事项的,应当由总机构负责统一归集并留存相关备查资料,但是分支机构按照规定可以独立享受优惠事项的,则由分支机构负责归集并留存相关备查资料。如:设在西部地区的鼓励类产业企业减按15%的税率征收企业所得税优惠事项,当设在西部地区的分支机构符合规定条件而享受优惠事项的,由该分支机构负责归集并留存相关备查资料,并同时将其留存备查资料的清单提供总机构汇总。

留存备查资料是企业自行判断是否符合相关优惠事项规定条件的直接依据,企业应当在年度纳税申报前全面归集、整理并认真研判。在本企业完成汇算清缴后,留存备查资料应当归集和整理完毕,以备税务机关核查。如:企业享受《管理目录》第 1 项优惠事项——国债利息收入免征企业所得税优惠,并在 2022 年 4 月 30 日完成 2021 年度企业所得税纳税申报和缴纳税款,其应在 4 月 30 日同步将第 1 项优惠事项的留存备查资料归集和整理完毕。根据《管理目录》,企业享受国债利息收入免征企业所得税优惠留存备查的资料包括,国债净价交易交割单,购买、转让国债的证明,包括持有时间、票面金额、利率等相关材料,应收利息(投资收益)科目明细账或按月汇总表,减免税计算过程的说明。分支机构以及被汇总纳税的非居民企业机构、场所按照规定可独立享受优惠事项的,完成汇算清缴后,除了需要将留存备查资料应当归集和整理完毕,还需将留存的备查资料清单报送总机构汇总。如:企业设在西部地区的分支机构享受《管理目录》第 63 项优惠事项——设在西部地区的鼓励类产业企业减按 15% 的税率征收企业所得税,该分支机构在 2022 年 4 月 30 日完成 2021 年度企业所得税纳税申报和缴纳税款,其应在 4 月 30 日同步将第 63 项优惠事项的留存备查资料归集和整理完毕,并将备查资料清单报送总机构汇总。西部大开发留存备查的资料包括主营业务属于《西部地区鼓励类产业目录(2020 年本)》中的具体项目的相关证明材料,符合目录的主营业务收入占企业收入总额 60% 以上的说明。

(三)未按要求留存备查资料的处理

企业留存备查资料应从企业享受优惠事项当年的企业所得税汇算清缴期结束次日起保留 10 年。与《会计档案管理办法》关于纳税申报表档案保存 10 年的规定保持一致。

企业未能按照税务机关要求提供留存备查资料,或者提供的留存备查资料与实际生产经营情况、财务核算情况、相关技术领域、产业、目录、资格证书等不符,无法证实符合优惠事项规定条件的,或者存在弄虚作假情况的,税务机关将依法追缴其已享受的企业所得税优惠,并按照《税收征收管理法》等相关规定处理。税务机关将对企业享受优惠事项开展后续管理,企业应当予以配合并按照税务机关规定的期限和方式提供留存备查资料。

(四)自行调整并补缴税款及滞纳金

国家税务总局 2018 年第 23 号公告第十三条规定,企业享受优惠事项后发现其不符合优惠事项规定条件的,应当依法及时自行调整并补缴税款及滞纳金。

三、骗取优惠,承担法律责任

(一)加大骗取税收优惠打击力度

近年来,国家税务总局、公安部、海关总署、中国人民银行四部委联合启动打击"三假"涉税违法行为——"假企业"虚开发票、"假出口"骗取退税、"假申报"骗取税收优惠专项行动。2021年四部门在专项打击的基础上,邀请最高人民检察院、国家外汇管理局正式加入,拓展为六部门联合打击工作机制,共同开展常态化精准打击。只为骗取税收优惠政策的"假申报",是"三假"涉税违法行为之一,也是税务部门和相关部门联合打击的对象。

(二)纳税信用评价风险

根据《纳税信用管理办法(试行)》(国家税务总局公告2014年第40号发布)第二十条的规定,纳税人提供虚假申报材料享受税收优惠政策的,评价年度直接判为D级。一旦被评为D级纳税人,将面临被公开企业及责任人名单、对直接责任人员注册登记或者负责经营的其他纳税人纳税信用直接判为D级、增值税专用发票领用按辅导期一般纳税人政策办理、普通发票严格限量供应、列入重点监控对象提高监督检查频次合等一系列惩戒措施。

(三)虚假申报涉嫌偷逃税风险

根据《税收征收管理法》第六十三条规定,纳税人进行虚假的纳税申报,不缴或者少缴应纳税款的,是偷税。对纳税人偷税的,由税务机关追缴其不缴或者少缴的税款、滞纳金,并处不缴或者少缴的税款50%以上5倍以下的罚款;构成犯罪的,依法追究刑事责任。如果纳税人原本不符合享受税收优惠的条件,但通过虚假申报的方式,骗取税收优惠,不缴或少缴税款,对照上述规定就涉嫌偷税,而面临补缴税款、滞纳金,被处罚的风险。比如,小型微利企业年应纳税所得额不超过300万元的,可以享受20%低税率和所得额减免等优惠。假设某企业年应纳税所得额已经超过300万元,不符合优惠条件,但该企业隐瞒收入、虚列费用,将应纳税所得额虚假申报为300万元,骗取了小型微利企业所得税优惠,按照《税收征收管理法》的规定就涉嫌偷税了,不仅要补缴税款,加收滞纳金,还要被处以少缴税款50%以上5倍以下的罚款。

2015年1月5日,国务院法制办公开了由国家税务总局、财政部起草的《税收征收管理法修订草案(征求意见稿)》(以下简称《征求意见稿》)。与现行《税收征收管理法》相比,《征求意见稿》明确骗取税收优惠资格的将按逃税论处。根据《征求意见稿》第九十七条的规定,纳税人、扣缴义务人逃避缴纳税款的法定情形有:伪造、变造、转移、藏匿、毁灭账簿凭证或者其他相关资料;编造虚假计税依据,虚列支出或者转移、隐匿收入;骗取税收优惠资格等。近年来,利用税收优惠资格偷逃税款的现象时有发生,比如福利企业以虚增残疾职工人数、少报正常职工人数、编造职工工资表以及变相收回工人工资卡等手段进行虚假申报,部分企业弄虚作假骗取高新技术企业资质等。《征求意见稿》明确规定,骗取税收优惠资格少缴税款的,由税务机关追缴少缴的税款,并处少缴税款的相应倍数的罚款;涉嫌犯罪的,移送司法机关依法处理。纳税人以骗取税收优惠资格的方式少缴税款的,未来将面临空前的法律风险。

第五章　文娱领域税收筹划误区和风险防范

在网络直播等新兴行业的快速发展过程中，许多人实现了财富增值，但也因不熟悉税收法律法规、不遵从相关法律，甚至进行所谓的"税收筹划"，导致未能足额、及时缴纳税款，从而面临补缴税款和巨额罚款。在目前公布的演艺明星、网红直播等偷逃税案件中，经常能看到所谓的"税收筹划"。比如，在网络主播黄某（网名：薇Y）的偷逃税案件中，其通过隐匿个人收入、虚构业务转换收入性质虚假申报等方式偷逃税款6.43亿元，其他少缴税款0.6亿元，税务机关依法对黄某作出税务行政处理处罚决定，追缴税款、加收滞纳金并处罚款共计13.41亿元，是迄今为止针对主播行业作出的最大金额的行政处罚。事后，黄某丈夫在道歉声明中称，他们聘用了所谓的专业机构帮助进行税务统筹合规，但后续发现这些所谓的合法合规的税务统筹均存在问题。以税收筹划为名，行偷逃税款之实，违反税法规定实施偷逃税等违法行为必将承担相应的法律责任。文娱领域相关企业和从业人员，应当引以为戒，加强学习，提高税收遵从，依法诚信纳税，防范法律风险，而不能挖空心思整天想着如何"筹划"少缴税款。

第一节　税收筹划概述

一、税收筹划基本概念

（一）税收筹划与税收筹划服务

税收筹划也称税务筹划或纳税筹划，是指在纳税行为发生之前，在合法的前提下，通过对纳税主体的经营活动或投资行为等涉税事项作出事先安排，以达到少缴税或递延纳税目标的一系列谋划活动。

税收筹划有时也称税收策划。《涉税专业服务监管办法（试行）》（国家税务总局公告2017年第13号发布）第五条规定："涉税专业服务机构可以从事下列涉税业务：……(四)税收策划。对纳税人、扣缴义务人的经营和投资活动提供符合税收法律法规及相关规定的纳税计划、纳税方案。……"不管是税收筹划、税务筹划、纳税筹划，还是税收策划，其共同的要求都是要符合税收法律法规及相关政策规定。

根据《税收筹划业务规则（试行）》（中税协发〔2017〕004号附件2）的规定，税收筹划业务，是指税务师根据委托人服务需求、业务模式及数据信息，依据国家税收政策及其他相关法律法规，通过对委托人生产经营、财务管理或税务处理的运筹和规划，综合平衡各方面成本与效益，为委托人提供战略发展、风险防范、降本增效等方面的设计方案以及实施取向的服务。

税收筹划服务的主要内容包括：

（1）为委托人提供降低税务风险、提高税收遵从度的筹划建议。

（2）为委托人提供具备合理商业目的的整体税务规划和筹划方案。

（3）为委托人的特定事项提出优化税负方案及建议。

需要提醒的是，不能将税收筹划简单地理解为少缴税款，税收筹划首先考虑的应当是降低税务风险、提高税收遵从，同时要注意合理的商业目的，在合法合理的前提下给出优化税负的方案和建议。

(二) 税务师在实施税收筹划业务中应坚持的基本原则

（1）依法提供服务原则。依法提供服务原则是指，税务师在提供税收筹划服务时，提供的服务成果必须以国家税收政策及其他相关法律法规为依据，不得违反国家法律法规和相关规定。

（2）程序、内容并重原则。程序、内容并重原则是指，税务师在提供税收筹划服务时，应该按照既定业务流程实施服务项目，并注重实施过程中各类相关信息内容的真实性、客观性和全面性。

（3）诚信及保密原则。诚信及保密原则是指，税务师在提供税收筹划服务时，应该按照业务约定书内容完整、真实提供服务，并根据保密协议内容为委托人提供的各项信息采取保密措施。

二、正确理解政策，享受优惠红利

文娱领域相关企业和从业人员，应认真学习法律法规、税收政策，吃透文件精神，正确理解运用，把包括税收优惠在内的税收政策用好用足，就能达到很好的效果，而且不必担心错误筹划带来的违法甚至犯罪的风险。

面对不同的税收优惠类型，纳税人可以在正确理解政策的前提下，结合自身情况，选择最适合自己的、优惠力度最大的处理方式，对部分税收优惠还可以选择放弃。这种选择是允许的,而且税务机关还会通过加强宣传辅导,完善电子税务局申报系统等方式,来引导纳税人最大限度地享受小型微利企业税收优惠等国家政策红利。

三、税收筹划风险问题

(一) 如何区分正当筹划与恶意筹划

某省注册税务师协会通过行业自律文件,解释了正当税收筹划和恶意税收筹划的本质区别,值得文娱领域相关企业、从业人员以及涉税中介机构认真学习。

1. 正当筹划与恶意筹划的标准

(1) 正当筹划以业务真实性为基础,经济实质与低税务成本具有逻辑对应关系,而恶意筹划则不具备这种关系。例如,一家公司具有真实的研发活动与费用支出,专业机构帮助企业事先按照税法规定来规划研发业务流程与会计核算体系,以充分享受政策红利,属于正常筹划。而如果给企业出谋划策,虚构委托关联方研发的合同,制造虚假的研发支出,应当定性为恶意筹划。

(2) 正当筹划有时是为了避免多交税、重复纳税,或避免承担交易对手转嫁的税负,而恶意筹划则是规避本来就应当由纳税人承担的法定纳税义务。

(3) 正当筹划是按照税法规定的不征税、免税、特殊税务处理等条件,事先规划企业的业务模式、业务流程、财务管理、会计核算、纳税处理的流程节点等,以依法、合规、合理享受税法给予的优惠待遇或延迟纳税便利,目的还是要促进正常、正当商业活动的顺利开展。恶意筹划则主要是放大和滥用税收政策与征管中的漏洞,以避税为主要或唯一目的。

(4) 大量的正规正当筹划行为系以预防纳税风险为目的。恶意筹划则不顾风险,只顾短期利益。

(5) 正规的税务专业机构考虑到其声誉与持续经营,往往都从事正规的税务筹划,一个显著特征是将纳税筹划方案事先与税务机关进行汇报交流。恶意的税务筹划则是隐蔽进行,害怕"阳光"。

2. 正当筹划与恶意筹划的界定

正当筹划与恶意筹划的区别在于筹划内容的性质不同,两者界定的边界是:是否有"经营实质"。

"经营实质"是各国税务机关进行反避税的重要因素,也是 OECD(经济合作与发展组织)、G20(二十国集团)等国际组织推动的 15 项 BEPS(Base Erosion and Profit Shifting,税基侵蚀和利润转移)行动计划中的重要考虑因素。改革开放以来,税务机关更加关注跨境交易反避税法律法规的完善,但是忽视了境内交易(内关联)法律法规的"补洞"。因此,要结合近期公布的典型税案进一步完善税法和规范性文件,出台相关文件,既要列明符合"实质运营"的"白名单(安全港)"条款让纳税人合法地对照和享受税收优惠,将中央的各项减税降费的好政策落实好,也要讲清"实质运营"的"黑名单",让纳税人不越雷池一步,进而有所知止。

3. 正当筹划与恶意筹划的根本区别

前者是充分享用税收政策给予的便利和优惠,后者就是虚构经营业务达到偷漏或少缴税款目的。恶意筹划绝对有不真实的业务或财务处理的存在。

(二) 税收筹划风险

当经济业务已经发生,纳税义务已经确定,这个时候,再去挖空心思筹划少缴税款,隐瞒收入、转换收入性质、虚开发票……这些都不是税收筹划,而可能是赤裸裸的违法甚至犯罪行为,往往会构成偷逃税、虚开发票等违法行为,结果也必然是补缴税款、加收滞纳金、被处以罚款,一样都不能少,甚至还要承担刑事法律责任。文娱领域相关企业和个人从业者应引以为戒,主动遵从税法,远离非法税收筹划的风险。

第二节 税收筹划常见误区与案例分析

一、税收筹划常见误区

(一) 误认为税收筹划就是节税

文娱领域部分纳税人或涉税中介误认为税收筹划就是要简单地节税,少缴税就是税收筹划。这种观点是片面的,也是错误的。根据《税收筹划业务规则(试行)》(中税协发〔2017〕004号附件2)的规定,税收筹划业务,是指税务师根据委托人服务需求、业务模式及数据信息,依据国家税收政策及其他相关法律法规,通过对委托人生产经营、财务管理或税务处理的运筹和规划,综合平衡各方面成本与效益,为委托人提供战略发展、风险防范、降本增效等方面的设计方案以及实施取向的服务。税收筹划服务的主要内容包括为委托人提供降低税务风险,提高税收遵从度的筹划建议。这里就特别强调了,税收筹划在风险防范、提高税收遵从等方面的要求。

(二) 误认为税收筹划就是找发票

企业所得税税前扣除需要发票,增值税进项抵扣也需要发票,有人就误认为税收筹划就是找发票,找到发票就能少缴税。这种想法,不仅错误,而且很危险。在财税工作中,发票扮演了重要的角色,但前提是业务真实、发票合规。比如,企业所得税税前扣除,仅有发票是不行的。根据《企业所得税法》第八条的规定,企业实际发生的与取得收入有关的、合理的支出,包括成本、费用、税金、损失和其他支出,准予在计算应纳税所得额时扣除。也就是说支出要具备真实性、合理性、相关性,才能税前扣除。如果认为有发票就能少缴税,而忽略了业务的真实、合理、相关以及票据本身的合规问题,将导致虚开发票等违法行为,最终将面临罚款等风险。构成犯罪的,还将被移送司法机关,依法追究刑事责任。

(三) 误认为筹划何时都可以进行

税收筹划,是指在纳税行为发生之前,在合法的前提下,通过对纳税主体的经营活动或投资行为等涉税事项作出事先安排。强调的是事先安排,而不是事后筹划。当经营行为已经发生甚至已经结束,纳税义务已经发生,这时候再讨论筹划,大多属于隐瞒收入、虚列支出、虚假申报偷逃税款。比如,小型微利企业年应纳税所得额300万元以下,符合条件的,可以享受20%低税率、所得额减免等优惠政策,如果年应纳税所得额已超过300万元,那只有适用法定税率如实申报纳税,再想什么筹划,就涉嫌违法偷逃税了。

(四) 误认为只要数据填写符合要求就可以享受优惠政策

例如,享受小型微利企业所得税优惠政策,要求是从事国家非限制和禁止行业,且同时符合年度应纳税所得额不超过300万元、从业人数不超过300人、资产总额不超过5 000万元等三个条件的企业。如果实际的应纳税所得额或从业人数、资产总额不符合上述条件,则不得享受,千万不能为了享受优惠,而填报虚假的数据。比如,明明人数已经超过300人,申报时人为少填人数,表面上数字是符合条件,但税务机关在检查时就很容易检查出问题。被查出后,企业不仅要把已享受优惠的税款补回来,还要按照《税收征收管理法》的规定被处理和处罚。

二、莫把偷税当筹划

文娱领域的部分企业和个人在发生股权转让等业务时,本应按照税法规定,如实申报收入,足额申报纳税,却以签订阴阳合同、个人账户收款等方式,搞所谓的"税收筹划"。这是明显的以隐瞒收入、虚假申报的方式进行偷逃税的违法行为,不仅达不到少缴税款的目的,反而将面临因偷逃税被处罚等风险。

案例5-1 阴阳合同筹划少缴股权转让所得税,被处罚款900余万元

Y公司为L公司母公司,2019年8月Y公司通过签订阴阳合同的方式,虚假作价L公司股权总价值1 250万元(远低于实际价值)分别向M公司、H公司、P公司3家

合计出售 L 公司 62% 的股权，虚假申报收入 775 万元（1 250×62%），股权成本为 310 万元（500×62%），向税务机关虚假申报投资收益 465 万元（775－310）。同时 Y 公司账户收取股权转让收入 775 万元后，另外通过莫某个人银行账户收取股权转让收入合计 4 083.15 万元，未依法向税务机关进行纳税申报。

税务机关根据《税收征收管理法》第六十三条第一款、《国家税务总局 广东省税务局关于修订〈广东省税务系统规范税务行政处罚裁量权实施办法〉的公告》（国家税务总局 广东省税务总局公告 2021 年第 2 号）第六条、《广东省税务系统税务行政处罚裁量基准》（国家税务总局 广东省税务局公告 2021 年第 2 号附件）第四十五栏的规定，认定 Y 公司通过签订阴阳合同、利用个人银行账户收款的方式隐瞒股权转让收入，少列收入，少缴企业所得税 1 047.04 万元的行为是偷税。对 Y 公司偷税造成 2019 年度少缴企业所得税 1 047.04 万元予以追缴入库，并处少缴税款 50% 的罚款，罚款金额 523.52 万元。同时，根据《税收征收管理法》第六十九条、《个人所得税扣缴申报管理办法（试行）》（国家税务总局公告 2018 年第 61 号发布）第十九条、《国家税务总局 广东省税务局关于修订〈广东省税务系统规范税务行政处罚裁量权实施办法〉的公告》（国家税务总局 广东省税务局公告 2021 年第 2 号）第六条、《广东省税务系统税务行政处罚裁量基准》（国家税务总局 广东省税务局公告 2021 年第 2 号附件）第三十七栏的规定，对 Y 公司应扣未扣个人所得税 816.63 万元，处以应扣未扣税款 50% 的罚款，罚款金额 408.32 万元。

三、错误筹划案例分析

在实际工作中，部分企业以支付劳务费的名义先将资金打给人力资源公司，再回流到高管等高收入人员的个人账户，以此"筹划"，欲达到少缴工资、薪金个人所得税的目的，结果是补缴税款，并被处以罚款。还有的企业将高收入员工的一部分工资挪到了低收入员工名下发放并申报个税，然后再将这部分工资通过微信、支付宝、个人银行卡转给实际工资领取人，以达到对高收入员工少缴个人所得税的目的。还有其他各种五花八门的方式，目的大多是少缴个人所得税等，实际上都是违法行为，逃不过税务机关的公正处理。

案例 5-2 苦心筹划逃个税，被处罚款 800 万元

2017 年，原深圳市地方税务局第二稽查局在对辖区内某企业检查时发现该公司存在巨额劳务费用支出，虽然附有合同、发票及转账记录，但是财务及人力部门均不能很好地解释该项目的具体情况。稽查人员前往开具发票的人力资源公司进行外调取证，发现人力资源公司除为该公司提供真实的劳务之外，还将该公司汇来的部分款项

直接汇给5个私人银行账户,经过比对地税系统该公司的个人所得税申报表,发现5人均属于该公司的在职员工。稽查人员将从银行查询到的5个私人账户的流水明细与该公司的工资表、申报个税数据一一比对,核实资金的最终去向为该公司的在职员工。

《税收征收管理法》第六十九条规定,扣缴义务人应扣未扣、应收而不收税款的,由税务机关向纳税人追缴税款,对扣缴义务人处应扣未扣、应收未收税款50%以上3倍以下的罚款。《国家税务总局关于贯彻〈中华人民共和国税收征收管理法〉及其实施细则若干具体问题的通知》(国税发〔2003〕47号)第二条"关于扣缴义务人扣缴税款问题"规定,扣缴义务人违反《税收征收管理法》及其实施细则规定应扣未扣、应收未收税款的,税务机关除按《税收征收管理法》及其实施细则的有关规定对其给予处罚,应当责成扣缴义务人限期将应扣未扣、应收未收的税款补扣或补收。税务机关依据上述规定,责成企业补扣缴应扣的个税1 600多万元;对企业应扣未扣行为罚款800多万元。

本案中该公司员工获得的奖金、补助,是通过人力资源公司劳务费支出,然后再汇给个人账户的。这样精心的"税收筹划",从形式上看似乎没有问题,实际却违反了税法规定,难逃处罚的结果。企业应严格履行税法规定的扣缴义务,否则将面临应扣未扣税款50%以上3倍以下的罚款,而且还要按照税务机关的规定,补扣应扣未扣的税款。

案例5-3 年终奖错误"筹划"被处罚

某文化传媒公司的5名员工赵某、季某菊、刘某、丁某君、何某旗等,在2015年至2018年存在将个人年终奖奖金部分金额调节到年终奖奖金少的其他员工名下,再通过银行转账、支付宝及微信等方式转回给自己,以此达到少缴个人所得税目的的情形。以上造成该文化传媒公司2015年至2018年少代扣代缴个人所得税278 670.47元,造成少代扣代缴个人所得税2016年4.17万元、2017年8万元、2018年10.98万元。该文化传媒公司最终被税务机关处以少代扣税款1倍的罚款。

第三节 税收筹划风险防范

一、筹划不当的税收风险

现实工作中,有的企业采取各种方式进行所谓的"税收筹划",而其中很多都涉及虚假申报偷逃税、未按规定代扣税款、虚开发票等税收违法行为,最终也将面临补缴税款、加收滞纳金、被处以罚款等结果,严重的还会涉嫌犯罪。文娱领域相关企业和从业者应远离所谓的"税收筹划",依法诚信纳税,避免相关法律风险。

 案例 5-4 错误筹划的代价:虚开发票偷税罚款 7 000 多万元①

违法事实及证据:

违法事实 1:取得虚开发票用于发放表外工资,税前列支为取得虚开发票支付的开票费用造成少缴企业所得税。

你公司让深圳××投资管理有限公司等公司 2013 年 5 月至 2016 年 4 月为你公司开具 93 份劳务代理费发票用于发放表外工资,涉及金额 114 909 800.00 元。

违反了《发票管理办法》第二十二条第二款第(二)项,属于虚开发票行为。你公司 2013 年至 2016 年度企业所得税税前列支为取得以上虚开发票支付的开票费用 8 511 837.04 元,少缴企业所得税 2 127 959.26 元,违反了《企业所得税法》第八条的规定。

违法事实 2:未按规定代扣代缴个人所得税。

你公司 2013 年至 2016 年通过××投资管理有限公司等公司发放表外工资共计 220 974 950.01 元,未履行代扣代缴个人所得税义务,造成少缴个人所得税 74 406 076.80 元。

我局已于 2020 年 4 月 27 日向你公司送达《税务事项通知书》(深税稽通〔2020〕××××号),责令你公司限期补扣以上应扣未扣税款,你公司未补扣。

处罚决定:

对你公司上述违法行为,除责令你公司限期改正,并作出以下处罚决定:

(1)你公司让他人为自己开具与实际经营业务情况不符的发票,违反了《发票管理办法》第二十二条第二款第(二)项,属于虚开发票行为。根据《发票管理办法》第三十七条的规定,对你公司虚开发票行为处罚款 500 000.00 元。

(2)你公司将让他人为自己虚开发票面支付的开票费用在 2013 年度至 2016 年度企业所得税税前扣除,造成少缴企业所得税,属偷税行为。根据《税收征收管理法》第六十三条第一款的规定,对你公司 2013 年至 2016 年少缴企业所得税的行为处少缴税款 1 倍的罚款 2 127 959.26 元。

(3)你公司 2013 年至 2016 年发放表外工资未代扣代缴个人所得税 74 406 076.80 元,根据《税收征收管理法》第六十九条的规定,对你公司应扣未扣个人所得税的行为处以应扣未扣税款 1 倍的罚款 74 406 076.80 元。

以上应缴款项共计 77 034 036.06 元。限你公司自本决定书送达之日起 15 日内到国家税务总局深圳市宝安区税务局缴纳入库。你公司可以银税联网方式、银联卡缴

---

① 本案例来自税务机关公开的行政处罚决定书。

款方式或其他办税服务厅提供的方式缴纳上述罚款,以银税联网方式缴纳罚款的,应将罚款存入你公司已签订《委托扣款协议书》的银行账号,并及时通知办税服务厅扣款。到期不缴纳罚款,我局可依照《行政处罚法》第七十二条第一款第(一)项的规定,每日按罚款数额的3%加处罚款。

二、错误筹划的刑事法律风险

部分企业违法进行错误筹划,采用虚开发票等方式虚抵进项,不仅不能达到少缴税款的目的,而且企业及相关责任人员还将面临法律的制裁。

案例5-5 筹划少缴个税,虚开发票构成犯罪

2015年12月,中×嘉业投资有限公司(以下简称中×嘉业)通过股权收购取得上×集团有限公司(以下简称上×集团)控股权后,中×嘉业董事长张某某推荐引进彭某某担任上×集团总裁。罗某某与彭某某商议后,以中×嘉业支付咨询服务费为名,向第三方走账套取资金用于发放人才引进费,并支付罗某某相应开票费。同年12月,罗某某利用其控制的上海犁×商务咨询事务所、上海应×科技咨询事务所及其联系的上海雍×财务咨询事务所、上海邑×投资咨询事务所,在无真实业务往来的情况下,通过签订虚假居间合同向中×嘉业收取咨询服务费,并分别向中×嘉业虚开增值税专用发票7份,价税合计人民币500万元,税额合计14.56万元。为此,还签订了税务筹划合同、咨询服务合同等。期间,赵某某伙同张某某、陈某某、干某某在明知上述咨询服务项目及服务费支出系虚构的情况下,仍分别批准同意中×嘉业进行签约、付款。经查,中×嘉业取得上述发票后,向税务机关申报抵扣税款共计14.56万元。

法院认为,中×嘉业让他人为自己虚开增值税专用发票,并造成国家税款损失,被告人赵某某系中×嘉业的其他直接责任人员,其行为构成(单位)虚开增值税专用发票罪。

涉案的增值税专用发票所对应的购买方中×嘉业与销售方之间没有发生实际的应税服务,该发票均系虚开;被告人赵某某作为中×嘉业的财务负责人实施了整个虚开过程中的一个审核环节,其应作为中×嘉业虚开增值税专用发票犯罪的其他直接责任人员承担相应的刑事责任。在本案虚开增值税专用发票犯罪活动中,被告人赵某某系从犯,有从轻情节,依法免除处罚。

从本节内容可以看出,违反法律法规税收政策的规定,进行所谓的"税收筹划",将面临补税罚款甚至刑事责任的后果,只有依法诚信纳税才能确保在取得合法收入、赚取合法利润的同时避免相关行政、刑事法律风险。

第六章 大数据应用与税收风险管理

从公开的案例来看,文娱领域的偷逃税案件多数是税务部门通过税收大数据分析发现的,然后开展深入检查,依法予以处理。大数据税收风险管理充分体现了"以数治税"的税收治理理念,是以税收大数据为驱动力的高度集成、智能化的税收风险管理系统。近年来,税务部门的大数据应用和税收风险管理能力不断提升。随着税收征管改革的进一步深化,税务部门正以税收大数据为驱动力,按照精确执法、精细服务、精准监管、精诚共治的要求,深入推进智慧税务建设。

第一节 大数据应用与税收风险概述

一、税收风险与防范

近年来,国家加强对文娱领域的税收监管,文娱领域相比其他行业而言要更加重视税收风险。税收风险,通常是指纳税人的涉税行为不符合税收法律法规和税收政策的规定,因而面临补税、加收滞纳金、被处以罚款、特别纳税调整、影响纳税信用,甚至承担刑事责任等风险。另外,也会出现纳税人适用税法不准确,没有认真学习掌握税收政策,没有用好税收优惠政策,导致多缴了税款,承担了不必要的税收负担,这种交了"冤枉税"的情形,从某种意义上讲也是一种风险。

税收风险是客观存在的,伴随着纳税人从登记成立到注销终止的生命周期全过程。文娱领域纳税人需要正确认识税收风险,并树立风险防范意识,采取有力措施防范和控制各类税收风险。首先,要加强学习,熟悉税收法律法规,并密切关注政策的变化情况,不仅财务人员要学习,采购、销售、人力资源等部门乃至企业的领导决策层都要学习。其次,要定期或不定期组织涉税问题自查和内部审计,主动发现自身存在的涉税问题从而及时改正,或者委托聘请税务师事务所等合法中介机构或者税务律师等专业人士帮助企业查找、发现问题,出具相关意见,事前防范风险。最后,要加强自身内控管理,完善企业的内控制度和机制,用制度和机制来保障企业的正常运行,常态化防范可能存在的税收风险。

二、税收领域大数据应用

在税收领域,通过大数据分析与应用,形成数据采集标准化、第三方数据利用智能化、税源管理精细化和动态化的工作模式,逐步实现对税收业务的科学管理。健全事前、事中、事后全流程税收风险管理运行机制,进一步完善基于大数据的"双随机、一公开""信用+风险"监管方式,实时分析识别纳税人行为和特征,实现"无风险不打扰、低风险预提醒、中高风险严监控",对逃避税问题多发的重点行业、重点领域,加强税收风险防控。充分利用税收大数据,全面分析纳税人在发票开具、纳税申报、政策适用等方面的运行情况,查找分析税务机关在发票供应、申报受理、纳税服务、系统保障等方面存在的问题,有针对性地改进税务部门各项工作,更好地服务纳税人。

下面通过几个真实案例来说明大数据技术在税收风险领域的应用情况。

案例6-1 大数据分析发现网络主播涉嫌偷逃税

某省税务部门通过税收大数据分析,发现网络主播平某涉嫌偷逃税款,对其依法开展了全面深入的税务检查。经查,网络主播平某在2019年至2020年,存在隐匿直播带货佣金收入偷逃税款,以及未依法申报其他生产经营收入少缴税款等行为,被追缴税款、加收滞纳金并处0.6倍罚款,共计6200.3万元。

案例6-2 应用大数据追缴主播个税6000多万元

A直播平台2016年支付给直播人员收入3.9亿元,因未按规定代扣代缴个人所得税,2017年补缴了税款6000多万元。

发现、追缴过程:税务机关运用大数据实施"信息管税",重点针对新兴的行业业态堵塞税收漏洞。调查中,税务人员首先将目标锁定在几家大型直播平台,从几大直播平台的规模分析、缴纳税款分析,发现有网红企业收入规模与纳税比重差别很大,其中A直播平台的纳税情况可能存在很大问题,于是确定以此为突破口测算直播平台纳税易产生的漏洞。A直播平台作为知名大型直播平台有数百位艺人入驻,活跃用户达数百万个。核查之后,税务人员摸清了A直播平台的主播收益和提现方式。该直播平台主播获得各种礼物的打赏,实际上收取了粉丝购买的虚拟货币X,再将其兑换成虚拟货币Y就能通过支付宝提现,在兑换过程中该直播平台按一定比例提成。

税务人员发现,A直播平台自成立以来确认的所有收入,均未包括支付给网络主播的个人分成收入,也未为其代扣代缴个人所得税。通过大数据的应用,税务机关最终对A直播平台应代扣代缴而未代扣代缴的个人所得税进行补税处理,补税金额达到6 000多万元。

通过以上案例,我们可以充分感受到,大数据赋能智慧税务的时代已经来临,税务机关充分运用大数据先进理念、技术和资源,深化数据分析,实现精确执法,提高了"互联网+税务"时代运用大数据加强事中事后监管的能力。

三、以数治税与金税四期

税务部门正在以发票全领域、全环节、全要素电子化改革为突破口,启动实施金税工程四期建设,持续拓展税收大数据资源,深入推进内外部涉税数据汇聚联通、线上线下数据有机贯通。2021年9月,国家税务总局时任局长王军在金砖国家税务局长会议上作了题为《深化金砖税收合作 共拓金色发展之路》的发言,分享了在数字化背景下我国智慧税务建设以及推进税收征管数字化转型升级方面的探索历程与愿景规划。

(一) 数字化驱动税收征管方式持续变革

对于税务部门以数治税,相信大家都有所体会。实际上,依托数字化驱动税收征管方式变革,是实现税收治理现代化的必由之路。伴随着信息技术持续深入应用,税收征管方式不断实现跨越式发展。

过去,税务人挨家挨户上门"收税"。受限于经济发展水平,以前税收征管主要依靠税务人员走街串巷、进企入户上门收税,那时的税收征管方式,通俗地讲就是"收税靠腿,宣传靠嘴"。

现在,纳税人足不出户网上"报税"。近十年来,不断健全完善税法体系和税收征管制度,税收信息化建设也不断向前推进,逐步实现了纳税人按税法规定自行计算申报数据并进行网上"报税"。特别是建成全国统一规范的电子税务局,截至2021年9月,已覆盖全部税务管理户数的90%以上,全国纳税人通过电子税务局办理的业务占纳税人所有业务的80%以上。

未来,将在智慧税务引领下进一步实现自动"算税"。税务部门正致力于利用企业经营指标等大数据,依照税法制度规定,依托新的算法,逐步实现信息系统自动提取数据、自动计算税额、自动生成申报,经纳税人确认或补正后即可线上提交,大幅减轻纳税人办税缴费负担。对此,已在2020年首次实施个人所得税汇算清缴中进行了有益尝试,运用大数据和税收规则进行自动算税与申报表信息预填,将信息通过个人所得税 App 推送给纳税人确认。在 2021 年的汇算清缴中,有 98% 的纳税人登录 App 确认无误后,就顺利完成了汇算申报,既提高了办理准确性,又促进了纳税遵从度的提升,效果非常明显。今后,税务部门将面向企业及所有税种和费种推广这一成果。

(二)数字化驱动税收征管流程优化重塑

税收征管数字化转型不是简单的业务搬家或技术嫁接,而是要通过发挥技术支撑、要素赋能等作用,推动税收业务应用升级和流程重构。税收征管和服务流程也在数字化驱动下,经历了从"上机"到"上网"再到"上云"三个阶段的优化重塑。

第一阶段:通过"上机"替代手工操作流程。20 世纪 80 年代以后,随着计算机单机应用不断普及,税收征管从纯手工处理逐步转向计算机操作,数据信息由电子储存替代了手工记载,大幅压缩了传统的手工操作,建立了以计算机为依托的征管运行流程。

第二阶段:通过"上网"改造传统业务流程。近十年来,随着互联网的蓬勃发展,税收征管开始进入信息化阶段,启动并完成了"金税工程"三期建设,逐步实现大部分税收征管和服务通过网络实现,市场主体涉税信息也在税务部门内部逐步实现互联互通,传统线下"面对面"的征管和服务流程,逐步转向"非接触式"线上办理,使得征纳双方的时空距离拉近了,税收征管和服务各环节衔接更紧凑、流程更简便,既使税务部门的工作效率大幅提升,又使纳税人、缴费人办税缴费更省时、省力、省事、省钱、省心。特别是新冠疫情发生以来,税务部门大力推广"非接触式"办税缴费,范围已拓展至 214 项业务,203 项可全程网上办,90% 的涉税事项、99% 的纳税申报业务以及企业和个人缴纳社保费基本都可网上办、线上办、掌上办,既保障了疫情防控期间办税缴费安全,又促进了减税降费政策直达快享。

第三阶段:通过"上云"打造智能征管流程。随着大数据、云计算和人工智能等新技术的广泛运用,税务部门正在开启以数据的深度挖掘和融合应用为主要特征的税收征管智能化改造,计划通过 1~5 年的努力,基本建成以税收大数据为驱动力的具有高集成功能、高安全性能、高应用效能的智慧税务,推进税收征管和服务流程全方位创新变革,打造"无风险不打扰、有违法要追究、全过程强智控"的税务执法新体系,"线下服务无死角、线上服务不打烊、定制服务广覆盖"的税费服务新体系和"以'双随机、一公开'监管、'互联网+监管'为基本手段,以重点监管为补充、以'信用+风险'监管为基础"的税务监管新体系。

(三)数字化驱动税收征管效能不断提升

大数据深度应用必将带来税收征管效能大幅提升。税收征管已经历了"经验管税"和"以票管税"两个时期,正在向"以数治税"时期迈进。

在"经验管税"时期,税收征管效能主要依靠人的经验积累而提升,体现的是加法效应。随着征管经验增加,征管效能会相应提升,但受制于人的自身所限,这种提升的幅度有限,且是一个相对缓慢的过程。

在"以票管税"时期,税收征管效能主要依靠票的关联监控而提升,体现的是倍增效应。依托金税工程和增值税发票管理系统,自20世纪90年代以来,税收征管逐渐向"以票管税"转变。特别是2014年以来,对金税工程进行了系统性改造并持续升级提效,增值税发票系统已能实现对所有票面信息的"T+1"归集。通过对发票所记载的货物和服务交易对象、品名、价格、金额、流向等信息进行交叉比对、关联监控,及时发现涉税风险并快速应对,税收征管效能得到了倍增,目前利用发票核查风险的准确率已超过90%。

"以数治税"时期,税收征管效能主要依靠数的聚合赋能而提升,体现的是乘数效应。大数据时代的税收治理必然进入"以数治税"阶段。当前,税务部门正以发票全领域、全环节、全要素电子化改革为突破口,启动实施金税工程四期建设,持续拓展税收大数据资源,深入推进内外部涉税数据汇聚联通、线上线下数据有机贯通。在此基础上,通过法人税费信息"一户式"、自然人税费信息"一人式"智能归集,实现对同一企业或个人不同时期、不同税种、不同费种之间,以及同规模、同类型企业或个人相互之间税费匹配等情况的自动分析监控,让数据既能以最小颗粒度像串珍珠一样自动灵活组合,又能以最大精细度像切钻石一样多维度折射光彩,以此全面驱动税务执法、服务、监管制度创新和业务变革,全面提升税收征管效能和税收治理水平。

从"收税"到"报税"再到"算税",从"上机"到"上网"再到"上云",从"经验管税"到"以票管税"再到"以数治税"的过程,就是促进纳税人从"被动遵从"到"主动遵从"到"协同遵从"的过程,就是税收现代化不断向前迈进的过程。

第二节 文娱领域常见税收风险

一、文娱领域日常管理中的税收风险

从税收风险管理的角度来看,文娱领域常见的风险主要包括纳税申报、发票管理、欠缴税款、账簿管理、账号报送、税控使用等方面的法律风险,产生上述风险的原因主要是部分纳税人对税收法律法规和政策学习掌握不够,风险意识不强,因此承担了本可避免的法律责任和风险。

(一) 纳税申报风险

1. 逾期申报风险

根据《税收征收管理法》的规定,纳税人未按照规定的期限办理纳税申报和报送纳税资料的,或者扣缴义务人未按照规定的期限向税务机关报送代扣代缴、代收代缴税款报告表和有关资料的,由税务机关责令限期改正,可以处 2 000 元以下的罚款;情节严重的,可以处 2 000 元以上 1 万元以下的罚款。

2. 逾期缴税风险

纳税人、扣缴义务人在规定期限内不缴或者少缴应纳或者应解缴的税款,经税务机关责令限期缴纳,逾期仍未缴纳的,税务机关除依照规定采取强制执行措施追缴其不缴或者少缴的税款外,可以处不缴或者少缴的税款 50% 以上 5 倍以下的罚款。

(二) 发票管理风险

纳税人违反《发票管理办法》的规定,有下列情形之一的,由税务机关责令改正,可以处 1 万元以下的罚款;有违法所得的予以没收:

(1) 应当开具而未开具发票,或者未按照规定的时限、顺序、栏目,全部联次一次性开具发票,或者未加盖发票专用章的。

(2) 使用税控装置开具发票,未按期向主管税务机关报送开具发票的数据的。

(3) 使用非税控电子器具开具发票,未将非税控电子器具使用的软件程序说明资料报主管税务机关备案,或者未按照规定保存、报送开具发票的数据的。

(4) 拆本使用发票的。

(5) 扩大发票使用范围的。

(6) 以其他凭证代替发票使用的。

(7) 跨规定区域开具发票的。

(8) 未按照规定缴销发票的。

(9) 未按照规定存放和保管发票的。

(三) 欠缴税款法律风险

1. 欠税被加收滞纳金的风险

根据《税收征收管理法》的规定,纳税人未按照规定期限缴纳税款的,扣缴义务人未按照规定期限解缴税款的,税务机关除责令限期缴纳外,从滞纳税款之日起,按日加收滞纳税款 0.05% 的滞纳金。

2. 消极对待欠税被处罚的风险

根据《税收征收管理法》的规定,纳税人欠缴应纳税款,采取转移或者隐匿财产的手段,妨碍税务机关追缴欠缴的税款的,由税务机关追缴欠缴的税款、滞纳金,并处欠缴税款50%以上5倍以下的罚款;构成犯罪的,依法追究刑事责任。

另外,纳税人、扣缴义务人在规定期限内不缴或者少缴应纳或者应解缴的税款,经税务机关责令限期缴纳,逾期仍未缴纳的,税务机关除采取强制执行措施追缴其不缴或者少缴的税款外,可以处不缴或者少缴的税款50%以上5倍以下的罚款。

(四) 账簿管理、账号报送、税控使用等方面的风险

根据《税收征收管理法》的规定,纳税人有下列行为之一的,由税务机关责令限期改正,可以处2 000元以下的罚款;情节严重的,处2 000元以上1万元以下的罚款:

(1) 未按照规定的期限申报办理税务登记、变更或者注销登记的。

(2) 未按照规定设置、保管账簿或者保管记账凭证和有关资料的。

(3) 未按照规定将财务、会计制度或者财务、会计处理办法和会计核算软件报送税务机关备查的。

(4) 未按照规定将其全部银行账号向税务机关报告的。

(5) 未按照规定安装、使用税控装置,或者损毁或者擅自改动税控装置的。

扣缴义务人未按照规定设置、保管代扣代缴、代收代缴税款账簿或者保管代扣代缴、代收代缴税款记账凭证及有关资料的,由税务机关责令限期改正,可以处2 000元以下的罚款;情节严重的,处2 000元以上5 000元以下的罚款。

二、文娱领域纳税评估风险

(一) 纳税评估概念

纳税评估,是指税务机关运用数据信息对比分析的方法,对纳税人和扣缴义务人纳税申报情况的真实性和准确性作出定性和定量的判断,并采取进一步征管措施的管理行为。纳税评估工作遵循强化管理、优化服务,分类实施、因地制宜,人机结合、简便易行的原则。按照现代税收风险管理理论,纳税评估是税收风险管理的一个重要环节。根据《国家税务总局关于加强税收风险管理工作的意见》(税总发〔2014〕105号)的规定,纳税评估是风险应对的策略之一,是税务机关依法对纳税人自主履行税收义务情况进行检查、审核、确认或调整的执法活动。

(二) 纳税评估指标预警

纳税评估分析时,税务机关会综合运用各类指标,参照评估指标预警值进行配比分析。评估指标预警值是税务机关根据宏观税收分析、行业税负监控、纳税人生产经营和财务会计核算情况以及内外部相关信息，运用数学方法测算出的算术、加权平均值及其合理变动范围。测算预警值时，税务机关会综合考虑地区、规模、类型、生产经营季节、税种等因素，考虑同行业、同规模、同类型纳税人各类相关指标的若干年度的平均水平，以使预警值更加真实、准确和具有可比性。

（三）关注纳税评估风险

文娱企业日常经营中应关注各项财务、税务和经营指标是否正常。文娱企业的财务指标等如果长期异常且无正常理由，就会引起税务机关的关注，进而引发税务机关的调查核实、纳税评估甚至税务稽查。建议企业通过加强学习、规范管理、定期自查、及时纠错等措施来防范税收风险。

三、文娱领域税务稽查风险

（一）检查前风险

1. 检查告知

《税收征收管理法》第五十九条规定，税务机关派出的人员进行税务检查时，应当出示税务检查证和税务检查通知书，并有责任为被检查人保守秘密；未出示税务检查证和税务检查通知书的，被检查人有权拒绝检查。也就是说，税务人员检查时必须依法出示税务检查证和税务检查通知书，并且应当由 2 名以上检查人员共同实施，否则纳税人有权拒绝接受检查。

需要注意的是，这里的税务检查既包括税务稽查，也包括纳税评估等其他形式的税务检查。根据《税收征收管理法》的规定，税务机关派出的人员进行税务检查时，应当出示税务检查证和税务检查通知书，并由 2 名检查人员进行。如果纳税人发现检查人员的行为不符合上述规定，有权质疑并拒绝接受检查，维护企业的合法权益。另一方面，当检查人员依法履行了告知义务，规范出示税务检查证和税务检查通知书后，纳税人要积极配合检查工作，及时在检查通知书的送达回证上签收，避免产生不配合检查的嫌疑，给检查人员留下积极配合的好印象，为随后检查工作的顺利沟通开个好头。

2. 回避制度

根据《税收征收管理法实施细则》的规定，税务人员进行税务检查，与纳税人、扣缴义务人或者其法定代表人、直接责任人有夫妻关系、直系血亲关系、三代以内旁系血亲关系、近姻亲关系、可能影响公正执法的其他利害关系的，应当回避。税务稽查人员有上述规定回避情形的，应当回避。如果发现检查人员与企业法定代表人、财务人员等有矛盾、有个人恩怨或利益冲突等，就属于上述可能影响公正执法的其他利害关系，企业可以要求税务稽查人员回避。

当然,也不能因为担心被检查出问题而编造理由滥用申请回避的权利,是否回避不由纳税人决定,而是由稽查局局长依法决定。稽查局局长的回避,由所属税务局领导依法审查决定。

3. 正确沟通

企业要积极主动沟通,了解是什么层级的检查,市稽查局还是省稽查局;了解检查类型,是发票协查还是全面检查;了解检查人员情况,人员构成及职务身份;了解案件来源,是专项检查、专案检查还是举报案件等。检查人员出示税务检查证时,可以查看检查证,检查证上会注明检查人员的单位、姓名等信息。一般黑色外壳的检查证是税务稽查专用的,内芯上会注明"××稽查局",而咖啡色外壳的检查证是征收管理部门使用的,内芯上会注明"××税务局"。检查通知书上会注明检查机关、检查人员、检查期间等信息。

(二) 检查中风险

1. 拒绝接受检查的风险

根据《税收征收管理法》第七十条的规定,纳税人、扣缴义务人逃避、拒绝或者以其他方式阻挠税务机关检查的,由税务机关责令改正,可以处 1 万元以下的罚款;情节严重的,处 1 万元以上 5 万元以下的罚款。

案例 6-3 不配合检查,罚款 5 万元

浙江××有限公司在某税务局稽查局向其送达《责令限期改正通知书》后仍未改正,不配合检查。稽查局根据《税收征收管理法》第七十条的规定,拟处罚款合计 50 000 元。

需要注意的是,一方面,认真配合检查是纳税人的法定义务,拒绝、阻挠检查将面临处罚;另一方面,检查时间越长,越容易检查出更多的问题,企业应及时提供资料,接受约谈询问,积极配合检查。税务稽查案件的查处是有时限要求的,《税务稽查案件办理程序规定》第四十七条规定,稽查局应当自立案之日起 90 日内作出行政处理、处罚决定或者无税收违法行为结论。案情复杂需要延期的,经税务局局长批准,可以延长不超过 90 日;特殊情况或者发生不可抗力需要继续延期的,应当经上一级税务局分管副局长批准,并确定合理的延长期限。

另外,对于询问和约谈要积极配合、谨慎回答,不要随意猜测提问者的动机,的确不知道的,如实说明。尽量用简洁准确的语言,不用模棱两可的回答,避免形成对自己

不利的证据。

2. 调取账簿注意事项

文娱领域相关企业和从业人员要清楚,根据《税收征收管理法》的规定,检查人员经批准可以依法调取账簿、凭证等进行检查。检查人员调取账簿、记账凭证、报表和其他有关资料时,应当向被查对象出具《调取账簿资料通知书》,并填写《调取账簿资料清单》交其核对后签章确认。

注意:调取当年和以前年度账簿凭证在审批权限和归还期限方面有所不同。调取纳税人、扣缴义务人以前会计年度的账簿、记账凭证、报表和其他有关资料的,应当经所属税务局局长批准,并在3个月内完整退还;调取纳税人、扣缴义务人当年的账簿、记账凭证、报表和其他有关资料的,应当经所属设区的市、自治州以上税务局局长批准,并在30日内退还。

3. 提供资料注意事项

文娱领域相关企业在接受检查过程中,应按要求提供资料,专人负责,不少给、不多给。需要提取证据材料原件的,税务机关应当向当事人出具《提取证据专用收据》,由当事人核对后签章确认。对需要归还的证据材料原件,检查结束后应当及时归还,并履行相关签收手续。注意:签章前要认真核对,提取证据材料复制件的,应当由原件保存单位或者个人在复制件上注明"与原件核对无误,原件存于我处",并由提供人签章。

4. 现场笔录注意事项

需要注意的是,按照相关规定,检查人员实地调查取证时,可以依法制作现场笔录、勘验笔录,对实地检查情况予以记录或者说明。制作现场笔录、勘验笔录,应当载明时间、地点和事件等内容,并由检查人员签名和当事人签章。当事人拒绝在现场笔录、勘验笔录上签章的,检查人员应当在笔录上注明原因;如有其他人员在场,可以由其签章证明。拒绝签章并不能否定现场笔录、勘验笔录的证明效力。建议,现场笔录情况属实的情况下,企业要配合签章。

5. 查询银行账户注意事项

需要关注的是,根据《税收征收管理法》的规定,检查人员经批准可以依法查询企业或者案件涉嫌人员个人的相关账户。

查询从事生产、经营的纳税人、扣缴义务人存款账户的,应当经所属税务局局长批准,凭《检查存款账户许可证明》向相关银行或者其他金融机构查询。

查询案件涉嫌人员储蓄存款的,应当经所属设区的市、自治州以上税务局局长批准,凭《检查存款账户许可证明》向相关银行或者其他金融机构查询。

案例 6-4　老板私人银行账户收款,隐瞒收入逃税被处罚

原北京市××国税局稽查局向北京××有限公司出具《税务行政处罚决定书》,主要内容如下:

稽查局对公司实际控制人、法定代表人李××在中国工商银行和兴业银行开立的个人账户进行检查,发现以上两个账户均是用于收取客户汇入的购货款的账户。

最终,稽查局对公司少缴增值税 377 286.46 元、企业所得税 101 515.75 元分别处以 0.5 倍的罚款,金额合计 239 401.11 元。

案例 6-5　个人微信、支付宝收款记录成证据

南京××有限公司通过黄××微信、支付宝收支公司经营款项,将企业收入汇入私人账户。2019 年根据日报表统计总计收入为 2 041 414 元,某税务机关对其该公司进行了调查核实。在此期间,企业根据自查结果,补缴增值税 9 194.3 元(第三季度),立案检查期间公司自行申报增值税 64 529.84 元(第一季度为 21 212.03 元,第二季度为 23 082.58 元,第三季度为 20 235.23 元),城市维护建设税及附加也一并缴纳。少申报缴纳增值税、城市维护建设税及教育附加。税务机关列出了以下资料作为该公司存在违法行为的证据:情况说明、税款缴纳情况一览表、主营业务收入明细账、营业收入支出报表、更正增值税申报表、完税凭证、法院诉讼文书、2019 年 10 月至 12 月营业日报表、企业所得税申报表、微信/支付宝收款汇总表、中国农业银行黄××银行卡流水、对公账户银行流水(无)、现金日记账、2019 年 1~9 月营业日报表、租赁合同、2019 年 7~9 月微信收款记录、2019 年 1~6 月支付宝收款记录、2019 年 1~6 月微信收款记录等资料。

税务机关根据上述证据下达了税务文书,责令该公司补税、加收滞纳金并处以罚款。

以上案例中的涉案企业,或者通过个人银行账户,或者通过微信、支付宝等方式,违规收取经营款项,隐瞒企业收入偷逃税款,最终承担了相应的法律责任。需要注意的是,一方面,根据《税收征收管理法》的规定,税务机关有权依法查询企业或者案件涉嫌人员个人的相关账户;另一方面,在大数据技术的支持和相关部门的配合下,税务机关具备查出企业私户收款隐瞒收入违法事实的技术手段和能力。因此,企业更需要提高警惕,不能铤而走险。合规管理、防范风险并不简单,需要企业加强学习、规范管理、提高税收遵从度,从源头上控制和减少税收风险的发生。

(三) 检查后风险

1. 争取从轻、减轻处罚

一旦被定性为偷逃税、骗税或者虚开发票等,税务机关会根据不同情形依法作出相应处理处罚决定。根据《税收征收管理法》的规定,对纳税人偷税的,由税务机关追缴其不缴或者少缴的税款、滞纳金,并处不缴或者少缴的税款 50% 以上 5 倍以下的罚款。罚款幅度上下相差 10 倍,企业要配合检查,积极沟通,从违法的主观、客观方面进行陈述申辩,根据《税收征收管理法》和《行政处罚法》的相关规定,依法争取从轻、减轻处罚。

《行政处罚法》第三十二条规定,当事人有下列情形之一,应当从轻或者减轻行政处罚:

(1) 主动消除或者减轻违法行为危害后果的。

(2) 受他人胁迫或者诱骗实施违法行为的。

(3) 主动供述行政机关尚未掌握的违法行为的。

(4) 配合行政机关查处违法行为有立功表现的。

(5) 法律、法规、规章规定其他应当从轻或者减轻行政处罚的。

《行政处罚法》第三十三条规定,违法行为轻微并及时改正,没有造成危害后果的,不予行政处罚。初次违法且危害后果轻微并及时改正的,可以不予行政处罚。

当事人有证据足以证明没有主观过错的,不予行政处罚。法律、行政法规另有规定的,从其规定。

对当事人的违法行为依法不予行政处罚的,行政机关应当对当事人进行教育。

2. 及时履行,少缴滞纳金

《税收征收管理法》第三十二条规定,纳税人未按照规定期限缴纳税款的,扣缴义务人未按照规定期限解缴税款的,税务机关除责令限期缴纳外,从滞纳税款之日起,按日加收滞纳税款 0.05% 的滞纳金。检查之后,对查处结果没有争议的,企业就要及时履行缴纳税款义务,避免和减轻被加收滞纳金的风险。

3. 学习提高,规范操作

文娱企业及个人要利用被检查的机会,积极沟通,认真学习,发现自身财务核算、政策执行、风险控制的不足;提高对税法的遵从度,规范核算和管理,提高内控水平,防范法律风险。

4. 依法维权,有理有利

对检查处理有异议的,可以陈述申辩沟通协调,也可以依法通过行政复议和行政诉讼的途径来解决。在解决争议的过程中要注意方式方法,本着依法有理有利的原则,目的是解决问题维护权益,而不是为了维权而维权、为了打官司而打官司。

本节简单梳理了常见的税收风险,关于偷逃税、不依法履行扣缴义务、逃避追缴欠税、编造虚假计税依据、虚开发票等税收违法行为及其法律风险,第七章和第八章将结合具体案例进行详细分析讨论。

第三节 网络主播等高收入人群税收风险

随着我国经济的快速发展,城乡居民收入水平不断提高,个人收入差距扩大的矛盾也日益突出。近年来,为强化税收征管,充分发挥税收在收入分配中的调节作用,税务机关应用大数据技术采取多种措施加大对演艺明星和网红主播等高收入人群税收风险的监管力度。

一、高收入人群现状及特点

根据2021年上市公司年报数据,五大保险企业披露了2021年企业高管及整体薪酬水平。其中,某保险企业高管税前收入业内领先,收入前十的高管中,该保险企业占九位,其执行董事、联席CEO位列第一,税前薪酬1 700万元。2007年该保险企业董事长兼首席执行官高达6 000多万元的年薪,当时就引起了公众的关注和热议。2021年A股五大上市保险企业高管中,年收入超过百万元的达77%。截至2022年4月初,数据显示五大保险企业已披露薪资水平的61位高管中,共有47位高管税前年收入超100万元,24位高管收入超200万元,10位超500万元,3位超1 000万元。

高收入人群呈现出收入高、收入来源渠道多等特点,除工资薪金外,还有股权、房产等财产转让所得,利息、股息、红利所得,生产经营所得等。高收入人群不仅涉及个人所得税,还涉及增值税、房产税、印花税等多个税种。此外,对于高收入人群来说,个人可投资资产品种繁多,包括现金及存款、投资性不动产、股票、债券、基金、保险、银行理财产品、境外投资等。

高收入人群一般被认为包括公司董事、监事和高级管理人员、职业经理人、私营业主、明星艺人、网络主播等。

二、加强高收入人群税收监管

党中央、国务院对收入分配问题高度重视,强调要合理调整收入分配关系,要求"加强税收对收入分配的调节作用,有效调节过高收入",并提出要"完善个人所得税征管机制""加大对高收入者的税收调节力度",做好高收入者个人所得税的征收管理工作。

为了加强高收入者个人所得税的征管,国家税务总局陆续发布了《国家税务总局关于进一步加强高收入者个人所得税征收管理的通知》(国税发〔2010〕54号)、《国家税务总局关于切实加强高收入者个人所得税征管的通知》(国税发〔2011〕50号)等规范性文件,分别从税源监管、征收管理、纳税评估及专项检查等方面进行了规定和明确。

2019年修订实施的《个人所得税法》,首次引入了反避税条款。从独立交易原则、受控外国企业规则、一般反避税规则等方面,为税务部门打击自然人(特别是高收入人群)的避税行为提供了有力的法律依据。

《个人所得税法》第八条规定,有下列情形之一的,税务机关有权按照合理方法进行纳税调整:

(1) 个人与其关联方之间的业务往来不符合独立交易原则而减少本人或者其关联方应纳税额,且无正当理由。

(2) 居民个人控制的,或者居民个人和居民企业共同控制的设立在实际税负明显偏低的国家(地区)的企业,无合理经营需要,对应当归属于居民个人的利润不作分配或者减少分配。

(3) 个人实施其他不具有合理商业目的的安排而获取不当税收利益。

税务机关依照前款规定作出纳税调整,需要补征税款的,应当补征税款,并依法加收利息。

2021年3月,中共中央办公厅、国务院办公厅印发了《关于进一步深化税收征管改革的意见》,其中明确要依法加强对高收入高净值人员的税费服务与监管。

为深入贯彻落实中共中央办公厅、国务院办公厅印发的《关于进一步深化税收征管改革的意见》,国家税务总局要求各地税务部门以税收风险为导向、以"双随机、一公开"为基本方式,针对逃避税问题多发的重点领域,适当提高抽查比例,有序开展随机抽查,精准实施税务监管,打击涉税违法行为。其中重点领域包括:营利性教育机构、医疗美容、直播平台、中介机构、高收入人群股权转让等行业;重点查处的违法行为包括虚开(及接受虚开)发票、隐瞒收入、虚列成本、利用"税收洼地"和关联交易恶意税收筹划以及利用新型经营模式逃避税等涉税违法行为。

三、高收入人群税收遵从风险

(一) 股权转让虚假申报个税风险

根据《个人所得税法》的规定,如果发生个人股权转让行为,转让者应就其股权转让所得,按"财产转让所得"在规定期限内进行个人所得税纳税申报,并足额缴纳个人所得税。如果在股权转让时，转让者不进行纳税申报或进行虚假纳税申报，逃避缴纳税款，将构成偷逃税而受到税务行政处理处罚甚至被追究刑事责任。

例如，某企业股东赵某为逃避纳税，签订阴阳合同虚假申报，赵某与钱某签订阳合同约定以 326.06 万元价格转让 A 公司股权，实则钱某将 7 000 万元股权转让款转至赵某和李某个人账户。被税务稽查部门立案检查后，赵某承认了伪造合同、隐匿收入少缴税款的违法事实。针对赵某及其企业的违法行为，税务机关依法对其作出补缴个人所得税 1 172.15 万元、印花税 3.34 万元，加收滞纳金，并处所偷逃税款 1 倍罚款的处理决定。

高收入人群股权转让不申报、虚假申报的主要手段包括：股权转让后未及时申报，甚至不申报股权转让收入；未结合股权公允价值进行合理评估，通过平价或低价转让股权降低股权转让收入；通过"阴阳合同"隐瞒实际股权转让收入等。

近年来，税务机关积极与市场监督管理等部门合作，加强对股权转让个人所得税的监管。包括天津、广西、北京、广东、湖南在内的部分地区已通过发布文件，实施股权变更登记的税收前置措施，即先办理股权转让纳税申报后才能办理工商变更，同时建立电子台账，记录股权转让的交易价格和税费情况，强化财产原值管理。

国家税务总局北京市税务局、北京市市场监督管理局联合发布了《国家税务总局　北京市税务局　北京市市场监督管理局关于股权转让所得个人所得税管理有关工作的通告》（国家税务总局北京市税务局通告 2021 年第 3 号）。该通告规定，个人转让股权办理变更登记的，应先持相关资料到被投资企业所在地的主管税务机关办理纳税申报，再到市场监管部门办理股权变更登记。广东、湖南等其他省份也发布了类似的公告，加强对股权转让个人所得税的监管。

税务机关还加强与证券机构的联系，主动掌握本地区上市公司和即将上市公司的股东构成情况，重点监管限售股转让、上市公司在上市前进行增资扩股、股权转让、引入战略投资者等行为的涉税事项。

（二）企业高管少缴个税风险

根据《个人所得税法》的规定，工资薪金所得和劳务报酬所得都属于综合所得，按年进行汇算清缴，适用 3%～45% 的超额累进税率。对于企业高管等高收入人群来说，极高的工资薪金所得适用高达 45% 的税率，接近一半的收入交了个税，总有些心有不甘。于是部分高收入人群或者其所在的企业动起了心思，进行所谓的"税务筹划"，却让自己陷入了违法甚至犯罪的风险之中。

例如，某大型企业准备给新招聘的集团总裁发放薪资 500 万元，没有通过正常的工资薪金发放，而是采用了第三方公司走账的非正常方式支付，以此减少集团总裁应当承担的个人所得税。企业以支付咨询服务费为名,签订虚假居间合同,向第三方走账套取资金用于发放上述 500 万元薪资,并支付给第三方相应开票费,取得由第三方开具的咨询费增值税专用发票。最终,不仅没能达到少缴税款的目的,相关人员反而因构成虚开增值税专用发票罪被判刑。

深圳某公司采用了类似的手段,通过虚构业务,向人力资源公司支付巨额劳务费,再将资金回流到高管账户上,实现对高管薪金的发放,并以此逃避缴纳高管个人所得税。《税收征收管理法》第六十九条规定,扣缴义务人应扣未扣、应收而不收税款的,由税务机关向纳税人追缴税款,对扣缴义务人处应扣未扣、应收未收税款 50% 以上 3 倍以下的罚款。《国家税务总局关于贯彻〈中华人民共和国税收征收管理法〉及其实施细则若干具体问题的通知》(国税发〔2003〕47 号)第二条"关于扣缴义务人扣缴税款问题"规定,扣缴义务人违反《税收征收管理法》及其实施细则规定应扣未扣、应收未收税款的,税务机关除按《税收征收管理法》及其实施细则的有关规定对其给予处罚外,应当责成扣缴义务人限期将应扣未扣、应收未收的税款补扣或补收。最终,涉案企业被责成补扣应扣的个税 1 600 多万元;对企业应扣未扣行为罚款 800 多万元。

(三) 网络主播少缴个税风险

部分高收入人群通过转换收入性质逃避缴纳个人所得税。根据《个人所得税法》的规定,工资薪金和劳务报酬属于综合所得,最高税率达 45%;而生产经营所得单独汇算清缴,最高税率是 35%,且允许相关的成本、费用、损失进行扣除,甚至特定情形下还可以核定征收。部分高收入人群,通过将个人劳务报酬转换为个人独资企业经营所得,以达到减少纳税的目的。但是,如果这种行为被认定为转变收入性质虚假申报少缴税款,则面临偷逃税的行政风险,甚至刑事风险。这种转变收入性质逃避纳税行为,在网络主播偷逃税案中表现得尤为明显。

例如,在朱某慧、林某珊偷逃税案件中,朱某慧、林某珊二人通过设立多家个人独资企业,虚构业务将个人工资薪金和劳务报酬所得转换为个人独资企业的经营所得,偷逃个人所得税,属于《税收征收管理法》规定的偷税行为。税务机关依据《税收征收管理法》《个人所得税法》《行政处罚法》等相关法律法规,对朱某慧追缴税款、加收滞纳金并处 1 倍罚款,共计 6 555.31 万元,对林某珊追缴税款、加收滞纳金并处 1 倍罚款,共计 2 767.25 万元。

部分明星艺人、网络主播还通过隐藏收入逃避缴纳个人所得税。

例如,网络主播平某偷逃税案件中,平某即通过隐匿收入偷逃个人所得税。经查,平某在 2019 年至 2020 年,通过隐匿直播带货佣金收入偷逃个人所得税 1 926.05 万元,未依法申报其他生产经营收入少缴有关税款 1 450.72 万元。在税务检查过程中,平某能够积极配合检查并主动补缴税款。综合考虑上述情况，××市税务局稽查局依据《个人所得税法》《税收征收管理法》《行政处罚法》等相关法律法规规定，按照《××省税务系统税务行政处罚裁量基准》，对平某追缴税款、加收滞纳金并处 0.6 倍罚款，共计 6 200.3 万元。

2021 年，个别明星艺人和网络主播因偷逃税款被税务机关立案查处。税务部门及时总结对有涉税问题的高收入人群实施监管的有效做法，形成了先提示提醒，再督促辅导，后予以警告，对警告后仍拒不配合整改的依法进行立案稽查，对立案案件选择部分情节严重、影响恶劣的在查处后公开曝光的"五步工作法"。

税务机关会重点关注高收入行业企业的高管等人员的各项工资、薪金所得，包括股票期权和限制性股票等激励所得；加强高收入行业企业扣缴个人所得税的工资、薪金所得总额与企业所得税申报表中工资费用支出总额的比对，强化企业所得税和个人所得税的联动管理；加强对影视明星、网络主播等高收入人群的税收监管，重点做好通过设立个人独资企业、合伙企业等方式取得收入的所得税征管工作；对偷逃个人所得税的各种违法行为，严格按照《税收征收管理法》等相关法律的规定予以处理处罚。

四、高收入人群税收案例分析

近年来，税务机关加强与相关部门协作，充分应用大数据技术，加强对明星艺人和网红主播等高收入人群个人所得税的监管，查处了一批高收入人群通过"阴阳合同"隐瞒收入等手段进行偷逃税款的案件。

案例 6-6 鲍某"阴阳合同"隐瞒股权转让收入逃税案

基本案情：

某地税务稽查部门根据举报线索，查实某药业公司股东鲍某与殷某签订《股权转让协议》，将其实际持有的该药业公司 51.09% 的股权转让给殷某，实际转让价格为 7 000 万元。后鲍某为偷逃相关税款另行伪造《股权转让协议》进行纳税申报，少缴税款合计 1 175.48 万元。

税务稽查部门依法作出对鲍某追缴税款、加收滞纳金并处罚款的决定后，鲍某未按期补缴税款、滞纳金和罚款。税务部门随即依法将该案移送公安机关立案侦查，后鲍某被检察院提起公诉。进入司法程序后，鲍某补缴全部税款。

2021 年 3 月，安徽省某区人民法院判决认定，鲍某将其持有的某公司股权转让他人后采取欺骗、隐瞒手段进行虚假纳税申报，且涉及金额巨大，其行为已构成逃税罪，依法判处鲍某有期徒刑 4 年，并处罚金人民币 50 万元。

案例分析：

违法行为人发生股权转让，本应依法如实申报纳税，却通过伪造股权转让协议签订"阴阳合同"的方式进行虚假申报，偷逃巨额税款，被税务机关稽查部门追缴税款、滞纳金并处以罚款。在税务机关下达追缴通知后，违法行为人仍未足额缴纳税款、滞纳金和罚款，一错再错，最终构成逃税罪，被依法判刑。相关高收入人群应引以为戒，依法诚信纳税，不要一步步滑入犯罪的深渊，后悔莫及。

案例6-7 网络主播黄某偷逃税案件

基本案情：

税务部门经税收大数据分析发现网络主播黄某涉嫌偷逃税款，依法对其开展了全面深入的税务检查。经查，黄某在2019年至2020年，通过隐匿个人收入、虚构业务转换收入性质虚假申报等方式偷逃税款6.43亿元，其他少缴税款0.6亿元。

处理处罚结果：

对黄某追缴税款、加收滞纳金并处罚款，共计13.41亿元。其中，对隐匿收入偷税但主动补缴的5亿元和主动报告的少缴税款0.31亿元，处0.6倍罚款计3.19亿元；对隐匿收入偷税但未主动补缴的0.27亿元，处4倍罚款计1.09亿元；对虚构业务转换收入性质偷税少缴的1.16亿元，处1倍罚款计1.16亿元。

以上案例中，既有在股权转让中通过签订"阴阳合同"虚假申报偷逃税，也有网络主播隐匿收入、虚构业务转换收入性质偷逃税。高收入人群应引以为戒，不管是谁——股权转让个人、合伙人、网络主播等，也不管是采用什么手段——"阴阳合同"、隐匿收入、虚构业务转换收入性质等，只要违法偷逃税款，必然面临补缴税款、加收滞纳金、缴纳罚款的结果，甚至承担刑事责任，被判刑入狱。

五、依法诚信纳税，控制税收风险

（一）加强学习，提高遵从

高收入人群大多是各自领域的精英，在发展事业的同时应加强对税收相关法律法规的学习，并密切关注税收政策的变化情况，主动提高对税法的遵从度，避免税收法律风险。建议在学习《税收征收管理法》《个人所得税法》及其实施条例等税收法律法规的同时，加强对《行政处罚法》《民法典》《刑法》等相关法律的学习，主动遵从法律，依法维护自身权益。文娱领域企业及从业人员、网络主播等，还要重点加强对以下政策文件的学习：中央宣传部印发的《关于开展文娱领域综合治理工作的通知》《关于加强网络直播规范管理工作的指导意见》（国信办发文〔2021〕3号印发）、《网络直播营销管理办法(试行)》(国信办发文〔2021〕5号印发)、《关于进一步规范网络直播营利行为促进行业健康发展的意见》(税总所得发〔2022〕25号印发)、《国家税务总局 国家互联网信息办公室 国家市场监督管理总局关于开展"清朗·整治网络直播、短视频领域乱象"专项行动的通知》、《国家税务总局 国家互联网信息办公室 国家市场监督管理总局关于规范涉税中介服务行为 促进涉税中介行业健康发展的通知》(税总纳服发〔2022〕34号)等。

(二) 定期自查控制风险

明星艺人和网红主播等高收入人群逃税、避税的常见手段包括：隐瞒收入、不申报、虚假申报；个人从企业列支消费性支出和从投资企业借款；签订"阴阳合同"，人为调整交易价格，隐瞒真实收益；海外避税，如通过移民、离岸信托、在避税地注册公司等方式，将财产转移至低税国。

依法纳税是每个公民应尽的义务，包括高收入人群在内的所有纳税人均应当诚信经营、依法纳税，不能违反税法规定逃避纳税义务。鉴于高收入人群已被税务机关作为重点领域进行税收监管，因此，建议高收入人群及其所属企业及时组织自查发现问题防范风险，也可以借助税务师事务所、专业税务律师等外部力量进行辅导和审计，及时发现、消除潜在税收法律风险。

(三) 依法如实纳税申报

2018年《个人所得税法》修改后，纳税申报的主要责任人从原来的以单位(扣缴义务人)为核心转变为以纳税人为核心，这主要体现在年终汇算清缴制度的全面推开。

虽然对于一般职工来说，雇主依旧是税务机关委托代扣代缴的核心，但是对于高收入个人来说，特别是收入来源广泛、多样的情况下，无法仅依赖雇主进行代扣代缴。相应地，建议高收入个人需要全面地对自己在一个年度内取得的各类所得在次年的申报期内进行检查与核实，如实进行申报。需要注意的是，如果存在境外收入，由于该项所得没有扣缴义务人，纳税人需要自行在申报期完成境外收入的申报。

(四) 重视个人纳税信用

为了加强个人所得税纳税信用建设，有效引导纳税人诚信纳税，2019年8月，国家发展和改革委员会办公厅、国家税务总局办公厅联合印发了《国家发展和改革委员会办公厅 国家税务总局办公厅关于加强个人所得税纳税信用建设的通知》(发改办财金规〔2019〕860号)。在强化税务领域信用体系建设的同时，个人的纳税信用也逐渐纳入税务机关的监督管理。

信用承诺的履行情况纳入个人信用记录，提醒和引导纳税人重视自身纳税信用，并视情况予以失信惩戒。对于违反《税收征收管理法》《个人所得税法》以及其他法律法规和规范性文件,违背诚实信用原则,存在偷税、骗税、骗抵、冒用他人身份信息、恶意举报、虚假申诉等失信行为的当事人,税务部门将其列入重点关注对象,依法依规采取行政性约束和惩戒措施;对于情节严重、达到重大税收违法失信案件标准的,税务部门将其列为严重失信当事人,依法对外公示,并与全国信用信息共享平台共享。

税务部门与有关部门合作,建立个人所得税严重失信当事人联合惩戒机制,对经税务部门依法认定,在个人所得税自行申报、专项附加扣除和享受优惠等过程中存在严重违法失信行为的纳税人和扣缴义务人,向全国信用信息共享平台推送相关信息,并建立信用信息数据动态更新机制,依法依规实施联合惩戒。联合惩戒措施包括:限制失信联合惩戒对象招标投标、享受税收优惠等行政性惩戒措施,限制获得授信、乘坐飞机、乘坐高等级列车和席次等市场性惩戒措施,以及通报批评、公开谴责等行业性惩戒措施,等等。

相较于收入来源单一的自然人纳税人,明星艺人和网红主播等高收入人士的收入组成和资产分布更具多样性,税务情况也相对复杂。对于高收入人士来说,如果因纳税诚信问题被处罚,将严重影响其日常生活和社会信誉,一定要避免"严重失信当事人联合惩戒"的风险。

第七章 文娱领域税务稽查风险与案例分析

公开案例显示,近年来文娱领域相关企业及个人存在偷逃税、虚开发票等违法行为,也有因政策理解偏差、疏忽大意而造成的税收违法,但不论何种原因,一旦被税务稽查查处,很有可能导致补缴税款、滞纳金、罚款的结果,情节严重的,还可能被移送司法机关追究刑事责任。因此,税务稽查是文娱领域纳税人必须面对的重要风险事项。

对税务稽查案例进行整理和分析,不仅有助于提前把握税收风险,避免类似违法行为的发生,还可以充分发挥以案释法的引导、规范、预防与教育功能。本章以文娱领域常见的稽查案例为主导,从自查补税、偷逃税款、虚开发票、中介机构涉税案件等几个方面进行分析,帮助读者了解、学习常见的涉税风险,以便更好地遵从税法,防范和化解税收风险。

第一节 文娱领域自查补税案例分析

自查补税,是指纳税人自行或经税务机关通知提醒而组织自行检查,通过检查发现自身存在的少缴税款等问题,及时主动到税务机关补缴税款并缴纳滞纳金的自我纠正行为。在一定的期限之内,纳税人认真自查自纠、主动补缴税款的,税务机关通常会依法从轻、减轻或免予行政处罚。

案例7-1 ×成股份:因影视业自查,补缴企业所得税1.06亿元

×成股份(300182.SZ)于2022年2月28日发布公告,披露受2018年年底国家税务总局规范影视业税收秩序的影响,公司根据《税收征收管理法》等法律法规对2016年以来的申报纳税情况进行自查自纠,发现2016年、2017年对税法及相关文件的理解存在偏差,经与主管税务机关沟通并通过税务机关的认定,2016年度、2017年

度分别需补缴企业所得税2 910.45万元、7 719.95万元。

公司通过自查补税的方式补缴了2016年度、2017年度企业所得税共计10 630.39万元,计入了2019年度和2021年度损益。公司拟将补缴税款事项作为前期会计差错,采用追溯重述法调整更正相应年度财务报表,将补缴的企业所得税调整计入对应期间,对2016年度、2017年度、2019年度及2021年前三季度归属于母公司净利润影响金额分别为-2 910.45万元、-7 719.95万元、5 015万元、5 390.78万元。

背景:国家税务总局部署开展规范影视行业税收秩序工作[①]

2018年10月2日,国家税务总局下发通知,部署开展规范影视行业税收秩序工作。

根据中央宣传部等五部门关于对影视行业有关问题开展治理的部署安排,针对影视行业高收入从业人员偷逃税等问题,国家税务总局要求各地税务机关在前期工作的基础上,按照稳妥推进、分步实施的原则,开展规范影视行业税收秩序工作,促进影视行业健康发展。

国家税务总局通知明确,从2018年10月10日起,各地税务机关通知本地区影视制作公司、经纪公司、演艺公司、明星工作室等影视行业企业和高收入影视从业人员,根据《税收征收管理法》及其实施细则的相关规定,对2016年以来的申报纳税情况进行自查自纠。对在2018年12月底前认真自查自纠、主动补缴税款的,免予行政处罚,不予罚款。从2019年1月至2月底,税务机关根据纳税人自查自纠等情况,有针对性地督促提醒相关纳税人进一步自我纠正。对经提醒自我纠正的纳税人,可依法从轻、减轻行政处罚;对违法情节轻微的,可免予行政处罚。从2019年3月至6月底,税务机关结合自查自纠、督促纠正等情况,对个别拒不纠正的影视行业企业及从业人员开展重点检查,并依法严肃处理。2019年7月底前,对在规范影视行业税收秩序工作中,发现的突出问题,要举一反三,建立健全规范影视行业税收管理长效机制。在规范影视行业税收秩序工作中,对发现税务机关和税务人员违法违纪问题,以及出现大范围偷逃税行为且未依法履职的,要依规依纪严肃查处。

鉴于国家目前建立健全规范影视行业税收管理长效机制的大背景,建议影视行业等文娱领域相关企业和从业人员充分重视税收自查,尤其是税务机关通知自查后更应重视起来,做到及时查找问题、主动纠正错误,将风险排除在税务检查之前,提高税法遵从,防范税收法律风险。

---

① 来源:国家税务总局网站。

案例 7-2 当代明×：5家影视制作子公司2017—2018年自查补缴税款、滞纳金共1 132.91万元

当代明×(600136.SH)于2019年6月6日发布公告，披露该公司影视业务在2015—2018年度缴纳增值税共计7 582.49万元、所得税7 847.33万元。受影视行业规范税收秩序的影响，2017—2018年5家影视制作子公司开展自查自纠、补缴税款及滞纳金，共计1 132.91万元。

1. 子公司强×传媒于2017年9月14日自查补缴了2012年至2016年企业所得税952.38万元。报告期内，强×传媒按照原金华市国家税务局稽查局于2017年7月17日下发的《税务事项通知书》[金国税(稽)通〔2017〕11号]的要求，对2014年1月1日至2016年12月31日的纳税义务履行情况开展自查，经自查补缴了2012年至2016年企业所得税952.38万元。

2. 5家影视制作公司自2018年10月10日起，依照《国家税务总局关于进一步规范影视行业税收秩序有关工作的通知》(税总发〔2018〕153号)对2016年以来的申报纳税情况进行自查自纠，涉及补缴税款及滞纳金180.53万元。具体情况如下：

(1) 强×传媒有限公司经自查统计，需补缴税款及滞纳金共计626 945.44元，该款项已于2019年1月3日补缴完毕。

(2) 北京强×文化发展有限公司经自查统计，需补缴税款281 440.94元，该款项已于2018年12月17日补缴完毕。

(3) 霍尔果斯华×时代影业有限公司经自查统计，需补缴税款1 041 005.34元，该款项已于2019年1月2日补缴完毕。

(4) 霍尔果斯强×影视传媒有限公司经自查统计，需补缴税款及滞纳金共计89 914.50元，该款项已于2018年11月30日补缴完毕。

(5) 霍尔果斯明×文化传媒有限公司经自查统计，需补缴税款及滞纳金共计24 489.43元，该款项已于2018年12月6日补缴完毕。

案例 7-3 ×ST×晟：2018年度较2019年度各项税费多支出4 669.49万元，主要系2018年影视自查补税所致

×ST×晟(600892.SH)于2020年5月13日发布股东大会资料、4月29日发布年报，披露2019年度支付的各项税费为3 718.24万元，2018年度为8 387.73万元，2018年度较2019年度各项税费多支出4 669.49万元，主要系2018年影视自查补税所致。

2018年10月，国家税务总局下发通知，部署开展规范影视行业税收秩序工作。

国家税务总局通知明确,从2018年10月10日起,各地税务机关通知本地区影视制作公司、经纪公司、演艺公司、明星工作室等影视行业企业和高收入影视从业人员,根据《税收征收管理法》及其实施细则的相关规定,对2016年以来的申报纳税情况进行自查自纠。

2019年,影视行业当前仍在调整期,监管趋于严格,景气度下降。演员限薪令等监管政策效果的逐步显现,导致电视剧和网络剧的版权价格出现了较大程度的下降,×ST×晟影视子公司前期投资制作的电视剧产品发行难度大大增加。该公司根据行业情况快速调整各项影视工作计划,减少影视业务的投入,努力盘活影视项目资产,尽快回收成本,降低亏损,在行业逆境中求发展,砥砺前行。

×ST×晟下属影视子公司中×传动主营影视项目投资及制作,包括电视剧、网络剧、电影(院线电影和网络大电影)。近年来,中×传动根据对平台与受众的分析及定位策划,推出一系列精品网络剧和电视剧,报告期内中×传动全力推进已有作品的发行工作。

2019年经营活动产生的现金流出为20 418.59万元,较上年同期26 140.95万元减少了5 722.36万元,主要系税费支出减少所导致。

上述案例中,影视公司及其子公司均通过开展自查向税务机关补缴了税款,也反映出相关企业和从业人员对自查补税问题的高度重视。实际上,企业自查补税的过程,既是针对税收风险点对照有关税收法律法规逐项排查、自我纠错的过程,又是完善自身税收风险内控机制、降低税收风险、提高防范能力的过程。企业查找到问题后,应及时纠正错误,主动规范自己的行为。建议企业自查完成后主动向所在地主管税务机关报告自查发现的问题,并按规定及时缴纳自查出的应缴未缴税款和滞纳金。如果在自查期间发现对税收法律法规的理解适用或者税收政策本身不明确等问题,企业也可以向其主管税务机关提出书面申请或者说明,请税务机关进行辅导。

第二节 文娱领域偷逃税等案例分析

《税收征收管理法》第六十三条、第六十四条、第六十五条、第六十九条分别规定了偷税、编造虚假计税依据、逃避追缴欠税、未按规定代扣代缴等涉及税款的违法行为的法律责任和行政处罚。上述违法行为不仅都涉及税款,而且具有一定的联系。比如编造虚假计税依据,造成少缴税款的按照《税收征收管理法》第六十三条偷税进行处罚,未造成少缴税款的则按照第六十四条进行处罚。因此,本节将结合文娱领域真实的稽查案例,对上述常见问题进行分析和讨论。

一、未按规定代扣代缴税款风险与案例分析

实际工作中,部分文娱企业因没有依法履行代扣代缴义务而被税务机关处以应扣未扣税款50%以上3倍以下的罚款。税务机关还将责成扣缴义务人限期补扣应扣未扣的税款。未按规定代扣代缴税款,尤其是应扣未扣个人所得税问题是文娱领域相关企业常见的税收风险,应引起大家足够的重视。

(一) 扣缴义务人及法定义务

《税收征收管理法》第四条规定,法律、行政法规规定负有代扣代缴、代收代缴税款义务的单位和个人为扣缴义务人。扣缴义务人必须依照法律、行政法规的规定代扣代缴、代收代缴税款。

扣缴义务人是税收法律关系中一方重要的当事人,在税收征收管理中具有重要地位。由纳税人以外的第三者代扣代缴、代收代缴税款,是税收征收管理的一种方法,称为源泉征收。实行源泉征收,主要是因为向纳税人直接征收税款有困难。在采取源泉征收方法时,代扣代缴、代收代缴税款的义务,称为代扣代缴、代收代缴义务,承担代扣代缴、代收代缴义务的人,称为扣缴义务人。从保证税款征收出发,对纳税人以外的第三人设定代扣代缴、代收代缴税款义务过程中,纳税人与税务机关之间不发生直接关系,两者是通过扣缴义务人联系在一起的,纳税人不承担自己直接向税务机关缴纳税款的义务,只承担向扣缴义务人给付相当于税款的金额的义务,而扣缴义务人则承担起直接向纳税人收取税款或扣除纳税人的应纳税款并向税务机关解缴的义务,也就是说,纳税义务转化为代扣代缴、代收代缴税款的义务,或者说,后者是纳税义务的延伸。由此看来,代扣代缴、代收代缴义务的设定和履行直接关系到纳税义务的履行,关系到国家的税收利益、纳税人的利益以及扣缴义务人自身的经济利益,必须以法律、行政法规的规定为依据,只有法律、行政法规规定负有代扣代缴、代收代缴义务的单位和个人,才为扣缴义务人。

(二) 扣缴义务人的特征

扣缴义务人有三个特征:一是扣缴义务人是法律、行政法规确定的;二是扣缴义务人是依法负有代扣代缴、代收代缴税款义务的人;三是扣缴义务人可以是自然人,也可以是法人。

(三) 应扣未扣的法律责任

《税收征收管理法》第六十九条规定,扣缴义务人应扣未扣、应收而不收税款的,由

税务机关向纳税人追缴税款,对扣缴义务人处应扣未扣、应收未收税款50%以上3倍以下的罚款。《国家税务总局关于贯彻〈中华人民共和国税收征收管理法〉及其实施细则若干具体问题的通知》(国税发〔2003〕47号)进一步明确,扣缴义务人违反《税收征收管理法》及其实施细则规定应扣未扣、应收未收税款的,税务机关除按《税收征收管理法》及其实施细则的有关规定对其给予处罚外,应当责成扣缴义务人限期将应扣未扣、应收未收的税款补扣或补收。

根据上述规定,扣缴义务人应扣未扣、应收未收的法律责任主要有两个:一是要承担行政责任,即要受到行政处罚;二是要按照税务机关的要求,限期补扣或者补收相应税款。

案例7-4 中×影视:支付劳动报酬少扣个税23.32万元,被处以0.5倍处罚

中×影视(834641.OC)于2018年9月6日发布公告,披露经稽查局个税检查发现该公司2014年分4次支付非本单位员工劳务报酬所得共106万元,未按照劳务报酬所得足额代扣代缴个人所得税23.32万元,被稽查局认定为偷税及不履行扣缴义务,责令补扣缴个税23.32万元,并处0.5倍处罚。

(1)个税检查期间:东×市地方税务局稽查局于2017年5月19日至2017年10月23日对公司2014年1月1日至2016年12月31日的个人所得税扣缴情况进行了检查。

(2)未履行扣缴义务情况:经检查,扣缴义务人不履行代扣代缴义务,应扣未扣、应收而不收税款,违反税收管理规定。中×影视2014年分4次支付非本单位员工劳务报酬所得共106万元,未按照劳务报酬所得足额代扣代缴个人所得税23.32万元。

(3)受处罚情况:根据《税收征收管理法》第六十三条第二款等规定,责成中×影视补扣并补缴应扣未扣的2014年度个人所得税23.32万元。根据《税收征收管理法》第六十九条的规定,中×影视应扣未扣、应缴未缴的个人所得税23.32万元处以50%的罚款计11.66万元。

案例分析:

根据《个人所得税法》的规定,单位或个人在支付劳务报酬等款项时,应依法履行代扣代缴义务,否则将面临行政处罚的风险。本案中,中×影视支付非本单位员工劳务报酬而没有依法代扣代缴个人所得税,被稽查局立案查处,最终被责令补扣应扣未扣税款,并处以50%的罚款。值得注意的是,对于支付工资薪金、劳务报酬等应当扣缴个人所得税的情形,负有代扣代缴义务的企业如果不依法及时扣缴,事后可能因员工离职或难以联系到纳税人(付款对象)等原因而无法补扣相关税款。对于影视行业

等文娱领域的企业来说,未依法履行代扣代缴义务是较为常见的违法行为,稍有不慎,就可能面临补扣税款和被处罚等风险。相关企业应引以为戒,认真学习并遵从税法规定,依法履行代扣代缴义务,避免罚款等法律后果,防范风险于未然。

案例7-5 某影视制作公司以发票报销方式支付劳务费,未按规定扣缴个人所得税

某稽查局在影视业专项检查中,发现某影视制作公司会计账簿"制作费用"科目中交通费、油料费数额与该单位固定资产车辆信息严重不符,通过检查发现该企业以发票报销方式支付劳务费,未按规定扣缴个人所得税。

公司辩称: 公司的工作流程是公司接到影视片拍摄任务,将拍摄任务分配到公司下属的项目组,项目组根据任务情况申请资金,经公司核查批准后,项目组负责人到财务借取资金,用于影视片拍摄,然后拍摄过程中产生的费用以发票形式回公司报销。因主要在外地拍摄,摄制组未配备车辆,且设备较多,租借车辆时产生大量交通费和油料费。项目组在拍摄影视作品时的费用支出主要包括人员食宿费、设备使用费、交通费和场地租赁费等,由于拍摄地点基本都在外地,许多费用支出无法取得真实票据,因此出现了用交通费、油料费顶替拍摄费用的情况。这些报销的费用绝大部分是用于拍摄任务本身。

博弈过程: 项目组的支出已在费用中列支,检查人员对其他发票报销的是实际费用支出还是临时雇佣人员的劳务报酬产生怀疑。经检查,检查人员取得了项目组拍摄影视片时发放劳务报酬的记录,确认了以报销油费方式支付劳务报酬的具体金额,共涉及问题发票1 322张,总金额732万元。在事实面前,公司承认项目组用于报销拍摄费用的交通费和油料费实际主要用于临时聘用人员的劳务报酬支出,认为这是行业惯例,目的在于不和临时人员签订劳务合同,减少麻烦。

案件结果: 公司补缴个人所得税100余万元,被处未按照规定代扣个人所得税1倍罚款。

案例7-6 未代扣代缴偶然所得个税被罚57万元

某公司因在账簿上多列支出,少缴税款;应扣未扣偶然所得个人所得税、劳务报酬所得个人所得税等被税务机关稽查部门查处。具体情况如下:

(1)根据《税收征收管理法》第六十九条的规定,对该公司应扣未扣李某某等人偶然所得个人所得税1 146 425.88元,以及应扣未扣劳务报酬所得个人所得税6 680.00元的行为处以应扣未扣税款50%的罚款576 552.94元。

(2)根据《税收征收管理法》第六十三条第一款的规定,对该公司少缴增值税

60 095.04 元的行为处以少缴增值税税款 50% 的罚款 30 047.52 元。

（3）根据《税收征收管理法》第六十三条第一款的规定，对该公司少缴城市维护建设税 4 206.66 元的行为处以少缴城市维护建设税税款 50% 的罚款 2 103.33 元。

（4）根据《税收征收管理法》第六十四条第二款的规定，对该公司少缴的 2020 年度印花税 982.40 元的行为处以少缴印花税税款 50% 的罚款 491.20 元。

（5）根据《税收征收管理法》第六十三条第一款的规定，对该公司少缴的企业所得税 740 555.68 元的行为处以少缴企业所得税税款 50% 的罚款 370 277.84 元。

案例分析：

本案重点关注未依法代扣代缴偶然所得个人所得税问题。一般来说，企业都知道支付工资和劳务报酬要代扣代缴个人所得税。但有的企业不清楚，除了工资、劳务报酬以外的其他个人所得，企业作为支付单位也有法定代扣代缴义务。如果应履行个人所得税代扣代缴义务而没有履行，企业将面临应扣未扣个税 50% 以上 3 倍以下的罚款。

本案中，企业向个人支付了约 573 万元偶然所得，应代扣代缴个税 114.6 万元（573×20%）。企业没有履行代扣义务，被处以罚款 57 万余元。

按照现行政策，偶然所得包括房屋受赠所得、个人为单位或他人提供担保获得的收入、随机向本单位以外的个人赠送网络红包等礼品等。实践中，企业通常会忽略"向本单位以外的个人赠送网络红包等礼品"等情形下的个税扣缴义务而面临 50% 以上 3 倍以下的罚款的风险。相关企业应重视这个问题，依法履行扣缴义务，防范法律风险。

二、偷逃税风险与案例分析

偷逃税（同"偷税"，涉及法条及释义时仍用原"偷税"表述）问题是一个相对"永恒"的话题，不论是我国还是其他国家，哪里有税收，哪里就会有偷逃税问题，区别是偷逃税款的多少，主观故意的轻重，违法手段的恶劣程度，等等。我国在偷逃税问题上一直比较重视，偷逃税行为不但涉及行政责任，情节严重的还可能涉及刑事责任。《税收征收管理法》第六十三条规定了什么是偷税，偷税将面临什么样的法律责任和后果。即对于偷税的，由税务机关追缴不缴或者少缴的税款、滞纳金，并处不缴或者少缴的税款 50% 以上 5 倍以下的罚款；构成犯罪的，还要移送司法机关，依法追究刑事责任。

什么是偷税？根据《税收征收管理法释义》所述，偷税是指行为人采取隐秘手段，蒙蔽税务机关，不缴或者少缴应纳税款的行为。偷税行为和手段主要包括三种：一是通过伪造、变造、隐匿、擅自销毁账簿、记账凭证等手段，不缴或者少缴应纳税款；二是通过在账簿上多列支出或者不列、少列收入，不缴或者少缴应纳税款；三是经税务机关通知而拒不申报或者进行虚假的纳税申报,不缴或者少缴应纳税款。其中,经税务机关通知而拒不申报,指的是应当依法办理纳税申报的纳税人,不按照法律、行政法规的规定办理纳税申报,并经税务机关通知,仍拒不申报的行为;进行虚假的纳税申报,是指纳税人在进行纳税申报的过程中,制造虚假情况,不如实填写或者提供纳税申报表、财务会计报告及其他纳税资料的行为。

偷税的主体通常为纳税人,但是,扣缴义务人采取伪造、变造、隐匿、擅自销毁账簿、记账凭证,或者在账簿上多列支出或者不列、少列收入,或者经税务机关通知而拒不申报或者进行虚假的纳税申报等手段,不缴或者少缴已扣、已收税款的,也属于偷税行为。因此,在这种情形下,扣缴义务人也可以成为偷税的主体。

近年来,文娱领域的相关企业及从业人员采用隐匿收入、虚列支出、虚假申报等手段进行偷逃税而被税务机关立案查处的不在少数。

案例 7-7 娱乐公司设两套账偷逃税,被处罚款 159 万元①

违法事实:

刘某、王某云、孙某分别任原沈阳某卡拉餐饮娱乐管理有限公司(以下简称卡拉娱乐公司)的财务负责人、会计和出纳。2009 年至 2012 年,刘某在担任卡拉娱乐公司财务负责人期间,为少缴纳税款逃避纳税及税务部门的执法检查,授意时任该公司会计的王某云制作虚假会计账簿,并要求王某云在每年年初将该公司上一年度真实的会计账簿、记账凭证、明细账等交给刘某保管并予以隐匿。同时,刘某在每年年初指示该公司出纳孙某将公司上一年度的现金日记账进行销毁。

沈阳市原某地税稽查局在对卡拉娱乐公司 2009 年 8 月 5 日至 2012 年 7 月 31 日缴纳地方各税费情况进行检查时发现,卡拉娱乐公司在财务负责人的授意下,记载了内部账和外部账两套账簿凭证,内部账记载真实收入情况,外部账记载虚假的收入、支出情况用以虚假申报纳税。检查期间,卡拉娱乐公司仅提供了部分内部账簿,而以前年度的全部内部凭证均未提供。2013 年 5 月 3 日卡拉娱乐公司实际经营人高某到沈阳市原某地税稽查局接受调查并新提供了部分账簿,但未提供凭证资料,据高某称其余凭证资料已丢失。卡拉娱乐公司 2009 年至 2012 年财务账簿实际收入金额共计人民币 24 361 899.5 元,隐匿收入 11 796 883.5 元。

处罚依据及结果:

沈阳市原某地税稽查局对于卡拉娱乐公司伪造、变造账簿、记账凭证,隐匿收入进

---

① 本案例来自人民法院刑事判决书。

行虚假纳税申报的行为定性为偷税,并要求卡拉娱乐公司对少缴纳的税款进行补税,应补税款共计659 612.82元。卡拉娱乐公司于2014年4月18日缴纳了税款及滞纳金,并缴纳了税务机关的罚款,共计人民币1 598 205.99元。

案例分析:

本案中,卡拉娱乐公司设置了两套账,其中,一套账是内部账,记载公司真实收支情况;另一套账是外部账,不是真实的营业收入,而是为了应付税务检查。这样做的目的是隐匿收入,少缴税款。但这样做的结果常常是搬起石头砸自己的脚,既达不到少缴税款的目的,还将自己置于风险之中,甚至遭受牢狱之灾。

本案后期,涉案三人还因涉嫌刑事犯罪而被沈阳市公安机关立案调查,财务室也被依法搜查。搜查出2012年1~8月内部账簿8本,2012年8月内部凭证1本,2009年至2012年对外账簿34本,2009年至2012年对外凭证40本。最终,涉案3人均被人民法院认定为隐匿、故意销毁会计凭证、会计账簿、财务会计报告罪,分别判处有期徒刑2年、1年和6个月的刑罚。

案例7-8 海宁××印象影视传媒公司取得虚开发票后列支成本,被定性为偷税[①]

违法事实:

你单位在2018年取得广州八T酒店管理有限公司开具的5份增值税普通发票,金额446 601.95元,税额13 398.05元,价税合计460 000元,品名:餐饮服务*饭费。根据你单位提供的情况说明及对委托代理人施某的询问笔录,上述发票为你单位2018年4~5月拍摄《鬼吹灯之怒晴湘西》于广东省广州市拍摄取景时,剧组于2018年4月21日至2018年5月20日,由生活制片赵某龙联系了当地一家餐厅为剧组员工提供餐饮服务,餐费通过银行转账方式分次支付给该餐厅经营者李某的个人的中国工商银行账户。2018年6月,赵某龙将李某提供的开具单位为"广州八T酒店管理有限公司"的增值税普通发票5份,合计460 000元提交报销审核,经审核后按实际发生的餐费452 530元报销入账。你单位实际未与广州八T酒店管理有限公司发生业务往来,所有业务均与李某交易。

由于影视传媒行业财务核算存在特殊性,根据你单位情况说明及检查人员核实,你单位在2018年4月20日至5月21日间使用剧组备用金账户陆续通过银行转账支付给李某合计515 650元,其中63 120元你单位解释是剧组演职人员加餐费用,已由你单位与相关演职人员在薪资结算时扣除,剩余金额452 530元经你单位2018年6月

---

① 本案例来自税务机关公开的行政处罚决定书。

财务核算制作的《实支单》确认为剧组餐费支出,并计入主营业务成本,在2018年度税前扣除。根据国家税务总局广州市税务局第三稽查局的《已证实虚开通知单》和调查取证,上述发票为你单位取得广州八T酒店管理有限公司虚开的增值税普通发票。根据《发票管理办法》第二十一条、第二十四条的规定,上述发票为你单位取得不符合规定的凭证列支成本。根据《企业所得税法》第一条、第四条、第五条、第六条、第八条、第二十条、第二十二条,《企业所得税法实施条例》第二十七条、第九十二条第一款以及《国家税务总局关于开展打击制售假发票和非法代开发票专项整治行动有关问题的通知》(国税发〔2008〕40号)第三条的规定,你单位取得不符合规定的增值税普通发票列支成本在税前扣除,少缴2018年度企业所得税113 132.5元,行为构成偷税。

处罚决定:

根据《税收征收管理法》第六十三条第一款的规定,处少缴税款50%的罚款计56 566.25元。

案例分析:

案件中影视企业取得的餐饮发票与实际餐饮服务的提供方不一致,属于取得不符合规定的发票虚列成本,进行虚假纳税申报,造成少缴应纳税款的违法行为,最终被税务机关定性为偷税,处以偷税额50%的罚款。由于影视传媒企业的行业特点,剧组在拍摄地点发生餐饮等费用支出很正常,但如果忽视交易安排和增值税发票的管理,则可能因取得违规发票而被认定为取得虚开发票甚至偷税,从而面临补税、加收滞纳金、被处以罚款的法律后果。取得违规发票,实际上在一定程度上反映了企业在发票管理方面的问题。在企业的交易安排中,建议关注以下两点,一是发票开具方要与服务提供方一致,甲公司提供服务就要由甲公司开具发票,而不能由未提供服务的乙公司开具发票;二是支付款项要用银行转账等非现金的方式,而且要尽量付款到实际服务提供方的对公账户上。否则取得违规的发票不仅不能税前扣除,还可能使自身面临不必要的风险。《发票管理办法》第二十一条、第二十四条规定,不符合规定的发票,不得作为财务报销凭证,任何单位和个人有权拒收。任何单位和个人应当按照发票管理规定使用发票,不得有下列行为:知道或者应当知道是私自印制、伪造、变造、非法取得或者废止的发票而受让、开具、存放、携带、邮寄、运输。《国家税务总局关于开展打击制售假发票和非法代开发票专项整治行动有关问题的通知》(国税发〔2008〕40号)第三条规定,对于不符合规定的发票和其他凭证,包括虚假发票和非法代开发票,均不得用以税前扣除、出口退税、抵扣税款。

案例 7-9　广州真×传媒公司偷逃税款被罚款①

违法事实：

你单位 2018 年向个人购进货物，取得漳州市××贸易有限公司开具的 5 份增值税普通发票，发票代码为 3500171320，发票号码为 18754694，发票代码均为 3500173320，发票号码分别为 05128505 至 05128508，金额合计 466 019.42 元，税额合计 13 980.58 元，价税合计 480 000.00 元，货物名称为"饮料＊饮用矿泉水"。发票上记载的货物名称及单价与你单位实际收到的不符。经国家税务总局某市税务局稽查局证实，上述发票为虚开的增值税普通发票。我局依法向你单位发出《税务事项通知书》，要求你单位限期补开、换开符合规定的发票或提供可以证实支出真实性的相关资料，你单位无法换开、补开发票且至今无法完整提供真实性的相关资料。你单位凭借上述发票在 2018 年"主营业务成本"科目列支，已结转至当年利润，并在 2018 年企业所得税纳税申报中作税前扣除，造成少缴当期企业所得税 47 799.60 元。

上述违法事实有以下证据证明：

（1）你单位取得上述发票的相关账簿、凭证等资料。

（2）你单位的相关企业所得税年度纳税申报表。

（3）你单位相关人员的询问（调查）笔录。

（4）你单位出具的《情况说明》。

（5）国家税务总局某市税务局稽查局出具的《已证实虚开通知单》及其清单。

我局于 2021 年 6 月 8 日向你单位送达《税务行政处罚事项告知书》（穗税二稽罚告〔2021〕168 号）后，你单位未提出陈述、申辩意见，也未在规定期限内提出听证申请。

处罚依据及结果：

根据《税收征收管理法》第六十三条第一款的规定，你单位在明知与开票方未实际发生业务的情况下，取得虚开的增值税普通发票进行虚假纳税申报，导致少缴当期企业所得税，已构成偷税。对你单位处以少缴当期企业所得税 47 799.60 元 50% 的罚款 23 899.80 元。

案例分析：

本案中，企业以虚开的发票虚列成本，造成了少缴企业所得税的后果，属于典型的偷税行为，应当按照《税收征收管理法》的规定定性为偷税，追缴税款加收滞纳金，并处以罚款。

---

① 本案例来自税务机关公开的行政处罚决定书。

案例 7-10　广州思××文化传媒公司取得虚开增值税专用发票被认定偷税①

违法事实：

1. 你单位委托个人发布广告和向个人购进货物，取得第三方广州××广告有限公司、J市××贸易有限公司开具的增值税专用发票61份，发票代码均为4400154130、发票号码分别为00984939～00984965、10910078～10910102，发票代码均为3600161130、发票号码分别为04809972～048009976、05161130～05161133，金额共6 045 549.87元，税额共456 283.13元，价税合计6 501 833.00元，货物或服务名称为广告发布费、不锈钢板、不锈钢管等。经国家税务总局某市税务局第一稽查局、国家税务总局J市税务局稽查局证实上述发票为虚开的增值税专用发票。上述增值税专用发票你单位于2016年6月（税款所属期）至2017年4月（税款所属期）申报抵扣进项税额456 283.13元。少缴增值税456 283.13元，城市维护建设税31 939.82元。

上述违法事实有以下证据证明：

（1）你单位取得上述发票、相关凭证及账簿等资料，证实上述发票已作账务处理。

（2）你单位的增值税纳税申报表及认证抵扣等申报资料，证实上述发票的进项税额已作抵扣。

（3）你单位出具的《情况说明》及相关业务资料及你单位相关人员的《询问（调查）笔录》，证实你单位委托个人发布广告和向个人购进货物，从销售方取得第三方开具的增值税专用发票。

（4）国家税务总局××市税务局第一稽查局、国家税务总局H市税务局稽查局出具的《已证实虚开通知单》及清单，证实上述发票已被税务机关证实为虚开的增值税专用发票。

（5）经你单位确认的《税务稽查工作底稿》，证实你单位已确认上述违法事实。

2. 你单位遗失2016年的账簿及相关凭证，无法提供。对你单位未按规定保管账簿的行为，我局已向你单位发出《责令限期改正通知书》（穗税二稽限改〔2021〕86号），你单位未能在限期内改正。

处罚依据及结果：

1. 针对偷税的罚款。

根据《税收征收管理法》第六十三条第一款和《国家税务总局关于纳税人取得虚开的增值税专用发票处理问题的通知》（国税发〔1997〕134号）第二条"在货物交易中，购

---

① 本案例来自税务机关公开的行政处罚决定书。

货方从销售方取得第三方开具的专用发票,或者从销货地以外的地区取得专用发票,向税务机关申报抵扣税款或者申请出口退税的,应当按偷税、骗取出口退税处理"的规定,你单位取得的虚开增值税专用发票,向税务机关进行虚假纳税申报抵扣税款的行为,是偷税行为。对你单位处以少缴增值税 456 283.13 元 50% 的罚款 228 141.57 元,处以少缴城市维护建设税 31 939.82 元 50% 的罚款 15 969.91 元。

2. 针对未按规定保管账簿、记账凭证的罚款。

根据《税收征收管理法》第六十条第一款第(二)项、《税收征收管理法实施细则》第二十九条第二款的规定,你单位未按规定保管账簿等有关资料,且在我局发出《责令限期改正通知书》规定期限内仍未改正。对你单位未按规定保管账簿、记账凭证和有关资料的行为处以罚款 2 000.00 元。

案例分析:

本案中,企业有两个违法行为,一个是偷税,一个是未按规定保管账簿、记账凭证,都受到了应有的处罚。需要提醒的是,企业还涉及虚开发票行为——从第三方取得了虚开的增值税专用发票,有上游税务机关出具的《已证实虚开通知单》予以证实。上述虚开的增值税专用发票已经申报抵扣税款,又构成了偷税。在这种情况下,应该按虚开发票处理还是按偷税处理呢?实践中,税务机关一般会根据《国家税务总局关于纳税人取得虚开的增值税专用发票处理问题的通知》(国税发〔1997〕134 号)的规定,按照偷税进行处理处罚。国税发〔1997〕134 号文件规定,受票方利用他人虚开的专用发票,向税务机关申报抵扣税款进行偷税的,应当依照《税收征收管理法》及有关法规追缴税款,处以偷税数额 5 倍以下的罚款;在货物交易中,购货方从销售方取得第三方开具的专用发票,或者从销货地以外的地区取得专用发票,向税务机关申报抵扣税款或者申请出口退税的,应当按偷税、骗取出口退税处理,依照《税收征收管理法》及有关法规追缴税款,处以偷税、骗税数额 5 倍以下的罚款。

值得注意的是,根据《刑法》和相关司法解释,利用虚开的专用发票抵扣税款(让他人为自己虚开增值税专用发票),达到标准的应定性为虚开增值税专用发票罪,实践中人民法院通常也是这么裁判的。行政处理阶段,虚开发票按照《发票管理办法》的规定,最高处 50 万元以下的罚款,而偷税将处以 50% 以上 5 倍以下的罚款,偷税金额较大时,按偷税处理会比虚开的处罚更重一些。刑事处理阶段,利用虚开增值税专用发票偷逃税款,也可能同时构成逃税罪和虚开增值税专用发票罪,逃税罪面临最高 7 年以下有期徒刑,而虚开增值税专用发票罪最高可判处 10 年以上有期徒刑甚至无期徒刑。

很明显,虚开发票与偷逃税行为,在行政和刑事责任上存在轻重不均衡的情形。

尽管刑法及相关司法解释还没有在"立法"层面上解决这一问题,如没有将行为人造成税款实际损失作为虚开发票类犯罪的必要条件,但司法实践中已经注意到了这一问题。如果要定虚开发票类犯罪,司法机关会根据主客观相一致的基本要求,考量案件中虚开发票是否具有严重的社会危害性,具有严重社会危害性的才是犯罪。而如果涉案企业是具有实际生产经营活动的企业,不以骗税为目的,且没有造成税款损失的虚开发票行为,则不以虚开发票罪定性处理;如果虚开发票仅是手段,而目的是偷逃税款,则倾向于按逃税罪进行定性处理,这在最高法的典型案例的裁判观点中已有所体现。不过,虚开发票问题情形多变、纷繁复杂,在行政和刑事责任承担上因个案不同可能会出现差异。但无论怎样,纳税人和扣缴义务人均应充分重视虚开发票的风险,注重加强税法学习,规范发票管理,积极防范涉税法律风险。

案例7-11 苏州某文化传媒公司偷逃税款被罚款①

违法事实:

你单位2018年11月接受温州××广告有限公司开具的1份增值税普通发票(发票号码:36711956)、温州××酒店管理有限公司开具的1份增值税普通发票(发票号码:36755451)。

经你单位自查及法定代表人陈述,这笔业务是你公司于2018年9月至11月承办了上海美术××有限公司2018年年底全国车展的电竞演出活动,该项目由熊某卓及陈某领二人负责,该项目共计发生费用支出125 500元,全部为现场演艺人员活动演出费。并且由你单位出纳朱某君从公司法人梁某处领取此笔款项负责支付,分别通过微信、支付宝及私人银行转账方式进行(后附转账银行流水)。项目经办人熊某卓及陈某领将上述二张发票提交至出纳朱某君。现当时项目组成员熊某卓及陈某领已离职。经核实你单位账册凭证,你单位2018年11月份取得发票后把发票交给代理记账人员,作为原始凭证计入了11月30日的主营业务成本会计科目,上述2张发票记载金额125 500元转入2018年经营成本。你单位针对上述发票提供了《自查报告》。你单位确认跟温州××广告有限公司、温州××酒店管理有限公司没有任何经营业务往来。发票由交易双方之外的第三方开具。你单位在检查过程中明确表示现已无法补开、换开符合规定的发票、其他外部凭证,且无法提供证实其支出真实性的资料,你单位2018年纳税调整后计税所得额318 404.46元,实际缴纳企业所得税31 840.45元。依据《企业所得税法》第一条、第二条、第三条、第四条、第五条、第八条以及《企业所得

---

① 本案例来自税务机关公开的行政处罚决定书。

税法实施条例》第三十条的规定,经本次检查调整后的应纳税所得额＝318 404.46＋125 500.00＝443 904.46(元)。

根据《企业所得税税前扣除凭证管理办法》(国家税务总局公告2018年第28号发布)第十六条的规定,你单位少计2018年企业所得税应纳税所得额125 500.00元,造成少缴企业所得税12 550.00元。根据你单位提供的当时分别通过微信、支付宝及银行转账等方式发放给劳务提供者的明细:2018年9月22 400.00元、10月30 020元、11月31 500.00元、12月41 600.00元,合计发放给劳务提供者125 520.00元(二份发票入账金额122 500.00元)。未按规定代扣代缴"劳务报酬所得"个人所得税。违反了《个人所得税法》第一条、第二条、第六条、第八条,《个人所得税法实施条例》第八条的规定应扣未扣"劳务报酬所得"个人所得税:2018年9月1 080.00元、10月2 100.00元、11月2 500.00元、12月1 440.00元,合计7 120.00元。

处罚决定:

根据《税收征收管理法》第六十三条第一款的规定,处所属2018年度少缴企业所得税税款50%的罚款6 125.00元。根据《税收征收管理法》第六十九条的规定,决定对你单位处应扣未扣个人所得税税款50%的罚款3 560.00元。

案例分析:

本案实际业务是企业承办电竞演出活动,支付给演艺人员的活动演出费,本应由演艺人员提供发票(可以到税务机关申请代开),企业依法代扣代缴个人所得税。但企业没有根据实际情况规范处理,而是接受了由交易双方之外的第三方开具的发票,并据此进行税前列支。最终企业因偷税被处以罚款,同时因未依法代扣个税被处罚。

文娱领域相关企业应引以为鉴,在支付劳务报酬等费用时,要根据业务发生情况,既要取得合法的税前扣除凭证,又要依法代扣个人所得税,实事求是、规范处理,而不应从第三方违规取得发票虚假列支,否则将面临被处罚的风险。

三、逃避追缴欠税风险与案例分析

逃避追缴欠税,是指纳税人在欠税的情况下,采取转移或者隐匿财产的手段,以对抗税务机关的追缴,逃避国家税收的行为。采取转移或者隐匿财产的手段,是指将其财产转移隐藏起来,比如将资金转移到其他单位或个人的账户或将房产过户到他人名下等方式,使税务机关无法采取相应的强制措施来追缴欠税。纳税人欠税,采取转移或者隐匿财产的手段,妨碍税务机关追缴欠缴的税款的,首先由税务机关追缴欠缴的税款、滞纳金,以纠正违法行为人的违法行为,保证国家税收不受损失。同时税务机关对其处以不缴或者少缴的税款50%以上5倍以下的罚款。构成犯罪的,移送司法机关,依法追究刑事责任。

《税收征收管理法》第六十五条规定,纳税人欠缴应纳税款,采取转移或者隐匿财产的手段,妨碍税务机关追缴欠缴的税款的,由税务机关追缴欠缴的税款、滞纳金,并处欠缴税款 50% 以上 5 倍以下的罚款;构成犯罪的,依法追究刑事责任。

案例 7-12 转移隐匿财产逃避追缴欠税,移送公安机关处理

经国家税务总局 Z 江市税务局稽查局检查,发现 Z 江市××有限公司在 2016 年 1 月至 2017 年 12 月,欠缴应纳税款 16 122.57 万元,采取转移或者隐匿财产的手段,妨碍税务机关追缴欠缴的税款。

依照《税收征收管理法》第六十五条的规定,对其处以追缴税款 16 122.57 万元的行政处理,并依法移送公安机关。

四、编造虚假计税依据风险与案例分析

《税收征收管理法》第六十四条规定,纳税人、扣缴义务人编造虚假计税依据的,由税务机关责令限期改正,并处 5 万元以下的罚款。

纳税人不进行纳税申报,不缴或者少缴应纳税款的,由税务机关追缴其不缴或者少缴的税款、滞纳金,并处不缴或者少缴的税款 50% 以上 5 倍以下的罚款。

上述条款规定了对纳税人、扣缴义务人编造虚假计税依据和纳税人不进行纳税申报不缴或者少缴时的两种行政法律责任,一种是编造虚假计税依据的法律责任,一种是不进行纳税申报而不缴或者少缴税款的法律责任。

(一)编造虚假计税依据的法律责任

计税依据又称计税基础,是课税对象的数量或数额标准,是计算应征税款的直接依据。计税依据一般根据其课税对象的物理形态或者价值形态,分别适用从量定额的计税方法和从价定率的计税方法。

我国主要税种的计税依据如下:

(1)增值税的计税依据为纳税人销售货物、劳务、服务、无形资产、不动产的销售额。该销售额为纳税人销售货物、劳务、服务、无形资产、不动产向购买方收取的全部价款和价外费用,但是不包括收取的销项税额。

(2)消费税的计税依据为纳税人销售应纳税商品的销售额或者销售数量。该销售额为纳税人销售应税消费品向购买方收取的全部价款和价外费用。销售数量为纳税人销售应税消费品的数量,比如纳税人销售黄酒、啤酒的吨数,销售汽油、柴

油的升数等。

（3）企业所得税的计税依据为应纳税所得额。该应纳税所得额为纳税人每一纳税年度的收入总额减去准予扣除项目后的余额。

（4）个人所得税的计税依据为个人应纳税所得额。该应纳税所得额为纳税人的工资、薪金、劳务报酬、稿酬、特许权使用费、财产租赁、财产转让等所得扣除有关费用后的余额。

纳税人、扣缴义务人应当根据合法、有效的凭证、账簿进行核算，不得虚列或者隐瞒收入，推迟确认收入，不得随意改变费用、成本的确认标准或者计量方法，虚列、多列、不列或者少列费用、成本，不得随意调整利润的计算方法，编造虚假利润或者隐瞒利润，以编造虚假的计税依据。纳税人、扣缴义务人编造虚假计税依据的，由税务机关责令限期改正，并处5万元以下的罚款。

（二）编造虚假计税依据与偷税的区别

编造虚假计税依据与偷税的区别在于其行为是否造成了不缴或者少缴税款的后果。具体说来，《税收征收管理法》第六十四条规定予以处罚的行为是编造虚假计税依据，但该行为并未造成不缴或者少缴税款的后果。如果纳税人、扣缴义务人编造虚假计税依据，造成不缴或者少缴税款后果的，则属于偷税行为，依法应当按照《税收征收管理法》第六十三条的规定予以处罚。

（三）不进行纳税申报而不缴或者少缴税款的法律责任

《税收征收管理法》第六十四条第二款规定，纳税人不进行纳税申报，不缴或者少缴应纳税款的，由税务机关追缴其不缴或者少缴的税款、滞纳金，并处不缴或者少缴的税款50%以上5倍以下的罚款。

纳税人不进行纳税申报，不缴或者少缴应纳税款，是指纳税人在规定的申报期限内未进行纳税申报，超过税款缴纳期限，不缴或者少缴税款的行为。纳税人有上述行为的，由税务机关追缴其不缴或者少缴的税款、滞纳金，以纠正违法行为人的违法行为，保证国家税收不受损失。同时，由税务机关对违法行为人并处不缴或者少缴的税款50%以上5倍以下的罚款。

注意：如果纳税人在规定的申报期限内未进行纳税申报，但是在纳税期限届满前足额缴纳税款，未造成不缴或者少缴税款的后果的，应当按照《税收征收管理法》第六十二条的规定进行处罚。如果纳税人在规定的期限内未进行纳税申报，经税务机关通知仍拒不申报，不缴或者少缴税款的，属偷税行为，应当按照《税收征收管理法》第六十三条的偷税的规定进行处罚。

案例 7-13　北京某直播平台因编造虚假计税依据被罚款 3 万元①

北京 K 手科技有限公司是一家直播平台,因纳税人、扣缴义务人编造虚假计税依据,在 2020 年 10 月至 2020 年 12 月存在虚报个人所得税身份信息冒用行为,虚列成本 383 341.88 元,2021 年 5 月 8 日被北京市海淀区税务局依据《税收征收管理法》第六十四条的规定,处以罚款 3 万元。

案例分析:

本案中,涉案企业虚报个人所得税的身份信息,虚列成本 38 万元,因未造成不缴或者少缴税款的后果,税务机关按照《税收征收管理法》第六十四条第一款的规定,以企业编造虚假计税依据为由,对其处以 5 万元以下的罚款(本案实际罚款为 3 万元)。而如果编造虚假计税依据,造成了不缴或者少缴税款后果的,则应以偷税论处,处不缴或者少缴税款 50% 以上 5 倍以下的罚款。

案例 7-14　杭州某文化创意公司因编造虚假计税依据等违法行为被处罚②

违法事实:

(1) 你单位提供房屋租赁服务,采取预收款方式,于 2017 年 6 月收取租金预收款 182 682 元;2017 年 7 月收取租金预收款 658 004 元;2017 年 10 月收取租金预收款 164 700 元。于 2018 年 2 月收取租金预收款 109 776 元;2018 年 3 月收取租金预收款 456 250 元;2018 年 8 月收取租金预收款 315 908 元;2018 年 9 月收取租金预收款 359 507.5 元;2018 年 11 月收取租金预收款 43 670 元(均为含税价)。以上收取的房屋租赁服务预收款项未按规定缴纳增值税及附加税费。

(2) 你单位提供房屋租赁服务,根据房屋租赁合同约定,于 2017 年取得租金收入 424 282.54 元,2018 年取得租金收入 1 365 463.8 元。以上收入未在相关年度确认收入,未申报缴纳企业所得税。

(3) 你单位于 2017 年 9 月至 12 月将位于杭州市××区×综合楼二楼、三楼的房屋共计 2 000 平方米无偿提供给杭州××创业服务有限公司使用,系无偿提供租赁服务。上述情形未按税法规定作视同销售服务处理(租入价为 263 613.39 元),未申报缴纳相应税款。

(4) 你单位于 2017 年 7 月收取杭州×××餐饮有限公司房屋租赁服务预收款 150 000 元(含税价),于 2017 年 12 月确认收入并申报纳税,涉嫌滞纳税款。

---

① 来源:信用中国。
② 本案例来自税务机关公开的行政处罚决定书。

(5) 你单位于2017年10月收取杭州××物业服务有限公司停车场租赁费预收款150 000元（含税价），按3%的税率开票，已申报缴纳增值税4 368.94元、城市维护建设税3 058.26元、教育费附加131.07元、地方教育附加87.38元，未足额申报缴纳相应税款及附加。

(6) 你单位于2017年7月与叶×签订租赁合同，合同金额3 093 092元；2017年7月与冯××签订租赁合同，合同金额439 643元；2017年10月与夏××签订租赁合同，合同金额803 588元；2017年6月与苏××签订租赁合同，合同金额916 835元；2017年7月与×××餐饮有限公司签订租赁合同，合同金额1 586 256元；2017年6月与严××签订租赁合同，合同金额1 428 838元；2018年11月与浙江××百货有限公司签订租赁合同，合同金额1 225 948元；2017年7月与张××签订租赁合同，合同金额1 145 821元；2018年1月与杭州××装饰工程有限公司签订租赁合同，合同金额5 448 776元；2017年6月与杭州市××集团有限责任公司签订租赁合同，合同金额6 419 435元；2017年9月与杭州××物业服务有限公司签订租赁合同，合同金额150 000元。以上合同未按规定缴纳印花税。

上述违法事实造成你单位少缴纳增值税共计155 527.50元，少缴纳城市维护建设税共计10 886.93元，未申报缴纳印花税共计22 658.20元，少调增2017年企业所得税应纳税所得额共计424 282.54元，你单位2017年应纳税所得额—423 518.8元，此次检查中需补缴的2017年城市维护建设税、教育费附加、地方教育附加和印花税予以税前列支，调整后你单位2017年企业所得税应纳税所得额为—22 804.07元。

处罚依据及结果：

根据《税收征收管理法》第六十三条第一款的规定，决定对你单位少缴增值税和城市维护建设处以少缴税款60%的罚款，共计99 848.66元。

根据《税收征收管理法》第六十四条第二款的规定，决定对你单位未申报缴纳印花税处以50%的罚款，计11 329.10元。

根据《税收征收管理法》第六十四条第一款的规定，决定对你单位企业所得税申报中编造虚假计税依据的行为处以罚款17 000元。

案例分析：

本案涉及的税收违法行为较多，既有未按纳税义务发生时间确认收入、未按规定作视同销售处理等偷逃税的行为，又有在规定申报期限内不进行纳税申报、不缴或者少缴税款的行为，还有编造虚假计税依据但未造成不缴或者少缴税款的行为。但不论是何种行为，均违反了《税收征收管理法》第六十三条和第六十四条的规定，依法应根据违法情节的轻重程度给予一定比例或者额度内的税务行政处罚。

第三节 文娱领域虚开发票风险与案例分析

近年来,文娱领域因虚开发票而被处理处罚的案件逐渐增多,这就要求相关企业及从业人员必须引起足够的重视,加强学习,严格遵从法律规定,主动防范虚开发票的法律风险。

虚开发票,不论是虚开增值税专用发票还是虚开普通发票,都将面临行政处罚甚至刑事责任。虚开发票一直是国家为维护正常经济税收秩序所重点打击的违法犯罪行为,近年来更是如此。2021年,国家税务总局、公安部、最高人民检察院、海关总署、中国人民银行、国家外汇管理局等六部委联合在北京召开全国打击"假企业""假出口""假申报"虚开发票、骗取退税及税费优惠违法犯罪专项行动总结暨常态化打击工作部署会议,对加强税收监管和税务稽查作出新部署。此前,国家税务总局、公安部、海关总署、中国人民银行四部门已连续3年开展打击虚开骗税违法犯罪专项行动,持续保持对骗税虚开严厉打击的高压态势。此外,为深入贯彻落实党中央、国务院关于推进诚信建设的要求,依法依规实施失信惩戒,各地税务部门按照《重大税收违法失信主体信息公布管理办法》(国家税务总局令第54号)的规定,持续曝光重大税收违法失信主体信息,虚开增值税专用发票或者虚开用于骗取出口退税、抵扣税款的其他发票的,或者虚开增值税普通发票100份以上或者金额400万元以上的,还要在"信用中国"和各省税收执法公示平台公开税收违法"黑名单",以实施联合惩戒。

一、虚开增值税专用发票风险与案例分析

虚开增值税专用发票,涉及行政责任,严重的,还涉及刑事责任。对于税务稽查案件,一般以《发票管理办法》第三十七条进行行政处罚,如果涉及以虚开增值税专用发票为手段进行偷税的,可能会被定性为偷税并按照《税收征收管理法》第六十三条进行行政处罚。以上情节严重涉嫌犯罪的,还将移送公安机关,依法追究刑事责任。

虚开增值税专用发票构成犯罪的,最高将面临10年以上有期徒刑,甚至无期徒刑。

案例7-15 北京运×文化传播公司虚开增值税专用发票被移送司法机关处理

经国家税务总局××市税务局第一稽查局检查,发现北京运×文化传播有限公司在2018年7月至2019年2月,主要存在以下问题:对外虚开增值税销项发票55份,

金额 395.83 万元,税额 11.87 万元。

该税务局稽查局依照《税收征收管理法》《发票管理办法》等相关法律法规的有关规定,依法移送司法机关处理。

案例 7-16 浙江嘉××影视文化有限公司取得虚开增值税专用发票被处以罚款

浙江省××市税务局稽查局经检查,发现浙江嘉××影视文化有限公司在 2016 年 12 月至 2019 年 1 月,主要存在以下问题:非法取得增值税进项发票 12 份,金额 103.77 万元,税额 6.23 万元。

该税务局稽查局依照《税收征收管理法》《发票管理办法》等相关法律法规的有关规定,对其处以追缴税款 27.54 万元的行政处理、处以罚款 27 万元的行政处罚。

案例 7-17 西安××文化传媒公司虚开增值税专用发票被顶格处罚 50 万元[①]

违法事实:

你单位 2018 年 1 月申报的进项税额 329 273.86 元在《增值税纳税申报表附列资料(二)》中的"(二)其他扣税凭证"项目下的"其他"项目中填列,你单位在经营期间无购进货物专用发票认证信息,你单位虚假申报,造成 2018 年 1 月少缴增值税税款 329 273.86 元。你单位实际已处于走逃状态,税务登记信息不真实,经营地址为虚假地址,经营期间未取得购货发票,进行虚假纳税申报,领购发票短期内集中开具,发票的银行信息为虚假账户,你单位上述行为都不符合正常企业经营行为。《国家税务总局关于走逃(失联)企业涉嫌虚开增值税专用发票检查问题的通知》(税总发〔2016〕172 号)第二条"交易真实性的判定"第(一)项规定:"商贸企业购进、销售货物名称严重背离的;生产企业无实际生产加工能力且无委托加工,或生产能耗与销售情况严重不符,或购进货物并不能直接生产其销售的货物且无委托加工的";该条第(二)项规定:"直接走逃失踪不纳税申报,或虽然申报但通过填列增值税纳税申报表相关栏次,规避税务机关审核比对,进行虚假申报的";该条第(五)项规定:"已查实全部或部分交易资金信息不真实的(如利用银行账户回流资金)、大宗交易未付款或虚假现金支付的等"。参照《最高人民法院关于行政诉讼证据若干问题的规定》(法释〔2002〕21 号)第六十八条"以下事实法庭可以直接认定:(一)众所周知的事实;……(五)根据日常生活经验法则推定的事实"的规定,你单位没有实际经营业务发生。

---

① 本案例来自税务机关公开的行政处罚决定书。

根据《发票管理办法》第二十二条"开具发票应当按照规定的时限、顺序、栏目,全部联次一次性如实开具,并加盖发票专用章。任何单位和个人不得有下列虚开发票行为:(一)为他人、为自己开具与实际经营业务情况不符的发票;(二)让他人为自己开具与实际经营业务情况不符的发票;(三)介绍他人开具与实际经营业务情况不符的发票"的规定,西安××文化传媒有限公司在没有实际业务的情况下,向"西安××商贸有限公司"开具的增值税专用发票20份(金额合计1 936 905.34元、销项税额合计329 273.86元)均为虚开增值税发票。

处罚依据及结果:

根据《发票管理办法》第三十七条第一款"违反本办法第二十二条第二款的规定虚开发票的,由税务机关没收违法所得;虚开金额在1万元以下的,可以并处5万元以下的罚款;虚开金额超过1万元的,并处5万元以上50万元以下的罚款;构成犯罪的,依法追究刑事责任"的规定,对你单位虚开增值税专用发票的违法行为处以500 000元的罚款。

案例分析:

本案涉案公司虚开增值税专用发票,份数为20份,税额近33万元,根据《发票管理办法》及当地陕西省税务行政处罚裁量基准的相关规定,当地税务局稽查局对涉案公司依法处以顶格50万元的罚款。

二、虚开普通发票风险与案例分析

出于财务报销或列支成本费用等目的,文娱企业支付开票费让他人为自己虚开普通发票的行为时有发生。这不仅会被税务机关处以罚款,情节严重的还会构成虚开发票罪而承担刑事责任。文娱领域的相关企业和从业人员,对虚开发票的风险应保持高度的警惕。

虚开普通发票是比较常见的发票类税收违法行为和虚开增值税专用发票的行政责任基本相同。虚开普通发票,违反了《发票管理办法》第二十二条不得虚开发票的规定。根据《发票管理办法》第三十七条的规定,违反规定虚开发票的,由税务机关没收违法所得;虚开金额在1万元以下的,可以并处5万元以下的罚款;虚开金额超过1万元的,并处5万元以上50万元以下的罚款;构成犯罪的,移送司法机关依法追究刑事责任。根据《发票管理办法》第四十一条的规定,虚开发票,导致其他单位或者个人未缴、少缴或者骗取税款的,由税务机关没收违法所得,可以并处未缴、少缴或者骗取的税款1倍以下的罚款。

案例 7-18　杭州众×影视文化公司虚开普通发票被处以罚款并移送司法机关处理

国家税务总局××市税务局第一稽查局经检查,发现杭州众×影视文化有限公司在 2017 年 1 月至 2018 年 12 月,主要存在以下问题:非法取得普通发票 24 份,票面额累计 222.79 万元。

该税务局稽查局依照《税收征收管理法》《发票管理办法》等相关法律法规的有关规定,对其处以追缴税款 5.14 万元的行政处理、处以罚款 5 万元的行政处罚,并依法移送司法机关。

案例分析:

本案为虚开增值税普通发票的行政处罚案件。根据《发票管理办法》第三十七条第一款的规定,只要符合《发票管理办法》第二十二条第二款 3 种行为之一的,即为虚开发票,税务机关将依法予以处罚,情节严重符合刑事立案标准的,还应移送司法机关,依法追究刑事责任。

案例 7-19　证监会查处案件中发现的虚开发票等问题①

本案系一起新三板公司为了兑现挂牌前的业绩对赌承诺连续造假的典型案件。山东×绿食品股份有限公司(以下简称×绿股份),从 2013 年至 2015 年账外设账、虚开发票,有组织实施财务造假,累计虚增收入 9.3 亿元,虚增利润 1.4 亿元。

×绿股份实际控制人为完成对赌协议,三板挂牌造假、虚增收入 7.25 亿元,会计师事务所及 2 名签字注册会计师均被证监立案调查——证监会针对事务所申辩意见作出答复,"不能以新三板监管标准较低为由申请免予处罚",依照证券法没收×绿股份业务所得 30 万元并处单位 60 万元罚款,2 名注册会计师被予以警告并各自处 5 万元罚金。

三、取得严重违规发票风险与案例分析

这里的严重违规发票主要包括私自印制、伪造、变造、非法取得或者废止的发票。取得严重违规发票不仅不得进项抵扣、税前扣除,还将面临行政处罚等风险。现实工作中,有的企业因部分支出未取得合法税前扣除凭证用于列支,就打起了购买假发票的歪主意。取得伪造发票,即通常所说的购买假发票,属于《发票管理办法》第三十九条规定的"知道或者应当知道是私自印制、伪造、变造、非法取得或者废止的发票而受

---

① 2019 年证监稽查 20 起典型违法案例之一:×绿股份财务造假案。

让"的情形。有上述行为的,由税务机关处 1 万元以上 5 万元以下的罚款;情节严重的,处 5 万元以上 50 万元以下的罚款。

案例 7-20　影视传媒公司因取得伪造发票被顶格处罚 50 万元①

违法事实:

你单位为了列支购买某北京房产没有取得合法凭证的支出部分,明知浙江东阳广×影视制作有限公司非法提供"装修费""工程款"等 12 份发票而受让并列支成本费用,价税合计金额 8 586 700.00 元。经鉴定,其中 8 份发票价税合计 4 720 000.00 元为伪造发票。

处罚依据:

《发票管理办法》第三十九条规定:"有下列情形之一的,由税务机关处 1 万元以上 5 万元以下的罚款;情节严重的,处 5 万元以上 50 万元以下的罚款;有违法所得的予以没收:知道或者应当知道是私自印制、伪造、变造、非法取得或者废止的发票而受让、开具、存放、携带、邮寄、运输的。"你单位明知浙江东阳广×影视制作有限公司非法提供"装修费""工程款"等 12 份发票而受让并列支成本费用,价税合计金额 858.67 万元。上述发票违法行为涉及金额巨大,情节严重,对你单位上述发票违法行为处以罚款 50 万元。

案例分析:

涉案企业为了列支成本费用而购买了伪造的发票,即假发票,且金额巨大,情节严重,被税务机关处以顶格 50 万元罚款。鉴于与虚开发票有关的行政处罚金额相对较大,相关企业应引起重视,防范这一法律风险。

需要注意的是,购买的假发票是不能在企业所得税前扣除的。《国家税务总局关于开展打击制售假发票和非法代开发票专项整治行动有关问题的通知》(国税发〔2008〕40 号)规定,对于不符合规定的发票和其他凭证,包括虚假发票和非法代开发票,均不得用以税前扣除、出口退税、抵扣税款。《国家税务总局关于进一步加强普通发票管理工作的通知》(国税发〔2008〕80 号)规定,在日常检查中发现纳税人使用不符合规定发票,不得允许纳税人用于税前扣除、抵扣税款、出口退税和财务报销。《国家税务总局关于加强企业所得税管理的意见》(国税发〔2008〕88 号)规定,不符合规定的发票不得作为税前扣除凭据。《企业所得税税前扣除凭证管理办法》(国家税务总局公告 2018 年第 28 号印发)第十二条进一步明确,企业取得私自印制、伪造、变造、作废、开票方非法取得、虚开、填写不规范等不符合规定的发票,以及取得不符合国家法律、

---

① 本案例来自税务机关公开的行政处罚决定书。

法规等相关规定的其他外部凭证,不得作为税前扣除凭证。

企业在取得发票的时候一定要注意甄别发票的真伪,同时要核实对方身份,确保发票真实有效,而且发票开具方与销售方(收款方)应保持一致,否则很可能面临《发票管理办法》第三十九条等规定的处罚。

第四节 文娱领域涉税中介机构相关案例分析

近年来,明星艺人、网络主播、公司高管等知名人士偷逃税事件背后,不乏一些中介机构利用所谓"税务筹划"的名义打擦边球,帮助他人逃避纳税义务、逃避法律监管。涉税专业服务机构,通常也称为涉税中介机构。涉税中介机构目前存在的主要问题是,违规提供税收策划服务、帮助纳税人逃避税,甚至帮助犯罪团伙虚开发票,牟取非法利益,以及在各类自媒体、互联网平台发布违法违规信息招揽业务、歪曲解读税收政策、扰乱正常税收秩序等。税务部门将强化对涉税中介机构的引导和管理,严肃查处涉税违规违法行为,切实维护正常税收秩序。

一、涉税中介机构法律风险

目前,涉税中介机构较为突出问题有违规提供税收策划服务、帮助纳税人逃避税、开展虚假宣传谋取不正当利益、歪曲解读税收政策措施扰乱税收秩序、出具虚假意见、泄露委托人及关联方发票涉税数据等敏感信息等。税务部门正在联合相关部门加强对涉税中介的监管,开展严厉整治,并加大典型案例曝光力度,形成警示震慑效应,促进规范涉税专业服务行业秩序。2022年3月,国家互联网信息办公室、国家税务总局、国家市场监督管理总局三部门联合出台的《关于进一步规范网络直播营利行为促进行业健康发展的意见》(税总所得发〔2022〕25号印发)强调,网络直播平台、网络直播服务机构不得策划、帮助网络直播发布者实施逃避税;直播平台、中介机构及相关人员违法违规策划、帮助主播实施偷逃税的,将依法严肃处理和公开曝光。《税收征收管理法实施细则》第九十三条规定,为纳税人、扣缴义务人非法提供银行账户、发票、证明或者其他方便,导致未缴、少缴税款或者骗取国家出口退税款的,税务机关除没收其违法所得外,可以处未缴、少缴或者骗取的税款1倍以下的罚款。

二、涉税中介机构案例分析

税务机关对涉税中介帮助明星艺人、网络主播、公司高管等知名人士偷逃税等问题加大了打击力度,探索"行业化+专业化"的管理机制,依法加强对涉税中介机构和从业人员的监督管理,迅速查处了一批违法违规案件。

案例7-21 为文娱人员设立"空壳"企业逃税"黑中介"被逮捕

国家税务总局××市税务局稽查局根据税收大数据分析和相关线索,与公安部门密切配合,依法查处了以王某某(男)、朱某(男)、冷某某(女)为首的文娱领域"黑中介"涉税违法案件。

经查,2019年7月以来,王某某、朱某、冷某某等人利用他人身份信息,通过在全国11个省(市)注册北京××税务咨询有限公司、九江市××影视文化产业园有限公司、湖南××企业管理中心、舞阳县××文化服务有限公司等600余户企业,以从事影视劳务外包、推荐演员和宣传合作等名义,在没有发生实际经营业务的情况下,为有关文娱领域从业人员虚开发票,并帮助有关文娱领域从业人员设立"空壳"企业逃避缴纳税款,从中牟取非法利益。目前,王某某、朱某、冷某某3名主要犯罪嫌疑人已被司法机关依法逮捕。

案例分析:

偷逃税款、虚开发票都是比较常见的涉税法律风险,稍有不慎,就会导致行政甚至是刑事法律风险。一方面,涉税中介服务机构及其从业人员应当加强学习、敬畏法律,帮助服务对象加强管理,遵从税法;另一方面,文娱领域相关企业和从业人员也要提高甄别能力,经得起"诱惑",远离非法"黑中介",避免不法分子的误导,切实防范虚开发票、偷逃税款等涉税法律风险。

第八章 文娱领域法律风险与案例分析

明星艺人、网络主播动辄上亿元的偷逃税案件,让我们意识到文娱领域偷逃税风险的严重,对文娱以及其他行业的纳税人起了警示作用。除了偷逃税,常见的法律风险还有虚开发票、隐匿销毁账簿凭证、逃避追缴欠税等。文娱领域相关企业和从业人员应引以为戒,加强学习,遵从法律,主动防范涉税法律风险。另外,涉税中介服务机构及相关人员帮助他人偷逃税、虚开发票的法律风险亦不容忽视。

第一节 文娱领域偷逃税的法律风险与防范

近年来,一些明星艺人、网络主播等因偷逃税被追缴巨额税款、滞纳金和罚款,引起社会关注。偷逃税款的行为不仅要按照《税收征收管理法》的规定,处以50%以上5倍以下罚款,构成犯罪的还要根据刑法的规定追究刑事责任。偷逃税是目前文娱领域相关企业和从业人员面临的主要涉税法律风险。

一、偷逃税历史沿革

我国现行《税收征收管理法》是自2001年5月1日起施行的,其中第六十三条对纳税人、扣缴义务人偷税的行政责任进行了规定。但由于《税收征收管理法》尚未修改,"偷税"一词也沿用至今。不过,原国务院法制办公室2015年1月5日公布的《税收征收管理法修正案(征求意见稿)》已将"偷税"改成了"逃避缴纳税款",未来将和刑法保持一致,统一使用"逃避缴纳税款"的概念。日常我们也会笼统地说"偷税"或"偷逃税",虽然叫法不同,但其行为性质上均为"逃避缴纳税款"或者"逃税",并无根本差别。另外,需要注意的是,"漏税"并不是一个规范的法律概念,说到漏税的时候多数是想表达,客观上少缴了税款,主观上没有偷逃税的故意。

2009年之前,我国《刑法》和《税收征收管理法》都使用"偷税"的概念。从历史沿革上看,我国1979年的《刑法》将偷税和抗税规定在法条第一百二十一条之中,1997年《刑法》修订时将偷税和抗税分开单独入罪,其中"偷税罪"规定在第二百零一条中,而"偷税"一词也一直沿用。直到2009年的《刑法修正案(七)》对第二百零一条"偷税罪"作了较大修订与补充,最高人民法院、最高人民检察院也在《最高人民法院最高人民检察院关于执行〈中华人民共和国刑法〉确定罪名的补充规定(四)》(法释〔2009〕13号)中确定罪名:《刑法》第二百零一条改为"逃税罪",取消"偷税罪"罪名。由"偷"改为"逃"的原因,理论界有不少解读,比如考虑犯罪的本质、打击犯罪的目的以及有利于行政与刑事的衔接,等等。实际上,单从字面上分析就能理解其原因,"偷"与"逃"两个动词在本意上即存在区别。"偷"的本意是隐秘地拿走别人的东西,据为己有;"逃"的本意是逃避某种义务。从打击目的来看,本罪目的并非打击从国库里偷拿税款的行为,而是打击逃避纳税义务的行为,因此,"逃税"在表述上比"偷税"更为准确。

二、偷逃税的法律责任

从范某某、郑某等明星艺人逃税案,再到雪某、林某某以及黄某、平某等网络主播逃税案,每一个案件所涉及的税款、滞纳金和罚款的金额都撩拨着"吃瓜"群众的神经,刷新着大众的认知。

此前,上海市税务局第一稽查局查明郑某2019年至2020年未依法申报个人收入1.91亿元,偷税达到4526.96万元,少缴税款2652.07万元,追缴税款、加收滞纳金并处罚款共计2.99亿元。浙江省××市税务局稽查局查明,网络主播黄某(网名:薇Y)在2019年至2020年,通过隐匿个人收入、虚构业务转换收入性质虚假申报等方式偷逃税款6.43亿元,其他少缴税款0.6亿元,依法对黄某作出税务行政处理处罚决定,追缴税款、加收滞纳金并处罚款共计13.41亿元。

不管是演员范某某的8.84亿、郑某的2.99亿,还是网络主播黄某的13.41亿元,都是偷逃税的后果和代价。这些案件在引起社会关注的同时,也反映出文娱领域相关企业和从业人员所面临的诸多涉税法律风险。任何单位或者个人,偷逃税都应承担相应的法律责任,包括行政责任和刑事责任。

(一) 偷逃税的行政责任

《税收征收管理法》第六十三条规定,纳税人伪造、变造、隐匿、擅自销毁账簿、记账凭证,或者在账簿上多列支出或者不列、少列收入,或者经税务机关通知申报而拒不申报或者进行虚假的纳税申报,不缴或者少缴应纳税款的,是偷税。对纳税人偷税的,由税务机关追缴其不缴或者少缴的税款、滞纳金,并处不缴或者少缴的税款50%以上

5倍以下的罚款;构成犯罪的,依法追究刑事责任。

扣缴义务人采取上述所列手段,不缴或者少缴已扣、已收税款,由税务机关追缴其不缴或者少缴的税款、滞纳金,并处不缴或者少缴的税款50%以上5倍以下的罚款;构成犯罪的,依法追究刑事责任。

《税收征收管理法》第六十三条规定了什么是偷税,以及偷税的法律后果。实践中,有明星艺人利用"阴阳合同"的形式掩饰真实交易金额,隐藏部分收入,从而达到不缴或少缴税款的目的。这么做属于"进行虚假的纳税申报,不缴或者少缴应纳税款",符合"偷税"构成要件,行为人因此将面临补缴税款、滞纳金、缴纳罚款等行政法律责任。

1. 偷逃税的概念和认定

根据《税收征收管理法释义》,偷税是指行为人采取隐秘手段,蒙蔽税务机关,不缴或者少缴应纳税款的行为。偷税行为主要包括四种:

1) 通过伪造、变造、隐匿、擅自销毁账簿、记账凭证等手段,不缴或者少缴应纳税款

所谓伪造账簿,是指违反会计法和国家统一的会计制度的规定,根据伪造或者变造的虚假会计凭证填制会计账簿,或者不按要求登记账簿,或者对内对外采用不同的确认标准、计量方法等手段登记会计账簿的行为。所谓变造账簿,是指采取涂改、挖补或者其他手段改变会计账簿的真实内容的行为。所谓伪造记账凭证,是指以虚假的经济业务或者资金往来为前提,填写、制作记账凭证的行为。所谓变造记账凭证,是指采取涂改、挖补以及其他方法改变记账凭证的真实内容的行为。所谓隐匿,是指故意转移、隐藏应当保存的账簿、记账凭证的行为。所谓故意销毁,是指故意将依法应当保存的账簿、记账凭证予以毁灭的行为。

2) 通过在账簿上多列支出或者不列、少列收入,不缴或者少缴应纳税款

所谓多列支出,是指在账簿上填写超出实际支出的数额以冲抵或减少实际收入的数额。所谓不列、少列收入,是指瞒报或者少报收入,并在账簿上作虚假登记,以不缴或者少缴应纳税款的行为。

3) 经税务机关通知申报而拒不申报,不缴或者少缴应纳税款

经税务机关通知申报而拒不申报,指的是应当依法办理纳税申报的纳税人,不按照法律、行政法规的规定办理纳税申报,并经税务机关通知,仍拒不申报的行为。《最高人民法院关于审理偷税抗税刑事案件具体应用法律若干问题的解释》(法释〔2002〕33号)明确,"经税务机关通知申报"的情形包括:纳税人、扣缴义务人已经依法办理税务登记或者扣缴税款登记的;依法不需要办理税务登记的纳税人,经税务机关依法书

面通知其申报的;尚未依法办理税务登记、扣缴税款登记的纳税人、扣缴义务人,经税务机关依法书面通知其申报的。国家税务总局转发了法释〔2002〕33号文件——《国家税务总局转发〈最高人民法院关于审理偷税抗税刑事案件具体应用法律若干问题的解释〉的通知》(国税发〔2002〕146号),要求各地税务机关贯彻执行。通常来说,纳税人办理了税务登记,办理过纳税申报,就应当知道要进行纳税申报,应当视为经税务机关通知申报。如不进行纳税申报,就属于税务机关通知其申报而拒不申报,可以界定为故意行为,应按偷税处理。

4) 进行虚假的纳税申报,不缴或者少缴应纳税款

纳税申报是依法纳税的前提,纳税人应当在法定期限内办理纳税申报,如实报送纳税申报表、财务会计报表以及税务机关要求的其他纳税资料。行为人往往通过对收入情况、盈亏情况、生产规模等内容作虚假申报,来达到偷逃税的目的。

虚假的纳税申报,是指纳税人在进行纳税申报的过程中,制造虚假情况,不如实填写或者提供纳税申报表、财务会计报告及其他纳税资料的行为。

《税收征收管理法》第六十三条第二款还规定了扣缴义务人偷税的情形。偷税行为的行为人一般为纳税人,但是,扣缴义务人采取伪造、变造、隐匿、擅自销毁账簿、记账凭证,或者在账簿上多列支出或者不列、少列收入,或者经税务机关通知而拒不申报或者进行虚假的纳税申报等手段,不缴或者少缴已扣、已收税款的,也是偷税行为。

尽管《税收征收管理法》没有对偷税的"主观故意"要件予以明确,但我们看到"主观故意"这一主观心理状态实际上已经内化于上述4种偷税手段行为之中,有这几种行为,通常伴随着故意,无需单独加以证明。

2. 偷逃税的后果与案例分析

纳税人、扣缴义务人偷税的,首先由税务机关追缴其不缴或者少缴的税款、滞纳金,以纠正偷税人的违法行为,保证国家税收不受损失,同时由税务机关对其处以不缴或者少缴的税款50%以上5倍以下的罚款。对偷税行为的罚款处罚下限是偷税额的"50%"。

案例8-1 福建某传媒公司因偷逃税款被处以罚款

某税务局稽查局于2011年12月14日向福建某传媒有限公司送达《税务检查通知书》,对该传媒公司涉嫌通过开具收款收据形式收取广告费收入未入账、未纳税申报、开具假发票、为股东支付购房款和借款在纳税年度内未归还等情况进行调查。后对该传媒公司涉嫌通过开具收款收据形式收取广告费的相关7家企业进行调查。2012年2月10日,该税务局稽查局对福州某置业有限公司发出《税务检查通知书》,调

查某传媒公司以企业资金为股东卞某某、程某购买房产情况。此外,通过调取原告账簿资料,发现某传媒公司还存在股东卞某某、程某借款在该纳税年度终了未归还又未用于企业生产经营的情况,以及存在向福建某信息技术有限公司开具金额5 415.5元假发票的情况。税务局稽查局经过受理、立案、检查、审理等程序,依法作出《税务行政处罚书》,认定某传媒公司存在2004—2011年通过开具收款收据收取广告费收入未入账的事实,并对原告处以偷税款195 395.58元1倍的罚款195 395.58元;存在2010年度替股东支付购房款和股东向公司借款用于非生产经营超过1年未归还未按规定代扣代缴个税的事实,并对原某传媒公司处以未代扣代缴个人所得税款5 319 179.4元1.5倍的罚款7 978 769.10元;存在开具假发票票面金额达5 415.5万元及在办公场所存放2 657份假发票的事实,并处以30万元罚款。

3. 偷逃税的行刑衔接

对纳税人、扣缴义务人偷税的,税务机关除了追缴其不缴或者少缴的税款、处以罚款,涉嫌构成犯罪的,税务机关将依法移送公安机关处理。司法机关判定构成逃税罪的,依法追究其刑事责任。

(二) 逃税的刑事责任

逃税罪,是指纳税人采取欺骗、隐瞒手段进行虚假纳税申报或者不申报,逃避缴纳税款数额较大并且占应纳税额10%以上,或者缴纳税款后,以假报出口或者其他欺骗手段,骗取所缴纳的税款的行为,以及扣缴义务人采取欺骗、隐瞒等手段,不缴或者少缴已扣、已收税款,数额较大的行为。该罪的责任形式为故意,即明知自己的行为会发生逃避缴纳税款的结果,并且希望或者放任这种结果发生。比如,企业为了私设小金库,隐瞒收入少缴税款,符合上述条件的,成立逃税罪。

1. 逃税罪的刑法规定

《刑法》第二百零一条关于逃税罪的规定如下:纳税人采取欺骗、隐瞒手段进行虚假纳税申报或者不申报,逃避缴纳税款数额较大并且占应纳税额10%以上的,处3年以下有期徒刑或者拘役,并处罚金;数额巨大并且占应纳税额30%以上的,处3年以上7年以下有期徒刑,并处罚金。

扣缴义务人采取上述所列手段,不缴或者少缴已扣、已收税款,数额较大的,依照上述的规定处罚。

对多次实施上述行为,未经处理的,按照累计数额计算。

纳税人有采取欺骗、隐瞒手段进行虚假纳税申报或者不申报的行为,经税务机关依法下达追缴通知后,补缴应纳税款,缴纳滞纳金,已受行政处罚的,不予追究刑事责任;但是,5年内因逃避缴纳税款受过刑事处罚或者被税务机关给予二次以上行政处罚的除外。

《刑法》第二百零一条分为四款:第一款规定了纳税人逃税罪的构成;第二款明确了扣缴义务人逃税罪的规定;第三款强调逃税未经处理的,按照累计数额计算;第四款规定了纳税人逃税罪的阻却事由及例外情形。需要注意的是,第四款规定的逃税罪阻却事由只针对纳税人,不包括扣缴义务人。

2. 逃税罪立案追诉标准

2022年4月29日,最高人民检察院、公安部联合发布修订后的《最高人民检察院 公安部关于公安机关管辖的刑事案件立案追诉标准的规定(二)》[以下简称新《立案追诉标准(二)》]。其中,涉税部分刑事案件追诉标准较《最高人民检察院 公安部关于公安机关管辖的刑事案件立案追诉标准的规定(二)》(公通字〔2010〕23号印发,已失效)有了明显的变化。新《立案追诉标准(二)》自2022年5月15日施行。关于逃税罪,新《立案追诉标准(二)》将"逃避缴纳税款数额在五万元以上"修改为"逃避缴纳税款数额在十万元以上"。

新《立案追诉标准(二)》第五十二条关于《刑法》第二百零一条逃税案规定,逃避缴纳税款,涉嫌下列情形之一的,应予立案追诉:

(1) 纳税人采取欺骗、隐瞒手段进行虚假纳税申报或者不申报,逃避缴纳税款,数额在10万元以上并且占各税种应纳税总额10%以上,经税务机关依法下达追缴通知后,不补缴应纳税款、不缴纳滞纳金或者不接受行政处罚的。

(2) 纳税人5年内因逃避缴纳税款受过刑事处罚或者被税务机关给予二次以上行政处罚,又逃避缴纳税款,数额在10万元以上并且占各税种应纳税总额10%以上的。

(3) 扣缴义务人采取欺骗、隐瞒手段,不缴或者少缴已扣、已收税款,数额在10万元以上的。

纳税人在公安机关立案后再补缴应纳税款、缴纳滞纳金或者接受行政处罚的,不影响刑事责任的追究。

需要说明的是,新《立案追诉标准(二)》自2022年5月15日施行,但此前发生的案件仍要适用原标准,本书中的逃税、虚开发票等部分案例发生在2022年5月15日之前,按照规定适用原立案追诉标准。

3. 逃税行为的罪与非罪

逃税行为是否构成逃税罪,可以从犯罪主体、主观故意、行为模式、逃避缴纳税款的数额、比例等方面来考察。同时,逃税罪比较特殊,它是我国众多罪名当中唯一一个虽然符合犯罪构成要件但允许接受行政处罚后不予追究刑事责任的罪名。是否构成逃税罪并追究刑事责任，还要考虑阻却事由及例外情形。

1）逃税罪的主体和行为模式

逃税罪的主体为纳税人和扣缴义务人。纳税人是指法律、行政法规规定的负有纳税义务的单位或者个人；扣缴义务人是指法律、行政法规规定的负有代扣代缴、代收代缴税款义务的单位或者个人。2007年5月23日发布的《公安部关于对未依法办理税务登记的纳税人能否成为偷税犯罪主体问题的批复》（公复字〔2007〕3号）指出，根据《税收征收管理法》第四条、第三十七条的规定，未按照规定办理税务登记的从事生产、经营的纳税人以及临时从事经营的纳税人，可以构成逃税罪。

需要注意的是，教唆、帮助纳税人或者扣缴义务人实施逃税行为的，以逃税罪的共犯论处。

逃税罪的行为模式主要有两类。

一类是作为的方式：采取欺骗、隐瞒手段进行虚假纳税申报逃避缴纳税款。比如，采取隐匿账簿、记账凭证，或者在账簿上多列支出或者不列、少列收入，或者报送虚假的纳税申报表、财务报表、代扣代缴、代收代缴税款报告表或者其他纳税申报资料进行虚假的纳税申报。

需要注意的是，纳税人缴纳税款后，以假报出口或者其他欺骗手段，骗取所缴纳的税款按逃税罪定罪处罚，骗取税款超过所缴纳的税款部分按骗取出口退税罪定罪处罚。

另一类是不作为的方式：经税务机关通知申报而拒不申报纳税。"经税务机关通知申报"的情形包括：纳税人、扣缴义务人已经依法办理税务登记或者扣缴税款登记的；依法不需要办理税务登记的纳税人，经税务机关依法书面通知其申报的；尚未依法办理税务登记、扣缴税款登记的纳税人、扣缴义务人，经税务机关依法书面通知其申报的。

2）逃税罪的主观故意

《刑法》规定，明知自己的行为会发生危害社会的结果，并且希望或者放任这种结果发生，因而构成犯罪的，是故意犯罪。故意犯罪包括直接故意与间接故意。直接故意，是指行为人明知自己的行为必然或者可能发生危害社会的结果，并且希望危害结果的发生以及明知必然发生危害结果而放任结果发生的心理态度。间接故意，是指行为人明知自己的行为可能发生危害社会的结果，并且放任这种结果发生的心理态度。一般来说，行政犯都是直接故意。

应当预见自己的行为可能发生危害社会的结果，因为疏忽大意而没有预见，或者已经预见而轻信能够避免，以致发生这种结果的，是过失犯罪。对于过失犯罪，法律有规定的才负刑事责任。

《刑法》在对逃税罪的规定中,没有作出过失犯罪的特别规定,即只有直接故意才能构成逃税罪。逃税罪是指"纳税人采取欺骗、隐瞒手段进行虚假纳税申报或者不申报",不管是"采取欺骗、隐瞒手段"还是"经税务机关通知申报而不申报"都蕴含了直接故意在里面。因此,逃税罪在主观方面,是直接故意,过失不能构成逃税罪。

3) 逃避缴纳税款的数额、比例

根据新《立案追诉标准(二)》的规定,纳税人逃避缴纳税款,数额在 10 万元以上并且占各税种应纳税总额 10% 以上的才有可能构成逃税罪。如果逃税额不足各税种应纳税总额 10% 的,或者逃税额不足 10 万元的,或者逃税额超过 10 万元但不足各税种应纳税总额 10% 的,或者逃税额不足 10 万元但超过各税种应纳税总额 10% 的,均不构成逃税罪,而是属于一般税收违法行为,即偷税。

《最高人民法院关于审理偷税抗税刑事案件具体应用法律若干问题的解释》(法释〔2002〕33 号)第三条明确,偷税数额,是指在确定的纳税期间,不缴或者少缴各税种税款的总额。

偷税数额占应纳税额的百分比,是指一个纳税年度中的各税种偷税总额与该纳税年度应纳税总额的比例。不按纳税年度确定纳税期的其他纳税人,偷税数额占应纳税额的百分比,按照行为人最后一次偷税行为发生之日前一年中各税种偷税总额与该年纳税总额的比例确定。纳税义务存续期间不足一个纳税年度的,偷税数额占应纳税额的百分比,按照各税种偷税总额与实际发生纳税义务期间应当缴纳税款总额的比例确定。

偷税行为跨越若干个纳税年度,只要其中一个纳税年度的偷税数额及百分比达到《刑法》第二百零一条第一款规定的标准,即构成偷税罪。各纳税年度的偷税数额应当累计计算,偷税百分比应当按照最高的百分比确定。

4) 逃税罪的阻却事由

纳税人逃税,经税务机关依法下达追缴通知后,补缴应纳税款,缴纳滞纳金,已受行政处罚的,不予追究刑事责任。因此,是否构成逃税罪并追究刑事责任,还要考虑阻却事由。5 年内因逃避缴纳税款受过刑事处罚或者被税务机关给予二次以上行政处罚的,属于阻却事由的例外。纳税人 5 年内因逃避缴纳税款受过刑事处罚或者被税务机关给予二次以上行政处罚,又逃避缴纳税款,数额在 10 万元以上并且占各税种应纳税总额 10% 以上的,应予立案追诉,追究刑事责任。

5) 初犯不罚问题

如果是初犯,在税务机关查处后及时缴纳了税款、滞纳金和罚款,符合《刑法》关于逃税罪阻却事由的规定,就不予追究刑事责任。这通常叫作"初犯不罚"或"初犯免责"。这也是明星艺人和网络主播等逃税上亿元而没有被追究刑事责任的原因。

比如,范某某逃税案,根据《刑法》第二百零一条的规定,由于范某某属于首次被税务机关按偷税予以行政处罚且此前未因逃避缴纳税款受过刑事处罚的情形,税务机关下达追缴通知后在规定期限内缴纳税款、滞纳金、罚款的,依法不予追究刑事责任。如果其超过规定期限不缴纳税款和滞纳金、不接受行政处罚的,税务机关将依法移送公安机关处理。

关于"初犯不罚",有几个问题值得关注:一是通常所谓的"初犯不罚"制度,是以构成犯罪为前提而对处罚结果的豁免,并非违法性的阻却;二是"初犯不罚"制度的适用主体仅为纳税人,不包括扣缴义务人;三是除逃税罪外,其他罪名并无相同的豁免制度,比如骗取出口退税、虚开增值税专用发票、非法出售或购买增值税专用发票等不适用"初犯不罚";四是"初犯不罚"制度还有时间和内容的要求,即如果5年内因逃税受到刑事处罚再次逃税或者已经两次受到行政处罚又第三次逃税的,就不能适用"初犯不罚"制度,而应依法追究刑事责任;五是"已受行政处罚",一般是指在税务机关作出处罚决定后,纳税人在规定的期限内接受了行政处罚,缴纳了相应罚款。在司法实践中,有的纳税人并未实际缴纳,又分为两种情形:纳税人提供了相应的纳税担保且已被税务机关确认的,则法院仍可能适用《刑法》第二百零一条第四款规定,不予追究其刑事责任;纳税人提供的纳税担保不符合要求或者并未被税务机关所确认,则法院可能也倾向于在量刑时考虑给予其从轻处罚。

逃税罪的判定,是否构成逃税罪,应当从是否具有主观故意,逃避缴纳税款的数额、比例以及是否已接受税务机关处理处罚等方面加以判定。具体来说,5年内因逃避缴纳税款受过刑事处罚或者被税务机关给予两次以上行政处罚,又逃避缴纳税款,数额在10万元以上并且占各税种应纳税总额10%以上的,构成逃税罪。5年内因逃避缴纳税款而被税务机关处行政处罚没超过两次,或者虽经两次税务行政处罚但没有再次避缴纳税款,或者两次处罚后又逃税且逃税额不到10万元的,不构成逃税罪,属于《税收征收管理法》规定的偷税。

案例8-2 安徽某公司股东利用"阴阳合同"隐瞒股权转让收入逃税获刑4年

××市税务稽查部门根据举报线索,查实安徽某药业公司股东鲍某与殷某签订股权转让协议,将其实际持有的该药业公司51.09%的股权转让给殷某,实际转让价格为7 000万元。后鲍某为偷逃相关税款另行伪造股权转让协议进行纳税申报,少缴税款合计1 175.48万元。××市税务稽查部门依法作出对鲍某追缴税款、加收滞纳金并处罚款的处理处罚决定后,鲍某未按期补缴税款、滞纳金和罚款。税务部门随即依法将该案移送公安机关立案侦查,后鲍某被检察院提起公诉。进入司法程序后,鲍某补缴全部税款。2021年3月,安徽省某区人民法院判决认定,鲍某将其持有的某公司股权转让他人后采取欺骗、隐瞒手段进行虚假纳税申报,且涉及金额巨大,其行为已构成逃税罪,依法判处鲍某有期徒刑4年,并处罚金人民币50万元。

案例分析:

当前股权转让中大量存在通过阴阳合同逃避纳税义务的情形,风险在于后续一旦税务部门发现真实的股权转让成交价,可以要求股权转让方补缴所得税等相关税金,附加有每日0.05%的滞纳金,并处不缴或者少缴的税款50%以上5倍以下的罚款,严重的可以构成逃税罪。同时,在股转协议中通常也会有约定税负承担的条款,这个条款的作用在于转移税负的实际承担方。比如在案例中如果股转协议约定了"买受人承担一切税负"的税负承担条款,那少缴的1 175.48万元税款虽然税法上规定应该由转让方承担,但是签署了这个条款后税收负担就转移给买方来承担了。受让方不实际承担的话,转让方有权向当地主管税务局缴纳后再起诉受让方,要求受让方承担股转交易中的税款。这个就是税负承担条款的作用,也是阴阳合同的重大涉税风险。

4. 扣缴义务人能否构成逃税罪

根据《刑法》第二百零一条第二款以及新《立案追诉标准(二)》的规定,扣缴义务人采取欺骗、隐瞒手段,不缴或者少缴已扣、已收税款,数额在10万元以上的,依照规定按逃税罪处罚。

关于扣缴义务人逃税罪的判定和法律风险防范有几个问题需要注意:

(1) 扣缴义务人"扣而不缴",将已扣、已收税款截留,不缴或少缴,将构成逃税罪;如果扣缴义务人"应扣未扣",没有依法扣缴代扣代缴税款的,其性质与"扣而不缴"有本质上的不同,"应扣未扣"属于未履行代扣代缴义务,而非偷逃税,因此,不会构成逃税罪。根据《税收征收管理法》第六十九条的规定,扣缴义务人应扣未扣、应收而不收税款的,由税务机关向纳税人追缴税款,对扣缴义务人处应扣未扣、应收未收税款50%以上3倍以下的罚款。

(2) 扣缴义务人采取欺骗、隐瞒手段,不缴或者少缴已扣、已收税款只要数额达到10万元就可能构成逃税罪,而此处没有比例的要求,即不需要占应纳税额10%以上。这也是纳税人和扣缴义务人在涉嫌逃税罪立案标准上的重要区别。

(3) 初犯附条件不予追究刑事责任,即"初犯不罚"不适用于扣缴义务人,而只适用于纳税人。

《刑法》第二百零一条第四款明确规定,"有第一款行为,经税务机关依法下达追缴通知后,补缴应纳税款,缴纳滞纳金,已受行政处罚的,不予追究刑事责任"。这是逃税罪阻却事由的规定,只适用于《刑法》第二百零一条第一款纳税人逃税的情形,而不适用于《刑法》第二百零一条第四款扣缴义务人逃税的情形。

对于纳税人,比如明星艺人、网络主播,即使少缴税款高达上亿元,在税务机关下达追缴通知后,补缴了税款、滞纳金和罚款,一般不会被追究刑事责任;而作为扣缴义务人的影视公司,如果已代扣了员工的税款但不缴纳,金额达到10万元以上就会被追究刑事责任,不存在补缴税款罚款免除刑事责任的机会。

(4)合同约定税后所得的法律风险。现实工作中,有时纳税人和扣缴义务人签订的合同,明确约定是税后所得。不论是工资薪金、劳务报酬,还是利息,等等,这样的合同还比较常见。需要注意的是,既然约定了税后所得,就要依法代扣税款并及时如实申报缴纳,否则可能构成行政法上的偷逃税,甚至刑法上的逃税罪。

《最高人民法院关于审理偷税抗税刑事案件具体应用法律若干问题的解释》(法释〔2002〕33号)第一条第二款规定,扣缴义务人书面承诺代纳税人支付税款的,应当认定扣缴义务人"已扣、已收税款"。国家税务总局以《国家税务总局转发〈最高人民法院关于审理偷税抗税刑事案件具体应用法律若干问题的解释〉的通知》(国税发〔2002〕146号)转发此司法解释,要求各地税务机关认真贯彻。

如果合同明确是税后所得,相当于扣缴义务人已经扣缴了税款。但很多扣缴义务人签订了这样的协议,却没有真正去进行扣缴税款并申报,这就属于虚假申报"扣而不缴",涉嫌偷税。结果是被处以50%以上5倍以下的罚款,进而可能面临逃税罪的刑事责任。

案例8-3 新疆某公司法定代表人"扣而不缴"个人所得税被判刑

基本案情:

2008年1月至2014年12月,被告人孟×江作为新疆×××有限责任公司(以下简称×××有限公司)法定代表人,明知×××有限公司为扣缴义务人,扣职工个人所得税后将税款挪作他用,采取隐瞒手段进行虚假纳税申报,不缴已代扣个人所得税3 792 099.5元,用以公司生产经营。2016年3月22日,经稽查局行政处罚后,×××有限公司仍未向税务部门缴纳已代扣的税款。

裁判分析:

被告单位×××有限公司代扣职工个人所得税后将税款挪作他用,在税务申报时故意零申报,该行为属于虚假申报。辩护人提出的税款在公司账面记载,不属于虚假申报的辩护意见,法院不予采纳。根据在案证据可以证实税务机关未批准被告单位×××有限公司延期缴纳税款,被告单位仍将代扣税款挪为他用,应认定为逃税行为。

判决结果：

(1) 被告单位×××有限公司犯逃税罪,判处罚金190万元。

(2) 被告人孟×江犯逃税罪,判处有期徒刑2年6个月,并处罚金20万元。

(刑期从判决执行之日起计算。判决执行以前先行羁押的,羁押一日折抵刑期一日。罚金须于判决生效后10日内缴纳。)

案例分析：

扣缴义务人应依法扣缴税款,并及时解缴入库。"应扣未扣",不依法履行扣缴义务的,税务机关将对其处应扣未扣、应收未收税款50%以上3倍以下的罚款。"扣而不缴",扣缴义务人采取虚假申报等手段,不缴或者少缴已扣、已收税款,将被处以不缴或者少缴的税款50%以上5倍以下的罚款;构成犯罪的,依法追究刑事责任。被告单位作为扣缴义务人代扣职工个人所得税后不依法及时解缴,而是将税款挪作他用,最终构成了逃税罪,公司被判处罚金,法定代表人被判刑入狱并处罚金。

三、偷逃税的处罚与风险防范

(一) 偷逃税的处罚

1. 处以罚款

依据《税收征收管理法》第六十三条第一款的规定,对纳税人偷税的,由税务机关追缴其不缴或者少缴的税款、滞纳金,并处不缴或者少缴的税款50%以上5倍以下的罚款。

对于处罚的具体幅度,税务机关会根据上述规定,综合考虑偷逃税行为的事实、性质、情节及社会危害程度,选择处罚幅度并作出处罚决定。对偷税手段恶劣、情节严重的,税务机关会处以较重的罚款。比如,郑某偷逃税案件发生在2018年规范影视行业税收秩序以后,主观故意明显,税务机关就其不同的违法行为依法从严进行处罚。其中,对改变收入性质偷税部分,处以4倍罚款3 069.57万元;对收取所谓"增资款"完全隐瞒收入偷税部分,由于情节更为严重,处以5倍"顶格"罚款1.88亿元。

根据《行政处罚法》的规定,税务机关出具的《税务行政处罚决定书》会要求被处罚的纳税人在15日内缴清罚款。上亿元的罚款不是小数,就算纳税人积极筹措资金来缴纳罚款,但短时间内筹集大额资金仍存在一定的难度。比如,纳税人已将手中的资金购置了房产,就算准备立刻出售房产缴纳罚款,通常也难以在极短的时间内成功转让房产收回资金。

2. 缴纳罚款

1）没钱缴纳罚款的救济方法

因偷税被稽查局查处后,能否及时补缴应纳税款,缴纳滞纳金和罚款,就成了是否被追究刑事责任的关键。特别是从严处罚的4倍或者5倍罚款,如果纳税人主观上接受处罚,并积极筹措资金,但客观上难以短期内筹集到资金,有无补救措施或救济的途径呢?

首先,2021年新修订的《行政处罚法》规定,经批准,罚款可以延期或者分期缴纳。《行政处罚法》第六十六条规定,行政处罚决定依法作出后,当事人应当在行政处罚决定书载明的期限内,予以履行。当事人确有经济困难,需要延期或者分期缴纳罚款的,经当事人申请和行政机关批准,可以暂缓或者分期缴纳。

其次,2021年印发的《税务稽查案件办理程序规定》(国家税务总局令第52号)也增加了暂缓或延期缴纳罚款的规定,其第五十一条规定,当事人确有经济困难,需要延期或者分期缴纳罚款的,可向稽查局提出申请,经税务局局长批准后,可以暂缓或者分期缴纳。

《行政处罚法》和《税务稽查案件办理程序规定》(国家税务总局令第52号)都对当事人因经济困难无法在期限内缴纳罚款的情形,作出了有利于当事人的规定,即可暂缓或者分期缴纳罚款。作为纳税人,在遇到此类问题时,可以及时向税务机关提出延期或者分期缴纳罚款的书面申请,以化解偷逃税款的行政责任和刑事责任的风险。

另外,对于税款,虽然《税收征收管理法》规定,纳税人因有特殊困难,不能按期缴纳税款的,经省、自治区、直辖市税务局批准,可以延期缴纳税款,但稽查查处的税款不在上述可以延期缴纳的范围内。也就是说对于稽查查处的偷逃税款,纳税人是没有申请延期缴纳的权利的,必须在规定的期限内及时缴纳;否则,因不符合逃税罪阻却事由的规定(经税务机关依法下达追缴通知后,补缴应纳税款,缴纳滞纳金,已受行政处罚的,不予追究刑事责任),要承担刑事责任。

2）未及时缴纳罚款的刑事风险

不管是单位还是个人,万一因偷逃税被税务机关查处,一定要在收到《税务处理决定书》《税务处罚决定书》后及时补缴应纳税款,缴纳滞纳金,缴纳罚款,这样才能避免追究刑事责任,否则后悔莫及。纳税人在公安机关立案后再补缴应纳税款、缴纳滞纳金或者接受行政处罚的,不影响刑事责任的追究。因此,一定要珍惜机会,及时补缴应纳税款,缴纳滞纳金,缴纳罚款,防范刑事风险避免追究刑事责任。当然,加强学习,规范管理,提高税法遵从,及时如实申报纳税,才是避免被追究法律责任的根本途径和最好选择。

第八章　文娱领域法律风险与案例分析

案例 8-4 东莞某公司逃税，公安机关立案后补缴税款未免除刑事责任

基本案情：

公诉机关指控，2009 年 1 月至 12 月，被告人李×樵在经营东莞润姿××有限公司期间，采取账外经营的方式进行逃税。经税务部门查明：被告人李×樵逃避缴纳增值税税款人民币 19 7471.9 元、企业所得税税款人民币 290 399.85 元，共计人民币 487 871.75 元，逃避缴纳税款数额占应纳税额的 34.19%。在税务机关依法下达追缴通知后，未及时补缴税款、滞纳金，缴纳罚款。2019 年 8 月 13 日，公安机关将被告人李×樵抓获归案。归案后被告人李×樵向税务部门补缴相关税款人民币 487 871.75 元和滞纳金人民币 487 871.75 元。

被告人李×樵于 2021 年 7 月 21 日向税务机关补缴了罚款 243 935.88 元。

裁判分析：

法院认为，被告人李×樵无视国法，采取账外经营的方式进行逃税，逃避缴纳税款数额较大并且占应纳税额 10% 以上，其行为已构成逃税罪，依法应予以惩处。公诉机关提请以逃税罪对被告人李×樵予以定罪处罚，指控的罪名成立，予以支持。被告人李×樵补缴税款、滞纳金及罚款，依法对其酌情从轻处罚。被告人李×樵自愿认罪认罚，依法亦可从宽处理。

公诉机关提出对被告人李×樵判处有期徒刑 6 个月，并处罚金的建议，并无明显不当，本院予以采纳。鉴于被告人李×樵认罪态度好，已补缴税款、滞纳金及罚款，确有悔罪表现，对被告人李×樵适用缓刑不致再危害社会，可依法对其适用缓刑。

判决结果：

被告人李×樵犯逃税罪，判处有期徒刑 6 个月，缓刑 1 年，并处罚金人民币 20 000 元。

（缓刑考验期限，从本判决确定之日起计算；罚金限于判决发生法律效力之日起 30 日内一次性向本院缴纳，上缴国库。）

案例分析：

根据新《立案追诉标准（二）》第五十二条的规定，纳税人在公安机关立案后再补缴应纳税款、缴纳滞纳金或者接受行政处罚的，不影响刑事责任的追究。被告如果在税务机关依法下达追缴通知后，及时补缴税款、滞纳金，接受处罚，本可不予追究刑事责任，但其在被公安机关抓获归案后才补缴，错失良机，最终被判刑。在公安机关立案前和立案后进行补缴应纳税款、缴纳滞纳金、接受行政处罚，结果大有不同，前者可不追究刑事责任，后者不影响刑事责任的追究，仅作为量刑情节之一。被告抓获归案补缴

税款、滞纳金及罚款,被认定为酌情从轻处罚情节,加上认罪态度好,确有悔罪表现,依法适用了缓刑,可谓"亡羊补牢,未为晚也"。

3. 判处刑罚

根据《刑法》第二百零一条的规定,纳税人有逃避缴纳税款行为的,经税务机关依法下达追缴通知后,补缴应纳税款,缴纳滞纳金,已受行政处罚的,不予追究刑事责任;但是,5年内因逃避缴纳税款受过刑事处罚或者被税务机关给予二次以上行政处罚的除外。

逃税行为系单位犯罪的,实行双罚制,即对单位判处罚金,同时对单位的直接负责的主管人员和其他直接责任人员判处刑罚。在司法实践中,对单位判处罚金后,一般对单位的责任人员只判处自由刑,而不再并处罚金。

(二)偷逃税的风险防范

(1)加强学习,提高税法遵从,依法纳税,及时、如实、足额申报缴纳税款。

(2)定期自查,发现问题及时补救,防范风险。

(3)珍惜税务稽查前的自查整改机会。

(4)高收入人群更要珍惜"五步法(提醒、督促、警告、重点稽查、公开曝光)"提供的多次补救机会。

(5)稽查查处后,及时补缴应纳税款,缴纳滞纳金,接受行政处罚,及时缴纳罚款,避免追究刑事责任。

(6)确有经济困难,需要延期或者分期缴纳罚款的,可向稽查局提出申请,经税务局局长批准后,可以暂缓或者分期缴纳。

第二节 文娱领域虚开发票的法律风险与案例分析

虚开发票是目前最常见的涉税法律风险,文娱领域纳税人在日常经营活动中,不管是开具发票,还是取得发票,都要认真防范虚开发票的法律风险。

一、虚开发票的行政责任

(一)什么是虚开发票

根据《发票管理办法》第二十二条的规定,开具发票应当按照规定的时限、顺序、栏目,全部联次一次性如实开具,并加盖发票专用章。

任何单位和个人不得有下列虚开发票行为:

(1) 为他人、为自己开具与实际经营业务情况不符的发票。

(2) 让他人为自己开具与实际经营业务情况不符的发票。

(3) 介绍他人开具与实际经营业务情况不符的发票。

从以上规定可以看出，凡是开具了与实际经营业务情况不符的发票，不管是没有货物或服务销售的"无货虚开"，还是有实际交易但是开具的数量、金额不实的"有货虚开"，抑或进行了交易活动而让他人为自己代开的"非法代开"，都属于虚开发票行为，都要承担虚开发票的法律风险和责任。

《发票管理办法》第三十七条规定，虚开发票的，由税务机关没收违法所得；虚开金额在1万元以下的，可以并处5万元以下的罚款；虚开金额超过1万元的，并处5万元以上50万元以下的罚款；构成犯罪的，依法追究刑事责任。

非法代开发票的，依照上述规定处罚。

(二) 虚开发票的误区

近年来，虚开发票案件频发，虚开发票甚至成为某些高收入者冲减收入、少缴税款的手段之一。以虚开发票的手段来不缴或者少缴税款的行为属于偷逃税行为，且虚开发票行为本身还可能构成行政违法甚至刑事犯罪，从而被追究行政责任甚至刑事责任。而对于虚开发票还存在着一些认识上的误区。

误区1：虚开发票最高处罚款50万元。

《发票管理办法》第四十一条规定，违反发票管理法规，导致其他单位或者个人未缴、少缴或者骗取税款的，由税务机关没收违法所得，可以并处未缴、少缴或者骗取的税款1倍以下的罚款。

根据上述规定，并处未缴、少缴或者骗取的税款1倍以下的罚款，不仅是罚款可能会超过50万元，构成犯罪的，还要移交司法机关，依法追究刑事责任。比如虚开增值税专用发票，构成犯罪的，最高将面临10年以上有期徒刑或无期徒刑。

误区2：接受虚开不是虚开发票。

有人认为对外开具不实的发票属于虚开，而接受他人虚开发票不属于虚开行为。实际工作中，部分企业因进项抵扣不足等原因，而采用支付开票费的方式让其他企业为自己虚开发票，这属于"让他人为自己开具与实际经营业务情况不符的发票"，是《发票管理办法》第二十二条规定的三种典型虚开发票情形之一。让他人为自己开具不实的发票，被认定为虚开的案例比较普遍，通常的结果是进项不得抵扣，补缴税款滞纳金罚款，甚至承担刑事责任。在实际工作中，部分企业以支付开票费等方式让他人为自己开具不实的发票，一旦被认定为虚开发票，将会导致进项不得抵扣补缴税款滞纳金罚款，甚至被判刑的严重后果。

(三)"三流一致"与虚开发票的认定

提到虚开,就不得不提"三流一致"。对于"三流一致",税法和税收政策上并没有明确的规定,业界普遍认为"三流"是指资金流、票流、物流。所谓"三流一致"就是资金流(款项支付方向)、票流(发票开具方向)和物流(货物以及服务、劳务提供方向)保持一致。"三流一致"的推论基础是:既然发票抬头的销售方和购买方之间为真实交易双方,那么销售方应该会直接把货物发给购买方,货款应由购买方直接支付给销售方(图 8-1)。如果三流不一致,则有可能面临虚开的判定而遭受不利的法律后果。

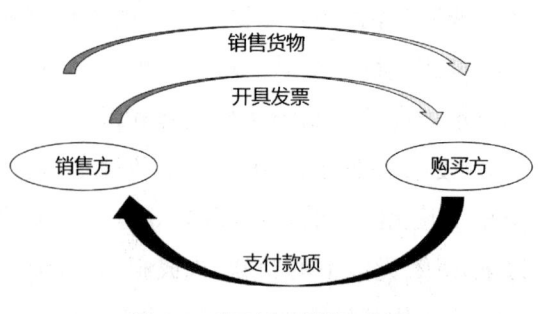

图 8-1 "三流一致"示意图

1. "三流一致"的由来

关于"三流一致"的最早文件出处,一般认为是《国家税务总局关于加强增值税征收管理若干问题的通知》(国税发〔1995〕192 号,以下简称 192 号文件)。该文件第一条"关于增值税一般纳税人进项税额的抵扣问题"第(三)项有以下规定,纳税人购进货物或应税劳务,支付运输费用,所支付款项的单位,必须与开具抵扣凭证的销货单位、提供劳务的单位一致,才能够申报抵扣进项税额,否则不予抵扣。

192 号文件大部分内容已被废止,但是上述条款仍然有效。目前普遍认为,192 号文件上述条款是"三流一致"特别是资金流一致的源头。

2. "三流一致"辨析

192 号文件中,"所支付款项的单位"到底是指付款方(购买方)还是支付对象即收款方(销售方、开票方)呢?有以下几种不同的观点。

观点 1:"所支付款项的单位"是指付款方。付款方必须与增值税专用发票中注明的购买方一致,即货物、劳务的购买方要抵扣增值税进项税,必须是其自己支付款项,如果不是其自己支付,导致名义上支付款项的单位和增值税专用发票中注明的购买方不一致,则不能抵扣进项税。

观点 2:"所支付款项的单位"是指支付对象即收款方。收款方(销售方、开票方)必须与发票的开具方一致,即不管谁支付价款,只要款项支付给收款方,也就是开具增值税专用发票的销货单位、提供劳务单位,就可以抵扣进项税。

至于款项是购买方支付的,还是委托其他人支付,不影响购买方进项税抵扣。

观点 3:以上两点都要一致。

仔细阅读 192 号文件,"纳税人购进货物或应税劳务,支付运输费用,所支付款项的单位,必须与开具抵扣凭证的销货单位一致、提供劳务的单位一致,才能够申报抵扣进项税额,否则不予抵扣"。显然,能够与"开具抵扣凭证的销货单位"一致的只能是收款方而不可能是付款方。结合上下文,"所支付款项的单位",应是指款项支付的对象,即"向谁支付"。因此,对 192 号文件此句的准确理解为应由销售方而非其他人收取货款,付款方取得的抵扣凭证才能予以抵扣进项税额。这里强调的是收款方与销售方(开票方)一致,而非他意。

"三流"不一致就不能抵扣,系对 192 号文件的误读,国家税务总局在对《国家税务总局关于纳税人对外开具增值税专用发票有关问题的公告》(国家税务总局公告 2014 年第 39 号)的解读中指出,"本公告是对纳税人的某一种行为不属于虚开增值税专用发票所做的明确,目的在于既保护好国家税款安全,又维护好纳税人的合法权益。换一个角度说,本公告仅仅界定了纳税人的某一行为不属于虚开增值税专用发票,并不意味着非此即彼,从本公告并不能反推出不符合三种情形的行为就是虚开"。"三流"一致的未必不是虚开,"三流"不一致的也未必是虚开。

3. 分公司采购总公司付款问题

《国家税务总局关于诺基亚公司实行统一结算方式增值税进项税额抵扣问题的批复》(国税函〔2006〕1211 号)规定:

"北京市国家税务局:

"你局《关于诺基亚公司采用总公司对北京、江苏和东莞三个地区分公司的购销业务实行统一结算方式涉及增值税进项税额抵扣问题的请示》(京国税发〔2004〕379 号)收悉。经研究,批复如下:

"对诺基亚各分公司购买货物从供应商取得的增值税专用发票,由总公司统一支付货款,造成购进货物的实际付款单位与发票上注明的购货单位名称不一致的,不属于《国家税务总局关于加强增值税征收管理若干问题的通知》(国税发〔1995〕192 号)第一条第(三)款有关规定的情形,允许其抵扣增值税进项税额。"(图 8-2)

其实,根据上面的分析,192 号文件对于进项税抵扣中强调的资金流一致,不是指实际付款方要与受票方一致,而是指实际收款方(支付对象)要与开票方一致。192 号文件中"所支付款项的单位",是指支付款项的对象,即只要求销售方即开票方与收款方要一致,并没有要求付款方和购买方一致。因此,即

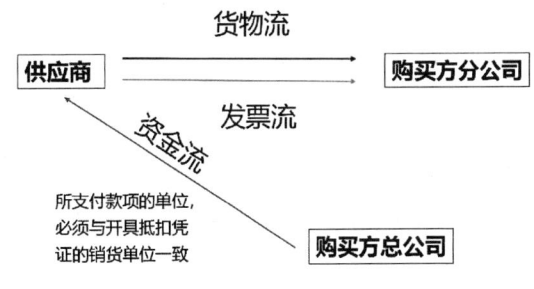

图 8-2 分公司采购总公司付款示意图

使没有国税函〔2006〕1211号文件这个答复,也能得出诺基亚这种"分公司采购总公司付款"的方式并不违反192号文件的规定,不影响购买方的增值税进项抵扣。

另外,2016年5月26日,国家税务总局在一次视频会政策问题解答中对住宿费发票进项税额抵扣的"三流一致"的答复值得我们关注。

"第二个问题是说纳税人取得服务品名为住宿费的增值税专用发票,但住宿费是以个人账户支付的,这种情况能否允许抵扣进项税?是不是需要以单位对公账户转账付款才允许抵扣?"回答是:"其实现行政策在住宿费的进项抵扣方面,从未作出过类似的限制性规定,纳税人无论是通过私人账户还是对公账户支付住宿费,只要其购买的住宿服务符合现行规定,都可以抵扣进项税。而且,需要补充说明的是,不仅是住宿费,对纳税人购进的其他任何货物、服务,都没有因付款账户不同,就不可以抵扣进项税额。"

4. "三流"不一致不必然构成虚开

"三流一致"是特定历史条件下产生的,192号文件产生于20世纪90年代,当时我国市场经济发展刚起步,物流产业尚处于萌芽状态,资金结算方式较为单一,大多数交易都是"一手交钱,一手交货",192号文件与当时的贸易现状相契合。在增值税税制改革之初,虚开增值税专用发票违法犯罪泛滥。作为业务真实发生的定性依据,把复杂的法律问题简化为发票、资金、货物三个要素;在总结税收征管经验的基础上,选取了实际虚开发票案件中易发、高发的问题点,实施税务管理的重点监管;发票、资金、货物的核验相对简单、容易取证,方便当时法律基础不高的基层税务人员执行。严苛的税收征管措施,有利于在增值税抵扣政策推行之初,迅速净化税收征管环境。

但随着市场经济的飞速发展,资金结算方式的多元化给现代贸易带来了新的发展机遇,市场经济离不开商业信用、离不开快捷的资金融通手段。在当今,"三流一致"与不断发展更新的商业模式已经不匹配,应当根据交易实质去判断交易主体是否存在虚开行为。不能再机械地要求"货物流、资金流、发票流"保持一致购买方才能抵扣进项。

5. 从《民法典》角度看"三流一致"问题

前面提到,192号文件只要求销售方即开票方与收款方要一致。其实,即便实际的收款方与销售方不一致——购买方没有将款项直接支付给销售方,而是支付给了销售方指定的第三方(比如说销售方欠第三方一笔款),也不应因此否定交易的真实性,甚至判定销售方开具发票为虚开发票。实际上,购买方将款项支付给销售方指定的第三方,就已经完成了对销售方的金钱给付义务,从实质上看,并没有违反192号文件的要求。

"三流一致"的观念已经跟不上经济社会的新模式、新业态的发展,所以用"三流"

是否一致来考量是否为虚开发票已和经济社会实际相脱节。因此,可以通过《民法典》中关于观念交付、第三方履行、债权债务转移的规定,再反思"三流一致"与虚开发票的判断。

1) 观念交付

《民法典》第二百二十四条规定,动产物权的设立和转让,自交付时发生效力,但是法律另有规定的除外。

观念交付,是指动产占有在观念上的移转而非现实上的移转。观念交付是民法上的物的交付类型,相对应的是现实交付。观念交付的类型包括简易交付、指示交付、占有改定。比如,指示交付,是指动产由第三人占有时,出让人将其对于第三人的返还请求权让与受让人,以代替交付。《民法典》第二百二十七条规定,动产物权设立和转让前,第三人占有该动产的,负有交付义务的人可以通过转让请求第三人返还原物的权利代替交付。例如,甲将其出租给丙的家具卖给乙,但是由于租赁期限未满,暂时无法收回,甲可以把其家具的返还请求权让与乙,以代替现实交付。到期后,丙将家具交付给乙即可。这时,不应担心货物流不一致问题,不会因为家具是甲卖给乙,事实上货物流是从丙发给乙,而不是甲发给乙,就认为货物流不一致,而不允许乙抵扣进项税额。

2) 第三方履行

① 债务人向第三人履行。《民法典》第五百二十二条规定,当事人约定由债务人向第三人履行债务,债务人未向第三人履行债务或者履行债务不符合约定的,应当向债权人承担违约责任(图 8-3)。

② 第三人向债权人履行。《民法典》第五百二十三条规定,当事人约定由第三人向债权人履行债务,第三人不履行债务或者履行债务不符合约定的,债务人应当向债权人承担违约责任(图 8-4)。

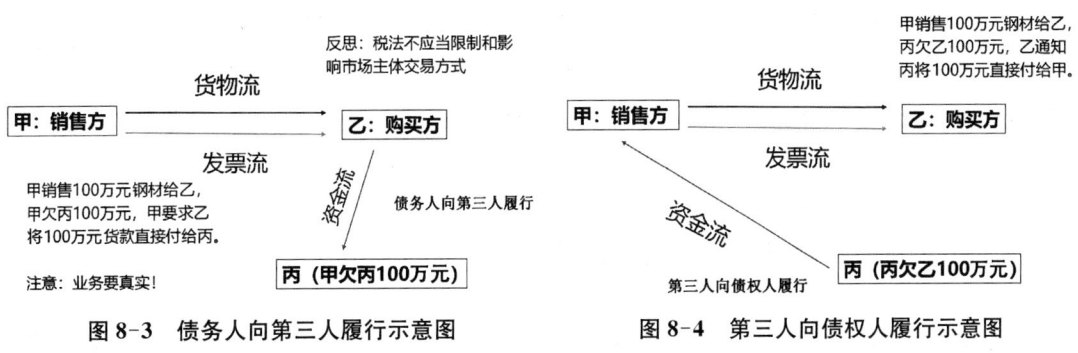

图 8-3　债务人向第三人履行示意图　　图 8-4　第三人向债权人履行示意图

3) 债权债务转移

(1) 债权转让。《民法典》第五百四十五条规定,除规定情形外,债权人可以将债权的全部或者部分转让给第三人(图 8-5)。

(2) 债务转移。《民法典》第五百五十一条规定,债务人将债务的全部或者部分转移给第三人的,应当经债权人同意(图 8-6)。

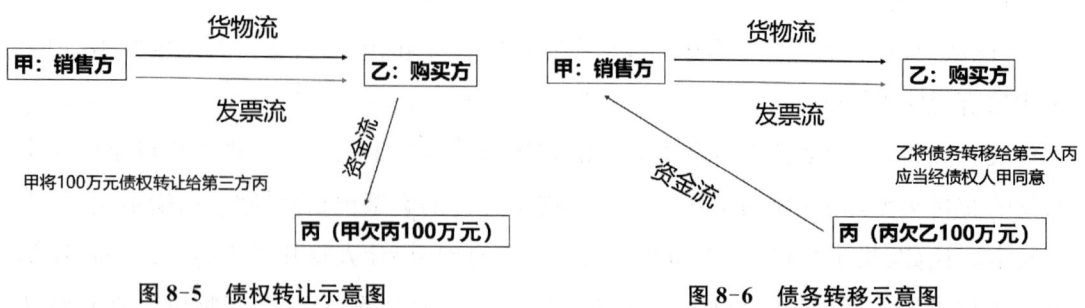

图 8-5 债权转让示意图　　　　　图 8-6 债务转移示意图

从以上分析可以看出,《民法典》中关于观念交付、第三方履行、债权债务的转移等规定,都会导致表面上的"三流"不一致。我们当然不能否定这些交易模式,也不能禁止其进项抵扣。因此,我们判断是否属于虚开、进项能否抵扣,应当关注的是业务是否真实,发票开具是否与真实业务相符,而不是简单地看"三流"是否一致。

(四) 虚开发票的预防

针对虚开发票问题,纳税人应当认真学习、提高警惕,认识到虚开发票的违法性。很多企业会在"无意"中取得虚开发票,必须采取有效的防范措施。一是仔细核对发票内容,包括货物内容、开票单位和汇款账户等信息,是否与业务实际发生情况、与实际销售单位相符;二是警惕违法从事虚开发票的"中间人",主观上拒绝诱惑,同时对供货单位以及相关业务联络人员的实际情况进行更细致的了解;三是及时查验发票的真实有效性,增值税专用发票和增值税普通发票可通过全国增值税发票查验平台辨认真伪。全国增值税发票查验平台的网址:https://inv-veri.chinatax.gov.cn。

需要提醒的是,税务人员和财务人员除了要学习《税收征收管理法》《发票管理办法》等税收法律法规,还要关注和学习《民法典》等法律。这样更有利于把握经济业务的实质,对虚开发票等问题进行准确的判断。

二、虚开增值税专用发票的刑事责任

近年来,文化传媒、影视企业等因虚开增值税专用发票或者虚开普通发票而被追究法律责任的案件时有发生。因此,文娱领域的相关企业和从业人员要高度关注并主动防范虚开发票的法律风险。

虚开增值税专用发票罪最高将面临 10 年以上有期徒刑，甚至无期徒刑。因此，在司法实践中，该项犯罪成为企业及企业老板、财务人员等最常见且最严重的涉税刑事法律风险。每年因为虚开增值税专用发票罪而被判刑的相关人员人数居高不下，系涉税领域第一大罪名。

虚开增值税专用发票税款数额 10 万元以上①，将面临 3 年以下有期徒刑或者拘役，2 万元以上 20 万元以下罚金；虚开税款数额 50 万元以上或者有其他严重情节的将面临 3 年以上 10 年以下有期徒刑，5 万元以上 50 万元以下罚金；虚开税款数额 250 万元以上或者有其他特别严重情节的，将面临 10 年以上有期徒刑或者无期徒刑，5 万元以上 50 万元以下罚金或者没收财产。

案例 8-5 | 影视公司虚开增值税专用发票，责任人被判刑

基本案情：

2014 年 10 月至 12 月，被告人黄××在与山东德州安乐××有限公司无真实交易的情况下，向该公司购买 32 张增值税专用发票，价税共计 371 万余元，税款共计 53 万余元，后被告人黄××将上述发票全部用于北京××影视文化传播有限公司抵扣税款。2015 年 9 月 7 日，被告人黄××经民警电话联系后主动到公安机关投案。现北京××影视文化传播有限公司已补缴全部税款。

裁判分析：

法院认为，被告人黄××在无真实交易的情况下，让他人为自己开具增值税专用发票，且虚开的税款数额较大，其行为已构成虚开增值税专用发票罪，依法应予惩处。鉴于被告人黄××系自首，并已补缴抵扣的税款，依法予以从轻处罚。

判决结果：

被告人黄××犯虚开增值税专用发票罪，判处有期徒刑 3 年，缓刑 3 年，并处罚金人民币 5 万元。

案例分析：

虚开增值税专用发票案件中，法院作出从轻、减轻判决的主要依据依然是法定量刑情节，包括自首、坦白和共同犯罪中的从犯地位等。基于虚开增值税专用发票罪会造成国家税收损失的特殊性，主动补缴税款、缴纳罚款、退赃等行为也是在认定犯罪严重程度时法院会特别关注的情节。

---

① 2022 年 4 月 29 日，最高人民检察院、公安部联合发布修订后的《关于公安机关管辖的刑事案件立案追诉标准的规定（二）》，自 2022 年 5 月 15 日施行。

(一) 虚开增值税专用发票概念

根据《最高人民法院关于适用〈全国人民代表大会常务委员会关于惩治虚开、伪造和非法出售增值税专用发票犯罪的决定〉的若干问题的解释》(法发〔1996〕30号)的规定,具有下列行为之一的,属于"虚开增值税专用发票":

(1) 没有货物购销或者没有提供或接受应税劳务而为他人、为自己、让他人为自己、介绍他人开具增值税专用发票。

(2) 有货物购销或者提供或接受了应税劳务但为他人、为自己、让他人为自己、介绍他人开具数量或者金额不实的增值税专用发票。

(3) 进行了实际经营活动,但让他人为自己代开增值税专用发票。

以上三种虚开增值税专用发票行为,就是通常所说的"无货虚开""有货虚开"和"非法代开"。

(二) 虚开增值税专用发票罪

《刑法》第二百零五条规定,虚开增值税专用发票或者虚开用于骗取出口退税、抵扣税款的其他发票的,处3年以下有期徒刑或者拘役,并处2万元以上20万元以下罚金;虚开的税款数额较大或者有其他严重情节的,处3年以上10年以下有期徒刑,并处5万元以上50万元以下罚金;虚开的税款数额巨大或者有其他特别严重情节的,处10年以上有期徒刑或者无期徒刑,并处5万元以上50万元以下罚金或者没收财产。

单位犯本条规定之罪的,对单位判处罚金,并对其直接负责的主管人员和其他直接责任人员,处3年以下有期徒刑或者拘役;虚开的税款数额较大或者有其他严重情节的,处3年以上10年以下有期徒刑;虚开的税款数额巨大或者有其他特别严重情节的,处10年以上有期徒刑或者无期徒刑。

虚开增值税专用发票或者虚开用于骗取出口退税、抵扣税款的其他发票,是指有为他人虚开、为自己虚开、让他人为自己虚开、介绍他人虚开行为之一的。

(三) 虚开增值税专用发票罪量刑标准

虚开增值税专用发票按以下情节进行定罪量刑:

(1) 立案追诉标准:虚开的税款数额在10万元以上,不足50万元的,处3年以下有期徒刑或者拘役,并处2万元以上20万元以下罚金。

(2) 数额较大:虚开的税款数额在50万元以上不足250万元的,处3年以上10年以下有期徒刑,并处5万元以上50万元以下罚金。

(3) 数额巨大:虚开的税款数额在250万元以上的,处10年以上有期徒刑或者无期徒刑,并处5万元以上50万元以下罚金或者没收财产。

案例 8-6 财务主管买票抵税被判刑 3 年

基本案情：

被告人刘×是北×公司财务主管。2013 年 5 月中旬，刘×从杨×（另案处理）处买了 300 万元人民币的增值税发票，按照总价 8% 付费，验票没问题后写了支出凭单，让周×按增值税发票总额 8% 给杨×银行账户转账，共转了 24 万余元。之后这些增值税发票在 5 月、6 月分别入账。北×公司于 6 月初和 7 月初将发票认证并抵扣，抵扣税款人民币 44.5 万元。

老板王×是被告单位北×公司的实际经营人，该公司是一般纳税人，刘×是该公司的会计。王×不清楚北×公司与北京×1 商贸有限公司和北京×商贸有限公司之间是否有业务往来，被抓之后才知道接受过北京×商贸有限公司、北京×1 商贸有限公司开具增值税专用发票的事情。王×自述，刘×在 2013 年年初好像和王×提过找一些增值税发票抵税的事情，王×当时没同意。

判决结果：

被告单位北×公司犯虚开增值税专用发票罪，判处罚金 40 万元；被告人刘×犯虚开增值税专用发票罪，判处有期徒刑 3 年，缓刑 5 年。

案例分析：

本案中，财务主管刘×对虚开发票犯罪起了主要作用，主动提出要买票抵税、主动联系购买虚开发票、安排出纳转账支付开票费等，最终构成虚开增值税专用发票罪，被判处有期徒刑 3 年，缓刑 5 年。

有人感慨，会计"赚的是卖白菜的钱，担的是卖白粉的风险"，这样说不无道理，也算是一种民间的风险警示。财务人员一定要加强学习，敬畏法律，规范操作，对于虚开发票等违法行为要做到"不主动""不参与""不知情"，远离虚开风险，不做"背锅侠"。

(四) 常见的几种不属于虚开增值税专用发票的情形

虚开增值税专用发票，属于比较严重的刑事犯罪，这一刑事风险当然要格外重视，但也不能谈"票"色变。不能因为防范风险而影响正常的经济业务和交易安全，比如住宾馆，开张发票都要提供营业执照等烦琐的资料，实属没有必要。通常情况下，真实发生交易并且如实开具增值税专用发票的，自然不是虚开，但实际经济活动中会发生各种各样的情形，因此，不能随意地得出虚开的结论。

虚开增值税专用发票，以危害税收征管罪入刑，属于比较严重的刑事犯罪。纳税人对外开具增值税专用发票，是否属于虚开增值税专用发票，需要以事实为依据，准确进行界定。为此，国家税务总局制定发布了国家税务总局 2014 年第 39 号公告。该公告明确,纳税人通过虚增增值税进项税额偷逃税款,但对外开具增值税专用发票的同时符合以下情形的,不属于虚开增值税专用发票,受票方取得的增值税专用发票可以作为增值税扣税凭证抵扣进项税额:

(1) 纳税人向受票方纳税人销售了货物,或者提供了增值税应税劳务、应税服务。

(2) 纳税人向受票方纳税人收取了所销售货物、所提供应税劳务或者应税服务的款项,或者取得了索取销售款项的凭据。

(3) 纳税人按规定向受票方纳税人开具的增值税专用发票相关内容,与所销售货物、所提供应税劳务或者应税服务相符,且该增值税专用发票是纳税人合法取得、并以自己名义开具的。

根据国家税务总局2014年第39号公告的规定,常见的几种不属于虚开增值税专用发票的情形,需要关注。

情形1:先卖后买。

所谓"先卖后买",是指纳税人将货物销售给下家在前,从上家购买货物在后。纳税人对外开具的销售货物的增值税专用发票,纳税人应当拥有货物的所有权,包括以直接购买方式取得货物的所有权,也包括"先卖后买"方式取得货物的所有权。业务真实的前提下,"先卖后买"而开具增值税专用发票的不属于虚开。

情形2:先收款后服务。

正常经营的研发企业,与客户签订了研发合同,收取了研发费用,开具了增值税专用发票,但研发服务还没有发生或者还没有完成。这种情况下,交易真实,只是有一定时间差,这种交易方式并不违反国家强制性规定,这对研发等企业来说是很常见的情况,不属于虚开增值税专用发票。这种情况下不能因为不符合"向受票方纳税人销售了货物,或者提供了增值税应税劳务、应税服务",就判定研发企业虚开增值税专用发票。

情形3:挂靠经营。

以挂靠方式开展经营活动在社会经济生活中普遍存在,在这一经营活动中,存在着一定的虚开增值税专用发票的风险,需要甄别不同情形加以防范。

首先,如果挂靠方以被挂靠方的名义,向受票方纳税人销售货物、提供增值税应税劳务或者应税服务,应以被挂靠方为纳税人。被挂靠方作为货物的销售方或者应税劳务、应税服务的提供方,按照相关规定向受票方开具增值税专用发票,则不属于虚开增值税专用发票,受票方可以抵扣进项税额。

其次,如果挂靠方以自己的名义向受票方纳税人销售货物、提供增值税应税劳务或者应税服务,被挂靠方与此项业务无关,则应以挂靠方为纳税人。这种情况下,被挂靠方向受票方纳税人就该项业务开具增值税专用发票,则存在涉嫌虚开增值税专用发票的风险。

需要提醒的是,对纳税人的某一种行为不属于虚开增值税专用发票所作的明确,目的在于既保护好国家税款安全,又维护好纳税人的合法权益。换一个角度说,国家税务总局2014年第39号公告仅仅界定了纳税人的某一行为不属于虚开增值税专用发票,并不意味着非此即彼,并不能反推出不符合三种情形的行为就是虚开。

(五)虚开增值税专用发票刑事案件查处的最新变化

2020年7月22日,最高人民检察院在《最高人民检察院关于充分发挥检察职能服务保障"六稳""六保"的意见》(高检发〔2020〕10号印发)中指出,依法慎重处理企业涉税案件。注意把握一般涉税违法行为与以骗取国家税款为目的的涉税犯罪的界限,对于有实际生产经营活动的企业为虚增业绩、融资、贷款等非骗税目的且没有造成税款损失的虚开增值税专用发票行为,不以虚开增值税专用发票罪定性处理,依法作出不起诉决定的,移送税务机关给予行政处罚。

高检发〔2020〕10号文件还强调落实"少捕""少押""慎诉"的司法理念。适应新时期犯罪形势变化,在保持对少数严重暴力犯罪和恶性犯罪从严打击绝不放过的同时,对认罪认罚、轻刑犯罪充分适用依法从宽的刑事政策,促进社会综合治理。一是坚持依法能不捕的不捕。审查批捕环节,注重将犯罪嫌疑人认罪认罚积极复工复产、开展生产自救、努力保就业岗位作为审查判断有无社会危险性的重要考量因素。二是积极探索总结非羁押性强制措施适用经验。推动完善取保候审制度,进一步探索使用电子手铐、赔偿保证金等措施,积极推广适用电子监控措施执行监视居住。认真履行羁押必要性审查职责,减少不必要的羁押。三是坚持依法能不诉的不诉。依法行使不起诉裁量权,逐步扩大酌定不起诉在认罪认罚案件中的适用,鼓励和促使更多的犯罪嫌疑人、被告人认罪服法,化解社会矛盾,减少社会对抗,提升司法效率,确保办案效果。四是综合运用刑事追诉和行政处罚、经济处罚措施。依法作出酌定不起诉决定的,要根据案件情况,对被不起诉人予以训诫或者责令具结悔过、赔礼道歉、赔偿损失。需要给予行政处罚的,提出检察意见移送有关主管机关处理,防止不起诉后一放了之。

这些规定与最高人民法院有关文件的精神一致。最高人民法院2001年答复福建省高级人民法院请示泉州市松苑锦涤实业有限公司等虚开增值税专用发票案、2004年的《全国法院经济犯罪案件审判工作座谈会综述》及《最高人民法院研究室〈关于如何认定以"挂靠"有关公司名义实施经营活动并让有关公司为自己虚开增值税专用发票行为的性质〉征求意见的复函》(法研〔2015〕58号)等文件都明确,虚开增值税专用发票定罪需具备偷逃税款的目的。

高检发〔2020〕10号文件反映了我国司法机关对于虚开犯罪的一种宽容理性的态度,即更强调本罪的目的和结果,而不完全以早前的行为犯为定性虚开作为理论支撑。但不得不说的是,目前,虚开发票的案件数量依旧居高不下,而且呈逐年递增的态势。受案件具有复杂性和多样性、法官的自由心证有所不同等多因素影响,在司法实践中并不能保证司法裁判的完全一致性。因此,虚开发票依旧是企业和相关人员需要格外关注的法律风险。

案例8-7 影视公司涉嫌虚开,财务人员如实供述认罪认罚,检察机关不起诉

天津市武清区人民检察院
不起诉决定书

津武检三部刑不诉〔2020〕7号

被不起诉人姜某某,女,1976年××月××日出生,居民身份证号码2103811976********,汉族,群众,××司××,大学专科文化,辽宁省海城市人,户籍地海城市××街××路××号楼××号,现住北京市朝阳区××号。因涉嫌虚开增值税专用发票罪,于2019年5月16日被天津市公安局武清分局刑事拘留,于2019年5月30日被天津市公安局武清分局取保候审,于2019年9月3日被本院取保候审。

本案由天津市公安局武清分局侦查终结,以被不起诉人姜某某涉嫌虚开增值税专用发票罪,于2019年8月29日向本院移送审查起诉。本院审查期间,分别于2019年9月30日、2019年12月14日、2020年2月24日延长审查起诉期限15日,分别于2019年10月14日、2019年12月27日退回侦查机关补充侦查,侦查机关于2020年1月23日补充侦查完毕,再次移送审查起诉。

经本院依法审查查明:

被不起诉人姜某某于2018年10月至2019年4月间,以其任财务人员的北京××××影视文化传播有限公司(以下简称××××公司)缺少进项发票为由,经与××司××预谋,在无真实交易的情况下,接受销售方为××××(天津)科技有限××司,购买方为××××公司的增值税专用发票19份,价税合计人民币180万元,其中税额175 081元已申报抵扣。税款已补缴。

被不起诉人姜某某主动投案并如实供述自己的犯罪行为。

认定上述事实的证据如下:

(1) 证人杭某某、高某某等人证言。

(2) 增值税专用发票、税务机关调查报告、纳税申报表、完税证明等书证。

(3) 被不起诉人姜某某供述和辩解等。

本院认为,被不起诉人姜某某作为单位的直接责任人员,实施了《刑法》第二百零五条规定的行为,但犯罪情节轻微,有坦白情节,自愿认罪认罚,已补缴税款,根据《刑法》第三十七条之规定,不需要判处刑罚。依据《刑事诉讼法》第一百七十七条第二款之规定,决定对姜某某不起诉。

被不起诉人如果不服本决定,可以自收到本决定书后七日内向本院申诉。

天津市武清区人民检察院
2020年3月5日

三、虚开普通发票的刑事风险

虚开增值税专用发票将面临严重的刑事法律风险,已引起大家的高度重视。但是文娱领域相关企业和从业人员对虚开普通发票的风险认识不足,防范措施不到位。区别于可以作为进项抵扣凭证的增值税专用发票、农产品收购发票、农产品销售发票等,虚开不能抵扣进项的发票,通常称为虚开其他发票或者虚开普通发票。

(一)虚开发票罪的由来

虚开增值税专用发票罪最初是1995年公布的《全国人大常委会关于惩治虚开、伪造和非法出售增值税专用发票犯罪的决定》设立的,并于次年写入《刑法》。而虚开发票罪是2011年《刑法修正案(八)》才增加的罪名,将虚开普通发票的行为由行政处罚上升到了刑事处罚。一方面,虚开增值税专用发票罪立法更久远,另一方面,虚开增值税专用发票罪的刑事处罚更重。因此,对于增值税专用发票的虚开风险,大家似乎更为关注和重视。不过,虚开普通发票情节严重的也会构成犯罪,需要企业和相关人员引起重视,积极防范虚开普通发票的刑事风险。

(二)虚开发票罪的法律规定

《刑法》第二百零五条之一规定,虚开《刑法》第二百零五条规定以外的其他发票,情节严重的,处2年以下有期徒刑、拘役或者管制,并处罚金;情节特别严重的,处2年以上7年以下有期徒刑,并处罚金。

单位犯上述罪的,对单位判处罚金,并对其直接负责的主管人员和其他直接责任人员,依照上述的规定处罚。

(三)虚开发票罪的立案追诉标准

新《立案追诉标准(二)》第五十七条"虚开发票案(刑法第二百零五条之一)"规定,虚开《刑法》第二百零五条规定以外的其他发票,涉嫌下列情形之一的,应予立案追诉:

（1）虚开发票金额累计在 50 万元以上的。

（2）虚开发票 100 份以上且票面金额在 30 万元以上的。

（3）5 年内因虚开发票受过刑事处罚或者二次以上行政处罚，又虚开发票，数额达到第一、二项标准 60% 以上的。

新《立案追诉标准（二）》相比原标准有 4 点变化：①将"虚开金额累计在 40 万元以上的"提高至"虚开发票金额累计在 50 万元以上的"；②将"虚开发票 100 份以上"修改为"虚开发票 100 份以上且票面金额在 30 万元以上的"；③将"虽未达到上述数额标准，但 5 年内因虚开发票行为受过行政处罚二次以上，又虚开发票的"修改为"5 年内因虚开发票受过刑事处罚或者二次以上行政处罚，又虚开发票，数额达到第一、二项标准 60% 以上的"；④删除了"其他情节严重的情形"。

案例 8-8　冒用他人身份注册公司，向传媒影视公司虚开发票被判刑

基本案情：

2014 年 12 月，被告人许×华冒用廖×志、余×刚、冯×生、宋×书等人的身份，通过代办公司在工商部门注册登记了海南 QLHX 实业有限公司（以下简称 QLHX 公司）、海南 HPY 贸易有限公司（以下简称 HPY 公司）、海南 GY 贸易有限公司（以下简称 GY 公司）等公司。被告人许×华在没有开展实际业务的情况下，雇佣宋×书到税务部门申领发票。2014 年 12 月 26 日至 2015 年 1 月 11 日，被告人许×华以 GY 公司名义给海南电×传媒影视有限公司等 29 家公司虚开发票 84 份，票面金额共计 6 840 691 元。2014 年 12 月 26 日至 2015 年 1 月 18 日，被告人许×华以 QLHX 公司名义给海南昌×实业有限公司等 36 家公司虚开发票 100 份，票面金额共计 8 542 736 元。2015 年 3 月 5 至 18 日，被告人许×华以 HPY 公司名义给海×集团有限公司等 11 家公司虚开发票 64 份，票面金额共计 5 762 201 元，其中 42 份发票被出售给海×集团有限公司，票面金额共计 4 159 975 元。

判决结果：

被告人许×华犯非法制造、出售非法制造的发票罪，判处有期徒刑 6 个月，并处罚金人民币 10 000 元；犯非法出售发票罪，判处有期徒刑 2 年，并处罚金人民币 50 000 元；犯虚开发票罪，判处有期徒刑 2 年 1 个月，并处罚金人民币 20 000 元；数罪并罚，决定执行有期徒刑 2 年 6 个月，并处罚金人民币 80 000 元。

案例分析：

本案中被告人虚开发票的金额远远超过虚开发票罪的立案追诉标准，因此，被司法机关认定为犯虚开发票罪，被判处有期徒刑和罚金。

案例 8-9 文化传媒有限公司虚开发票赚取开票费被判刑

基本案情:

被告人彭某经营青岛源×文化传媒有限公司和青岛奥×文化传媒有限公司期间,为非法牟利,应被告人薛某等人的要求,以收取票面金额3%~4%的开票费,为没有真实业务的企业虚开发票共计172份,虚开发票金额977.85万余元。具体分述如下:

(1) 2011年1月至2012年6月,被告人安某在担任青岛华××有限公司财务经理期间,经公司负责人被告人李某甲的同意,在无真实业务情况下,指使公司会计被告人金某通过薛某提供帮助,以支付票面金额3.5%的开票费,从彭某经营的青岛源×文化传媒有限公司为青岛华××有限公司虚开发票共计7份,虚开发票金额63万元。2012年7月至2014年3月,被告人杜某在担任青岛华××有限公司财务经理期间,经公司负责人李某甲的同意,在无真实业务情况下,指使公司会计金某通过薛某提供帮助,以支付票面金额3.5%的开票费,从彭某经营的青岛源×文化传媒有限公司和青岛奥×文化传媒有限公司为青岛华××有限公司虚开发票共计35份,虚开发票金额239万元。

被告人薛某、李某甲、金某虚开发票共计42份,虚开发票金额302万元。

(2) 2012年7月至2012年12月,被告人王某甲在青岛驰铭××国际文化传媒有限公司任职期间,以支付票面金额3%~4%的开票费,从没有真实业务的彭某经营的青岛源×文化传媒有限公司和青岛奥×文化传媒有限公司为青岛驰铭××国际文化传媒有限公司虚开发票共计24份,虚开发票金额121.85万元。2012年6月至2012年12月,被告人王某甲任职的青岛驰铭××国际文化传媒有限公司与青岛××国际文化传播有限公司做业务期间,在无真实业务情况下,以支付票面金额3%~4%的开票费,从没有真实业务的彭某经营的青岛源×文化传媒有限公司和青岛奥×文化传媒有限公司为青岛××国际文化传播有限公司虚开发票共计17份,虚开发票金额69万余元。2012年7月至2012年10月,被告人王某甲帮助青岛圣××服务有限公司人员,以支付票面金额3%~4%的开票费,从没有真实业务的彭某经营的青岛源×文化传媒有限公司和青岛奥×文化传媒有限公司为青岛圣××服务有限公司虚开发票共计15份,虚开发票金额75.5万余元。

被告人王某甲共计虚开发票56份,虚开发票金额266.35万余元。

(3) 2012年7月至2013年1月,被告人李某乙在经营青岛艾×文化传播有限公司期间,以支付票面金额3%~4%的开票费,从没有真实业务的彭某经营的青岛源×文化传媒有限公司和青岛奥×文化传媒有限公司为青岛艾×文化传播有限公司虚开发票共计17份,虚开发票金额79.5万元。2012年5月至2012年12月,被告人李某乙帮助青岛友×文化传媒有限公司的业务员,以支付票面金额3‰~4‰的开票费,从没有真实业务的彭某经营的青岛源×文化传媒有限公司和青岛奥×文化传媒有限公司为青岛友×文化传媒有限公司虚开发票共计30份,虚开发票金额165万余元。

被告人李某乙共计虚开发票47份,虚开发票金额244.5万余元。

(4) 2012年3月至2013年1月,被告人彭某以收取票面金额4‰的开票费,从其经营的青岛源×文化传媒有限公司和青岛奥×文化传媒有限公司为没有真实业务的青岛××国际文化传媒有限公司虚开发票共计27份,虚开发票金额165万元。

裁判分析:

法院认为,被告单位青岛华××有限公司、青岛艾×文化传播有限公司让他人为本单位虚开普通发票,情节严重;被告人彭某为他人虚开普通发票,情节特别严重;被告人薛某介绍他人虚开普通发票,情节严重;被告人李某甲、金某、王某甲、李某乙、杜某、安某作为单位的主管人员和直接责任人员,虚开发票,情节严重,被告人王某甲、李某乙同时又介绍他人虚开发票,情节严重,其行为均构成虚开发票罪。公诉机关指控成立,应予支持。关于被告人彭某虚开发票是否达到情节特别严重的量刑标准,应结合虚开发票的累计金额和违法所得等因素综合认定。本案中,被告人彭某虚开发票的金额高达900余万元,其违法所得也超过30余万元,属于情节特别严重的情形。对辩护人关于彭某虚开发票未达到情节特别严重的辩护意见不予采纳。被告人彭某、王某甲主动投案,到案后如实供述自己的罪行;被告人薛某、李某甲、金某、李某乙、杜某、安某经电话传唤到案,到案后如实供述自己的罪行,均系自首,依法可以从轻处罚。被告人彭某的亲属代为退赃,可以酌情对其从轻处罚。鉴于被告人金某犯罪情节轻微,不需要对其判处刑罚,依法可以免予刑事处罚。鉴于被告人彭某、薛某、李某甲、王某甲、李某乙、杜某、安某有悔罪表现,没有再犯罪的危险,宣告缓刑对其所居住的社区没有重大不良影响,依法可以宣告缓刑。

判决结果:

1. 被告单位青岛华××有限公司犯虚开发票罪,判处罚金20万元。(罚金已缴纳)

被告单位青岛艾×文化传播有限公司犯虚开发票罪,判处罚金5万元。(罚金已缴纳)

被告人彭某犯虚开发票罪,判处有期徒刑3年,缓刑3年,并处罚金20万元。(缓刑考验期限,从判决确定之日起计算。罚金已缴纳)

被告人薛某犯虚开发票罪,判处有期徒刑1年9个月,缓刑2年,并处罚金6万

元。(缓刑考验期限,从判决确定之日起计算。罚金已缴纳)

被告人李某甲犯虚开发票罪,判处有期徒刑1年9个月,缓刑2年。(缓刑考验期限,从判决确定之日起计算)

被告人金某犯虚开发票罪,免予刑事处罚。

被告人王某甲犯虚开发票罪,判处有期徒刑1年6个月,缓刑2年,并处罚金2万元。(缓刑考验期限,从判决确定之日起计算。罚金已缴纳)

被告人李某乙犯虚开发票罪,判处有期徒刑1年6个月,缓刑2年,并处罚金4万元。(缓刑考验期限,从判决确定之日起计算。罚金已缴纳)

被告人杜某犯虚开发票罪,判处有期徒刑1年6个月,缓刑2年。(缓刑考验期限,从判决确定之日起计算)

被告人安某犯虚开发票罪,判处有期徒刑6个月,缓刑1年。(缓刑考验期限,从判决确定之日起计算。罚金已缴纳)

2. 对被告人彭某违法所得30万元依法没收。

第三节 隐匿、销毁账簿凭证的法律责任与案例分析

隐匿、销毁账簿凭证违反了《税收征收管理法》《会计法》关于妥善保管账簿凭证的规定,依法应承担罚款等行政责任;情节严重的还可能构成犯罪,而面临有期徒刑等刑事责任。企业及相关人员应当依法妥善保管账簿、记账凭证等,不得隐匿或擅自销毁,否则将面临行政和刑事法律风险。

一、隐匿、损毁账簿凭证的行政责任

日常管理中,企业应当按规定的保管期限妥善保管账簿、记账凭证、完税凭证及其他有关资料。账簿、记账凭证、完税凭证及其他有关资料不得伪造、变造或者擅自损毁。根据《税收征收管理法》第六十条的规定,未按照规定设置、保管账簿或者保管记账凭证和有关资料的,由税务机关责令限期改正,可以处2 000元以下的罚款;情节严重的,处2 000元以上1万元以下的罚款。

《会计法》第四十二条至第四十五条规定了对隐匿或者故意销毁会计资料的行政处罚:对单位、直接负责的主管人员和其他直接责任人员处以罚款,其中的会计人员,5年内不得从事会计工作。

在面对税务稽查时,有人会误以为把账簿凭证隐匿、销毁,稽查人员就查不出偷税

等问题,大不了罚点款。这种想法是错误的,而且会给自身带来较大风险。根据《税收征收管理法》第七十条和《税收征收管理法实施细则》第九十六条的规定,纳税人、扣缴义务人提供虚假资料,不如实反映情况,拒绝提供有关资料的或者在检查期间转移、隐匿、损毁、丢弃有关资料逃避、拒绝、阻挠税务机关检查的,由税务机关责令改正,可以处1万元以下的罚款;情节严重的,处1万元以上5万元以下的罚款。

案例8-10 浙江某公司不配合检查被罚5万元

国家税务总局××市税务局第二稽查局

税务行政处罚事项告知书

杭税二稽罚告〔2020〕545号

浙江LY资产管理有限公司:(纳税人识别号:913301065579*****2U)

对你单位的税收违法行为拟作出行政处罚决定,根据《税收征收管理法》第八条、《行政处罚法》第三十一条规定,现将有关事项告知如下:

1. 税务行政处罚的事实依据、法律依据及拟作出的处罚决定:

浙江LY资产管理有限公司在送达《责令限期改正通知书》后仍未改正,不配合检查。

根据《税收征收管理法》第七十条之规定,拟处罚款合计50 000元。

2. 你单位有陈述、申辩的权利。请在我局作出税务行政处罚决定之前,到我局进行陈述、申辩或自行提供陈述、申辩材料;逾期不进行陈述、申辩的,视同放弃权利。

3. 若拟对你单位罚款10 000元(含10 000元)以上,你单位有要求听证的权利。可自收到本告知书之日后3日内向本局书面提出听证申请;逾期不提出,视为放弃听证权利。

2020年12月11日

二、隐匿、销毁账簿凭证的刑事责任

《刑法》第一百六十二条之一规定,隐匿或者故意销毁依法应当保存的会计凭证、会计账簿、财务会计报告,情节严重的,处5年以下有期徒刑或者拘役,并处或者单处2万元以上20万元以下罚金。

单位犯上述罪的,对单位判处罚金,并对其直接负责的主管人员和其他直接责任人员,依照上述的规定处罚。

根据新《立案追诉标准(二)》第八条的规定,隐匿或者故意销毁依法应当保存的会计凭证、会计账簿、财务会计报告,涉嫌下列情形之一的,应予立案追诉:

（1）隐匿、故意销毁的会计凭证、会计账簿、财务会计报告涉及金额在50万元以上的。

（2）依法应当向监察机关、司法机关、行政机关、有关主管部门等提供而隐匿、故意销毁或者拒不交出会计凭证、会计账簿、财务会计报告的。

（3）其他情节严重的情形。

 案例 8-11 故意销毁会计凭证，两经理被判刑

基本案情：

2015年6月19日，被告人艾祖×（公司总经理）、陈×林（公司副总经理）为解决林区广电网络公司一些不好处理的账目及公司福利，以王×奇的名义成立了神农架SH科技有限公司（以下简称SH公司），公司实际管理运营人为艾祖×和陈×林。2019年6月上旬，被告人艾祖×听闻神农架林区在调查SH公司的财务账目，认为SH公司已不再经营，会计凭证、会计账簿留着无用，遂安排被告人陈×林将凭证、账簿销毁。被告人陈×林前往SH公司办公室，将档案柜中4个装有会计凭证、会计账簿的盒子拿走，丢弃至神农架林区神农一品小区门口的铁皮垃圾箱内。经核实，被销毁的会计凭证、会计账簿账面金额共计305.14万元。

裁判分析：

法院经审理认为，两被告人故意销毁依法应当保存的会计凭证，情节严重，其行为构成故意销毁会计凭证罪，应予依法惩处。

判决结果：

被告人艾祖×犯故意销毁会计凭证、会计账簿罪，被判处有期徒刑7个月。被告人陈×林犯故意销毁会计凭证、会计账簿罪，被判处有期徒刑6个月。

三、会计资料保管要求

在涉及虚开、逃税等涉税案件对业务真实性的审核时，纳税人通常需要通过合同、资金流、物流、会计账簿等形式性的文件来证明其交易真实性和合规性。因此，对会计账簿保存的要求会越来越高，如果没有妥善保存，在面临税务稽查时很有可能面临对自己不利的后果。因此，对纳税人而言，妥善保管合同、物流单据、会计账簿、会计凭证等财务资料有其现实必要性。会计账簿等财务资料的保管年限按照修订后《会计档案管理办法》执行，其在2016年1月1日正式施行，会计账簿主要有总账、明细账、现金和银行存款日记账、固定资产卡片以及其他辅助账簿。其保管年限是30年。

会计档案的保管期限分为永久保管和定期保管两种。永久保存的会计资料就需

要永久保存，不能销毁。定期保管期限分为 10 年和 30 年两类。通常分为四类，第一类是会计凭证，包括原始凭证和记账凭证，需要保管 30 年；第二类是会计账簿，需要保管 30 年；第三类是财务会计报告，其中的月度、季度、半年度财务会计报告需要保管 10 年，而年度的财务会计报告需要永久保存；第四类是其他会计资料，会计档案保管清单、会计档案销毁清单以及会计档案鉴定意见书需要永久保存，银行对账单、银行存款余额调节表以及纳税申报表保管年限是 10 年，会计档案移交清册是保管 30 年。

针对现在不少企业已经实行了电算化，会计资料都是储存在计算机里面，《会计档案管理办法》提出了如下要求：

（1）电子会计资料来源真实有效，由计算机等电子设备形成和传输。

（2）会计凭证、会计账簿、财务会计报表等会计资料要打印出来，需要符合国家标准归档格式，并且设定经办、审核、审批等必要的审签程序。

（3）电子档案管理系统要符合电子档案的长期保管要求。

（4）要有防止电子会计档案被篡改的措施。

（5）电子会计档案要有备份制度。

（6）电子会计资料附有符合《电子签名法》规定的电子签名。

第四节　文娱领域逃避追缴欠税的法律责任与案例分析

欠税，是指纳税人超过税收法律、行政法规规定的期限或者纳税人超过税务机关依照税收法律、行政法规规定确定的纳税期限未缴纳的税款。欠税包括：办理纳税申报后，纳税人未在税款缴纳期限内缴纳的税款；经批准延期缴纳的税款期限已满，纳税人未在税款缴纳期限内缴纳的税款；税务检查已查定纳税人的应补税额，纳税人未在税款缴纳期限内缴纳的税款，等等。对于欠税，税务机关会依法采取相应措施进行追缴。最好的做法自然是在规定的期限内筹集资金，尽快将所欠税款缴纳完毕，避免缴纳过多的滞纳金。但现实中，部分纳税人欠税后，不仅没有积极缴纳，还转移或者隐匿财产妨碍税务机关追缴欠税，这就可能涉及行政责任和刑事责任的承担。

一、逃避追缴欠税的行政责任

《税收征收管理法》第六十五条规定，纳税人欠缴应纳税款，采取转移或者隐匿财产的手段，妨碍税务机关追缴欠缴的税款的，由税务机关追缴欠缴的税款、滞纳金，并处欠缴税款 50% 以上 5 倍以下的罚款；构成犯罪的，依法追究刑事责任。

(一) 逃避追缴欠税的行为特征

逃避追缴欠税是指纳税义务人在欠缴应纳税款的情况下,采取转移或者隐匿财产的手段,以对抗税务机关的追缴,逃避国家税收的行为。这里所说的"采取转移或者隐匿财产的手段",是指纳税人在欠缴税款的情况下,将其所有的财产,转移隐藏起来,使税务机关无法根据法律、行政法规的有关规定,对其采取相应的行政强制措施而追缴其所欠税款。逃避追缴欠税的行为应当是欠缴税款的纳税人的故意行为,纳税人在欠缴税款的情况下,因正常的经营或交易而向他人支付资金或者转移财产的行为,不属于《税收征收管理法》所说的转移或者隐匿财产,妨碍税务机关追缴欠缴的税款的行为。

欠税,是指纳税人超过税收法律、行政法规规定的期限或者纳税人超过税务机关依照税收法律、行政法规规定确定的纳税期限未缴纳的税款,包括:

(1) 办理纳税申报后,纳税人未在税款缴纳期限内缴纳的税款。

(2) 经批准延期缴纳的税款期限已满,纳税人未在税款缴纳期限内缴纳的税款。

(3) 税务检查已查定纳税人的应补税额,纳税人未在税款缴纳期限内缴纳的税款。

(4) 税务机关根据《税收征收管理法》第二十七条、第三十五条核定纳税人的应纳税额,纳税人未在税款缴纳期限内缴纳的税款。

(5) 纳税人的其他未在税款缴纳期限内缴纳的税款。

(二) 逃避追缴欠税的后果

纳税人欠缴应纳税款,采取转移或者隐匿财产的手段,妨碍税务机关追缴欠缴的税款的,首先由税务机关追缴欠缴的税款、滞纳金,以纠正违法行为人的违法行为,保证国家税收不受损失。同时,应当由税务机关对其处以不缴或者少缴的税款50%以上5倍以下的罚款。

 案例 8-12 某服务公司因逃避追缴欠税被处罚

某自治州税务局稽查局检查发现,祁连××服务有限公司于2018年10月20日申报税款所属期为2018年7月1日至2018年9月30日的增值税应纳税额47 513.37元、城市维护建设税2 375.67元,2019年1月10日申报税款所属期为2018年10月1日至2018年12月31日的增值税应纳税额11 528.62元、城市维护建设税576.43元,以上应纳税款合计61 994.09元,均逾期未缴纳应纳税款,经主管税务机关依法责令限期缴纳后依然拒不缴纳。(主管税务机关依法公告该祁连××饭店服务有限公司所欠缴的应纳税款61 994.09元。)

经查,欠缴应纳税款期间,祁连××服务有限公司转让经营权的所得足够缴纳税款,但祁连××服务有限公司采取将转让所得直接转入个人账户的隐匿财产手段,妨碍主管税务机关追缴欠缴税款。稽查局根据《税收征收管理法》第六十五条"纳税人欠缴应纳税款,采取转移或者隐匿财产的手段,妨碍税务机关追缴欠缴的税款的,由税务机关追缴欠缴的税款、滞纳金,并处欠缴税款百分之五十以上五倍以下的罚款;构成犯罪的,依法追究刑事责任"之规定,决定对祁连××服务有限公司处以欠缴税款50%的罚款30 997.05元。

二、逃避追缴欠税的刑事责任

实践中,部分纳税人产生欠税后,会通过一些手段逃避纳税义务,比如采取将资金转入其他单位或个人账户、不动产过户到他人名下等各种手段转移或者隐匿财产,导致税务机关无法追缴欠税。但这样做是有风险的,即逃避追缴欠税的行为很可能要承担行政责任和刑事责任。

《刑法》第二百零三条"逃避追缴欠税罪"规定,纳税人欠缴应纳税款,采取转移或者隐匿财产的手段,致使税务机关无法追缴欠缴的税款,数额在1万元以上不满10万元的,处3年以下有期徒刑或者拘役,并处或者单处欠缴税款1倍以上5倍以下罚金;数额在10万元以上的,处3年以上7年以下有期徒刑,并处欠缴税款1倍以上5倍以下罚金。

逃避追缴欠税款罪是故意犯罪,是纳税人采取本条规定的手段逃避纳税。构成本罪是以纳税人欠缴应纳税款为前提的,在欠税情况下行为人采取转移或者隐匿财产的手段,逃避纳税。这里所说的"采取转移或者隐匿财产的手段",是指负有纳税义务的单位或个人在欠缴应纳税款的情况下将其所有的财产,转移或隐藏起来。使税务机关无法根据法律、行政法规的有关规定,对其采取相应的行政强制措施而追缴其欠缴的税款。

除主观故意要件外,认定犯逃避追缴欠税款罪还需要满足三个条件:一是要有转移或者隐匿财产逃避追缴欠税的行为,二是要有致使税务机关无法追缴欠税的结果,三是欠缴应纳税款的数额达到1万元以上。

案例8-13 北京某企业成立新公司转移原公司账户资金,逃避追缴欠税被判刑

基本案情:

被告人陈×、宫×燕于2006年共同出资成立北京世纪×××菜坊有限公司(以下简称×菜坊公司),陈×为法定代表人,宫×燕为监事。2007年、2012年×菜坊公司先

后成立了北京世纪×××菜坊有限公司第一分公司及第二分公司(以下简称第一分公司、第二分公司),陈×任负责人。第一分公司、第二分公司不独立申报纳税,收入支出汇总至×菜坊公司进行纳税申报。被告人陈×、宫×燕为×菜坊公司、第一分公司、第二分公司的主要管理人员,公司重大事项决策由二人作出,宫×燕负责公司财务。2011年,×菜坊公司与某酒店签订合作经营合同,×菜坊公司在某酒店地址上经营,每年向某酒店支付租金及利润分成。2012年至2013年,×菜坊公司、第一分公司、第二分公司使用开票方为某1公司、某2公司、某3公司、某专卖店、某5公司的发票共计53张入账,并以上述发票,会同记账凭证、转账支票、支出凭单作为凭据,确认2012年度、2013年度营业成本,同时在2012年度、2013年度×菜坊公司企业所得税应纳税所得额中进行扣除,并向北京市顺义区国家税务局(以下简称顺义区国家税务局)进行了企业所得税纳税申报。

2014年7月,顺义区国家税务局稽查局对×菜坊公司开展税务稽查。经检查核实:×菜坊公司、第一分公司、第二分公司2012年至2013年取得的53张发票存在无相关发票代码号段、与开票方所存发票信息不符的问题,且×菜坊公司及其第一分公司、第二分公司无与开票方的资金及货物往来,该53张发票实际列支成本3 693 401.41元。2014年9月9日,顺义区国家税务局作出税务处理决定书,认定×菜坊公司未取得合法、有效凭证列支,调增2012年度、2013年度应纳税所得额共计3 693 401.41元,应补缴2012至2013年度企业所得税共计923 350.35元,并缴纳滞纳金。税务处理决定书送达后,×菜坊公司未在规定时间内提起行政复议,顺义区国家税务局出具《催告书》催缴税款,×菜坊公司未在规定时间缴纳税款,顺义区国家税务局于2014年11月5日,冻结×菜坊公司及其第一分公司、第二分公司账户,账户余额共计8万余元,不足以追缴欠税。2015年4月顺义区国家税务局对冻结账户采取税收强制执行措施,共计扣款12万余元(税款9万余元,滞纳金3万余元),剩余82万余元税款因账户余额不足未能追缴。

被告人陈×、宫×燕在明知顺义区国家税务局对×菜坊公司进行税务稽查、作出税务处理决定并追缴税款的情况下,于2014年9月29日注册成立北京世纪博润投资管理有限公司(以下简称博润公司),由博润公司在第一分公司、第二分公司经营地址上成立北京宏城×菜坊有限公司(以下简称宏城公司)、北京石园×菜坊有限公司(以下简称石园公司),第一分公司、第二分公司以宏城公司、石园公司名义继续经营,被告人陈×、宫×燕对两个分公司仍拥有实际控制权,被冻结的第一分公司、第二分公司账户不再使用,另开立宏城公司、石园公司账户供经营使用。2015年3月5日,×菜坊公司将第一分公司、第二分公司注销。同时,×菜坊公司利用与某酒店的合作经营关系,在对外经营时开具某酒店发票,自 2015 年 1 月开始,不再申领发票。×菜坊公司账户已于冻结后不再使用。×菜坊公司通过以上方式,逃避顺义区国家税务局追缴税款,至案发时,尚有 82 万余元税款无法追缴。2016 年,顺义区国家税务局将该案移送公安机关处理,被告人陈×、宫×燕于 2016 年 12 月 14 日经电话通知到案,后×菜坊公司补缴欠缴的企业所得税税款及滞纳金共计 130 余万元。

裁判分析:

法院认为,被告单位北京世纪×××菜坊有限公司及其直接负责的主管人员被告人陈×、宫×燕欠缴应纳税款,采取转移、隐匿财产的手段,致使税务机关无法追缴欠缴的税款,数额在 10 万元以上,其行为已构成逃避追缴欠税罪,均应予惩处。鉴于被告人陈×、宫×燕经电话通知主动到案,到案后虽未能如实供述犯罪事实,但在第二次庭审时能够如实供述主要犯罪事实,且被告单位、被告人陈×、宫×燕当庭认罪,已补缴欠缴税款,故对其从轻处罚,对被告人陈×、宫×燕宣告缓刑。

判决结果:

被告单位北京世纪×××菜坊有限公司犯逃避追缴欠税罪,判处罚金人民币 85 万元;被告人陈×犯逃避追缴欠税罪,判处有期徒刑 3 年缓刑 3 年,并处罚金人民币 85 万元;被告人宫×燕犯逃避追缴欠税罪,判处有期徒刑 3 年缓刑 3 年,并处罚金人民币 85 万元。

被告宫×燕不服提起上诉,认为实际支出不应调增为应纳税所得额,不存在欠税,公司也没有转移、隐匿财产,二审法院驳回上诉,维持原判。

案例分析:

涉案企业先被税务稽查立案查处,稽查部门检查发现企业使用不符合规定的发票列支成本,稽查部门认为相关发票不能作为税前扣除凭证,应作纳税调增,缴纳企业所得税,作出税务处理决定并追缴税款。涉案企业未申报缴纳上述税款,形成欠税,并通过成立新公司、注销原分公司并转移原公司账户内资金等手段转移、隐匿财产,致使税务机关无法追缴欠缴税款。最终,因构成逃避追缴欠税罪,企业和相关人员分别被判处有期徒刑和罚金。

第九章 文娱领域税收合规管理

近年来,依法合规经营,切实防范化解合规风险,已经成为企业健康发展必须面对的课题。税收合规是企业合规的重要组成部分。偷逃税和虚开发票是企业和相关人员面临的最常见的涉税法律风险,应引起包括文娱领域在内的所有纳税人的重视。为了防范偷逃税和虚开发票等法律风险,文娱企业、明星艺人、网络主播应未雨绸缪,认真学习财税法律知识,远离"黑中介",依法合规纳税,积极履行社会责任。

第一节 合规第三方监督评估机制

合规制度,创新性地引入了合规第三方监督评估机制。第三方监督评估组织,对涉案企业的合规承诺及合规整改情况进行调查、评估、监督和考察,并出具报告,报告作为人民检察院处理案件时依法作出批准或者不批准逮捕、起诉或者不起诉的重要参考。检察机关对于办理的涉企刑事案件,在依法作出不批准逮捕、不起诉决定或者根据认罪认罚从宽制度提出轻缓量刑建议等的同时,针对企业涉嫌具体犯罪,结合办案实际,督促涉案企业作出合规承诺并积极整改落实,促进企业和相关人员合规守法经营,减少和预防企业犯罪。

一、企业合规改革试点情况

2020年年初以来,最高人民检察院先后启动两轮企业合规改革试点工作。2021年4月,最高人民检察院发布《关于开展企业合规改革试点工作的方案》;2021年6月3日,最高人民检察院等9部门联合发布了《关于建立涉案企业合规第三方监督评估机制的指导意见(试行)》;2021年11月25日,最高人民检察院等9部门办公厅联合发布了《〈关于建立涉案企业合规第三方监督评估机制的指导意见(试行)〉实施细则》和《涉案企业合规第三方监督评估机制专业人员选任管理办法(试行)》。随后,各地人民检察院陆续出台地方的涉案企业合规第三方监督评估相关文件。

2022年4月2日上午,最高人民检察院会同全国工商联专门召开会议宣布涉案企业合规改革试点在全国检察机关全面推开。无论是民营企业还是国有企业,无论是中小微企业还是上市公司,只要涉案企业认罪认罚,能够正常生产经营、承诺建立或者完善企业合规制度、具备启动第三方机制的基本条件,自愿适用的,都可以适用第三方机制。为了规范第三方监督评估机制工作有序开展,进一步加强和指导涉案企业的企业合规建设、加强第三方组织对涉案企业的评估工作,2022年4月,全国工商联、最高人民检察院等九部门研究制定了《涉案企业合规建设、评估和审查办法(试行)》(全联厅发〔2022〕13号印发)。

以上文件,包括文娱领域在内的所有企业都应当认真学习,了解合规第三方监督评估机制的相关规定,依法维护自身合法权益。

二、合规第三方监督评估机制的基本规定

(一) 合规第三方监督评估机制概念

涉案企业合规第三方监督评估机制(以下简称第三方机制),是指人民检察院在办理涉企犯罪案件时,对符合企业合规改革试点适用条件的,交由第三方监督评估机制管理委员会(以下简称第三方机制管委会)选任组成的第三方监督评估组织(以下简称第三方组织),对涉案企业的合规承诺进行调查、评估、监督和考察。考察结果作为人民检察院依法处理案件的重要参考。

(二) 第三方监督评估机制适用对象

第三方机制适用于公司、企业等市场主体在生产经营活动中涉及的经济犯罪、职务犯罪等案件,既包括公司、企业等实施的单位犯罪案件,也包括公司、企业实际控制人、经营管理人员、关键技术人员等实施的与生产经营活动密切相关的犯罪案件。

第三方机制既适用于涉案企业,也适用于企业的员工。比如,虚开增值税专用发票罪,可能构成单位犯罪,既对企业判处罚金,又对直接责任人员等判处有期徒刑等刑罚。如果涉案企业进行合规建设,通过了第三方组织调查、评估、监督和考察,最终检察机关可以对涉案企业和人员均作出不起诉决定。

(三) 第三方监督评估机制适用条件

对于同时符合下列条件的涉企犯罪案件,试点地区人民检察院可以根据案件情况适用合规试点以及第三方机制:

(1) 涉案企业、个人认罪认罚。

(2) 涉案企业能够正常生产经营,承诺建立或者完善企业合规制度,具备启动第三方机制的基本条件。

(3) 涉案企业自愿适用第三方机制。

需要注意的是,对于个人为进行违法犯罪活动而设立公司、企业,公司、企业设立后以实施犯罪为主要活动,以及涉嫌危害国家安全犯罪、恐怖活动犯罪等情况的,不能适用合规改革。

三、合规第三方监督评估机制的启动和运行流程

(一) 第三方监督评估机制的启动

1. 检察机关审查启动

人民检察院在办理涉企犯罪案件时,应当注意审查是否符合企业合规试点和第三方机制的适用条件,并及时听取涉案企业、人员的意见。经审查认为符合适用条件的,应当商请本地区第三方机制管委会启动第三方机制。

2. 涉案企业申请启动

涉案企业、人员及其辩护人、诉讼代理人以及其他相关单位、人员提出适用企业合规试点以及第三方机制申请的,人民检察院应当依法受理并进行审查。经审查认为符合适用条件的,应当商请本地区第三方机制管委会启动第三方机制。

(二) 企业制订提交合规计划

第三方组织应当要求涉案企业提交专项或者多项合规计划,并明确合规计划的承诺完成时限。

涉案企业制订提交的合规计划,主要围绕与企业涉嫌犯罪有密切联系的企业内部治理结构、规章制度、人员管理等方面存在的问题,制定可行的合规管理规范,构建有效的合规组织体系,健全合规风险防范报告机制,弥补企业制度建设和监督管理漏洞,防止再次发生相同或者类似的违法犯罪行为。

(三) 第三方组织审查合规计划

第三方组织应当对涉案企业合规计划的可行性、有效性与全面性进行审查,提出修改完善的意见建议,并根据案件具体情况和涉案企业承诺履行的期限,确定合规考察期限。

(四) 企业履行合规计划,开展合规整改

涉案企业及其人员应当按照时限要求全面履行合规计划,认真开展合规整改,定

期向第三方组织报送合规计划执行报告。

在合规考察期内,第三方组织可以定期或者不定期对涉案企业合规计划履行情况进行检查和评估,可以要求涉案企业定期书面报告合规计划的执行情况,同时抄送负责办理案件的人民检察院。第三方组织发现涉案企业或其人员尚未被办案机关掌握的犯罪事实或者新实施的犯罪行为,应当中止第三方监督评估程序,并向负责办理案件的人民检察院报告。

(五)第三方组织检查评估考核

第三方组织在合规考察期届满后,应当对涉案企业的合规计划完成情况进行全面检查、评估和考核,并制作合规考察书面报告,报送负责选任第三方组织的第三方机制管委会和负责办理案件的人民检察院。

(六)检察机关办案参考

人民检察院在办理涉企犯罪案件过程中,应当将第三方组织合规考察书面报告、涉案企业合规计划、定期书面报告等合规材料,作为依法作出批准或者不批准逮捕、起诉或者不起诉以及是否变更强制措施等决定,提出量刑建议或者检察建议、检察意见的重要参考。

需要注意的是,涉案企业及其人员应当按照时限要求认真履行合规计划,不得拒绝履行或者变相不履行合规计划、拒不配合第三方组织合规考察或者实施其他严重违反合规计划的行为。

第二节 涉案企业合规建设实务操作

本章第一节介绍了合规第三方监督评估机制的启动和运行流程,包括第三方机制的启动、企业制定提交合规计划、第三方组织审查合规计划、企业履行合规计划开展合规整改、第三方组织检查评估考核等。最后,检察机关参考第三方组织合规考察书面报告、涉案企业合规计划、定期书面报告等合规材料,依法作出起诉或者不起诉决定,提出量刑建议。涉案企业合规建设,是指涉案企业针对与涉嫌犯罪有密切联系的合规风险,制订专项合规整改计划,完善企业治理结构,健全内部规章制度,形成有效合规管理体系的活动。

文娱领域及其他企业需要关注的是涉案企业如何进行合规建设,在合规建设中需要做哪些工作。

一、全面停止涉罪违规违法行为

不管是文娱行业还是其他行业的涉案企业在进行合规建设时,均应当全面停止涉罪违规违法行为,退缴违规违法所得,补缴税款和滞纳金并缴纳相关罚款,全力配合有关主管机关、公安机关、检察机关及第三方组织的相关工作。

二、健全合规建设组织机构

涉案企业一般应当成立合规建设领导小组,由其实际控制人、主要负责人和直接负责的主管人员等组成,必要时可以聘请外部专业机构或者专业人员参与或者协助。合规建设领导小组应当在全面分析研判企业合规风险的基础上,结合本行业合规建设指引,研究制定专项合规计划和内部规章制度。

三、制订专项合规计划

涉案企业制订的专项合规计划,应当能够有效防止再次发生相同或者类似的违法犯罪行为。涉案企业制订提交合规计划并认真履行整改非常重要,而部分中小企业没有专门的法务部门,缺少法律、财务等专业人员,制订合规计划比较困难。在这种情况下,企业可以聘请律师等专业人士帮助企业制订并完成合规计划,也可以参考本节最后所附的合规计划书样式自行制订合规计划。

四、融入企业发展战略和文化

涉案企业实际控制人、主要负责人应当在专项合规计划中作出合规承诺并明确宣示,合规是企业的优先价值,对违规违法行为采取零容忍的态度,确保合规融入企业的发展目标、发展战略和管理体系。

五、建立健全合规管理的制度机制

涉案企业应当针对合规风险防控和合规管理机构履职的需要,通过制定合规管理规范、弥补监督管理漏洞等方式,建立健全合规管理的制度机制。涉案企业的合规管理机构和各层级管理经营组织均应当根据其职能特点设立合规目标,细化合规措施。合规管理制度机制应当确保合规管理机构或者管理人员独立履行职责,对于涉及重大合规风险的决策具有充分发表意见并参与决策的权利。

六、注意事项

涉案企业需要注意,并不是制订提交合规计划就结束了,后续的工作更重要——

认真履行合规计划,开展合规整改,健全制度机制,规范企业管理,提高法律遵从,防范和避免类似的风险再次发生。涉案企业应当积极配合第三方组织针对涉案企业合规计划、定期书面报告开展的检查、评估等工作。

对于涉案企业合规建设经评估符合有效性标准的,人民检察院可以参考评估结论依法作出不批准逮捕、变更强制措施、不起诉的决定,提出从宽处罚的量刑建议,或者向有关主管机关提出从宽处罚、处分的检察意见。对于涉案企业合规建设经评估未达到有效性标准或者采用弄虚作假手段骗取评估结论的,人民检察院可以依法作出批准逮捕、起诉的决定,提出从严处罚的量刑建议,或者向有关主管机关提出从严处罚、处分的检察意见。

涉案企业要珍惜合规机会,重视合规整改工作,全面履行合规计划,防止"纸面合规",否则将错失良机,自尝苦果。比如,江苏一家涉案民企负责人洪某对企业合规承诺敷衍了事,第三方组织两次实地考察后,发现洪某对合规承诺都没有整改到位。最终,洪某被检察机关依法提起公诉。

附:

虚开增值税专用发票案合规计划书

合规计划书①

(虚开增值税专用发票案,小型企业)

一、公司基本情况

甲商贸有限公司成立于 2006 年 12 月;公司类型:有限责任公司;公司经营范围:煤炭及制品销售;金属结构销售;建筑材料销售;矿物洗选销售;选矿(除依法须经批准的项目外,凭营业执照依法自主开展经营活动);公司目前主要经营煤炭批发;公司注册资本金人民币 518 万元;在职员工 18 人。2010 年公司年销售额约人民币 2 500 万元,2017 年至 2020 年公司的年销售额约人民币 3 500 万元,纳税额累计人民币 300 万元左右。2019 年 4 月,与乙钢业发展有限公司建立业务往来,2020 年 2 月,与乙钢业发展有限公司达成共识,每月供货 4 000~5 000 吨优质煤,年销售额达人民币 5 000 万~6 000 万元。

二、公司目前存在的风险

公司虽然近年来取得了良好的经营效益,但是在合法经营方面还存在不少漏洞,

---

① 来源:中国检察官微信公众号《[地方检察]江苏如皋:这份合规计划被最高检向全国推广(附全文)》。

特别是在对外经营、财税管理以及环境保护和安全生产方面均存在一定的法律风险。根据检察院和第三方组织的要求,本公司决心针对公司内部治理结构、规章制度、人员管理、企业文化等方面存在的问题进行合规整改。

三、公司合规计划

为了消除风险、促进企业长远、合法、健康发展,我公司经过认真研究、积极部署,特制订公司合规计划,公司合规计划包含了构建合规管理体系和制定商业行为准则,进一步实现公司制度化、规范化,使公司及员工的行为符合法律法规、监管规定、行业准则和企业章程,从而使得公司内控体系能有效识别并积极主动防范化解法律风险,进而防止违法违规行为的再次发生。

(一)建立合规管理组织体系

1. 修改公司章程,增设合规内容。详细阐明本公司合规的基本理念、基本原则、基本框架结构等要素。

2. 任命一名高管担任合规专员。该合规专员不参与公司的经营管理及财务管理等其他与合规相冲突的工作,以确保合规专员独立地识别合规风险,及时向股东会报告并直接向股东会负责。

3. 聘请律师担任公司法律顾问。对合规管理工作进行专业指导,通过对公司经营管理活动进行合法、合规性审核,防止再次发生违法违规事件。

(二)建立健全各项合规政策

按照检察院和第三方组织的要求,制定《企业合规政策指引手册》《企业员工行为手册》。制定税务管理、账务管理、安全生产、生态环境等方面的专项合规政策。公司围绕合规风险点健全完善各类合规制度,确立各部门的行为准则,使得企业各环节都有遵循的法律、法规以及内部要求。

1. 建立合规审查机制。将合规审查作为规章制度制定、事项决策、合同签订、项目运营等经营管理行为的必经程序,及时对不合规的内容提出修改建议,未经合规审查不得实施。

2. 完善财务管理合规制度。建立健全资本权属清晰、财务关系明确、符合法人治理结构要求的财务管理制度;聘用专业会计人员进行公司财务管理,做到合同、报销单据、公司账目一一对应;严格遵守国家有关财务制度、规定和财经纪律,建立健全会计账簿,统一登记、核算各项业务事项,控制财务风险。

3. 完善增值税专用发票合规管理制度。建立发票使用登记制度,设置发票登记簿,并定期向主管税务机关报告发票使用情况。按照税务机关的规定存放和保管发票,已开具的发票存根联和发票登记簿保存5年;对所有的发票必须核查无误后方能付款和申报抵扣税款;加强存货、发货环节控制,财务人员须根据出库凭证及购销合同开具增值税专用发票,验证并留存领票人的身份信息;对交易对方提供的银行账户与发票信息的一致性进行审查,所有交易均通过银行转账方式进行结算并保留银行结算凭证。

4. 完善环境保护合规管理制度。公司将进一步完善环境保护管理制度,提高全体人员环保意识;专门设立环保管理人员岗位,建立健全环保档案;采取切实有效的防尘、降尘措施,防止煤炭、石英砂等材料通过风力、降水等途径进入水体;循环使用生产废水,做到不外排,确保不发生污染事故。

5. 完善劳动用工、安全生产合规制度。公司将进一步完善劳动用工、安全生产规章制度和操作流程;对全体人员进行安全生产操作培训,增强安全生产意识,规范操作流程;对存在的安全隐患进行全面排查,在厂区设置醒目安全警示标志;适时开展安全演练,确保不发生煤炭、石英砂高空坠落等事故,筑牢安全生产管理防线。

(三)建立合规管理运行保障机制

1. 建立飞行检查机制。合规专员定期和不定期地对公司运营过程中存在的合规风险进行监督巡察,针对合规风险进行调查和研究,形成调研报告,并研究制定和实施降低风险的措施报股东会通过。

2. 建立投诉机制。公布举报电话、设置合规投诉箱,让员工有机会并能便利地反映公司运营中存在的违法违规行为,合规专员针对投诉要及时高效地处理,并对投诉者进行奖励和保护。

3. 建立合规报告机制。合规专员定期和不定期地就公司合规体系的实施状况以及相关合规风险向股东会进行报告,并对发现的制度漏洞和结构性缺陷快速及时地加以修补和完善。

4. 建立合规考核机制。将员工对合规制度的执行情况列入考核内容。公司每年拿出10万元,对员工合规行为进行奖励,对员工违规行为进行惩罚,所有奖惩情况均记录留档。

(四)注重培育企业合规文化

1. 针对重点岗位、重点人员进行有针对性的合规培训和教育。特别是对单位负责人和财务人员进行法制培训,加强对税法的学习和运用,树立税收法治观念,尊崇税法,依法纳税,绝不触犯法律法规的底线,避免侥幸心理,实施违法违规行为从而造成国家税收损失。

2. 针对全体员工进行全员性合规培训。帮助员工了解法律法规和内部规章制度的变化,传达公司关于合规的最新政策和措施,通过与员工进行持续不断的沟通,帮助其了解处理合规风险的方法和经验,解答有关合规管理的疑问和难题。

3. 印发《企业员工行为手册》。签订员工合规承诺书,建立合规文化群,持续不断将诚信和合规理念融于员工的思维之中,着力营造合规文化氛围,提升企业核心竞争力,促进企业效益稳步提升。

四、计划完成时间

甲商贸有限公司将牢固树立合规经营理念,倡导企业的合规文化,为全员树立正确的价值观,在上述合规计划指引下,最大限度地解决下岗人员的再就业问题,积极、努力地开展经营活动,为国家的财税事业作出贡献。

以上合规计划本公司承诺在2个月内全部完成,请第三方组织和检察院监督执行并考察验收。

第三节　涉税企业合规案例分析

2020年3月,最高人民检察院在6个基层检察院率先部署了企业合规改革的试点工作。随后,全国各地相继开展了相关探索。2021年4月,最高人民检察发布《关于开展企业合规改革试点工作的方案》,启动了第二期企业合规改革试点,标志着改革步入了新阶段。在这一背景下,对于企业犯罪,包括虚开增值税专用发票等涉税犯罪,试点单位充分贯彻了"少捕、慎诉"原则,并形成了一些具有代表性的案例。

案例9-1　不起诉决定书(孙某某虚开增值税专用发票案)

辽宁省大石桥市人民检察院
大市检刑检刑不诉〔2021〕Z19号

被不起诉人孙某某,女,1968年××月××日出生,居民身份证号码2108211968********,汉族,专科毕业,大石桥市××有限公司法人代表,营口××有限公司实际控制人。户籍所在地:辽宁省营口市大石桥市。现住:大石桥市××小区2号楼1单元301室。因涉嫌虚开增值税专用发票罪,于2020年3月9日被大石桥市公安局取保候审。2021年4月29日被大石桥市安局监视居住,2021年8月21日由本院取保候审。

本案由大石桥市公安局侦查终结,以被不起诉人孙某某涉嫌虚开增值税专用发票罪,于2021年8月9日向本院移送审查起诉。

经本院依法审查查明：2019年1月至3月，被不起诉人孙某某通过营口××有限公司席某某（已死亡）私自向其经营的营口××有限公司、大石桥市××有限公司虚开了8组增值税专用发票，价税合计人民币747 300元，税额共计103 075.87元。2019年11月30日，孙某某将上述税款足额补交。

本院认为，孙某某实施了《刑法》第二百零五条规定的行为，但犯罪情节轻微，具有补缴税款、投案自首、自愿认罪认罚情节，且其所经营的营口××有限公司、大石桥市××有限公司已通过合规考察。根据《刑法》第三十七条的规定，不需要判处刑罚。根据《刑事诉讼法》第十五条、第一百七十七条第二款的规定，决定对孙某某不起诉。

被不起诉人如不服本决定，可以自收到本决定书后7日内向本院申诉。

大石桥市人民检察院
2021年12月24日

案例分析：

这是一起典型的虚开增值税专用发票案件，行为模式是让他人为自己开具与实际经营情况不符的发票。虚开增值税专用发票税额10.3万元，本可以判处3年以下有期徒刑。由于通过合规考察，而且情节轻微，具有补缴税款、投案自首、自愿认罪认罚情节，检察机关决定不起诉。

根据《刑法》第六十七条的规定，犯罪以后自动投案，如实供述自己的罪行的，是自首。对于自首的犯罪分子，可以从轻或者减轻处罚。其中，犯罪较轻的，可以免除处罚。在本案中，因为当事人犯罪情节轻微且具有投案自首等情节，结合企业合规建设情况，检察机关最终决定不起诉。

案例9-2 检察院针对网络在线平台公司虚开发票案件制发合规检察建议书[①]

近日，普陀区检察院针对一网络在线平台公司（以下简称互联网公司）虚开发票案件制发合规检察建议书，并开展相对不起诉公开宣告。

今年年初，普陀区检察院受理了一起网络在线平台公司虚开发票案件。该互联网公司在经营期间，为了冲抵运营成本而通过他人虚开发票，但由于公司尚在发展期，企业利润尚不丰盈，这些发票实际上并未起多少降低成本的效果。疫情防控期间，网络在线平台受到许多学生和家长的欢迎，市场需求较大；而企业负责人一时的错误，可能

---

① 来源：上海市人民检察院网站：《普陀区院针对一起虚开发票案开展"合规检察建议＋相对不起诉"》。

将企业及员工带入困境。

经审查,该互联网公司涉案金额虽然已经达到了刑事处罚的标准,但是整体数额不大;在相关开票企业被司法机关查处后,该互联网公司的负责人能够主动至公安机关投案自首,认罪态度较好;此外,案发后,该互联网公司已主动全额补缴税款及罚款,维护了国家税收工作的权威。

经过研判,普陀区检察院认为涉案互联网公司犯罪情节较轻,认罪态度较好,弥补了国家税款的损失;同时该公司作为在线教育类企业,其经营发展可以助力社会经济加速复苏。于是检察官从增强企业合规经营意识、强化财务内控机制、重视经营风险管理等方面,向涉案企业制发了刑事合规检察建议书,责成企业落实整改。涉案企业收到检察建议书后,第一时间对其存在的财税、管控等漏洞进行反思,并向普陀区检察院提交了企业合规经营整改方案。

案例分析:

该互联网公司涉案金额不大,公司的负责人能够主动至公安机关投案自首,认罪态度较好,主动全额补缴税款及罚款。检察官向涉案企业制发了刑事合规检察建议书,该互联网公司及时提交了企业合规经营整改方案。

第四节 文娱领域税务行政合规指引与案例

文娱企业和明星艺人、网络主播在日常工作中不仅会面临刑事风险,更多地会面临税务处罚等行政风险。税务行政合规更应引起文娱企业和从业人员的重视。本节从预防行政处罚等法律风险的角度出发,梳理税务合规事项,引导文娱企业和从业人员强化合规意识,提高税法遵从度,防范涉税法律风险。

合规事项 1:依法诚信纳税,不得隐匿收入、虚假申报偷逃税款

违法行为: 伪造、变造、隐匿、擅自销毁账簿、记账凭证,或者在账簿上多列支出或者不列、少列收入,或者经税务机关通知申报而拒不申报或者进行虚假的纳税申报,不缴或者少缴应纳税款。

法律责任: 追缴其不缴或者少缴的税款、滞纳金,并处不缴或者少缴的税款50%以上5倍以下的罚款;构成犯罪的,依法追究刑事责任。

法律依据: 《税收征收管理法》第六十三条规定,纳税人伪造、变造、隐匿、擅自销毁账簿、记账凭证,或者在账簿上多列支出或者不列、少列收入,或者经税务机关通知申报而拒不申报或者进行虚假的纳税申报,不缴或者少缴应纳税款的,是偷税。对纳税人偷税的,由税务机关追缴其不缴或者少缴的税款、滞纳金,并处不缴或者少缴的税款50%以上5倍以下的罚款;构成犯罪的,依法追究刑事责任。

其他后果:

(1) 存在偷税行为,未构成犯罪,但偷逃税金额10万元以上且占当年各税种应纳税总额10%以上,已缴纳税款、滞纳金和罚款的,纳税信用等级直接判为D级。

(2) 涉嫌犯罪的,移送司法机关依法处理。

风险等级: ★★★★

合规建议:

(1) 准确核算各类收入,全面规范申报纳税。

(2) 加强财税法律知识学习,依法诚信纳税,主动遵从税法。

(3) 不要相信所谓的"税务筹划",远离"黑中介"。

注意事项:

(1) 纳税人办理了税务登记,办理过纳税申报,就应当知道要进行纳税申报,应当视为经税务机关通知申报;如不进行纳税申报,就属于税务机关通知其申报而拒不申报,涉嫌偷逃税,而面临处理处罚。

(2) 税务部门对明星艺人和网络主播等高收入人群采取先提示提醒,再督促辅导,后予以警告,对警告后仍拒不配合整改的依法进行立案稽查,对立案案件选择部分情节严重、影响恶劣的在查处后公开曝光的"五步工作法"。文娱领域从业人员应重视并珍惜提示提醒的机会,及时如实补税整改,避免被立案查处。

案例示范:

(1) 网络主播孙某烜在2019年至2020年,未依法办理纳税申报少缴个人所得税197.86万元,通过借助中间公司隐匿个人取得的直播打赏收入,偷逃个人所得税220.12万元,少缴其他税费34.76万元。税务部门立案后,孙某烜仍存在侥幸心理,不如实提供有关情况,在税务部门掌握相关证据后,才承认存在的问题并补缴了税款。综合考虑上述情况,某市税务局第二稽查局依据《个人所得税法》《税收征收管理法》《行政处罚法》等相关法律法规规定,对孙某烜追缴税款、加收滞纳金并拟处罚款,共计1 171.45万元。其中,对其未依法办理纳税申报少缴的个人所得税197.86万元,拟处1倍罚款计197.86万元;对其借助中间公司隐匿个人收入偷逃的个人所得税220.12万元,拟处2倍罚款计440.24万元。

(2) 网络主播徐某豪在2019年至2020年,取得直播打赏收入,未依法办理纳税申报,少缴个人所得税1 755.57万元,通过虚构业务转换收入性质等方式虚假申报偷逃个人所得税1 914.19万元,少缴其他税费218.96万元。某市税务局稽查局依据《个人所得税法》《税收征收管理法》《行政处罚法》等相关法律法规规定,对徐某豪追缴税款、加收滞纳金并处罚款共计1.08亿元。其中,对其未依法办理纳税申报少缴的个人所得税1755.57万元,处1倍罚款计1755.57万元;对其虚构业务转换收入性质虚假申报偷逃的个人所得税1914.19万元,处2倍罚款计3828.38万元。

(3) 网络主播范某峰在2017年7月至2021年12月,以直播带货方式取得销售收入,未依法办理纳税申报少缴个人所得税167.89万元,少缴其他税费100.56万元。某市税务局稽查局依据《个人所得税法》《税收征收管理法》《行政处罚法》等相关法律法规规定,对范某峰追缴税款、加收滞纳金并处罚款共计649.5万元。其中,对其配合检查且主动补缴的税款72.68万元,处0.6倍罚款计43.61万元;对其未依法办理纳税申报且未主动补缴的税款11.37万元,处1倍罚款计11.37万元;对其隐匿收入虚假申报偷税且未主动补缴的税款182.01万元,处1.5倍罚款计273.02万元。

合规事项2:按照规定期限办理纳税申报

违法行为: 纳税人未按照规定的期限办理纳税申报和报送纳税资料的,或者扣缴义务人未按照规定的期限向税务机关报送代扣代缴、代收代缴税款报告表和有关资料。

法律责任: 由税务机关责令限期改正,可以处2000元以下的罚款;情节严重的,可以处2000元以上1万元以下的罚款。

法律依据:《税收征收管理法》第六十二条规定,纳税人未按照规定的期限办理纳税申报和报送纳税资料的,或者扣缴义务人未按照规定的期限向税务机关报送代扣代缴、代收代缴税款报告表和有关资料的,由税务机关责令限期改正,可以处2000元以下的罚款;情节严重的,可以处2000元以上1万元以下的罚款。

其他后果:

(1) 已办理税务登记的纳税人未按照规定的期限进行纳税申报,税务机关依法责令其限期改正。纳税人逾期不改正的,税务机关可以按照《税收征收管理法》第七十二条规定收缴其发票或者停止向其发售发票。

(2) 纳税信用评价中扣分,未按规定期限纳税申报(按税种按次计算)每次扣5分,未按规定期限代扣代缴(按税种按次计算)每次扣5分。

(3) 根据《国家税务总局关于税收征管若干事项的公告》(国家税务总局公告2019年第48号)的规定,纳税人负有纳税申报义务,但连续3个月所有税种均未进行纳税申报的,税收征管系统自动将其认定为非正常户,并停止其发票领用簿和发票的使用。

(4) 有非正常户记录的纳税人或者非正常户直接责任人员注册登记或负责经营的其他纳税户,纳税信用直接判为 D 级。

风险等级: ★

合规建议:

(1) 纳税人依照法律、行政法规等规定的期限如实办理纳税申报、报送纳税资料。

(2) 扣缴义务人依照法律、行政法规等规定的期限如实报送代扣代缴、代收代缴税款报告表和有关资料。

注意事项:

(1) 如遇特殊原因不能按期申报的,可以申请延期申报,避免处罚。

纳税人、扣缴义务人按照规定的期限办理纳税申报或者报送代扣代缴、代收代缴税款报告表确有困难,需要延期的,应当在规定的期限内向税务机关提出书面延期申请,经税务机关核准,在核准的期限内办理。

纳税人、扣缴义务人因不可抗力,不能按期办理纳税申报或者报送代扣代缴、代收代缴税款报告表的,可以延期办理;但是应当在不可抗力情形消除后立即向税务机关报告。税务机关应当查明事实,予以核准。

申请延期申报后,主管税务机关同意延期的,按照纳税人上期实际缴纳的税额或者核定税额预缴税款。对于经营情况变动大的,结合纳税人本期经营情况来确定预缴税款,避免出现本期应纳税额远远大于比照上期税额的预缴税款。

(2) 符合条件的,首违不罚。

根据《税务行政处罚"首违不罚"事项清单》(国家税务总局公告 2021 年第 6 号发布)、《第二批税务行政处罚"首违不罚"事项清单》(国家税务总局公告 2021 年第 33 号发布)的规定,对于首次发生清单中所列事项且危害后果轻微,在税务机关发现前主动改正或者在税务机关责令限期改正的期限内改正的,不予行政处罚。

案例示范: 广州春华×实影视有限公司于 2021 年 6 月 10 日申报所属期 2018 年 1 月个人所得税(工资、薪金所得)。该税种当期的申报期限为 2018 年 2 月 22 日,逾期 1 204 日,2021 年 6 月 10 日改正,属于逾期 360 日以上(不含本数)的情形。根据《税收征收管理法》第六十二条的规定,作出罚款 2 000 元的处罚决定。

合规事项 3:按照规定期限缴纳税款

违法行为: 纳税人未按照规定期限缴纳税款,扣缴义务人未按照规定期限解缴税款。

法律责任: 税务机关除责令限期缴纳外,从滞纳税款之日起,按日加收滞纳税款 0.05% 的滞纳金。

未按照规定期限缴纳税款经税务机关责令限期缴纳,逾期仍未缴纳的,税务机关除依法采取强制执行措施追缴其不缴或者少缴的税款外,可以处不缴或者少缴的税款50%以上5倍以下的罚款。

法律依据:《税收征收管理法》第三十二条规定,纳税人未按照规定期限缴纳税款的,扣缴义务人未按照规定期限解缴税款的,税务机关除责令限期缴纳外,从滞纳税款之日起,按日加收滞纳税款0.05%的滞纳金。

《税收征收管理法》第六十八条规定,纳税人、扣缴义务人在规定期限内不缴或者少缴应纳或者应解缴的税款,经税务机关责令限期缴纳,逾期仍未缴纳的,税务机关除依照《税收征收管理法》第四十条的规定采取强制执行措施追缴其不缴或者少缴的税款外,可以处不缴或者少缴的税款50%以上5倍以下的罚款。

其他后果:

(1)从事生产、经营的纳税人、扣缴义务人未按照规定期限缴纳或解缴税款,经税务机关责令限期缴纳逾期仍不缴纳的,税务机关可以按照《税收征收管理法》第七十二条规定收缴其发票或者停止向其发售发票。

(2)纳税信用评价中扣分,已代扣代收税款,未按规定解缴的(按税种按次计算)每次扣11分;未履行扣缴义务,应扣未扣,应收不收税款(按税种按次计算)每次扣3分;未按规定期限缴纳已申报或批准延期申报的应纳税(费)款(按次计算)每次扣5分;至评定期末,已办理纳税申报后纳税人未在税款缴纳期限内缴纳税款,或经批准延期缴纳的税款期限已满,纳税人未在税款缴纳期限内缴纳的税款在5万元以上的(含),每次扣11分;至评定期末,已办理纳税申报后纳税人未在税款缴纳期限内缴纳税款,或经批准延期缴纳的税款期限已满,纳税人未在税款缴纳期限内缴纳的税款在5万元以下的,每次扣3分。

(3)欠缴税款的纳税人或者他的法定代表人需要出境的,应当在出境前向税务机关结清应纳税款、滞纳金或者提供担保。未结清税款、滞纳金,又不提供担保的,税务机关可以通知出境管理机关阻止其出境。

风险等级:★

合规建议:

(1)纳税人按照法律、行政法规规定或者税务机关依照法律、行政法规的规定确定的期限,缴纳税款。

(2)扣缴义务人按照法律、行政法规规定或者税务机关依照法律、行政法规的规定确定的期限,解缴税款。

注意事项:

(1)如遇特殊原因不能按期缴纳税款的,可以申请延期缴纳。

纳税人因有特殊困难,不能按期缴纳税款的,经省、自治区、直辖市、计划单列市税务局批准,可以延期缴纳税款,但是最长不得超过3个月。纳税人有下列情形之一的,属于特殊困难:①因不可抗力,导致纳税人发生较大损失,正常生产经营活动受到较大影响的;②当期货币资金在扣除应付职工工资、社会保险费后,不足以缴纳税款的。

(2) 办理申请延期缴纳税款需报送的材料。

纳税人需要延期缴纳税款的,应当在缴纳税款期限届满前提出申请,并报送下列材料:申请延期缴纳税款报告,当期货币资金余额情况及所有银行存款账户的对账单,资产负债表,应付职工工资和社会保险费等税务机关要求提供的支出预算。

税务机关应当自收到申请延期缴纳税款报告之日起20日内作出批准或者不予批准的决定;不予批准的,从缴纳税款期限届满之日起加收滞纳金。

案例示范:北京一公司法定代表人刘女士,因公司存在偷税违法被阻止出境,将税务稽查机关告上法庭。刘女士在复议和诉讼中均提出,其未参与公司的经营活动,对公司的偷税并不知情,因此不应被阻止出境。法院认为,阻止出境措施相对于偷税、逃避追缴欠税、骗税、抗税行为,是一种法律责任的承担方式,针对企业存在的上述违法行为阻止企业法定代表人出境的目的在于督促企业承担纳税的法律责任。刘女士一审、二审均以败诉告终。

合规事项4:按照规定开具发票

违法行为:纳税人应当开具而未开具发票,或者未按照规定的时限、顺序、栏目、全部联次一次性开具发票,或者未加盖发票专用章。

法律责任:税务机关责令改正,可以处1万元以下的罚款;有违法所得的予以没收。

法律依据:《发票管理办法》第三十五条规定,违反本办法的规定,应当开具而未开具发票,或者未按照规定的时限、顺序、栏目、全部联次一次性开具发票,或者未加盖发票专用章的,由税务机关责令改正,可以处1万元以下的罚款;有违法所得的予以没收。

其他后果:

(1) 已办理税务登记的纳税人未按照规定开具发票,税务机关依法责令其限期改正。纳税人逾期不改正的,税务机关可以按照《税收征收管理法》第七十二条规定收缴其发票或者停止向其发售发票。

(2) 纳税信用评价中扣分,未按规定开具发票(按次计算)每次扣3分,纸质发票未加盖发票专用章(按次计算)每次扣3分。

风险等级:★

合规建议:

(1) 按照规定开具发票。

(2) 开具发票的,按照规定的时限、顺序、栏目,全部联次一次性开具发票,并加盖发票专用章。

注意事项:

符合条件的,首违不罚。根据《税务行政处罚"首违不罚"事项清单》(国家税务总局公告 2021 年第 6 号发布)、《第二批税务行政处罚"首违不罚"事项清单》(国家税务总局公告 2021 年第 33 号发布)的规定,对于首次发生清单中所列事项且危害后果轻微,在税务机关发现前主动改正或者在税务机关责令限期改正的期限内改正的,不予行政处罚。

案例示范: 广州鲸××文化传媒有限公司因应开具而未开具发票,依据《发票管理办法》被处罚款 2 050 元。

合规事项 5: 依法使用税控装置开具发票,按期报送开具发票的数据

违法行为: 应当使用税控装置开具发票的纳税人,未依法使用税控装置开具发票,或者使用税控装置开具发票,未按期向主管税务机关报送开具发票的数据。

法律责任: 税务机关责令改正,可以处 1 万元以下的罚款;有违法所得的予以没收。

法律依据: 《发票管理办法》第三十五条规定,违反本办法的规定,使用税控装置开具发票,未按期向主管税务机关报送开具发票的数据的,由税务机关责令改正,可以处 1 万元以下的罚款;有违法所得的予以没收。

其他后果:

(1) 使用税控装置开具发票的纳税人未按照规定进行使用,未按期向主管税务机关报送开具发票数据的,税务机关依法责令其限期改正。纳税人逾期不改正的,税务机关可以按照《税收征收管理法》第七十二条规定收缴其发票或者停止向其发售发票。

(2) 纳税信用评价中扣分,未按照税务机关的要求安装、使用税控装置的(按次计算)每次扣 3 分。

风险等级: ★

合规建议:

(1) 使用税控装置开具发票的纳税人,需按照税务机关的要求安装、使用税控装置。

(2) 使用税控装置开具发票的纳税人,按期向主管税务机关报送开具发票的数据。

注意事项:

符合条件的,首违不罚。根据《税务行政处罚"首违不罚"事项清单》(国家税务总局公告 2021 年第 6 号发布)、《第二批税务行政处罚"首违不罚"事项清单》(国家税务

总局公告 2021 年第 33 号发布)的规定,对于首次发生清单中所列事项且危害后果轻微,在税务机关发现前主动改正或者在税务机关责令限期改正的期限内改正的,不予行政处罚。

案例示范:广州市润×传媒有限公司,使用税控装置开具发票,未按期向主管税务机关报送所属期 2020 年 12 月至 2021 年 3 月开具发票的数据,处罚款 500 元。

合规事项 6:按照规定保存、报送非税控电子器具开具发票的数据

违法行为:使用非税控电子器具开具发票的纳税人,未将非税控电子器具使用的软件程序说明资料报主管税务机关备案,或者未按照规定保存、报送开具发票的数据。

法律责任:税务机关责令改正,可以处 1 万元以下的罚款;有违法所得的予以没收。

法律依据:《发票管理办法》第三十五条规定,违反本办法的规定,使用非税控电子器具开具发票,未将非税控电子器具使用的软件程序说明资料报主管税务机关备案,或者未按照规定保存、报送开具发票的数据的,由税务机关责令改正,可以处 1 万元以下的罚款;有违法所得的予以没收。

其他后果:非税控电子器具开具发票的纳税人未按照规定进行使用备案,税务机关依法责令其限期改正。纳税人逾期不改正的,税务机关可以按照《税收征收管理法》第七十二条规定收缴其发票或者停止向其发售发票。

风险等级:★

合规建议:

(1) 使用非税控电子器具开具发票的纳税人,将非税控电子器具使用的软件程序说明资料报主管税务机关备案。

(2) 使用非税控电子器具开具发票的纳税人,按照规定保存、报送开具发票的数据。

注意事项:

符合条件的,首违不罚。根据《税务行政处罚"首违不罚"事项清单》(国家税务总局公告 2021 年第 6 号发布)、《第二批税务行政处罚"首违不罚"事项清单》(国家税务总局公告 2021 年第 33 号发布)的规定,对于首次发生清单中所列事项且危害后果轻微,在税务机关发现前主动改正或者在税务机关责令限期改正的期限内改正的,不予行政处罚。

合规事项 7:按照发票顺序逐张开具发票

违法行为:拆本使用发票。

法律责任:税务机关责令改正,可以处 1 万元以下的罚款;有违法所得的予以没收。

法律依据:《发票管理办法》第三十五条规定,违反本办法的规定,拆本使用发票

的,由税务机关责令改正,可以处 1 万元以下的罚款;有违法所得的予以没收。

其他后果：

(1) 纳税人未按照《税收征收管理法》及其实施细则、《发票管理办法》等有关规定开具发票的,税务机关依法责令其限期改正。纳税人逾期不改正的,税务机关可以按照《税收征收管理法》第七十二条规定收缴其发票或者停止向其发售发票。

(2) 纳税信用评价中扣分,未按照税务机关的规定开具发票(按次计算)每次扣 3 分。

风险等级：★

合规建议：开具发票时必须做到按号码顺序填写,不得跳号、拆本使用,不得开具空白票据,发票填写项目齐全、内容真实、字迹清楚、全部联次一次复写打印,内容完全一致。

合规事项 8：按照发票使用范围开具发票

违法行为：扩大发票使用范围。

法律责任：税务机关责令改正,可以处 1 万元以下的罚款;有违法所得的予以没收。

法律依据：《发票管理办法》第三十五条规定,违反本办法的规定,扩大发票使用范围的,由税务机关责令改正,可以处 1 万元以下的罚款;有违法所得的予以没收。

其他后果：

(1) 纳税人未按照《税收征收管理法》及其实施细则、《发票管理办法》等有关规定开具发票的,税务机关依法责令其限期改正。纳税人逾期不改正的,税务机关可以按照《税收征收管理法》第七十二条规定收缴其发票或者停止向其发售发票。

(2) 纳税信用评价中扣分,未按照税务机关的规定开具发票(按次计算)每次扣 3 分。

风险等级：★ ★

合规建议：按照税务机关核定的范围开具发票。

注意事项：

《发票管理办法》第二十条规定,所有单位和从事生产、经营活动的个人在购买商品、接受服务以及从事其他经营活动支付款项,应当向收款方取得发票。取得发票时,不得要求变更品名和金额。

合规事项 9：按照规定取得、使用发票

违法行为：以其他凭证代替发票使用,主要指的情况包括：以白条及使用空白纸张直接制作的收付款凭证,其他收付款凭证,如内部结算凭证、往来收据等,以及伪造的假发票。

法律责任：税务机关责令改正,可以处 1 万元以下的罚款;有违法所得的予以没收。

法律依据：《发票管理办法》第三十五条规定，违反本办法的规定，以其他凭证代替发票使用的，由税务机关责令改正，可以处1万元以下的罚款；有违法所得的予以没收。

其他后果：

（1）纳税人未按照《税收征收管理法》及其实施细则、《发票管理办法》等有关规定开具发票的，税务机关依法责令其限期改正。纳税人逾期不改正的，税务机关可以按照《税收征收管理法》第七十二条规定收缴其发票或者停止向其发售发票。

（2）纳税信用评价中扣分，未按照税务机关的规定开具发票（按次计算）每次扣3分。

风险等级：★★

合规建议：按照规定取得、使用发票，不以其他凭证代替发票使用。

注意事项：

（1）符合条件的，首违不罚。《税务行政处罚"首违不罚"事项清单》（国家税务总局公告2021年第6号发布）规定，对于首次发生清单中所列事项且危害后果轻微，在税务机关发现前主动改正或者在税务机关责令限期改正的期限内改正的，不予行政处罚。

（2）《发票管理办法》第二十一条规定，不符合规定的发票，不得作为财务报销凭证，任何单位和个人有权拒收。

合规事项10：在规定的区域开具发票

违法行为：跨规定区域开具发票。

法律责任：由税务机关责令改正，可以处1万元以下的罚款；有违法所得的予以没收。

法律依据：《发票管理办法》第三十五条规定，违反本办法的规定，跨规定区域开具发票的，由税务机关责令改正，可以处1万元以下的罚款；有违法所得的予以没收。

其他后果：纳税人未按照《税收征收管理法》及其实施细则、《发票管理办法》等有关规定开具发票的，税务机关依法责令其限期改正。纳税人逾期不改正的，税务机关可以按照《税收征收管理法》第七十二条规定收缴其发票或者停止向其发售发票。

风险等级：★

合规建议：在规定的区域开具发票。

注意事项：

（1）随着增值税电子发票公共服务平台的完善，使用税务UKey可以随时随地开具纸质发票和电子发票。税务部门使用信息化手段,很容易监控到跨规定区域开具发票等违规行为。纳税人在享受开票便捷服务的同时,要注意不得跨规定的使用区域携带、邮寄、运输空白发票,不得跨规定区域开具发票等,避免因违反《发票管理办法》的规定被处罚的风险。税务机关将联合公安等部门应用信息化手段、大数据技术,严密监控并依法打击虚假注册企业、骗领发票、虚开发票等违法犯罪行为。

(2) 跨区域开具发票的规定。《发票管理办法》第十七条规定,临时到本省、自治区、直辖市行政区域以外从事经营活动的单位或者个人,应当凭所在地税务机关的证明,向经营地税务机关申请领购经营地的发票。

临时在本省、自治区、直辖市以内跨市、县从事经营活动领购发票的办法,由省、自治区、直辖市税务机关规定。

案例示范:

某专业合作社未经批准跨规定的使用区域开具发票,发票种类名称:增值税电子普通发票,发票代码:044001623111,发票号码:22859979,发票金额 8 152.56 元(免税发票),IP 地址:113.87.26.207,MAC:B42E998D779C。

该专业合作社开具发票的 IP 地址为 113.87.26.207,属于广东省深圳市龙岗区,而实际地址却位于广东省东北部梅州市。

2021 年 11 月 23 日,国家税务总局××市税务局××税务分局根据《发票管理办法》第三十五条第(七)项的规定,对上述某专业合作社处以 200 元罚款。

合规事项 11:按照规定缴销发票

违法行为: 达到法定情形,未按规定及时缴销发票。

法律责任: 税务机关责令改正,可以处 1 万元以下的罚款;有违法所得的予以没收。

法律依据:《发票管理办法》第三十五条规定,违反本办法的规定,未按照规定缴销发票的,由税务机关责令改正,可以处 1 万元以下的罚款;有违法所得的予以没收。

其他后果:

(1) 纳税人未按照《税收征收管理法》及其实施细则、《发票管理办法》等有关规定使用发票的,税务机关依法责令其限期改正。纳税人逾期不改正的,税务机关可以按照《税收征收管理法》第七十二条规定收缴其发票或者停止向其发售发票。

(2) 纳税信用评价中扣分,未按照规定缴销发票的(按次计算)每次扣 3 分。

风险等级: ★

合规建议: 用票单位和个人需按照规定向税务机关缴销已使用或者未使用的发票。

注意事项:

(1) 发票缴销的类型。

A. 用票单位和个人已使用的发票存根保管期满后,应向主管税务机关造具清册,申请缴销。

B. 用票单位和个人发生解散、破产、撤销、合并、联营、分设、迁移、停业、歇业等情形时应当在申报办理变更税务登记、注销税务登记的同时,对原来印制、购买的发票向税务机关申请缴销。

C. 税务机关统一实行发票换版时,原来的发票在使用到期以后,用票单位和个人应当将其登记造册、集中送税务机关缴销。

D. 用票单位和个人有严重违反税务管理和发票管理行为的,由税务机关将其发票予以收缴。

日常缴销:发票缴销是指将从税务机关领取的发票交回税务机关查验并作废,用票人续购发票前,须持已使用完的发票存根、在规定期限内未使用或未使用完的发票及《发票领购簿》,向税务机关报验缴销。

税务缴销:用票人税务登记变更、注销时,须办理发票缴销事宜。

旧版缴销:用票人在接到税务机关的发票改版、换版通知时,应到税务机关办理旧版发票的缴销事宜。

丢失缴销:用票人发生发票丢失、被盗的,须到税务机关发票管理部门办理丢失、被盗发票的缴销事宜。用票人发生发票丢失、被盗的,应在2天内到当地新闻媒介公开作废声明,并领取、填写《发票缴销登记表》。

损毁缴销:用票人的发票发生霉变、水浸、虫咬、火烧等情况时,应及时到税务机关发票管理部门办理损毁发票的缴销事宜。

(2) 符合条件的,首违不罚。根据《税务行政处罚"首违不罚"事项清单》(国家税务总局公告2021年第6号发布)、《第二批税务行政处罚"首违不罚"事项清单》(国家税务总局公告2021年第33号发布)的规定,对于首次发生清单中所列事项且危害后果轻微,在税务机关发现前主动改正或者在税务机关责令限期改正的期限内改正的,不予行政处罚。

合规事项12:按规定存放和保管发票

违法行为:未按规定保管纸质发票并造成发票损毁、遗失的。

法律责任:税务机关责令改正,可以处1万元以下的罚款;有违法所得的予以没收。

法律依据:《发票管理办法》第三十五条规定,违反本办法的规定,未按照规定存放和保管发票的,由税务机关责令改正,可以处1万元以下的罚款;有违法所得的予以没收。

其他后果:

(1) 纳税人未按照《税收征收管理法》及其实施细则、《发票管理办法》等有关规定保存发票的,税务机关依法责令其限期改正。纳税人逾期不改正的,税务机关可以按照《税收征收管理法》第七十二条规定收缴其发票或者停止向其发售发票。

(2) 纳税信用评价中扣分,未按规定保管纸质发票并造成发票损毁、遗失的(按次计算)每次扣3分。

风险等级: ★

合规建议: 按规定存放和保管发票,不得擅自损毁;已经开具的发票存根联和发票登记簿,应当保存5年。

注意事项:

存放和保管发票具体规定。

《发票管理办法》第二十九条规定,开具发票的单位和个人应当按照税务机关的规定存放和保管发票,不得擅自损毁。已经开具的发票存根联和发票登记簿,应当保存5年。保存期满,报经税务机关查验后销毁。

案例示范: 青×文化传媒有限责任公司,未按规定保管发票,根据《发票管理办法》第三十五条的规定,处罚款500元。

合规事项13:按照规定完整保存发票

违法行为: 丢失发票或擅自损毁发票。

法律责任: 税务机关责令改正,可以处1万元以下的罚款;情节严重的,处1万元以上3万元以下的罚款;有违法所得的予以没收。

法律依据:《发票管理办法》第三十六条规定,跨规定的使用区域携带、邮寄、运输空白发票,以及携带、邮寄或者运输空白发票出入境的,由税务机关责令改正,可以处1万元以下的罚款;情节严重的,处1万元以上3万元以下的罚款;有违法所得的予以没收。

丢失发票或者擅自损毁发票的,依照上述规定处罚。

其他后果:

(1) 纳税人未按照《税收征收管理法》及其实施细则、《发票管理办法》等有关规定保管发票的,税务机关依法责令其限期改正。纳税人逾期不改正的,税务机关可以按照《税收征收管理法》第七十二条规定收缴其发票或者停止向其发售发票。

(2) 纳税信用评价中扣分,未按规定保管纸质发票并造成发票损毁、遗失的(按次计算)每次扣3分;擅自损毁发票的(按次计算)每次扣11分。

风险等级：★ ★

合规建议：按规定保管纸质发票不得造成发票损毁、遗失。

注意事项：

（1）发票丢失的处理：

A. 丢失空白发票。应当于发现丢失当日书面报告税务机关，并在辖区内地级市报刊上登报声明作废。然后填报《发票挂失损毁报告表》，持税控设备到国税主管机关或自行办理电子发票退回或作废手续。

B. 丢失"已开具增值税专用发票"。纳税人同时丢失已开具增值税专用发票或机动车销售统一发票的发票联和抵扣联，可凭加盖销售方发票专用章的相应发票记账联复印件，作为增值税进项税额的抵扣凭证、退税凭证或记账凭证。纳税人丢失已开具增值税专用发票或机动车销售统一发票的抵扣联，可凭相应发票的发票联复印件，作为增值税进项税额的抵扣凭证或退税凭证；纳税人丢失已开具增值税专用发票或机动车销售统一发票的发票联，可凭相应发票的抵扣联复印件，作为记账凭证。

C. 丢失"已开具的普通发票"。丢失已开具的普通发票发票联，使用发票的单位和个人应于发票丢失当日在市州级以上党政报纸杂志上刊登遗失声明，并向主管税务机关提交已登报声明作废的证明材料。受票方需要用存根联入账作为税前扣除凭证的，必须取得开票方注明"此件是我单位提供，与原件相符"并加盖公章的存根联复印件，与发票丢失登报声明一并作为原始凭证。

D. 纳税人丢失普通发票全部联次的，按丢失空白普通发票处理。进行登报申明。

案例示范：西藏大××文化传媒有限公司丢失发票，根据《发票管理办法》第三十六条第二款的规定，处罚款500元。

合规事项14：按照实际经营业务情况开具发票，不得虚开发票

违法行为：

虚开发票行为具体包括：

（1）为他人、为自己开具与实际经营业务情况不符的发票。

（2）让他人为自己开具与实际经营业务情况不符的发票。

（3）介绍他人开具与实际经营业务情况不符的发票。

法律责任：税务机关没收违法所得；虚开金额在1万元以下的，可以并处5万元以下的罚款；虚开金额超过1万元的，并处5万元以上50万元以下的罚款；构成犯罪的，依法追究刑事责任。

法律依据：《发票管理办法》第二十二条规定，开具发票应当按照规定的时限、顺序、栏目，全部联次一次性如实开具，并加盖发票专用章。

任何单位和个人不得有下列虚开发票行为：

(1) 为他人、为自己开具与实际经营业务情况不符的发票。

(2) 让他人为自己开具与实际经营业务情况不符的发票。

(3) 介绍他人开具与实际经营业务情况不符的发票。

《发票管理办法》第三十七条规定，违反本办法第二十二条第二款的规定虚开发票的，由税务机关没收违法所得；虚开金额在1万元以下的，可以并处5万元以下的罚款；虚开金额超过1万元的，并处5万元以上50万元以下的罚款；构成犯罪的，依法追究刑事责任。

《刑法》第二百零五条规定，虚开增值税专用发票或者虚开用于骗取出口退税、抵扣税款的其他发票的，处3年下列有期徒刑或者拘役，并处2万元以上20万元下列罚金；虚开的税款数额较大或者有其他严重情节的，处3年以上10年以下有期徒刑，并处5万元以上50万元下列罚金；虚开的税款数额巨大或者有其他特别严重情节的，处10年以上有期徒刑或者无期徒刑，并处5万元以上50万元下列罚金或者没收财产。

单位犯上述规定之罪的，对单位判处罚金，并对其直接负责的主管人员和其他直接责任人员，处3年以下有期徒刑或者拘役；虚开的税款数额较大或者有其他严重情节的，处3年以上10年以下有期徒刑；虚开的税款数额巨大或者有其他特别严重情节的，处10年以上有期徒刑或者无期徒刑。

虚开增值税专用发票或者虚开用于骗取出口退税、抵扣税款的其他发票，是指有为他人虚开、为自己虚开、让他人为自己虚开、介绍他人虚开行为之一的。

《刑法》第二百零五条之一规定，虚开本法第二百零五条规定以外的其他发票，情节严重的，处2年以下有期徒刑、拘役或者管制，并处罚金；情节特别严重的，处2年以上7年以下有期徒刑，并处罚金。

单位犯上述罪的，对单位判处罚金，并对其直接负责的主管人员和其他直接责任人员，依照上述的规定处罚。

其他后果：

(1) 已办理税务登记的纳税人未按照规定进行发票开具，税务机关依法责令其限期改正。纳税人逾期不改正的，税务机关可以按照《税收征收管理法》第七十二条规定收缴其发票或者停止向其发售发票。

(2) 纳税信用评价中虚开增值税专用发票或非善意接收虚开增值税专用发票的，直接判为D。

风险等级：★★★★

合规建议： 按照实际经营业务情况开具发票。

注意事项：

善意接收虚开增值税专用发票的处理。根据《国家税务总局关于纳税人善意取得虚开的增值税专用发票处理问题的通知》（国税发〔2000〕187号）的规定，纳税人善意取得虚开的增值税专用发票指购货方与销售方存在真实交易，且购货方不知取得的增值税专用发票是以非法手段获得的。纳税人善意取得虚开的增值税专用发票，如能重新取得合法、有效的专用发票，准许其抵扣进项税款；如不能重新取得合法、有效的专用发票，不准其抵扣进项税款或追缴其已抵扣的进项税款。

《国家税务总局关于纳税人善意取得虚开增值税专用发票已抵扣税款加收滞纳金问题的批复》（国税函〔2007〕1240号）规定，纳税人善意取得虚开的增值税专用发票，如能重新取得合法、有效的专用发票，准许其抵扣进项税款；如不能重新取得合法、有效的专用发票，不准其抵扣进项税款或追缴其已抵扣的进项税款。

纳税人善意取得虚开的增值税专用发票被依法追缴已抵扣税款的，不属于《税收征收管理法》第三十二条"纳税人未按照规定期限缴纳税款"的情形，不适用该条"税务机关除责令限期缴纳外，从滞纳税款之日起，按日加收滞纳税款万分之五的滞纳金"的规定。

案例示范： 温州××文化传媒有限公司，对外虚开普通发票250份，票面额累计1 904.85万元。依照《税收征收管理法》等相关法律法规的有关规定，对其处以罚款15万元的行政处罚。

合规事项15：通过法律规定的渠道和方式代开发票

违法行为： 非法代开发票。

法律责任： 税务机关没收违法所得；虚开金额在1万元以下的，可以并处5万元以下的罚款；虚开金额超过1万元的，并处5万元以上50万元以下的罚款；构成犯罪的，依法追究刑事责任。

法律依据： 《发票管理办法》第三十七条规定，违反本办法第二十二条第二款的规定虚开发票的，由税务机关没收违法所得；虚开金额在1万元以下的，可以并处5万元以下的罚款；虚开金额超过1万元的，并处5万元以上50万元以下的罚款；构成犯罪的，依法追究刑事责任。

非法代开发票的，依照上述规定处罚。

其他后果：

（1）已办理税务登记的纳税人未按照规定进行发票开具，税务机关依法责令其限期改正。纳税人逾期不改正的，税务机关可以按照《税收征收管理法》第七十二条规定收缴其发票或者停止向其发售发票。

（2）纳税信用评价中非法代开发票的，直接判为D。

风险等级：★★★

合规建议：通过法律规定的渠道方式如办税服务厅、经税务机关确定的委托代征委托代开发票单位、电子税务局等申请代开发票。

合规事项16：按照规定使用发票、发票监制章和发票防伪专用品

违法行为：转借、转让、介绍他人转让发票、发票监制章和发票防伪专用品。

法律责任：税务机关处1万元以上5万元以下的罚款；情节严重的，处5万元以上50万元以下的罚款；有违法所得的予以没收。

法律依据：《发票管理办法》第三十九条规定，转借、转让、介绍他人转让发票、发票监制章和发票防伪专用品的，由税务机关处1万元以上5万元以下的罚款；情节严重的，处5万元以上50万元以下的罚款；有违法所得的予以没收。

其他后果：

(1) 纳税人未按照《税收征收管理法》及其实施细则、《发票管理办法》等有关规定使用发票的，税务机关依法责令其限期改正。纳税人逾期不改正的，税务机关可以按照《税收征收管理法》第七十二条规定收缴其发票或者停止向其发售发票。

(2) 纳税信用评价中扣分，转借、转让、介绍他人转让发票、发票监制章和发票防伪专用品的，直接判D。

风险等级：★★★

合规建议：按照规定使用发票、发票监制章和发票防伪专用品。

第十章 文娱领域税收经典案例与疑难问题解析

第一节 上市公司虚构业务多缴冤枉税

部分企业为了上市或者上市公司为了防止股票交易被进行特别处理而虚构业务虚增利润,宁愿缴纳本不必缴纳的税款。如此操作,企业不仅会多交冤枉税,而且可能面临信息披露违法、虚开发票、虚假诉讼等法律风险。文娱企业应引以为戒,规范财务核算,不得虚构业务,从而避免上述法律风险。

案例10-1 上市公司虚构业务多交冤枉税

案例介绍:虚构影视版权转让业务虚假诉讼多缴税款250万元,这个企业要干啥?

上市公司S莱达于2019年7月11日发布公告,披露全资子公司S莱达文化近日收到宁波市C城税务所退回因虚构影视版权转让业务1 000万元所缴纳的250万元企业所得税退税款。

2018年5月10日,S莱达文化收到中国证监会《行政处罚决定书》(〔2018〕33号)。中国证监会认定S莱达文化2015年度虚构影视版权转让业务,虚增2015年度收入和利润1 000万元,构成信息披露违法,被处以60万元罚款。S莱达文化已根据《企业会计准则》的要求对上述会计差错进行了更正。经S莱达文化申请,C城税务所于近日退还S莱达文化已缴纳的所得税税款250万元。

另外,某会计师事务所为S莱达出具审计报告被中国证监会处罚。中国证监会于2019年10月28日发布《行政处罚决定书》(〔2019〕110号),针对某会计师事务所为S莱达出具的审计报告存在虚假记载,"2015年,S莱达通过虚构业务虚增营业外收入

2 000万元,使公司扭亏为盈。一是虚构与H视友邦影视传媒(北京)有限公司(以下简称H视友邦)的影视版权转让协议,借此确认违约金收入1 000万元,……二是虚构政府对S莱达的财政补助事项,借此确认财政补助收入1 000万元,……"。证监会认为某会计师事务所在审计时未勤勉尽责,经某会计师事务所申辩,对于其免责申请不予采纳,并作出处罚:事务所没收收入35万元,并处罚105万元,两合伙人予以警告、各处罚10万元。

案例分析:

企业为什么要虚构业务、虚假诉讼、虚增利润、多缴企业所得税?这么做有哪些法律风险?

1. 为何虚构业务多交税

公司连续两年亏损,为了防止公司股票被深圳证券交易所特别处理,才出此下策。ST(Special treatment,特别处理)股票,是指境内上市公司被进行特别处理的股票,也是退市风险警示。上市公司经审计两个会计年度的净利润均为负值,属于财务状况异常,公司的股票交易将被进行特别处理。财务状况异常主要指两种情况:一是上市公司经审计两个会计年度的净利润均为负值,二是上市公司最近一个会计年度经审计的每股净资产低于股票面值。

2. 虚构业务相关法律风险

(1)信息披露违法被处罚。涉案企业因违反《证券法》第六十三条的规定,构成《证券法》第一百九十三条所述信息披露违法行为,而中国被证监会责令改正,给予警告,并处以60万元罚款。提醒一下,根据《企业所得税法》第十条的规定,罚金、罚款和被没收财物的损失在计算应纳税所得额时,不得扣除,所以这60万元的罚款是不能在企业所得税税前扣除的。

(2)虚开发票将面临行政处罚和刑事责任。有的企业采用虚构销售业务的方式虚增利润,同时向购买方开具了发票,这就涉及虚开发票了。根据《发票管理办法》的规定,虚开金额在1万元以下的,可以并处5万元以下的罚款;虚开金额超过1万元的,并处5万元以上50万元以下的罚款。如果虚开发票导致其他单位或者个人未缴、少缴或者骗取税款的,由税务机关没收违法所得,可以并处未缴、少缴或者骗取的税款1倍以下的罚款。严重的可能触犯刑法,构成虚开增值税专用发票罪或者虚开发票罪,面临有期徒刑等刑事责任。本案中,S莱达文化一是虚构影视版权转让业务虚假取得违约金,二是虚构政府财政补助虚增收入和利润,都没有涉及虚开发票。

(3)虚假诉讼可能面临刑事责任。本案中,企业虚构影视版权转让协议,通过虚假诉讼请求法院判处合作方支付违约补偿,然后签订调解协议书,以此虚增了2015年营业外收入和利润。虚假诉讼的法律风险值得重视,虚假诉讼表现形式之一是民事诉讼的双方当事人恶意串通,通过虚构事实、伪造证据向法院提起诉讼,欺骗法院作出错误裁判、执行的方式,从而获得非法利益;严重的将构成虚假诉讼罪,面临刑事处罚。《刑法》第三百零七条之一规定,以捏造的事实提起民事诉讼,妨害司法秩序或者严重侵害他人合法权益的,处3年以下有期徒刑、拘役或者管制,并处或者单处罚金;情节严重的,处3年以上7年以下有期徒刑,并处罚金。

在日常生活和财税工作中,不乏欲通过虚假诉讼达到非法目的,最终被追究法律责任的案例。比如,通过签订虚假协议,提起虚假诉讼,逃避缴纳税费,结果不仅要补缴税款加收滞纳金,还可能因构成虚假诉讼罪而被判刑入狱。

(4)虚增利润多缴冤枉税。虚构业务虚增利润,利润增加的同时,通常会导致企业所得税的增加,企业就要缴纳本不必缴纳的冤枉税。本案中,企业2015年度虚构影视版权转让业务,虚增2015年度收入和利润1 000万元,多缴纳了250万元的企业所得税。后因中国证监会处罚,暴露了虚构业务虚增利润的事实,根据《企业会计准则》的要求对上述会计差错进行了更正,向税务机关申请退还了多缴纳的250万元所得税。需要提醒的是,纳税人申请退还多缴的税款有时间限制——自结算缴纳税款之日起3年内。

《税收征收管理法》第五十一条规定,纳税人超过应纳税额缴纳的税款,税务机关发现后应当立即退还;纳税人自结算缴纳税款之日起3年内发现的,可以向税务机关要求退还多缴的税款并加算银行同期存款利息,税务机关及时查实后应当立即退还;涉及从国库中退库的,依照法律、行政法规有关国库管理的规定退还。

第二节　文物、艺术品的税务处理

电广传媒公司一幅油画卖2.088亿元,你信吗?为什么这幅画以最低成交价1.9亿元流拍,而随后又能以2.088亿元成功卖给本省广播电视台?本节就来看看这幅油画买卖的来龙去脉,以及艺术品相关税收问题的处理。

案例10-2 一幅油画2亿元,一个敢卖一个敢买[①]

"愚公移山"出自《列子·汤问》,后世用以比喻知难而进、有志竟成的行为。徐悲

---

① 来源:巨潮资讯网。

鸿的《愚公移山》创作于1940年,是炮火中幸存的画作,不仅是徐悲鸿油画生涯的高峰,也是中国民族救亡史的重要注脚,展示了徐悲鸿作为现实主义绘画大师在中西绘画融合上所取得的巨大成就。

湖N电广传媒股份有限公司(以下简称电广传媒)于2018年12月15日发布公告,披露近期向关联方湖N广播电视台(原实际控制人)以2.088亿元溢价出售艺术品(《愚公移山》),取得投资利润可覆盖2018年度前三季度亏损(亏损1.35亿),鉴于2017年度亏损4.64亿(是近10年来的首次亏损),此次交易后电广传媒有望不被ST(编者注:上市公司经审计两个会计年度的净利润均为负值,就属于财务状况异常,公司的股票交易将被进行特别处理,即ST)。电广传媒称:"本次交易是根据公司经营发展需要进行的,通过此次出售该艺术品,公司可以收回该艺术品的全部成本并取得一定的投资利润。"

事项梳理如下:

(1) 电广传媒以2 800万元竞拍成功取得画作:电广传媒2007年以2 800万元通过北京H海拍卖有限公司组织的拍卖,取得徐悲鸿的《愚公移山》画作。

(2) 画作用于抵债、移交子公司:电广传媒2018年5月21日与子公司湖N有线集团签订《资产抵债协议》,将该画作(徐悲鸿的《愚公移山》)作为抵债资产,抵偿公司所欠湖N有线集团债务,所有权移交给子公司湖N有线集团。

(3) 子公司高价拍卖导致流拍。2018年6月,湖N有线集团将《愚公移山》委托中国嘉德国际拍卖有限公司拍卖,约定最低成交价为1.9亿元。6月18日,《愚公移山》在嘉德艺术中心公开拍卖,起拍价为1.2亿元,现场买家纷纷举牌,并有电话委托买家加入,当买家举牌到1.89亿元的时候,再无买家举牌。最终因举牌价未达到委托最低成交价,导致该幅画未拍卖成功。

(4) 母公司以2.088亿元评估价接盘画作:《愚公移山》流拍后,电广传媒与湖N广播电视台进行了接洽,拟将《愚公移山》出售给湖N广播电视台。双方同意,标的画作的价格(含税)为人民币2.088亿元。价款分两期支付,湖N广播电视台应于本协议生效后5个工作日内支付首期款人民币1亿元;标的画作交付后5个工作日内,湖N广播电视台应付清余款人民币1.088亿元。

相关背景:

(1) 根据公开资料显示,电广传媒在2017年亏损4.64亿,2018年前三个季度亏损1.35亿。也就是说,如果2018年还不能扭亏,就可能要被ST了。

(2) 电广传媒与湖N广播电视台构成关联关系:电广传媒于1999年深交所上市,股票代码:0009**,电广传媒主要由原湖N电视台的经营性资产改组而来。截至

2017年7月,电广传媒的实际控制人依然是湖N广播电视台,由其全资控制的湖N广播电视产业中心持有电广传媒16.66%的股份。

根据2017年4月28日电广传媒公布的公告《关于豁免湖N广播电视台履行避免同业竞争相关承诺的义务的提案》显示,经相关部门批准,同意将湖N广播电视产业中心所持有的电广传媒23 614.20万股份(占总股本16.66%)无偿划转到湖N广电网络控股集团有限公司。此次股份无偿划转完成之后,湖N广播电视台全资控制的湖N广播电视产业中心不再是电广传媒的控股股东,湖N广播电视台也不再是电广传媒的实际控制人。2014年4月成立的湖N广电网络控股集团有限公司将实际控制电广传媒。自此,电广传媒大股东替换为湖N广电网络控股集团有限公司,成为省国有文化资产监督管理委员会的国有独资公司。

公告显示,根据2018年下半年有关湖N广播电视台整合改革的相关精神,湖N广播电视台与电广传媒构成关联关系。

延伸思考:文物、艺术品资产的税务处理

对文物艺术品范围的界定,可以参考《国家税务总局关于明确二手车经销等若干增值税征管问题的公告》(国家税务总局公告2020年第9号)的规定,文物艺术品,包括书画、陶瓷器、玉石器、金属器、漆器、竹木牙雕、佛教用具、古典家具、紫砂茗具、文房清供、古籍碑帖、邮品钱币、珠宝等收藏品。

(一) 增值税处理

1. 销售艺术品的征税问题

文物经营单位经营销售古玩及古旧字画等艺术品,可按照《财政部 国家税务总局关于部分货物适用增值税低税率和简易办法征收增值税政策的通知》(财税〔2009〕9号)第二条第(二)项与《财政部 国家税务总局关于简并增值税征收率政策的通知》(财税〔2014〕57号)关于纳税人销售旧货的规定,按照简易办法依照3%征收率减按2%征收增值税,并不得抵扣进项税额。旧货,是指进入二次流通的具有部分使用价值的货物,但不包括自己使用过的物品。文物经营单位之外的一般纳税人,销售除古旧图书外的文物、艺术品的,按销售货物适用相应税率申报缴纳增值税。

对个人销售的古玩字画,根据《增值税暂行条例》的规定,其他个人也就是自然人销售自己使用过的物品免征增值税。个人将自己的文字作品手稿原件或复印件转让属于著作权转让范畴,根据《营业税改征增值税试点过渡政策的规定》(财税〔2016〕36号附件3)的规定,个人转让著作权免征增值税。

2. 购进艺术品的进项抵扣问题

企业为了提升企业形象或投资升值等,购置古玩、字画等艺术品,取得增值税专用发票等合法增值税抵扣凭证的,进项税额可按规定在销项税额中抵扣。当然,前提是业务真实,且企业是增值税一般纳税人。如果实际上是老板个人购买,或企业购买个人拥有的,则不得抵扣。

另外,关于文物艺术品的拍卖,《国家税务总局关于明确二手车经销等若干增值税征管问题的公告》(国家税务总局公告2020年第9号)有以下规定:拍卖行受托拍卖文物艺术品,委托方按规定享受免征增值税政策的,拍卖行可以自己名义就代为收取的货物价款向购买方开具增值税普通发票,对应的货物价款不计入拍卖行的增值税应税收入。

拍卖行应将以下纸质或电子证明材料留存备查:拍卖物品的图片信息、委托拍卖合同、拍卖成交确认书、买卖双方身份证明、价款代收转付凭证、扣缴委托方个人所得税相关资料。

(二) 企业所得税处理

有些企业购买文物、艺术品等用于收藏、展示、保值增值等,实际上是一种投资行为。根据《国家税务总局关于企业所得税若干政策征管口径问题的公告》(国家税务总局公告2021年第17号)的规定,企业购买的文物、艺术品用于收藏、展示、保值增值的,作为投资资产进行税务处理。文物、艺术品资产在持有期间,计提的折旧、摊销费用,不得税前扣除。

《企业所得税法》第十四条规定,企业对外投资期间,投资资产的成本在计算应纳税所得额时不得扣除。《企业所得税法实施条例》第七十一条规定,《企业所得税法》第十四条所称投资资产,是指企业对外进行权益性投资和债权性投资形成的资产。国家税务总局2021年第17号公告在此基础之上明确,企业购买的文物、艺术品用于收藏、展示、保值增值的,作为投资资产进行税务处理。也就是说,投资资产不仅包括对外投资的股权和债权,也应当包括对内投资的特殊资产,如文物、艺术品等。

之前,有人提出所谓的"税收筹划"——老板将名画、雕塑等艺术品卖给企业,套取现金。企业购买以后,计提折旧在企业所得税税前扣除,若干年后,再低价卖给老板,实际上艺术品一直在老板手上,或其控制之下。诸如此类的税收筹划,不仅达不到所谓的节税目的,而且有很大的税收法律风险。

(三) 个人所得税处理

《国家税务总局关于加强和规范个人取得拍卖收入征收个人所得税有关问题的通知》(国税发〔2007〕38号)规定,对于个人通过拍卖市场拍卖各种财产(包括字画、瓷器、玉器、珠宝、邮品、钱币、古籍、古董等物品)的所得征收个人所得税问题进行了进一步完善、规范和细化。

（1）个人通过拍卖市场拍卖个人财产，对其取得所得按以下规定征税：①根据《国家税务总局关于印发〈征收个人所得税若干问题的规定〉的通知》（国税发〔1994〕89号）规定，作者将自己的文字作品手稿原件或复印件公开拍卖（竞价）取得的所得，应按"特许权使用费"所得项目征收个人所得税；②个人拍卖除文字作品原稿及复印件外的其他财产，应以其转让收入额减除财产原值和合理费用后的余额为应纳税所得额，按照"财产转让所得"项目适用20%税率缴纳个人所得税。

（2）对个人财产拍卖所得征收个人所得税时，以该项财产最终拍卖成交价格为其转让收入额。

（3）个人财产拍卖所得适用"财产转让所得"项目计算应纳税所得额时，纳税人凭合法有效凭证（税务机关监制的正式发票、相关境外交易单据或海关报关单据、完税证明等），从其转让收入额中减除相应的财产原值、拍卖财产过程中缴纳的税金及有关合理费用。

财产原值，是指售出方个人取得该拍卖品的价格（以合法有效凭证为准）。具体为：通过商店、画廊等途径购买的，为购买该拍卖品时实际支付的价款；通过拍卖行拍得的，为拍得该拍卖品实际支付的价款及缴纳的相关税费；通过祖传收藏的，为其收藏该拍卖品而发生的费用；通过赠送取得的，为其受赠该拍卖品时发生的相关税费；通过其他形式取得的，参照以上原则确定财产原值。

拍卖财产过程中缴纳的税金，是指在拍卖财产时纳税人实际缴纳的相关税金及附加。

有关合理费用，是指拍卖财产时纳税人按照规定实际支付的拍卖费（佣金）、鉴定费、评估费、图录费、证书费等费用。

（4）纳税人如不能提供合法、完整、准确的财产原值凭证，不能正确计算财产原值的，按转让收入额的3%征收率计算缴纳个人所得税；拍卖品为经文物部门认定是海外回流文物的，按转让收入额的2%征收率计算缴纳个人所得税。

（5）纳税人的财产原值凭证内容填写不规范，或者一份财产原值凭证包括多件拍卖品且无法确认每件拍卖品一一对应的原值的，不得将其作为扣除财产原值的计算依据，应视为不能提供合法、完整、准确的财产原值凭证，并按上述规定的征收率计算缴纳个人所得税。

（6）纳税人能够提供合法、完整、准确的财产原值凭证，但不能提供有关税费凭证的，不得按征收率计算纳税，应当就财产原值凭证上注明的金额据实扣除，并按照税法规定计算缴纳个人所得税。

（7）个人财产拍卖所得应纳的个人所得税税款，由拍卖单位负责代扣代缴，并按规定向拍卖单位所在地主管税务机关办理纳税申报。

（8）拍卖单位代扣代缴个人财产拍卖所得应纳的个人所得税税款时，应给纳税人填开完税凭证，并详细标明每件拍卖品的名称、拍卖成交价格、扣缴税款额。

第三节　疑难问题解析：税务稽查后能否避免罚款

文娱领域相关企业或个人被税务稽查查处之后，通常会面临补税、滞纳金和罚款。那么，税务稽查后能否避免处罚，检查前已经补缴税款的能否定偷税并处以罚款，税务稽查后是否都要补缴税款、加收滞纳金和罚款？本节就上述问题，结合具体案例进行分析讨论。

一、不予处罚的常见情形

税务稽查的结果通常是补缴税款，加收滞纳金，处以罚款。特别是被定性为偷税的，税务机关会根据《税收征收管理法》第六十三条的规定，处以50%以上5倍以下的罚款。是否稽查补税之后，特别是定性为偷税的，就必然会处以罚款呢？

对照《税收征收管理法》《行政处罚法》等法律，特定情形下，符合条件的，可以不予处罚。

（一）税收违法行为超5年不予处罚

《税收征收管理法》第八十六条规定，违反税收法律、行政法规应当给予行政处罚的行为，在5年内未被发现的，不再给予行政处罚。

根据《税收征收管理法释义》，本条是对违反税法行为给予行政处罚的追溯期限的规定。追溯期限也称追溯时效，是行政处罚法律制度的组成部分。为了规范行政处罚，保障和监督行政机关有效实施行政管理，维护公共利益和社会秩序，保护公民、法人和其他组织的合法权益，我国行政处罚法对行政处罚的种类和设定，行政处罚的实施机关，行政处罚的管辖和适用，行政处罚的决定和执行等有关事项都作了明确规定，其中规定行政处罚的追溯期限为2年，即违法行为在2年内未被发现的，不再给予行政处罚。但是法律另有规定的除外。本条根据违反税法行为及其处理的复杂性，将行政处罚的一般追溯期限由2年延长到5年，是法律作出的特别规定，延长至5年仍然未被发现的，不再给予行政处罚。期限的计算方法从违法行为的发生之日起计算，有连续或者继续状态的，从该违法行为终了之日起计算。经过5年，仍未发现的，不再给予行政处罚。这对于集中打击在追溯期内的各种税收违法行为,教育违法行为人改过自新,自觉遵守国家法律,不再实施违法行为,具有重要的作用。

案例 10-3 补缴所得税滞纳金共 1 197.47 万元超过 5 年未予处罚

华 Y 公司(6010＊＊.SH)于 2018 年 12 月 28 日发布公告,披露公司因股东 2005 年股权转让过程中债权债务剥离转移所得获利未申报企业所得税,2016 年 3 月被税务机关要求补缴税款 598.74 万元,缴纳滞纳金 598.74 万元,共计 1 197.48 万元。鉴于查处时间超过 5 年,税务机关依法不予行政处罚。

(二) 违法行为轻微并及时改正,没有造成危害后果的,不予行政处罚

2021 年新修订的《行政处罚法》第三十三条规定,违法行为轻微并及时改正,没有造成危害后果的,不予行政处罚。初次违法且危害后果轻微并及时改正的,可以不予行政处罚。

修订前的《行政处罚法》第二十七条规定,违法行为轻微并及时纠正,没有造成危害后果的,不予行政处罚。第三十八条规定,违法行为轻微,依法可以不予行政处罚的,不予行政处罚。

案例 10-4 稽查补税 80.97 万元违法行为轻微不予处罚

××市税务局稽查局对 LH 公司涉税情况进行了检查,检查处理结果为：2018 年至 2020 年查补增值税、房产税等共计 809 665.13 元。根据××市税务局稽查局于 2021 年 9 月 9 日对 LH 公司出具的《不予税务行政处罚决定书》(×税稽不罚〔2021〕3 号),LH 公司的上述行为违反《税收征收管理法》第六十四条第二款的规定。鉴于上述税收违法行为轻微并及时纠正,没有造成危害后果,根据《行政处罚法》第三十三条第一款的规定,税务机关决定不予行政处罚。

二、检查前补税能否定偷税再罚款

一般认为,纳税人在税务稽查立案检查前,主动补救纠正,补缴税款和滞纳金,通常不再定性为偷税,也不再予以处罚。但也有不少检查前补税纠正,仍然被定性为偷税并处罚的案例,特别是涉及虚开发票的案件。《国家税务总局关于税务检查期间补正申报补缴税款是否影响偷税行为定性有关问题的批复》(税总函〔2013〕196 号)规定,纳税人未在法定的期限内缴纳税款,且其行为符合《税收征收管理法》第六十三条规定的构成要件的,即构成偷税,逾期后补缴税款不影响行为的定性。但是纳税人在稽查局进行税务检查前主动补正申报补缴税款,并且税务机关没有证据证明纳税人具

有偷税主观故意的,不按偷税处理。

在税务稽查局检查前补税,能否定性为偷税,符合偷税构成要件的前提下,关键看稽查局有没有证据证明纳税人具有偷税主观故意,如果有证据证明具有偷税主观意,则要定性为偷税,逾期后补缴税款不影响偷税行为的定性,反之没有证据证明的,不按偷税处理。同时,根据《行政处罚法》第三十二条的规定,当事人主动消除或者减轻违法行为危害后果的,应当从轻或者减轻行政处罚。

三、税务稽查后是否都要补缴税款滞纳金罚款

税务稽查查处之后,通常会补缴税款、加收滞纳金并处以罚款。这是否意味着,税务稽查之后只有补缴税款、加收滞纳金并处罚款这一种结果呢?有没有可能没有罚款,甚至税款也不用补缴呢?补税的前提是检查出少缴税款了,如果经检查没有发现少缴税款,当然不用补税。如果没有检查出违法行为,也就不存在处罚的问题。

《税务稽查案件办理程序规定》(国家税务总局令第52号发布,以下简称《规定》),明确了稽查案件的办理程序,是规范税务稽查执法的基础性制度,与经济社会生产生活和行政相对人权益密切相关。根据《规定》,稽查局办理税务稽查案件时,有4个重要的环节,分别是选案、检查、审理、执行,上述4个环节实行分工制约原则。其中审理是介于检查和执行之间的一个重要环节。

税务稽查案件经审理后,要区分不同情形分别作出处理,制作相应的法律文书,具体如下:

(1) 有税收违法行为,应当作出税务处理决定的,制作税务处理决定书。

(2) 有税收违法行为,应当作出税务行政处罚决定的,制作税务行政处罚决定书。

(3) 税收违法行为轻微,依法可以不予税务行政处罚的,制作不予税务行政处罚决定书。

(4) 没有税收违法行为的,制作税务稽查结论。

相应地,税务稽查案件通常有4种不同的结果:

结果1: "补税+滞纳金+罚款",这是最常见的结果。涉案纳税人经查存在税收违法行为,需要补税、加收滞纳金,并处以罚款,对应的税务法律文书是《税务处理决定书》和《税务处罚决定书》。有的稽查案件,比如虚开发票,可能不一定涉及税款,仅对虚开发票行为进行处罚,就不需要补缴税款和滞纳金了。

结果2: "补税+滞纳金",没有进行处罚。经查发现税收违法行为,需要补税、加收滞纳金,但由于特定的原因,不予行政处罚。不予处罚的原因,可能是税收违法行为轻微,依法可以不予税务行政处罚,或者税收违法行为超过5年,不再予以处罚。对应

的税务法律文书是《不予税务行政处罚决定书》。

结果3：补税、滞纳金、罚款，一样也没有。经查没有发现税收违法行为的，当然也就不需补税、加收滞纳金，也不需要处罚，对应的法律文书是《税务稽查结论》。如果纳税人检查后收到的文书是《税务稽查结论》，就意味着经检查没有发现违法问题，不需要进行处理处罚。《规定》要求，稽查局应当加强稽查案源管理，全面收集整理案源信息，合理、准确地选择待查对象。《税务稽查案源管理办法（试行）》（税总发〔2016〕71号印发）进一步明确，案源管理应当以风险管理为导向，以税收大数据为支撑，以风险推送、外部转办、稽查自选为重点，以打击偷税（逃避缴纳税款）、逃避追缴欠税、骗税、抗税、虚开发票等税收违法行为为目标。税务机关在选案时，会应用大数据技术等进行认真筛查，发现疑点信息有涉税风险，可能存在税收违法问题，才会最终确定为检查对象，所以说通常税务稽查结论并不是特别常见。但是，案件的来源还包括举报、"双随机"等渠道，因此也可能存在经查没有违法问题而出具稽查结论的情况。

结果4：经查，税收违法行为涉嫌犯罪的，填制《涉嫌犯罪案件移送书》，经税务局局长批准后，依法移送公安机关。由司法机关依法追究刑事责任。这种结果是最严重的，不管是偷税涉嫌构成逃税罪，还是虚开增值税专用发票涉嫌构成虚开增值税专用发票罪的，都将面临刑事责任。相关涉税犯罪的判定、预防和案例分析，在本书的其他章节中，供读者朋友们学习参考。

附录　相关法律和文件

1. 中华人民共和国税收征收管理法(2015年修正)

中华人民共和国税收征收管理法

（1992年9月4日第七届全国人民代表大会常务委员会第二十七次会议通过　根据1995年2月28日第八届全国人民代表大会常务委员会第十二次会议《关于修改〈中华人民共和国税收征收管理法〉的决定》第一次修正　2001年4月28日第九届全国人民代表大会常务委员会第二十一次会议修订　根据2013年6月29日第十二届全国人民代表大会常务委员会第三次会议《关于修改〈中华人民共和国文物保护法〉等十二部法律的决定》第二次修正　根据2015年4月24日第十二届全国人民代表大会常务委员会第十四次会议《关于修改〈中华人民共和国港口法〉等七部法律的决定》第三次修正）

目　录

第一章　总则
第二章　税务管理
　　第一节　税务登记
　　第二节　账簿、凭证管理
　　第三节　纳税申报
第三章　税款征收
第四章　税务检查
第五章　法律责任
第六章　附则

第一章 总　　则

第一条　为了加强税收征收管理,规范税收征收和缴纳行为,保障国家税收收入,保护纳税人的合法权益,促进经济和社会发展,制定本法。

第二条　凡依法由税务机关征收的各种税收的征收管理,均适用本法。

第三条　税收的开征、停征以及减税、免税、退税、补税,依照法律的规定执行;法律授权国务院规定的,依照国务院制定的行政法规的规定执行。

任何机关、单位和个人不得违反法律、行政法规的规定,擅自作出税收开征、停征以及减税、免税、退税、补税和其他同税收法律、行政法规相抵触的决定。

第四条　法律、行政法规规定负有纳税义务的单位和个人为纳税人。

法律、行政法规规定负有代扣代缴、代收代缴税款义务的单位和个人为扣缴义务人。

纳税人、扣缴义务人必须依照法律、行政法规的规定缴纳税款、代扣代缴、代收代缴税款。

第五条　国务院税务主管部门主管全国税收征收管理工作。各地国家税务局和地方税务局应当按照国务院规定的税收征收管理范围分别进行征收管理。

地方各级人民政府应当依法加强对本行政区域内税收征收管理工作的领导或者协调,支持税务机关依法执行职务,依照法定税率计算税额,依法征收税款。

各有关部门和单位应当支持、协助税务机关依法执行职务。

税务机关依法执行职务,任何单位和个人不得阻挠。

第六条　国家有计划地用现代信息技术装备各级税务机关,加强税收征收管理信息系统的现代化建设,建立、健全税务机关与政府其他管理机关的信息共享制度。

纳税人、扣缴义务人和其他有关单位应当按照国家有关规定如实向税务机关提供与纳税和代扣代缴、代收代缴税款有关的信息。

第七条　税务机关应当广泛宣传税收法律、行政法规,普及纳税知识,无偿地为纳税人提供纳税咨询服务。

第八条　纳税人、扣缴义务人有权向税务机关了解国家税收法律、行政法规的规定以及与纳税程序有关的情况。

纳税人、扣缴义务人有权要求税务机关为纳税人、扣缴义务人的情况保密。税务机关应当依法为纳税人、扣缴义务人的情况保密。

纳税人依法享有申请减税、免税、退税的权利。

纳税人、扣缴义务人对税务机关所作出的决定,享有陈述权、申辩权;依法享有申请行政复议、提起行政诉讼、请求国家赔偿等权利。

纳税人、扣缴义务人有权控告和检举税务机关、税务人员的违法违纪行为。

第九条 税务机关应当加强队伍建设,提高税务人员的政治业务素质。

税务机关、税务人员必须秉公执法,忠于职守,清正廉洁,礼貌待人,文明服务,尊重和保护纳税人、扣缴义务人的权利,依法接受监督。

税务人员不得索贿受贿、徇私舞弊、玩忽职守、不征或者少征应征税款;不得滥用职权多征税款或者故意刁难纳税人和扣缴义务人。

第十条 各级税务机关应当建立、健全内部制约和监督管理制度。

上级税务机关应当对下级税务机关的执法活动依法进行监督。

各级税务机关应当对其工作人员执行法律、行政法规和廉洁自律准则的情况进行监督检查。

第十一条 税务机关负责征收、管理、稽查、行政复议的人员的职责应当明确,并相互分离、相互制约。

第十二条 税务人员征收税款和查处税收违法案件,与纳税人、扣缴义务人或者税收违法案件有利害关系的,应当回避。

第十三条 任何单位和个人都有权检举违反税收法律、行政法规的行为。收到检举的机关和负责查处的机关应当为检举人保密。税务机关应当按照规定对检举人给予奖励。

第十四条 本法所称税务机关是指各级税务局、税务分局、税务所和按照国务院规定设立的并向社会公告的税务机构。

第二章 税 务 管 理

第一节 税务登记

第十五条 企业,企业在外地设立的分支机构和从事生产、经营的场所,个体工商户和从事生产、经营的事业单位(以下统称从事生产、经营的纳税人)自领取营业执照之日起三十日内,持有关证件,向税务机关申报办理税务登记。税务机关应当于收到申报的当日办理登记并发给税务登记证件。

工商行政管理机关应当将办理登记注册、核发营业执照的情况,定期向税务机关通报。

本条第一款规定以外的纳税人办理税务登记和扣缴义务人办理扣缴税款登记的范围和办法,由国务院规定。

第十六条 从事生产、经营的纳税人,税务登记内容发生变化的,自工商行政管理机关办理变更登记之日起三十日内或者在向工商行政管理机关申请办理注销登记之前,持有关证件向税务机关申报办理变更或者注销税务登记。

第十七条 从事生产、经营的纳税人应当按照国家有关规定,持税务登记证件,在银行或者其他金融机构开立基本存款账户和其他存款账户,并将其全部账号向税务机关报告。

银行和其他金融机构应当在从事生产、经营的纳税人的账户中登录税务登记证件号码,并在税务登记证件中登录从事生产、经营的纳税人的账户账号。

税务机关依法查询从事生产、经营的纳税人开立账户的情况时,有关银行和其他金融机构应当予以协助。

第十八条 纳税人按照国务院税务主管部门的规定使用税务登记证件。税务登记证件不得转借、涂改、损毁、买卖或者伪造。

第二节 账簿、凭证管理

第十九条 纳税人、扣缴义务人按照有关法律、行政法规和国务院财政、税务主管部门的规定设置账簿,根据合法、有效凭证记账,进行核算。

第二十条 从事生产、经营的纳税人的财务、会计制度或者财务、会计处理办法和会计核算软件,应当报送税务机关备案。

纳税人、扣缴义务人的财务、会计制度或者财务、会计处理办法与国务院或者国务院财政、税务主管部门有关税收的规定抵触的,依照国务院或者国务院财政、税务主管部门有关税收的规定计算应纳税款、代扣代缴和代收代缴税款。

第二十一条 税务机关是发票的主管机关,负责发票印制、领购、开具、取得、保管、缴销的管理和监督。

单位、个人在购销商品、提供或者接受经营服务以及从事其他经营活动中,应当按照规定开具、使用、取得发票。

发票的管理办法由国务院规定。

第二十二条 增值税专用发票由国务院税务主管部门指定的企业印制;其他发票,按照国务院税务主管部门的规定,分别由省、自治区、直辖市国家税务局、地方税务局指定企业印制。

未经前款规定的税务机关指定,不得印制发票。

第二十三条 国家根据税收征收管理的需要,积极推广使用税控装置。纳税人应当按照规定安装、使用税控装置,不得损毁或者擅自改动税控装置。

第二十四条 从事生产、经营的纳税人、扣缴义务人必须按照国务院财政、税务主管部门规定的保管期限保管账簿、记账凭证、完税凭证及其他有关资料。

账簿、记账凭证、完税凭证及其他有关资料不得伪造、变造或者擅自损毁。

第三节 纳税申报

第二十五条 纳税人必须依照法律、行政法规规定或者税务机关依照法律、行政法规的规定确定的申报期限、申报内容如实办理纳税申报，报送纳税申报表、财务会计报表以及税务机关根据实际需要要求纳税人报送的其他纳税资料。

扣缴义务人必须依照法律、行政法规规定或者税务机关依照法律、行政法规的规定确定的申报期限、申报内容如实报送代扣代缴、代收代缴税款报告表以及税务机关根据实际需要要求扣缴义务人报送的其他有关资料。

第二十六条 纳税人、扣缴义务人可以直接到税务机关办理纳税申报或者报送代扣代缴、代收代缴税款报告表，也可以按照规定采取邮寄、数据电文或者其他方式办理上述申报、报送事项。

第二十七条 纳税人、扣缴义务人不能按期办理纳税申报或者报送代扣代缴、代收代缴税款报告表的，经税务机关核准，可以延期申报。

经核准延期办理前款规定的申报、报送事项的，应当在纳税期内按照上期实际缴纳的税额或者税务机关核定的税额预缴税款，并在核准的延期内办理税款结算。

第三章 税款征收

第二十八条 税务机关依照法律、行政法规的规定征收税款，不得违反法律、行政法规的规定开征、停征、多征、少征、提前征收、延缓征收或者摊派税款。

农业税应纳税额按照法律、行政法规的规定核定。

第二十九条 除税务机关、税务人员以及经税务机关依照法律、行政法规委托的单位和人员外，任何单位和个人不得进行税款征收活动。

第三十条 扣缴义务人依照法律、行政法规的规定履行代扣、代收税款的义务。对法律、行政法规没有规定负有代扣、代收税款义务的单位和个人，税务机关不得要求其履行代扣、代收税款义务。

扣缴义务人依法履行代扣、代收税款义务时，纳税人不得拒绝。纳税人拒绝的，扣缴义务人应当及时报告税务机关处理。

税务机关按照规定付给扣缴义务人代扣、代收手续费。

第三十一条 纳税人、扣缴义务人按照法律、行政法规规定或者税务机关依照法律、行政法规的规定确定的期限，缴纳或者解缴税款。

纳税人因有特殊困难，不能按期缴纳税款的，经省、自治区、直辖市国家税务局、地方税务局批准，可以延期缴纳税款，但是最长不得超过三个月。

第三十二条 纳税人未按照规定期限缴纳税款的,扣缴义务人未按照规定期限解缴税款的,税务机关除责令限期缴纳外,从滞纳税款之日起,按日加收滞纳税款万分之五的滞纳金。

第三十三条 纳税人依照法律、行政法规的规定办理减税、免税。

地方各级人民政府、各级人民政府主管部门、单位和个人违反法律、行政法规规定,擅自作出的减税、免税决定无效,税务机关不得执行,并向上级税务机关报告。

第三十四条 税务机关征收税款时,必须给纳税人开具完税凭证。扣缴义务人代扣、代收税款时,纳税人要求扣缴义务人开具代扣、代收税款凭证的,扣缴义务人应当开具。

第三十五条 纳税人有下列情形之一的,税务机关有权核定其应纳税额:

(一)依照法律、行政法规的规定可以不设置账簿的;

(二)依照法律、行政法规的规定应当设置账簿但未设置的;

(三)擅自销毁账簿或者拒不提供纳税资料的;

(四)虽设置账簿,但账目混乱或者成本资料、收入凭证、费用凭证残缺不全,难以查账的;

(五)发生纳税义务,未按照规定的期限办理纳税申报,经税务机关责令限期申报,逾期仍不申报的;

(六)纳税人申报的计税依据明显偏低,又无正当理由的。

税务机关核定应纳税额的具体程序和方法由国务院税务主管部门规定。

第三十六条 企业或者外国企业在中国境内设立的从事生产、经营的机构、场所与其关联企业之间的业务往来,应当按照独立企业之间的业务往来收取或者支付价款、费用;不按照独立企业之间的业务往来收取或者支付价款、费用,而减少其应纳税的收入或者所得额的,税务机关有权进行合理调整。

第三十七条 对未按照规定办理税务登记的从事生产、经营的纳税人以及临时从事经营的纳税人,由税务机关核定其应纳税额,责令缴纳;不缴纳的,税务机关可以扣押其价值相当于应纳税款的商品、货物。扣押后缴纳应纳税款的,税务机关必须立即解除扣押,并归还所扣押的商品、货物;扣押后仍不缴纳应纳税款的,经县以上税务局(分局)局长批准,依法拍卖或者变卖所扣押的商品、货物,以拍卖或者变卖所得抵缴税款。

第三十八条 税务机关有根据认为从事生产、经营的纳税人有逃避纳税义务行为的,可以在规定的纳税期之前,责令限期缴纳应纳税款;在限期内发现纳税人有明显的转移、隐匿其应纳税的商品、货物以及其他财产或者应纳税的收入的迹象的,税务机关可以责成纳税人提供纳税担保。如果纳税人不能提供纳税担保,经县以上税务局(分局)局长批准,税务机关可以采取下列税收保全措施:

(一)书面通知纳税人开户银行或者其他金融机构冻结纳税人的金额相当于应纳税款的存款;

(二)扣押、查封纳税人的价值相当于应纳税款的商品、货物或者其他财产。

纳税人在前款规定的限期内缴纳税款的,税务机关必须立即解除税收保全措施;限期期满仍未缴纳税款的,经县以上税务局(分局)局长批准,税务机关可以书面通知纳税人开户银行或者其他金融机构从其冻结的存款中扣缴税款,或者依法拍卖或者变卖所扣押、查封的商品、货物或者其他财产,以拍卖或者变卖所得抵缴税款。

个人及其所扶养家属维持生活必需的住房和用品,不在税收保全措施的范围之内。

第三十九条 纳税人在限期内已缴纳税款,税务机关未立即解除税收保全措施,使纳税人的合法利益遭受损失的,税务机关应当承担赔偿责任。

第四十条 从事生产、经营的纳税人、扣缴义务人未按照规定的期限缴纳或者解缴税款,纳税担保人未按照规定的期限缴纳所担保的税款,由税务机关责令限期缴纳,逾期仍未缴纳的,经县以上税务局(分局)局长批准,税务机关可以采取下列强制执行措施:

(一)书面通知其开户银行或者其他金融机构从其存款中扣缴税款;

(二)扣押、查封、依法拍卖或者变卖其价值相当于应纳税款的商品、货物或者其他财产,以拍卖或者变卖所得抵缴税款。

税务机关采取强制执行措施时,对前款所列纳税人、扣缴义务人、纳税担保人未缴纳的滞纳金同时强制执行。

个人及其所扶养家属维持生活必需的住房和用品,不在强制执行措施的范围之内。

第四十一条 本法第三十七条、第三十八条、第四十条规定的采取税收保全措施、强制执行措施的权力,不得由法定的税务机关以外的单位和个人行使。

第四十二条 税务机关采取税收保全措施和强制执行措施必须依照法定权限和法定程序,不得查封、扣押纳税人个人及其所扶养家属维持生活必需的住房和用品。

第四十三条 税务机关滥用职权违法采取税收保全措施、强制执行措施,或者采取税收保全措施、强制执行措施不当,使纳税人、扣缴义务人或者纳税担保人的合法权益遭受损失的,应当依法承担赔偿责任。

第四十四条 欠缴税款的纳税人或者他的法定代表人需要出境的,应当在出境前向税务机关结清应纳税款、滞纳金或者提供担保。未结清税款、滞纳金，又不提供担保的，税务机关可以通知出境管理机关阻止其出境。

第四十五条 税务机关征收税款，税收优先于无担保债权，法律另有规定的除外；纳税人欠缴的税款发生在纳税人以其财产设定抵押、质押或者纳税人的财产被留置之前的，税收应当先于抵押权、质权、留置权执行。

纳税人欠缴税款，同时又被行政机关决定处以罚款、没收违法所得的，税收优先于罚款、没收违法所得。

税务机关应当对纳税人欠缴税款的情况定期予以公告。

第四十六条 纳税人有欠税情形而以其财产设定抵押、质押的，应当向抵押权人、质权人说明其欠税情况。抵押权人、质权人可以请求税务机关提供有关的欠税情况。

第四十七条 税务机关扣押商品、货物或者其他财产时，必须开付收据；查封商品、货物或者其他财产时，必须开付清单。

第四十八条 纳税人有合并、分立情形的，应当向税务机关报告，并依法缴清税款。纳税人合并时未缴清税款的，应当由合并后的纳税人继续履行未履行的纳税义务；纳税人分立时未缴清税款的，分立后的纳税人对未履行的纳税义务应当承担连带责任。

第四十九条 欠缴税款数额较大的纳税人在处分其不动产或者大额资产之前，应当向税务机关报告。

第五十条 欠缴税款的纳税人因怠于行使到期债权，或者放弃到期债权，或者无偿转让财产，或者以明显不合理的低价转让财产而受让人知道该情形，对国家税收造成损害的，税务机关可以依照合同法第七十三条、第七十四条的规定行使代位权、撤销权。

税务机关依照前款规定行使代位权、撤销权的，不免除欠缴税款的纳税人尚未履行的纳税义务和应承担的法律责任。

第五十一条 纳税人超过应纳税额缴纳的税款，税务机关发现后应当立即退还；纳税人自结算缴纳税款之日起三年内发现的，可以向税务机关要求退还多缴的税款并加算银行同期存款利息，税务机关及时查实后应当立即退还；涉及从国库中退库的，依照法律、行政法规有关国库管理的规定退还。

第五十二条 因税务机关的责任，致使纳税人、扣缴义务人未缴或者少缴税款的，税务机关在三年内可以要求纳税人、扣缴义务人补缴税款，但是不得加收滞纳金。

因纳税人、扣缴义务人计算错误等失误，未缴或者少缴税款的，税务机关在三年内可以追征税款、滞纳金；有特殊情况的，追征期可以延长到五年。

对偷税、抗税、骗税的，税务机关追征其未缴或者少缴的税款、滞纳金或者所骗取的税款，不受前款规定期限的限制。

第五十三条 国家税务局和地方税务局应当按照国家规定的税收征收管理范围和税款入库预算级次，将征收的税款缴入国库。

对审计机关、财政机关依法查出的税收违法行为，税务机关应当根据有关机关的决定、意见书，依法将应收的税款、滞纳金按照税款入库预算级次缴入国库，并将结果及时回复有关机关。

第四章 税务检查

第五十四条 税务机关有权进行下列税务检查：

（一）检查纳税人的账簿、记账凭证、报表和有关资料，检查扣缴义务人代扣代缴、代收代缴税款账簿、记账凭证和有关资料；

（二）到纳税人的生产、经营场所和货物存放地检查纳税人应纳税的商品、货物或者其他财产，检查扣缴义务人与代扣代缴、代收代缴税款有关的经营情况；

（三）责成纳税人、扣缴义务人提供与纳税或者代扣代缴、代收代缴税款有关的文件、证明材料和有关资料；

（四）询问纳税人、扣缴义务人与纳税或者代扣代缴、代收代缴税款有关的问题和情况；

（五）到车站、码头、机场、邮政企业及其分支机构检查纳税人托运、邮寄应纳税商品、货物或者其他财产的有关单据、凭证和有关资料；

（六）经县以上税务局（分局）局长批准，凭全国统一格式的检查存款账户许可证明，查询从事生产、经营的纳税人、扣缴义务人在银行或者其他金融机构的存款账户。税务机关在调查税收违法案件时，经设区的市、自治州以上税务局（分局）局长批准，可以查询案件涉嫌人员的储蓄存款。税务机关查询所获得的资料，不得用于税收以外的用途。

第五十五条 税务机关对从事生产、经营的纳税人以前纳税期的纳税情况依法进行税务检查时，发现纳税人有逃避纳税义务行为，并有明显的转移、隐匿其应纳税的商品、货物以及其他财产或者应纳税的收入的迹象的，可以按照本法规定的批准权限采取税收保全措施或者强制执行措施。

第五十六条 纳税人、扣缴义务人必须接受税务机关依法进行的税务检查，如实反映情况，提供有关资料，不得拒绝、隐瞒。

第五十七条 税务机关依法进行税务检查时，有权向有关单位和个人调查纳税人、扣缴义务人和其他当事人与纳税或者代扣代缴、代收代缴税款有关的情况,有关单位和个人有义务向税务机关如实提供有关资料及证明材料。

第五十八条 税务机关调查税务违法案件时,对与案件有关的情况和资料,可以记录、录音、录像、照相和复制。

第五十九条 税务机关派出的人员进行税务检查时,应当出示税务检查证和税务检查通知书,并有责任为被检查人保守秘密;未出示税务检查证和税务检查通知书的,被检查人有权拒绝检查。

第五章 法 律 责 任

第六十条 纳税人有下列行为之一的,由税务机关责令限期改正,可以处二千元以下的罚款;情节严重的,处二千元以上一万元以下的罚款:

（一）未按照规定的期限申报办理税务登记、变更或者注销登记的;

（二）未按照规定设置、保管账簿或者保管记账凭证和有关资料的;

（三）未按照规定将财务、会计制度或者财务、会计处理办法和会计核算软件报送税务机关备查的;

（四）未按照规定将其全部银行账号向税务机关报告的;

（五）未按照规定安装、使用税控装置,或者损毁或者擅自改动税控装置的。

纳税人不办理税务登记的,由税务机关责令限期改正;逾期不改正的,经税务机关提请,由工商行政管理机关吊销其营业执照。

纳税人未按照规定使用税务登记证件,或者转借、涂改、损毁、买卖、伪造税务登记证件的,处二千元以上一万元以下的罚款;情节严重的,处一万元以上五万元以下的罚款。

第六十一条 扣缴义务人未按照规定设置、保管代扣代缴、代收代缴税款账簿或者保管代扣代缴、代收代缴税款记账凭证及有关资料的,由税务机关责令限期改正,可以处二千元以下的罚款;情节严重的,处二千元以上五千元以下的罚款。

第六十二条 纳税人未按照规定的期限办理纳税申报和报送纳税资料的,或者扣缴义务人未按照规定的期限向税务机关报送代扣代缴、代收代缴税款报告表和有关资料的,由税务机关责令限期改正,可以处二千元以下的罚款;情节严重的,可以处二千元以上一万元以下的罚款。

第六十三条 纳税人伪造、变造、隐匿、擅自销毁账簿、记账凭证,或者在账簿上多列支出或者不列、少列收入,或者经税务机关通知申报而拒不申报或者进行虚假的纳税申报,不缴或者少缴应纳税款的,是偷税。对纳税人偷税的,由税务机关追缴其不缴或者少缴的税款、滞纳金,并处不缴或者少缴的税款百分之五十以上五倍以下的罚款;构成犯罪的,依法追究刑事责任。

扣缴义务人采取前款所列手段,不缴或者少缴已扣、已收税款,由税务机关追缴其不缴或者少缴的税款、滞纳金,并处不缴或者少缴的税款百分之五十以上五倍以下的罚款;构成犯罪的,依法追究刑事责任。

第六十四条 纳税人、扣缴义务人编造虚假计税依据的,由税务机关责令限期改正,并处五万元以下的罚款。

纳税人不进行纳税申报,不缴或者少缴应纳税款的,由税务机关追缴其不缴或者少缴的税款、滞纳金,并处不缴或者少缴的税款百分之五十以上五倍以下的罚款。

第六十五条 纳税人欠缴应纳税款,采取转移或者隐匿财产的手段,妨碍税务机关追缴欠缴的税款的,由税务机关追缴欠缴的税款、滞纳金,并处欠缴税款百分之五十以上五倍以下的罚款;构成犯罪的,依法追究刑事责任。

第六十六条 以假报出口或者其他欺骗手段,骗取国家出口退税款的,由税务机关追缴其骗取的退税款,并处骗取税款一倍以上五倍以下的罚款;构成犯罪的,依法追究刑事责任。

对骗取国家出口退税款的,税务机关可以在规定期间内停止为其办理出口退税。

第六十七条 以暴力、威胁方法拒不缴纳税款的,是抗税,除由税务机关追缴其拒缴的税款、滞纳金外,依法追究刑事责任。情节轻微,未构成犯罪的,由税务机关追缴其拒缴的税款、滞纳金,并处拒缴税款一倍以上五倍以下的罚款。

第六十八条 纳税人、扣缴义务人在规定期限内不缴或者少缴应纳或者应解缴的税款,经税务机关责令限期缴纳,逾期仍未缴纳的,税务机关除依照本法第四十条的规定采取强制执行措施追缴其不缴或者少缴的税款外,可以处不缴或者少缴的税款百分之五十以上五倍以下的罚款。

第六十九条 扣缴义务人应扣未扣、应收而不收税款的,由税务机关向纳税人追缴税款,对扣缴义务人处应扣未扣、应收未收税款百分之五十以上三倍以下的罚款。

第七十条 纳税人、扣缴义务人逃避、拒绝或者以其他方式阻挠税务机关检查的,由税务机关责令改正,可以处一万元以下的罚款;情节严重的,处一万元以上五万元以下的罚款。

第七十一条 违反本法第二十二条规定,非法印制发票的,由税务机关销毁非法印制的发票,没收违法所得和作案工具,并处一万元以上五万元以下的罚款;构成犯罪的,依法追究刑事责任。

第七十二条 从事生产、经营的纳税人、扣缴义务人有本法规定的税收违法行为,拒不接受税务机关处理的,税务机关可以收缴其发票或者停止向其发售发票。

第七十三条 纳税人、扣缴义务人的开户银行或者其他金融机构拒绝接受税务机关依法检查纳税人、扣缴义务人存款账户,或者拒绝执行税务机关作出的冻结存款或者扣缴税款的决定,或者在接到税务机关的书面通知后帮助纳税人、扣缴义务人转移存款,造成税款流失的,由税务机关处十万元以上五十万元以下的罚款,对直接负责的主管人员和其他直接责任人员处一千元以上一万元以下的罚款。

第七十四条 本法规定的行政处罚,罚款额在二千元以下的,可以由税务所决定。

第七十五条 税务机关和司法机关的涉税罚没收入,应当按照税款入库预算级次上缴国库。

第七十六条 税务机关违反规定擅自改变税收征收管理范围和税款入库预算级次的,责令限期改正,对直接负责的主管人员和其他直接责任人员依法给予降级或者撤职的行政处分。

第七十七条 纳税人、扣缴义务人有本法第六十三条、第六十五条、第六十六条、第六十七条、第七十一条规定的行为涉嫌犯罪的,税务机关应当依法移交司法机关追究刑事责任。

税务人员徇私舞弊,对依法应当移交司法机关追究刑事责任的不移交,情节严重的,依法追究刑事责任。

第七十八条 未经税务机关依法委托征收税款的,责令退还收取的财物,依法给予行政处分或者行政处罚;致使他人合法权益受到损失的,依法承担赔偿责任;构成犯罪的,依法追究刑事责任。

第七十九条 税务机关、税务人员查封、扣押纳税人个人及其所扶养家属维持生活必需的住房和用品的,责令退还,依法给予行政处分;构成犯罪的,依法追究刑事责任。

第八十条 税务人员与纳税人、扣缴义务人勾结,唆使或者协助纳税人、扣缴义务人有本法第六十三条、第六十五条、第六十六条规定的行为,构成犯罪的,依法追究刑事责任;尚不构成犯罪的,依法给予行政处分。

第八十一条 税务人员利用职务上的便利,收受或者索取纳税人、扣缴义务人财物或者谋取其他不正当利益,构成犯罪的,依法追究刑事责任;尚不构成犯罪的,依法给予行政处分。

第八十二条 税务人员徇私舞弊或者玩忽职守,不征或者少征应征税款,致使国家税收遭受重大损失,构成犯罪的,依法追究刑事责任;尚不构成犯罪的,依法给予行政处分。

税务人员滥用职权,故意刁难纳税人、扣缴义务人的,调离税收工作岗位,并依法给予行政处分。

税务人员对控告、检举税收违法违纪行为的纳税人、扣缴义务人以及其他检举人进行打击报复的,依法给予行政处分;构成犯罪的,依法追究刑事责任。

税务人员违反法律、行政法规的规定,故意高估或者低估农业税计税产量,致使多征或者少征税款,侵犯农民合法权益或者损害国家利益,构成犯罪的,依法追究刑事责任;尚不构成犯罪的,依法给予行政处分。

第八十三条 违反法律、行政法规的规定提前征收、延缓征收或者摊派税款的,由其上级机关或者行政监察机关责令改正,对直接负责的主管人员和其他直接责任人员依法给予行政处分。

第八十四条 违反法律、行政法规的规定,擅自作出税收的开征、停征或者减税、免税、退税、补税以及其他同税收法律、行政法规相抵触的决定的,除依照本法规定撤销其擅自作出的决定外,补征应征未征税款,退还不应征收而征收的税款,并由上级机关追究直接负责的主管人员和其他直接责任人员的行政责任;构成犯罪的,依法追究刑事责任。

第八十五条 税务人员在征收税款或者查处税收违法案件时,未按照本法规定进行回避的,对直接负责的主管人员和其他直接责任人员,依法给予行政处分。

第八十六条 违反税收法律、行政法规应当给予行政处罚的行为,在五年内未被发现的,不再给予行政处罚。

第八十七条 未按照本法规定为纳税人、扣缴义务人、检举人保密的,对直接负责的主管人员和其他直接责任人员,由所在单位或者有关单位依法给予行政处分。

第八十八条 纳税人、扣缴义务人、纳税担保人同税务机关在纳税上发生争议时,必须先依照税务机关的纳税决定缴纳或者解缴税款及滞纳金或者提供相应的担保,然后可以依法申请行政复议;对行政复议决定不服的,可以依法向人民法院起诉。

当事人对税务机关的处罚决定、强制执行措施或者税收保全措施不服的,可以依法申请行政复议,也可以依法向人民法院起诉。

当事人对税务机关的处罚决定逾期不申请行政复议也不向人民法院起诉、又不履行的,作出处罚决定的税务机关可以采取本法第四十条规定的强制执行措施,或者申请人民法院强制执行。

第六章 附 则

第八十九条 纳税人、扣缴义务人可以委托税务代理人代为办理税务事宜。

第九十条 耕地占用税、契税、农业税、牧业税征收管理的具体办法,由国务院另行制定。

关税及海关代征税收的征收管理,依照法律、行政法规的有关规定执行。

第九十一条 中华人民共和国同外国缔结的有关税收的条约、协定同本法有不同规定的,依照条约、协定的规定办理。

第九十二条 本法施行前颁布的税收法律与本法有不同规定的,适用本法规定。

第九十三条 国务院根据本法制定实施细则。

第九十四条 本法自 2001 年 5 月 1 日起施行。

2. 中华人民共和国税收征收管理法实施细则(2016 年修正)

中华人民共和国税收征收管理法实施细则

国务院令第 362 号

(2002 年 9 月 7 日中华人民共和国国务院令第 362 号公布 根据 2012 年 11 月 9 日《国务院关于修改和废止部分行政法规的决定》第一次修订 根据 2013 年 7 月 18 日《国务院关于废止和修改部分行政法规的决定》第二次修订 根据 2016 年 2 月 6 日《国务院关于修改部分行政法规的决定》第三次修订)

第一章 总 则

第一条 根据《中华人民共和国税收征收管理法》(以下简称税收征管法)的规定,制定本细则。

第二条 凡依法由税务机关征收的各种税收的征收管理,均适用税收征管法及本细则;税收征管法及本细则没有规定的,依照其他有关税收法律、行政法规的规定执行。

第三条 任何部门、单位和个人作出的与税收法律、行政法规相抵触的决定一律无效,税务机关不得执行,并应当向上级税务机关报告。

纳税人应当依照税收法律、行政法规的规定履行纳税义务;其签订的合同、协议等与税收法律、行政法规相抵触的,一律无效。

第四条 国家税务总局负责制定全国税务系统信息化建设的总体规划、技术标准、技术方案与实施办法;各级税务机关应当按照国家税务总局的总体规划、技术标准、技术方案与实施办法,做好本地区税务系统信息化建设的具体工作。

地方各级人民政府应当积极支持税务系统信息化建设,并组织有关部门实现相关信息的共享。

第五条 税收征管法第八条所称为纳税人、扣缴义务人保密的情况,是指纳税人、扣缴义务人的商业秘密及个人隐私。纳税人、扣缴义务人的税收违法行为不属于保密范围。

第六条 国家税务总局应当制定税务人员行为准则和服务规范。

上级税务机关发现下级税务机关的税收违法行为,应当及时予以纠正;下级税务机关应当按照上级税务机关的决定及时改正。

下级税务机关发现上级税务机关的税收违法行为,应当向上级税务机关或者有关部门报告。

第七条 税务机关根据检举人的贡献大小给予相应的奖励,奖励所需资金列入税务部门年度预算,单项核定。奖励资金具体使用办法以及奖励标准,由国家税务总局会同财政部制定。

第八条 税务人员在核定应纳税额、调整税收定额、进行税务检查、实施税务行政处罚、办理税务行政复议时,与纳税人、扣缴义务人或者其法定代表人、直接责任人有下列关系之一的,应当回避:

(一)夫妻关系;

(二)直系血亲关系;

(三)三代以内旁系血亲关系;

(四)近姻亲关系;

(五)可能影响公正执法的其他利害关系。

第九条 税收征管法第十四条所称按照国务院规定设立的并向社会公告的税务机构,是指省以下税务局的稽查局。稽查局专司偷税、逃避追缴欠税、骗税、抗税案件的查处。

国家税务总局应当明确划分税务局和稽查局的职责,避免职责交叉。

第二章 税务登记

第十条 国家税务局、地方税务局对同一纳税人的税务登记应当采用同一代码,信息共享。

税务登记的具体办法由国家税务总局制定。

第十一条 各级工商行政管理机关应当向同级国家税务局和地方税务局定期通报办理开业、变更、注销登记以及吊销营业执照的情况。

通报的具体办法由国家税务总局和国家工商行政管理总局联合制定。

第十二条 从事生产、经营的纳税人应当自领取营业执照之日起 30 日内，向生产、经营地或者纳税义务发生地的主管税务机关申报办理税务登记，如实填写税务登记表，并按照税务机关的要求提供有关证件、资料。

前款规定以外的纳税人，除国家机关和个人外，应当自纳税义务发生之日起 30 日内，持有关证件向所在地的主管税务机关申报办理税务登记。

个人所得税的纳税人办理税务登记的办法由国务院另行规定。

税务登记证件的式样，由国家税务总局制定。

第十三条 扣缴义务人应当自扣缴义务发生之日起 30 日内，向所在地的主管税务机关申报办理扣缴税款登记，领取扣缴税款登记证件；税务机关对已办理税务登记的扣缴义务人，可以只在其税务登记证件上登记扣缴税款事项，不再发给扣缴税款登记证件。

第十四条 纳税人税务登记内容发生变化的，应当自工商行政管理机关或者其他机关办理变更登记之日起 30 日内，持有关证件向原税务登记机关申报办理变更税务登记。

纳税人税务登记内容发生变化，不需要到工商行政管理机关或者其他机关办理变更登记的，应当自发生变化之日起 30 日内，持有关证件向原税务登记机关申报办理变更税务登记。

第十五条 纳税人发生解散、破产、撤销以及其他情形，依法终止纳税义务的，应当在向工商行政管理机关或者其他机关办理注销登记前，持有关证件向原税务登记机关申报办理注销税务登记；按照规定不需要在工商行政管理机关或者其他机关办理注册登记的，应当自有关机关批准或者宣告终止之日起 15 日内，持有关证件向原税务登记机关申报办理注销税务登记。

纳税人因住所、经营地点变动，涉及改变税务登记机关的，应当在向工商行政管理机关或者其他机关申请办理变更或者注销登记前或者住所、经营地点变动前，向原税务登记机关申报办理注销税务登记，并在 30 日内向迁达地税务机关申报办理税务登记。

纳税人被工商行政管理机关吊销营业执照或者被其他机关予以撤销登记的，应当自营业执照被吊销或者被撤销登记之日起 15 日内，向原税务登记机关申报办理注销税务登记。

第十六条 纳税人在办理注销税务登记前，应当向税务机关结清应纳税款、滞纳金、罚款，缴销发票、税务登记证件和其他税务证件。

第十七条　从事生产、经营的纳税人应当自开立基本存款账户或者其他存款账户之日起 15 日内,向主管税务机关书面报告其全部账号;发生变化的,应当自变化之日起 15 日内,向主管税务机关书面报告。

第十八条　除按照规定不需要发给税务登记证件的外,纳税人办理下列事项时,必须持税务登记证件:

（一）开立银行账户;
（二）申请减税、免税、退税;
（三）申请办理延期申报、延期缴纳税款;
（四）领购发票;
（五）申请开具外出经营活动税收管理证明;
（六）办理停业、歇业;
（七）其他有关税务事项。

第十九条　税务机关对税务登记证件实行定期验证和换证制度。纳税人应当在规定的期限内持有关证件到主管税务机关办理验证或者换证手续。

第二十条　纳税人应当将税务登记证件正本在其生产、经营场所或者办公场所公开悬挂,接受税务机关检查。

纳税人遗失税务登记证件的,应当在 15 日内书面报告主管税务机关,并登报声明作废。

第二十一条　从事生产、经营的纳税人到外县(市)临时从事生产、经营活动的,应当持税务登记证副本和所在地税务机关填开的外出经营活动税收管理证明,向营业地税务机关报验登记,接受税务管理。

从事生产、经营的纳税人外出经营,在同一地累计超过 180 天的,应当在营业地办理税务登记手续。

第三章　账簿、凭证管理

第二十二条　从事生产、经营的纳税人应当自领取营业执照或者发生纳税义务之日起 15 日内,按照国家有关规定设置账簿。

前款所称账簿,是指总账、明细账、日记账以及其他辅助性账簿。总账、日记账应当采用订本式。

第二十三条　生产、经营规模小又确无建账能力的纳税人,可以聘请经批准从事会计代理记账业务的专业机构或者财会人员代为建账和办理账务。

第二十四条　从事生产、经营的纳税人应当自领取税务登记证件之日起 15 日内,将其财务、会计制度或者财务、会计处理办法报送主管税务机关备案。

纳税人使用计算机记账的,应当在使用前将会计电算化系统的会计核算软件、使用说明书及有关资料报送主管税务机关备案。

纳税人建立的会计电算化系统应当符合国家有关规定,并能正确、完整核算其收入或者所得。

第二十五条 扣缴义务人应当自税收法律、行政法规规定的扣缴义务发生之日起10日内,按照所代扣、代收的税种,分别设置代扣代缴、代收代缴税款账簿。

第二十六条 纳税人、扣缴义务人会计制度健全,能够通过计算机正确、完整计算其收入和所得或者代扣代缴、代收代缴税款情况的,其计算机输出的完整的书面会计记录,可视同会计账簿。

纳税人、扣缴义务人会计制度不健全,不能通过计算机正确、完整计算其收入和所得或者代扣代缴、代收代缴税款情况的,应当建立总账及与纳税或者代扣代缴、代收代缴税款有关的其他账簿。

第二十七条 账簿、会计凭证和报表,应当使用中文。民族自治地方可以同时使用当地通用的一种民族文字。外商投资企业和外国企业可以同时使用一种外国文字。

第二十八条 纳税人应当按照税务机关的要求安装、使用税控装置,并按照税务机关的规定报送有关数据和资料。

税控装置推广应用的管理办法由国家税务总局另行制定,报国务院批准后实施。

第二十九条 账簿、记账凭证、报表、完税凭证、发票、出口凭证以及其他有关涉税资料应当合法、真实、完整。

账簿、记账凭证、报表、完税凭证、发票、出口凭证以及其他有关涉税资料应当保存10年;但是,法律、行政法规另有规定的除外。

第四章 纳 税 申 报

第三十条 税务机关应当建立、健全纳税人自行申报纳税制度。纳税人、扣缴义务人可以采取邮寄、数据电文方式办理纳税申报或者报送代扣代缴、代收代缴税款报告表。

数据电文方式,是指税务机关确定的电话语音、电子数据交换和网络传输等电子方式。

第三十一条 纳税人采取邮寄方式办理纳税申报的,应当使用统一的纳税申报专用信封,并以邮政部门收据作为申报凭据。邮寄申报以寄出的邮戳日期为实际申报日期。

纳税人采取电子方式办理纳税申报的,应当按照税务机关规定的期限和要求保存有关资料,并定期书面报送主管税务机关。

第三十二条 纳税人在纳税期内没有应纳税款的,也应当按照规定办理纳税申报。

纳税人享受减税、免税待遇的,在减税、免税期间应当按照规定办理纳税申报。

第三十三条 纳税人、扣缴义务人的纳税申报或者代扣代缴、代收代缴税款报告表的主要内容包括:税种、税目,应纳税项目或者应代扣代缴、代收代缴税款项目,计税依据,扣除项目及标准,适用税率或者单位税额,应退税项目及税额、应减免税项目及税额,应纳税额或者应代扣代缴、代收代缴税额,税款所属期限、延期缴纳税款、欠税、滞纳金等。

第三十四条 纳税人办理纳税申报时,应当如实填写纳税申报表,并根据不同的情况相应报送下列有关证件、资料:

(一)财务会计报表及其说明材料;

(二)与纳税有关的合同、协议书及凭证;

(三)税控装置的电子报税资料;

(四)外出经营活动税收管理证明和异地完税凭证;

(五)境内或者境外公证机构出具的有关证明文件;

(六)税务机关规定应当报送的其他有关证件、资料。

第三十五条 扣缴义务人办理代扣代缴、代收代缴税款报告时,应当如实填写代扣代缴、代收代缴税款报告表,并报送代扣代缴、代收代缴税款的合法凭证以及税务机关规定的其他有关证件、资料。

第三十六条 实行定期定额缴纳税款的纳税人,可以实行简易申报、简并征期等申报纳税方式。

第三十七条 纳税人、扣缴义务人按照规定的期限办理纳税申报或者报送代扣代缴、代收代缴税款报告表确有困难,需要延期的,应当在规定的期限内向税务机关提出书面延期申请,经税务机关核准,在核准的期限内办理。

纳税人、扣缴义务人因不可抗力,不能按期办理纳税申报或者报送代扣代缴、代收代缴税款报告表的,可以延期办理;但是,应当在不可抗力情形消除后立即向税务机关报告。税务机关应当查明事实,予以核准。

第五章 税 款 征 收

第三十八条 税务机关应当加强对税款征收的管理,建立、健全责任制度。

税务机关根据保证国家税款及时足额入库、方便纳税人、降低税收成本的原则,确定税款征收的方式。

税务机关应当加强对纳税人出口退税的管理,具体管理办法由国家税务总局会同国务院有关部门制定。

第三十九条 税务机关应当将各种税收的税款、滞纳金、罚款,按照国家规定的预算科目和预算级次及时缴入国库,税务机关不得占压、挪用、截留,不得缴入国库以外或者国家规定的税款账户以外的任何账户。

已缴入国库的税款、滞纳金、罚款,任何单位和个人不得擅自变更预算科目和预算级次。

第四十条 税务机关应当根据方便、快捷、安全的原则,积极推广使用支票、银行卡、电子结算方式缴纳税款。

第四十一条 纳税人有下列情形之一的,属于税收征管法第三十一条所称特殊困难:

(一)因不可抗力,导致纳税人发生较大损失,正常生产经营活动受到较大影响的;

(二)当期货币资金在扣除应付职工工资、社会保险费后,不足以缴纳税款的。

计划单列市国家税务局、地方税务局可以参照税收征管法第三十一条第二款的批准权限,审批纳税人延期缴纳税款。

第四十二条 纳税人需要延期缴纳税款的,应当在缴纳税款期限届满前提出申请,并报送下列材料:申请延期缴纳税款报告,当期货币资金余额情况及所有银行存款账户的对账单,资产负债表,应付职工工资和社会保险费等税务机关要求提供的支出预算。

税务机关应当自收到申请延期缴纳税款报告之日起20日内作出批准或者不予批准的决定;不予批准的,从缴纳税款期限届满之日起加收滞纳金。

第四十三条 享受减税、免税优惠的纳税人,减税、免税期满,应当自期满次日起恢复纳税;减税、免税条件发生变化的,应当在纳税申报时向税务机关报告;不再符合减税、免税条件的,应当依法履行纳税义务;未依法纳税的,税务机关应当予以追缴。

第四十四条 税务机关根据有利于税收控管和方便纳税的原则,可以按照国家有关规定委托有关单位和人员代征零星分散和异地缴纳的税收,并发给委托代征证书。受托单位和人员按照代征证书的要求,以税务机关的名义依法征收税款,纳税人不得拒绝;纳税人拒绝的,受托代征单位和人员应当及时报告税务机关。

第四十五条 税收征管法第三十四条所称完税凭证,是指各种完税证、缴款书、印花税票、扣(收)税凭证以及其他完税证明。

未经税务机关指定,任何单位、个人不得印制完税凭证。完税凭证不得转借、倒卖、变造或者伪造。

完税凭证的式样及管理办法由国家税务总局制定。

第四十六条 税务机关收到税款后,应当向纳税人开具完税凭证。纳税人通过银行缴纳税款的,税务机关可以委托银行开具完税凭证。

第四十七条 纳税人有税收征管法第三十五条或者第三十七条所列情形之一的,税务机关有权采用下列任何一种方法核定其应纳税额:

(一)参照当地同类行业或者类似行业中经营规模和收入水平相近的纳税人的税负水平核定;

(二)按照营业收入或者成本加合理的费用和利润的方法核定;

(三)按照耗用的原材料、燃料、动力等推算或者测算核定;

(四)按照其他合理方法核定。

采用前款所列一种方法不足以正确核定应纳税额时,可以同时采用两种以上的方法核定。

纳税人对税务机关采取本条规定的方法核定的应纳税额有异议的,应当提供相关证据,经税务机关认定后,调整应纳税额。

第四十八条 税务机关负责纳税人纳税信誉等级评定工作。纳税人纳税信誉等级的评定办法由国家税务总局制定。

第四十九条 承包人或者承租人有独立的生产经营权,在财务上独立核算,并定期向发包人或者出租人上缴承包费或者租金的,承包人或者承租人应当就其生产、经营收入和所得纳税,并接受税务管理;但是,法律、行政法规另有规定的除外。

发包人或者出租人应当自发包或者出租之日起 30 日内将承包人或者承租人的有关情况向主管税务机关报告。发包人或者出租人不报告的,发包人或者出租人与承包人或者承租人承担纳税连带责任。

第五十条 纳税人有解散、撤销、破产情形的,在清算前应当向其主管税务机关报告;未结清税款的,由其主管税务机关参加清算。

第五十一条 税收征管法第三十六条所称关联企业,是指有下列关系之一的公司、企业和其他经济组织:

(一)在资金、经营、购销等方面,存在直接或者间接的拥有或者控制关系;

(二)直接或者间接地同为第三者所拥有或者控制;

(三)在利益上具有相关联的其他关系。

纳税人有义务就其与关联企业之间的业务往来,向当地税务机关提供有关的价格、费用标准等资料。具体办法由国家税务总局制定。

第五十二条 税收征管法第三十六条所称独立企业之间的业务往来,是指没有关联关系的企业之间按照公平成交价格和营业常规所进行的业务往来。

第五十三条 纳税人可以向主管税务机关提出与其关联企业之间业务往来的定价原则和计算方法,主管税务机关审核、批准后,与纳税人预先约定有关定价事项,监督纳税人执行。

第五十四条 纳税人与其关联企业之间的业务往来有下列情形之一的,税务机关可以调整其应纳税额:

(一)购销业务未按照独立企业之间的业务往来作价;

(二)融通资金所支付或者收取的利息超过或者低于没有关联关系的企业之间所能同意的数额,或者利率超过或者低于同类业务的正常利率;

(三)提供劳务,未按照独立企业之间业务往来收取或者支付劳务费用;

(四)转让财产、提供财产使用权等业务往来,未按照独立企业之间业务往来作价或者收取、支付费用;

(五)未按照独立企业之间业务往来作价的其他情形。

第五十五条 纳税人有本细则第五十四条所列情形之一的,税务机关可以按照下列方法调整计税收入额或者所得额:

(一)按照独立企业之间进行的相同或者类似业务活动的价格;

(二)按照再销售给无关联关系的第三者的价格所应取得的收入和利润水平;

(三)按照成本加合理的费用和利润;

(四)按照其他合理的方法。

第五十六条 纳税人与其关联企业未按照独立企业之间的业务往来支付价款、费用的,税务机关自该业务往来发生的纳税年度起 3 年内进行调整;有特殊情况的,可以自该业务往来发生的纳税年度起 10 年内进行调整。

第五十七条 税收征管法第三十七条所称未按照规定办理税务登记从事生产、经营的纳税人,包括到外县(市)从事生产、经营而未向营业地税务机关报验登记的纳税人。

第五十八条 税务机关依照税收征管法第三十七条的规定,扣押纳税人商品、货物的,纳税人应当自扣押之日起 15 日内缴纳税款。

对扣押的鲜活、易腐烂变质或者易失效的商品、货物,税务机关根据被扣押物品的保质期,可以缩短前款规定的扣押期限。

第五十九条 税收征管法第三十八条、第四十条所称其他财产,包括纳税人的房地产、现金、有价证券等不动产和动产。

机动车辆、金银饰品、古玩字画、豪华住宅或者一处以外的住房不属于税收征管法第三十八条、第四十条、第四十二条所称个人及其所扶养家属维持生活必需的住房和用品。

税务机关对单价5000元以下的其他生活用品,不采取税收保全措施和强制执行措施。

第六十条 税收征管法第三十八条、第四十条、第四十二条所称个人所扶养家属,是指与纳税人共同居住生活的配偶、直系亲属以及无生活来源并由纳税人扶养的其他亲属。

第六十一条 税收征管法第三十八条、第八十八条所称担保,包括经税务机关认可的纳税保证人为纳税人提供的纳税保证,以及纳税人或者第三人以其未设置或者未全部设置担保物权的财产提供的担保。

纳税保证人,是指在中国境内具有纳税担保能力的自然人、法人或者其他经济组织。

法律、行政法规规定的没有担保资格的单位和个人,不得作为纳税担保人。

第六十二条 纳税担保人同意为纳税人提供纳税担保的,应当填写纳税担保书,写明担保对象、担保范围、担保期限和担保责任以及其他有关事项。担保书须经纳税人、纳税担保人签字盖章并经税务机关同意,方为有效。

纳税人或者第三人以其财产提供纳税担保的,应当填写财产清单,并写明财产价值以及其他有关事项。纳税担保财产清单须经纳税人、第三人签字盖章并经税务机关确认,方为有效。

第六十三条 税务机关执行扣押、查封商品、货物或者其他财产时,应当由两名以上税务人员执行,并通知被执行人。被执行人是自然人的,应当通知被执行人本人或者其成年家属到场;被执行人是法人或者其他组织的,应当通知其法定代表人或者主要负责人到场;拒不到场的,不影响执行。

第六十四条 税务机关执行税收征管法第三十七条、第三十八条、第四十条的规定,扣押、查封价值相当于应纳税款的商品、货物或者其他财产时,参照同类商品的市场价、出厂价或者评估价估算。

税务机关按照前款方法确定应扣押、查封的商品、货物或者其他财产的价值时,还应当包括滞纳金和拍卖、变卖所发生的费用。

第六十五条 对价值超过应纳税额且不可分割的商品、货物或者其他财产,税务机关在纳税人、扣缴义务人或者纳税担保人无其他可供强制执行的财产的情况下,可以整体扣押、查封、拍卖。

第六十六条 税务机关执行税收征管法第三十七条、第三十八条、第四十条的规定,实施扣押、查封时,对有产权证件的动产或者不动产,税务机关可以责令当事人将产权证件交税务机关保管,同时可以向有关机关发出协助执行通知书,有关机关在扣押、查封期间不再办理该动产或者不动产的过户手续。

第六十七条 对查封的商品、货物或者其他财产,税务机关可以指令被执行人负责保管,保管责任由被执行人承担。

继续使用被查封的财产不会减少其价值的,税务机关可以允许被执行人继续使用;因被执行人保管或者使用的过错造成的损失,由被执行人承担。

第六十八条 纳税人在税务机关采取税收保全措施后,按照税务机关规定的期限缴纳税款的,税务机关应当自收到税款或者银行转回的完税凭证之日起1日内解除税收保全。

第六十九条 税务机关将扣押、查封的商品、货物或者其他财产变价抵缴税款时,应当交由依法成立的拍卖机构拍卖;无法委托拍卖或者不适于拍卖的,可以交由当地商业企业代为销售,也可以责令纳税人限期处理;无法委托商业企业销售,纳税人也无法处理的,可以由税务机关变价处理,具体办法由国家税务总局规定。国家禁止自由买卖的商品,应当交由有关单位按照国家规定的价格收购。

拍卖或者变卖所得抵缴税款、滞纳金、罚款以及拍卖、变卖等费用后,剩余部分应当在3日内退还被执行人。

第七十条 税收征管法第三十九条、第四十三条所称损失,是指因税务机关的责任,使纳税人、扣缴义务人或者纳税担保人的合法利益遭受的直接损失。

第七十一条 税收征管法所称其他金融机构,是指信托投资公司、信用合作社、邮政储蓄机构以及经中国人民银行、中国证券监督管理委员会等批准设立的其他金融机构。

第七十二条 税收征管法所称存款,包括独资企业投资人、合伙企业合伙人、个体工商户的储蓄存款以及股东资金账户中的资金等。

第七十三条 从事生产、经营的纳税人、扣缴义务人未按照规定的期限缴纳或者解缴税款的,纳税担保人未按照规定的期限缴纳所担保的税款的,由税务机关发出限期缴纳税款通知书,责令缴纳或者解缴税款的最长期限不得超过15日。

第七十四条 欠缴税款的纳税人或者其法定代表人在出境前未按照规定结清应纳税款、滞纳金或者提供纳税担保的,税务机关可以通知出入境管理机关阻止其出境。阻止出境的具体办法,由国家税务总局会同公安部制定。

第七十五条 税收征管法第三十二条规定的加收滞纳金的起止时间,为法律、行政法规规定或者税务机关依照法律、行政法规的规定确定的税款缴纳期限届满次日起至纳税人、扣缴义务人实际缴纳或者解缴税款之日止。

第七十六条 县级以上各级税务机关应当将纳税人的欠税情况,在办税场所或者广播、电视、报纸、期刊、网络等新闻媒体上定期公告。

对纳税人欠缴税款的情况实行定期公告的办法,由国家税务总局制定。

第七十七条 税收征管法第四十九条所称欠缴税款数额较大,是指欠缴税款5万元以上。

第七十八条 税务机关发现纳税人多缴税款的,应当自发现之日起10日内办理退还手续;纳税人发现多缴税款,要求退还的,税务机关应当自接到纳税人退还申请之日起30日内查实并办理退还手续。

税收征管法第五十一条规定的加算银行同期存款利息的多缴税款退税,不包括依法预缴税款形成的结算退税、出口退税和各种减免退税。

退税利息按照税务机关办理退税手续当天中国人民银行规定的活期存款利率计算。

第七十九条 当纳税人既有应退税款又有欠缴税款的,税务机关可以将应退税款和利息先抵扣欠缴税款;抵扣后有余额的,退还纳税人。

第八十条 税收征管法第五十二条所称税务机关的责任,是指税务机关适用税收法律、行政法规不当或者执法行为违法。

第八十一条 税收征管法第五十二条所称纳税人、扣缴义务人计算错误等失误,是指非主观故意的计算公式运用错误以及明显的笔误。

第八十二条 税收征管法第五十二条所称特殊情况,是指纳税人或者扣缴义务人因计算错误等失误,未缴或者少缴、未扣或者少扣、未收或者少收税款,累计数额在10万元以上的。

第八十三条 税收征管法第五十二条规定的补缴和追征税款、滞纳金的期限,自纳税人、扣缴义务人应缴未缴或者少缴税款之日起计算。

第八十四条 审计机关、财政机关依法进行审计、检查时,对税务机关的税收违法行为作出的决定,税务机关应当执行;发现被审计、检查单位有税收违法行为的,向被审计、检查单位下达决定、意见书,责成被审计、检查单位向税务机关缴纳应当缴纳的税款、滞纳金。税务机关应当根据有关机关的决定、意见书,依照税收法律、行政法规的规定,将应收的税款、滞纳金按照国家规定的税收征收管理范围和税款入库预算级次缴入国库。

税务机关应当自收到审计机关、财政机关的决定、意见书之日起30日内将执行情况书面回复审计机关、财政机关。

有关机关不得将其履行职责过程中发现的税款、滞纳金自行征收入库或者以其他款项的名义自行处理、占压。

第六章 税 务 检 查

第八十五条 税务机关应当建立科学的检查制度,统筹安排检查工作,严格控制对纳税人、扣缴义务人的检查次数。

税务机关应当制定合理的税务稽查工作规程,负责选案、检查、审理、执行的人员的职责应当明确,并相互分离、相互制约,规范选案程序和检查行为。

税务检查工作的具体办法,由国家税务总局制定。

第八十六条 税务机关行使税收征管法第五十四条第(一)项职权时,可以在纳税人、扣缴义务人的业务场所进行;必要时,经县以上税务局(分局)局长批准,可以将纳税人、扣缴义务人以前会计年度的账簿、记账凭证、报表和其他有关资料调回税务机关检查,但是税务机关必须向纳税人、扣缴义务人开付清单,并在3个月内完整退还;有特殊情况的,经设区的市、自治州以上税务局局长批准,税务机关可以将纳税人、扣缴义务人当年的账簿、记账凭证、报表和其他有关资料调回检查,但是税务机关必须在30日内退还。

第八十七条 税务机关行使税收征管法第五十四条第(六)项职权时,应当指定专人负责,凭全国统一格式的检查存款账户许可证明进行,并有责任为被检查人保守秘密。

检查存款账户许可证明,由国家税务总局制定。

税务机关查询的内容,包括纳税人存款账户余额和资金往来情况。

第八十八条 依照税收征管法第五十五条规定,税务机关采取税收保全措施的期限一般不得超过6个月;重大案件需要延长的,应当报国家税务总局批准。

第八十九条 税务机关和税务人员应当依照税收征管法及本细则的规定行使税务检查职权。

税务人员进行税务检查时,应当出示税务检查证和税务检查通知书;无税务检查证和税务检查通知书的,纳税人、扣缴义务人及其他当事人有权拒绝检查。税务机关对集贸市场及集中经营业户进行检查时,可以使用统一的税务检查通知书。

税务检查证和税务检查通知书的式样、使用和管理的具体办法,由国家税务总局制定。

第七章 法 律 责 任

第九十条 纳税人未按照规定办理税务登记证件验证或者换证手续的,由税务机关责令限期改正,可以处 2000 元以下的罚款;情节严重的,处 2000 元以上 1 万元以下的罚款。

第九十一条 非法印制、转借、倒卖、变造或者伪造完税凭证的,由税务机关责令改正,处 2000 元以上 1 万元以下的罚款;情节严重的,处 1 万元以上 5 万元以下的罚款;构成犯罪的,依法追究刑事责任。

第九十二条 银行和其他金融机构未依照税收征管法的规定在从事生产、经营的纳税人的账户中登录税务登记证件号码,或者未按规定在税务登记证件中登录从事生产、经营的纳税人的账户账号的,由税务机关责令其限期改正,处 2000 元以上 2 万元以下的罚款;情节严重的,处 2 万元以上 5 万元以下的罚款。

第九十三条 为纳税人、扣缴义务人非法提供银行账户、发票、证明或者其他方便,导致未缴、少缴税款或者骗取国家出口退税款的,税务机关除没收其违法所得外,可以处未缴、少缴或者骗取的税款 1 倍以下的罚款。

第九十四条 纳税人拒绝代扣、代收税款的,扣缴义务人应当向税务机关报告,由税务机关直接向纳税人追缴税款、滞纳金;纳税人拒不缴纳的,依照税收征管法第六十八条的规定执行。

第九十五条 税务机关依照税收征管法第五十四条第(五)项的规定,到车站、码头、机场、邮政企业及其分支机构检查纳税人有关情况时,有关单位拒绝的,由税务机关责令改正,可以处 1 万元以下的罚款;情节严重的,处 1 万元以上 5 万元以下的罚款。

第九十六条 纳税人、扣缴义务人有下列情形之一的,依照税收征管法第七十条的规定处罚:

(一) 提供虚假资料,不如实反映情况,或者拒绝提供有关资料的;

(二) 拒绝或者阻止税务机关记录、录音、录像、照相和复制与案件有关的情况和资料的;

(三) 在检查期间,纳税人、扣缴义务人转移、隐匿、销毁有关资料的;

(四) 有不依法接受税务检查的其他情形的。

第九十七条 税务人员私分扣押、查封的商品、货物或者其他财产,情节严重,构成犯罪的,依法追究刑事责任;尚不构成犯罪的,依法给予行政处分。

第九十八条 税务代理人违反税收法律、行政法规,造成纳税人未缴或者少缴税款的,除由纳税人缴纳或者补缴应纳税款、滞纳金外,对税务代理人处纳税人未缴或者少缴税款 50% 以上 3 倍以下的罚款。

第九十九条 税务机关对纳税人、扣缴义务人及其他当事人处以罚款或者没收违法所得时,应当开付罚没凭证;未开付罚没凭证的,纳税人、扣缴义务人以及其他当事人有权拒绝给付。

第一百条 税收征管法第八十八条规定的纳税争议,是指纳税人、扣缴义务人、纳税担保人对税务机关确定纳税主体、征税对象、征税范围、减税、免税及退税、适用税率、计税依据、纳税环节、纳税期限、纳税地点以及税款征收方式等具体行政行为有异议而发生的争议。

第八章　文 书 送 达

第一百零一条 税务机关送达税务文书,应当直接送交受送达人。

受送达人是公民的,应当由本人直接签收;本人不在的,交其同住成年家属签收。

受送达人是法人或者其他组织的,应当由法人的法定代表人、其他组织的主要负责人或者该法人、组织的财务负责人、负责收件的人签收。受送达人有代理人的,可以送交其代理人签收。

第一百零二条 送达税务文书应当有送达回证,并由受送达人或者本细则规定的其他签收人在送达回证上记明收到日期,签名或者盖章,即为送达。

第一百零三条 受送达人或者本细则规定的其他签收人拒绝签收税务文书的,送达人应当在送达回证上记明拒收理由和日期,并由送达人和见证人签名或者盖章,将税务文书留在受送达人处,即视为送达。

第一百零四条 直接送达税务文书有困难的,可以委托其他有关机关或者其他单位代为送达,或者邮寄送达。

第一百零五条 直接或者委托送达税务文书的,以签收人或者见证人在送达回证上的签收或者注明的收件日期为送达日期;邮寄送达的,以挂号函件回执上注明的收件日期为送达日期,并视为已送达。

第一百零六条 有下列情形之一的,税务机关可以公告送达税务文书,自公告之日起满30日,即视为送达:

(一)同一送达事项的受送达人众多;

(二)采用本章规定的其他送达方式无法送达。

第一百零七条 税务文书的格式由国家税务总局制定。本细则所称税务文书,包括:

(一)税务事项通知书;

(二)责令限期改正通知书;

(三)税收保全措施决定书;

（四）税收强制执行决定书；

（五）税务检查通知书；

（六）税务处理决定书；

（七）税务行政处罚决定书；

（八）行政复议决定书；

（九）其他税务文书。

第九章　附　则

第一百零八条　税收征管法及本细则所称"以上""以下""日内""届满"均含本数。

第一百零九条　税收征管法及本细则所规定期限的最后一日是法定休假日的，以休假日期满的次日为期限的最后一日；在期限内有连续3日以上法定休假日的，按休假日天数顺延。

第一百一十条　税收征管法第三十条第三款规定的代扣、代收手续费，纳入预算管理，由税务机关依照法律、行政法规的规定付给扣缴义务人。

第一百一十一条　纳税人、扣缴义务人委托税务代理人代为办理税务事宜的办法，由国家税务总局规定。

第一百一十二条　耕地占用税、契税、农业税、牧业税的征收管理，按照国务院的有关规定执行。

第一百一十三条　本细则自2002年10月15日起施行。1993年8月4日国务院发布的《中华人民共和国税收征收管理法实施细则》同时废止。

3. 中华人民共和国税收征收管理法修订草案（征求意见稿）[①]

中华人民共和国税收征收管理法修订草案（征求意见稿）

（黑体字部分为修改内容）

第一章　总　则

第一条　为了规范税收征收和缴纳行为，**加强税收征收管理**，保障国家税收收入，保护纳税人合法权益，**推进税收治理现代化**，促进经济和社会发展，**根据宪法**制定

[①] 中国政府网。

本法。

第二条 凡依法由税务机关征收的各种税收的征收管理,均适用本法。

第三条 **国家税收的基本制度由法律规定。**

税收的开征、停征以及减税、免税、退税、补税,依照法律的规定执行;**全国人民代表大会及其常务委员会决定**授权国务院规定的,依照国务院制定的行政法规的规定执行。

任何机关、单位和个人不得违反法律、行政法规的规定,擅自作出税收开征、停征以及减税、免税、退税、补税和其他同税收法律、行政法规相抵触的决定;**除法律、行政法规和国务院规定外,任何单位不得突破国家统一税收制度规定税收优惠政策。**

第四条 法律、行政法规规定负有纳税义务的单位和个人为纳税人。

法律、行政法规规定负有代扣代缴、代收代缴税款义务的单位和个人为扣缴义务人。

纳税人、扣缴义务人必须依照法律、行政法规的规定缴纳税款、代扣代缴、代收代缴税款。

第五条 国务院税务主管部门主管全国税收征收管理工作。各地国家税务局和地方税务局应当按照国务院规定的税收征收管理范围分别进行征收管理。

税务机关应当依照法定税率计算税额,依法征收税款或者退付税款,不得违反法律、行政法规的规定开征、停征、多征或者少退、少征、提前征收、延缓征收或者摊派税款。

地方各级人民政府应当依法加强对本行政区域内税收征收管理工作的领导或者协调,支持税务机关依法执行职务,**建立、健全涉税信息提供机制。**

各有关部门和单位应当支持、协助税务机关依法执行职务,**及时向税务机关提供涉税信息。**

税务机关依法执行职务,任何单位和个人不得阻挠。

第六条 税务机关应当遵循公平、公正、便捷、效率原则,按照法定程序实施税收征收管理,不得违反税收法律、行政法规规定或者超越授权范围设立纳税人、扣缴义务人以及其他当事人的税收征收管理程序性义务,侵害其合法权益。

税务机关不得擅自改变已经生效的行政决定。

第七条 国家有计划地用现代信息技术装备各级税务机关,加强税收征收管理信息系统的现代化建设,建立、健全税务机关与政府其他管理机关的信息共享制度。

纳税人、扣缴义务人**以及其他有关单位和个人**应当按照国家有关规定如实向税务机关提供与纳税和代扣代缴、代收代缴税款有关的信息**以及其他涉税信息。**

第八条 国家施行统一的纳税人识别号制度。

第九条 国家建立、健全税收诚信体系,褒扬诚信,惩戒失信,促进税法遵从。

第十条 税务机关应当广泛宣传税收法律、行政法规,普及纳税知识,无偿地为纳税人提供纳税咨询服务。

第十一条 纳税人、扣缴义务人以及其他当事人根据法律、行政法规规定履行义务,其合法权益同等受法律保护。

纳税人依法享有税收法律、行政法规和规章制定、修改的参与权。

纳税人依法享有申请减税、免税、退税的权利。

纳税人、扣缴义务人有权向税务机关了解国家税收法律、行政法规的规定以及与纳税程序有关的情况。

纳税人、扣缴义务人有权要求税务机关为纳税人、扣缴义务人的情况保密。税务机关应当依法为纳税人、扣缴义务人的情况保密,**法律另有规定的除外。**

纳税人、扣缴义务人对税务机关所作出的决定,享有陈述权、申辩权;依法享有申请行政复议、提起行政诉讼、请求国家赔偿等权利。

纳税人、扣缴义务人有权控告和检举税务机关、税务人员的违法违纪行为。

第十二条 税务机关应当加强队伍建设,提高税务人员的政治业务素质。

税务机关、税务人员必须秉公执法、忠于职守、清正廉洁、礼貌待人、文明服务,尊重和保护纳税人、扣缴义务人的权利,依法接受监督。

税务人员不得索贿受贿、徇私舞弊、玩忽职守、不征或者少征应征税款;不得滥用职权多征税款或者故意刁难纳税人和扣缴义务人。

第十三条 各级税务机关应当建立、健全内部制约和监督管理制度。

上级税务机关应当对下级税务机关的执法活动依法进行监督。

各级税务机关应当对其工作人员执行法律、行政法规和廉洁自律准则的情况进行监督检查。

第十四条 税务人员征收税款和查处税收违法案件,与纳税人、扣缴义务人或者税收违法案件有利害关系的,应当回避。

第十五条 任何单位和个人都有权检举违反税收法律、行政法规的行为。收到检举的机关和负责查处的机关应当为检举人保密。税务机关应当按照规定给予奖励。

第十六条 税务机关按照法律、行政法规以及国务院税务主管部门规定的管辖范围对纳税人实施管辖。

税务机关之间对税收管辖有争议的,由争议各方依照前款规定,本着有利于征收管理的原则逐级协商解决;不能协商一致的,报请共同的上级税务机关决定。

第十七条 本法所称税务机关是指各级税务局、税务分局、税务所和按照国务院规定设立的并向社会公告的税务机构。

第二章 税务登记

第十八条 纳税人识别号由税务机关统一登记管理。

企业,企业在外地设立的分支机构和从事生产、经营的场所,个体工商户和从事生产、经营的事业单位(以下统称从事生产、经营的纳税人)自领取营业执照之日起三十日内,**或者首次发生纳税义务三十日内,由法定代表人或者其授权人员**持有关证件,向税务机关申报办理税务登记。税务机关应当于收到申报的当日办理登记并发给税务登记证件。

事业单位和社会组织应当自依法设立之日起三十日内向税务机关申报办理税务登记。税务机关应当于收到申报的当日办理登记并发给税务登记证件。

自然人纳税人或者其扣缴义务人应当自首次纳税义务发生之日起,法律、行政法规规定的纳税申报期限届满前,向税务机关申报,税务机关登录其纳税人识别号。

本条第二、三款规定以外的纳税人办理税务登记和扣缴义务人办理扣缴税款登记的范围和办法由国务院规定。

第十九条 从事网络交易的纳税人应当在其网站首页或者从事经营活动的主页面醒目位置公开税务登记的登载信息或者电子链接标识。

第二十条 从事生产、经营的纳税人,税务登记内容发生变化的,自工商行政管理机关办理变更登记之日起三十日内或者在向工商行政管理机关申请办理注销登记之前,持有关证件向税务机关申报办理变更或者注销税务登记。

第二十一条 从事生产、经营的纳税人应当按照国家有关规定,持税务登记证件,在银行或者其他金融机构开立基本存款账户和其他存款账户,并将全部账号向税务机关报告。

银行和其他金融机构应当在从事生产、经营的纳税人的账户中登录**纳税人识别号**,并在税务登记证件中登录从事生产、经营的纳税人的账户账号。

税务机关依法查询从事生产、经营的纳税人开立账户的情况时,有关银行和其他金融机构应当予以协助。

第二十二条 纳税人签订合同、协议,缴纳社会保险费,不动产登记以及办理其他涉税事项时,应当使用纳税人识别号。

第二十三条 纳税人按照国务院税务主管部门的规定使用税务登记证件。税务登记证件不得转借、涂改、损毁、买卖或者伪造。

第三章 凭 证 管 理

第二十四条 纳税人、扣缴义务人按照有关法律、行政法规和国务院财政、税务主管部门的规定设置账簿,根据合法、有效凭证记账,进行核算。

纳税人、扣缴义务人使用征纳双方认可的电子凭证,可以作为记账核算、计算应纳税额的依据。

第二十五条 纳税人使用的会计核算软件应当符合国家有关规定,并能正确、完整核算其收入或者所得。

使用计算机进行会计核算的纳税人,应当在使用前将会计核算软件及其使用说明书、有关资料报送税务机关备案。

纳税人、扣缴义务人的财务、会计制度或者财务、会计处理办法与国务院或者国务院财政、税务主管部门有关税收的规定抵触的,依照国务院或者国务院财政、税务主管部门有关税收的规定计算应纳税款、代扣代缴和代收代缴税款。

第二十六条 税务机关是发票的主管机关,负责发票印制、领购、开具、取得、保管、缴销的管理和监督。

单位、个人在购销商品、提供或者接受经营服务以及从事其他经营活动中,应当按照规定开具、使用、取得发票。

发票的管理办法由国务院规定。

第二十七条 增值税专用发票由国务院税务主管部门**确定**的企业印制;其他发票,按照国务院税务主管部门的规定,分别由省、自治区、直辖市国家税务局、地方税务局**确定**企业印制。

未经前款规定的税务机关**确定**,不得印制发票。

第二十八条 国家根据税收征收管理的需要,积极推广使用税控装置。纳税人应当按照规定安装、使用税控装置,不得损毁或者擅自改动税控装置。

第二十九条 从事生产、经营的纳税人、扣缴义务人必须按照国务院财政、税务主管部门规定的保管期限保管账簿、**会计**凭证、完税凭证及其他有关资料。**向自然人纳税人支付所得的单位和个人应当主动向纳税人提供相关支付凭证,自然人纳税人应当妥善保存与其纳税义务相关的凭证及有关资料。**

账簿、**会计**凭证、完税凭证及其他有关资料不得伪造、变造或者擅自损毁。

第四章 信 息 披 露

第三十条 纳税人及与纳税相关的第三方应当按照规定提交涉税信息。

第三十一条 从事生产、经营的单位和个人在其经济活动过程中,一个纳税年度内向其他单位和个人给付五千元以上的,应当向税务机关提供给付的数额以及收入方的名称、纳税人识别号。

单次给付现金达到五万元以上的,应当于五日内向税务机关提供给付的数额以及收入方的名称、纳税人识别号。

第三十二条 银行和其他金融机构应当按照规定的内容、格式、时限等要求向税务机关提供本单位掌握的账户持有人的账户、账号、投资收益以及账户的利息总额、期末余额等信息。对账户持有人单笔资金往来达到五万元或者一日内提取现金五万元以上的,银行和其他金融机构应当按照规定向税务机关提交相关信息。

税务机关从银行和其他金融机构获取的纳税人信息只能用于税收目的,不得向第三方披露。

第三十三条 网络交易平台应当向税务机关提供电子商务交易者的登记注册信息。

第三十四条 税务机关依法实施特别纳税调整的,可以要求纳税人或者其税务代理人提交税收安排。

第三十五条 政府有关部门和机构应当向财政、税务机关提供本单位掌握的市场主体资格、人口身份、专业资质、收入、财产、支出等与征税有关的信息,具体办法由国务院另行规定。

第五章 申 报 纳 税

第三十六条 纳税人、扣缴义务人应当依法自行计算应纳税额和扣缴税款,依照法律、行政法规规定或者税务机关依照法律、行政法规的规定确定的申报期限、申报内容如实办理纳税申报,报送纳税申报表、财务会计报告或者代扣代缴、代收代缴税款报告表以及税务机关根据实际需要要求纳税人报送的其他纳税资料。

纳税人、扣缴义务人对纳税申报、扣缴税款申报的真实性和合法性承担责任。

第三十七条 税务机关根据有利于方便纳税和降低税收成本的原则,可以委托有关单位代征税款。税务机关应当与受托代征人签订代征协议,明确代征范围、代征标准、代征期限以及代征人的法律责任,并颁发委托代征证书。委托代征证书应当公示。

代征人按代征协议以税务机关的名义依法征收税款,纳税人不得拒绝;纳税人拒绝的,代征人应当及时报告税务机关。

税务机关按照规定付给代征人代征手续费。

第三十八条 扣缴义务人依照法律、行政法规的规定履行代扣、代收税款的义务。

对法律、行政法规没有规定负有代扣、代收税款义务的单位和个人,税务机关不得要求其履行代扣、代收税款义务。

扣缴义务人依法履行代扣、代收税款义务时,纳税人不得拒绝。纳税人拒绝的,扣缴义务人应当及时报告税务机关处理。

税务机关按照规定付给扣缴义务人代扣、代收手续费。

第三十九条 纳税人办理纳税申报后发现需要修正的,可以修正申报。

第四十条 纳税人、扣缴义务人可以直接到税务机关办理纳税申报或者报送代扣代缴、代收代缴税款报告表**以及财务会计报告**,也可以按照规定采取邮寄、数据电文或者其他方式办理上述申报、报送事项。

纳税人、扣缴义务人使用征纳双方认可的电子签名报送的各类电子资料,与纸质资料具有同等的法律效力。

第四十一条 纳税人、扣缴义务人不能按期办理纳税申报或者报送代扣代缴、代收代缴税款报告表的,经税务机关核准,可以延期申报。

经核准延期办理前款规定的申报、报送事项的,应当在纳税期内按照上期实际缴纳的税额或者税务机关核定的税额预缴税款,并在核准的延期内办理税款结算。

第四十二条 税务机关可以对定期定额缴纳税款的纳税人实行简易申报、简并征期。

第四十三条 纳税人、扣缴义务人按照法律、行政法规规定或者税务机关依照法律、行政法规的规定确定的期限,缴纳或者解缴税款。

纳税人因有特殊困难,不能按期缴纳税款的,经**县以上税务局(分局)局长**批准,可以延期缴纳税款,但是最长不得超过三个月。

纳税人补缴税款数额较大难以一次缴清的,经县以上税务局(分局)局长批准,可以分期缴纳,但最长不得超过一年。

第四十四条 纳税人依照法律、行政法规的规定**办理**减税、免税、**退税**。

地方各级人民政府、各级人民政府主管部门、单位和个人违反法律、行政法规规定,擅自作出的减税、免税、**退税决定和下达的税收收入指标**无效,税务机关不得执行,并向上级税务机关报告。

第四十五条 纳税人缴纳税款后,税务机关应当给纳税人开具完税凭证。**纳税人通过电子缴税系统缴纳税款的,税务机关应当根据纳税人的需要开具纸质完税凭证。**

扣缴义务人代扣、代收税款时,纳税人要求扣缴义务人开具**完税凭证**的,扣缴义务人应当开具。

第四十六条 税务机关应当建立纳税人适用税法的预约裁定制度。

纳税人对其预期未来发生、有重要经济利益关系的特定复杂事项,难以直接适用税法制度进行核算和计税时,可以申请预约裁定。省以上税务机关可以在法定权限内对纳税人适用税法问题作出书面预约裁定。

纳税人遵从预约裁定而出现未缴或少缴税款的,免除缴纳责任。

第六章 税额确认

第四十七条 税务机关对纳税人依照本法第三十六条规定进行的纳税申报,有权就其真实性、合法性进行核实、确定。

第四十八条 税务机关以纳税人提供的账簿凭证、报表、文件等资料记载的信息为基础,结合所掌握的相关信息对纳税申报进行核实、确定。

第四十九条 税务机关发现纳税人有下列情形之一的,应当及时对纳税人应纳税额进行确认:

(一)存在申报的计税依据不实的;

(二)在规定的纳税期之前,有根据认为纳税人有逃避纳税义务行为的;

(三)未按照规定办理税务登记而从事生产、经营的;

(四)有合并、分立、解散的;

(五)法律、行政法规规定的其他情形。

第五十条 纳税人未履行本法规定的信息记录、保管、报告以及配合税务检查等义务的,税务机关应当以掌握的信息为基础,核定其应纳税额。

纳税人有下列情形之一的,适用前款规定:

(一)依照法律、行政法规的规定可以不设置账簿的;

(二)依照法律、行政法规的规定应当设置但未设置账簿的;

(三)擅自销毁账簿或者拒不提供纳税资料的;

(四)虽设置账簿,但账目混乱或者成本资料、收入凭证、费用凭证残缺不全,难以查账的;

(五)发生纳税义务,未按照规定的期限办理纳税申报,经税务机关责令限期申报,逾期仍不申报的;

(六)纳税人申报的计税依据明显偏低,又无正当理由的;

(七)未按照规定办理税务登记从事生产、经营的;

(八)使用的财务会计软件不能准确核算或者无法按照税务机关要求提供相关数据的。

税务机关核定应纳税额的具体程序和方法由国务院税务主管部门规定。

第五十一条　纳税人与关联方之间的业务往来,应当按照独立企业之间的业务往来收取或者支付价款、费用;不按照独立企业之间的业务往来收取或者支付价款、费用,而减少其应纳税的收入或者所得额的,税务机关有权进行合理调整。

第五十二条　经确认的应纳税额与纳税人申报的税额不一致的,或者纳税人未进行纳税申报的,税务机关应当向纳税人出具税额确认通知书。

纳税人应当按照税额确认通知书载明的应补(退)税款,在规定的期限内办理补(退)税。

第五十三条　纳税人填报的纳税申报表以及修正的纳税申报表所载明的应纳税额,税务机关未做确认或者超出确认时效的,视同税额确认通知书所确定的应纳税额。

修正的纳税申报涉及退库的,应当经税务机关批准。

第五十四条　有下列情形之一的,税务机关应当再次进行税额确认:

(一) 因纳税人提供不正确、不完整计税依据导致之前申报、确认或调整应纳税额不实的;

(二) 税法有新的规定涉及调整纳税人计税依据的。

税务机关对纳税人进行再次税额确认的,以再次确认的应纳税额为准。税务机关对确认税额进行部分修正的,以修正后的为准,未做修正的部分继续生效。

第五十五条　税额确认过程中,发现纳税人有下列情形之一的,应当由税务稽查部门立案查处:

(一) 涉嫌逃避缴纳税款、逃避追缴欠税、骗税、抗税;

(二) 虚开发票等税收违法行为;

(三) 纳税人发生纳税义务未进行纳税申报的;

(四) 法律、行政法规规定的其他行为。

第五十六条　税务机关对纳税人应纳税额的确认应当在五年内进行。

纳税人未登记、未申报或者存在本法第五十五条所列情形需要立案查处的,税务机关应当自税法规定的申报期限届满之日起十五年内进行确认。

第五十七条　对税务机关进行的税额确认,纳税人应当证明其纳税申报的真实性、合法性。

纳税人对其提供的发票等会计凭证、账簿、报表、完税凭证以及其他有关涉税资料中所记载数据、记录及其他相关事实的真实性、完整性和准确性负责。

税务机关在税额确认中对纳税人应纳税额作出调整且纳税人已经履行本法规定的协助义务的,税务机关应当对使用的纳税人账簿、文件、记录、其他资料的数据信息的来源及计算方法、确认方法、依据负责,对其所使用的其他方面数据信息来源的合法性负责;有关提供方对其提供信息的真实性、准确性负责。纳税人对税务机关来源于第三方信息的真实性、完整性有异议的,应当告知相关第三方修改提交信息。

纳税人对税务机关按照第五十条规定核定应纳税额有异议的应当提供相关证据。

第七章 税款追征

第五十八条 纳税人未按照规定期限缴纳税款,扣缴义务人未按照规定期限解缴税款的,**税务机关应当责令其限期缴纳或者解缴。**

第五十九条 纳税人未按照规定期限缴纳税款的,扣缴义务人未按照规定期限解缴税款的,按日**加计税收利息**。

税收利息的利率由国务院结合人民币贷款基准利率和市场借贷利率的合理水平综合确定。

纳税人补缴税款时,应当连同税收利息一并缴纳。

第六十条 下列期间,税收利息中止计算:

(一)纳税人、扣缴义务人的财产、银行账户被税务机关实施保全措施或者强制执行措施,导致纳税人、扣缴义务人确实难以按照规定期限缴纳或者解缴税款的,从措施实施之日起至措施解除之日止;

(二)因不可抗力,致使纳税人、扣缴义务人未按照规定期限缴纳或者解缴税款的,从不可抗力发生之日起至不可抗力情形消除之日止;

(三)国务院税务主管部门确定的其他情形。

非纳税人、扣缴义务人的过错,致使纳税人不能及时足额申报缴纳税款的,不加收税收利息。

第六十一条 对未按照规定办理税务登记的**纳税人**以及临时从事经营的纳税人,由税务机关核定其应纳税额,责令缴纳;不缴纳的,税务机关可以扣押其价值相当于应纳税款的商品、货物或者**其他财产**,并在二十四小时内向县以上税务局(分局)局长报告,补办批准手续。扣押后缴纳应纳税款的,税务机关必须立即解除扣押,并归还所扣押的商品、货物**和其他财产**;扣押后仍不缴纳税款**或者缴纳不足的**,经县以上税务局(分局)局长批准,依法拍卖或者变卖所扣押的商品、货物**和其他财产**,以拍卖或者变卖所得抵缴税款。

第六十二条 税务机关有根据认为**纳税人**有**不履行纳税义务可能的**,可以在规定的纳税期之前,责令限期缴纳应纳税款;在限期内发现纳税人有明显的转移、隐匿其应纳税的商品、货物以及其他财产或者应纳税的收入的迹象的,税务机关可以责成纳税人提供纳税担保。如果纳税人不能提供纳税担保,经县以上税务局(分局)局长批准,税务机关可以采取下列税收保全措施：

（一）书面通知纳税人开户银行或者其他金融机构冻结纳税人的金额相当于应纳税款的存款、**汇款**；

（二）扣押、查封纳税人的价值相当于应纳税款的商品、货物或者其他财产。

税务机关采取前款规定的措施应当书面通知纳税人并制作现场笔录。

纳税人在前款规定的限期内缴纳税款的，税务机关必须立即解除税收保全措施；限期期满仍未缴纳税款**或者缴纳不足的**，经县以上税务局（分局）局长批准，税务机关可以书面通知纳税人开户银行或者其他金融机构从其冻结的存款、**汇款**中扣缴税款，或者依法拍卖或者变卖所扣押、查封的商品、货物或者其他财产，以拍卖或者变卖所得抵缴税款。

个人及其所扶养家属维持生活必需的住房和用品，不在税收保全措施的范围之内。

第六十三条 纳税人在限期内已缴纳税款，税务机关未立即解除税收保全措施，使纳税人的合法利益遭受损失的，税务机关应当承担赔偿责任。

第六十四条 纳税人、扣缴义务人未按照规定的期限缴纳或者解缴税款，纳税担保人未按照规定的期限缴纳所担保的税款，由税务机关责令限期缴纳，逾期仍未缴纳的，经县以上税务局（分局）局长批准，税务机关可以采取下列强制执行措施：

（一）书面通知其开户银行或者其他金融机构划**拨其存款、汇款至缴清税款为止；**

（二）扣押、查封、依法拍卖或者变卖其价值相当于应纳税款的商品、货物或者其他财产，以拍卖或者变卖所得抵缴税款。

税务机关采取强制执行措施时，对前款所列纳税人、扣缴义务人、纳税担保人未缴纳的**税收利息**同时强制执行。

税务机关采取前款规定的强制执行措施应当书面通知纳税人、扣缴义务人、纳税担保人，并制作现场笔录。

对纳税人、扣缴义务人、纳税担保人的财产实施强制执行有困难的，税务机关可以依法提请纳税人、扣缴义务人、纳税担保人所在地或者财产所在地人民法院执行。

个人及其所扶养家属维持生活必需的住房和用品，不在强制执行措施的范围之内。

第六十五条 纳税人违反法律、行政法规规定获取的减税、免税、抵税和退税，税务机关应当依法追缴，并按照本法规定的审批权限采取税收保全措施或者强制执行措施。

第六十六条 税务机关采取税收保全措施的期限一般不得超过六个月；案情重大

复杂的,经国务院税务主管部门批准可以延长一次,但延长期限不超过六个月。

第六十七条 纳税人逾期不履行税务机关依法作出征收税款决定的,自期限届满之日起,按照税款的千分之五按日加收滞纳金。

第六十八条 本法规定的采取税收保全措施、强制执行措施的权力,不得由法定的税务机关和人民法院以外的单位和个人行使。

税务机关采取强制执行措施时,可以提请公安机关协助,公安机关应当予以协助。

第六十九条 税务机关采取税收保全措施和强制执行措施必须依照法定权限和法定程序,不得查封、扣押纳税人个人及其所扶养家属维持生活必需的住房和用品。

第七十条 税务机关滥用职权违法采取税收保全措施、强制执行措施,或者采取税收保全措施、强制执行措施不当,使纳税人、扣缴义务人或者纳税担保人的合法权益遭受损失的,应当依法承担赔偿责任。

第七十一条 纳税人欠缴税款未结清,又不提供纳税担保的,税务机关可以决定不准纳税人或者其法定代表人、主要税收利益相关人出境;税务机关立案查处涉嫌重大税收违法情形的,可以决定不准纳税人或者其法定代表人、财产实际拥有者或者管理者、直接责任人出境。

对决定不准出境的人员,税务机关应当按照规定及时通知出入境边防检查机关予以协助,或者提请公安机关出入境管理机构不予签发出(国)境证件。

第七十二条 对需要经有关部门依法登记才发生效力或者对抗第三人的动产或者不动产物权的设立、变更、转让和消灭,登记机构应当查验纳税人提供的与该动产或不动产物权交易相关的完税凭证或者税收证明;对于未提供相关完税凭证或者税收证明的,不得办理登记。

第七十三条 税务机关征收税款,税收优先于无担保债权,**企业破产法**另有规定的除外;纳税人欠缴的税款发生在纳税人以其财产设定抵押、质押或者纳税人的财产被留置之前的,税收应当先于抵押权、质权、留置权执行。

纳税人欠缴税款,同时又被行政机关决定处以罚款、没收违法所得的,税收优先于罚款、没收违法所得。

税务机关应当对纳税人欠缴税款的情况定期予以公告。

第七十四条 纳税人未按照规定的期限缴纳税款,税务机关责令限期缴纳后仍未缴纳的,经设区的市、自治州以上税务局(分局)局长批准,税务机关可以以纳税人欠缴税款为限,对其不动产设定优先受偿权,并通知产权登记部门予以登记。

纳税人缴清欠税后,产权登记部门才能办理产权变更手续。

第七十五条 纳税人有欠税情形而以其财产设定抵押、质押的,应当向抵押权人、质权人说明其欠税情况。抵押权人、质权人可以请求税务机关提供有关的欠税情况。

第七十六条 税务机关扣押商品、货物或者其他财产时，必须开付收据；查封商品、货物或者其他财产时，必须开付清单。

第七十七条 纳税人有解散、撤销、破产情形的，在清算前应当向其主管税务机关报告；未结清税款的，由其主管税务机关参加清算。

第七十八条 纳税人有合并、分立情形的，应当向税务机关报告，并依法缴清税款。纳税人合并时未缴清税款的，应当由合并后的纳税人继续履行未履行的纳税义务；纳税人分立时未缴清税款的，分立后的纳税人对未履行的纳税义务应当承担连带责任。

第七十九条 对同一纳税义务，数人共同承担清偿或者担保责任的，为连带纳税人。除法律、行政法规另有规定外，各连带纳税人对全部纳税义务负履行责任。

连带纳税人履行纳税义务，其效力及于其他连带纳税人。履行纳税义务的连带纳税人，对于超过自己责任的部分，可以向其他连带纳税人追偿。

第八十条 未缴清税款的纳税人的财产赠与他人或者被继承的，以受赠人或者继承人为缴纳税款的责任人，但以其所受赠或者继承的财产为限。

第八十一条 对纳税人欠缴税款无法追征时，税务机关可以向支配或者获取纳税人财产的财产实际管理人、遗产执行人、清算组、总公司以及其他关系人追征。

第八十二条 公司解散未清缴税款的，原有限责任公司的股东、股份有限公司的控股股东，以及公司的实际控制人以出资额为限，对欠缴税款承担清偿责任。

第八十三条 欠缴税款数额较大的纳税人在处分其不动产或者大额资产之前，应当向税务机关报告。

第八十四条 欠缴税款的纳税人因怠于行使到期债权，或者放弃到期债权，或者无偿转让财产，或者以明显不合理的低价转让财产而受让人知道该情形，对国家税收造成损害的，税务机关可以依照合同法第七十三条、第七十四条规定行使代位权、撤销权。

税务机关依照前款规定行使代位权、撤销权的，不免除欠缴税款的纳税人尚未履行的纳税义务和应承担的法律责任。

第八十五条 纳税人超过应纳税额缴纳的税款，自结算缴纳税款之日起五年内可以向税务机关要求退还多缴的税款并加算银行同期存款利息，税务机关及时查实后应当立即退还。涉及从国库中退库的，依照法律、行政法规有关国库管理的规定退还。

第八十六条 因纳税人、扣缴义务人过失造成少报、少缴税款的，税务机关在五年内可以要求纳税人、扣缴义务人补缴税款。

对**未办理纳税申报以及逃避缴纳税款**、抗税、骗税的,税务机关**在十五年内可以追征其未缴或者少缴的税款**或者所骗取的税款。

纳税人欠税超过二十年,税务机关执行不能的,不再追征。

第八十七条 国家税务局和地方税务局应当按照国家规定的税收征收管理范围和税款入库预算级次,将征收的税款缴入国库。

对审计机关、财政机关依法查出的税收违法行为,税务机关应当根据有关机关的决定、意见书,依法将应收的**税款**按照税款入库预算级次缴入国库,并将结果及时回复有关机关。

第八章 税务检查

第八十八条 税务机关**在履行税额确认、税务稽查及其他管理职责时**有权进行下列税务检查:

(一)检查纳税人的账簿、**会计凭证**、报表和有关资料,检查扣缴义务人代扣代缴、代收代缴税款相关账簿、会计凭证和有关资料。**检查自然人纳税人取得收入的单位与纳税相关的账簿和资料。**对实行计算机记账的,有权进入相关应用系统,对电子会计资料进行检查,纳税人应当按照税务机关的要求提供数据接口和查询权限;应用系统不能满足检查需要的,纳税人或者软件所有人应当提供与应用系统相关的源代码等软件技术支持。

(二)到纳税人的生产、经营场所和货物存放地检查纳税人应纳税的商品、货物或者其他财产,检查扣缴义务人与代扣代缴、代收代缴税款有关的经营情况。

(三)责成纳税人、扣缴义务人提供与纳税或者代扣代缴、代收代缴税款有关的文件、证明材料和有关资料。

(四)询问纳税人、扣缴义务人**以及其他涉税当事人**与纳税或者代扣代缴、代收代缴税款有关的问题和情况。

(五)到车站、码头、机场、邮政企业、及其分支机构检查纳税人托运、邮寄应纳税商品、货物或者其他财产。

(六)经县以上税务局(分局)局长批准,凭全国统一格式的检查存款、**汇款**账户许可证明,查询**纳税人**、**扣缴义务人**在银行或者其他金融机构的存款、**汇款及证券交易结算资金**账户。税务机关在调查税收违法案件时,经设区的市、自治州以上税务局(分局)局长批准,可以查询案件涉嫌人员的存款、**汇款及证券交易结算资金账户**。税务机关查询所获得的资料,不得用于税收以外的用途。

(七)到网络交易平台提供机构检查网络交易情况,到网络交易支付服务机构检查网络交易支付情况。

（八）到纳税人、扣缴义务人和纳税担保人的财物受托人处检查财物委托情况。

（九）检查涉嫌取得虚假发票的非纳税单位和个人的发票使用情况。

（十）检查未登记为生产、经营场所却用于生产、经营的场所。

（十一）到相关部门查询、复制纳税人财产登记情况及身份信息。

第八十九条 税务机关对**纳税人**以前纳税期的纳税情况依法进行税务检查时，发现纳税人有逃避纳税义务行为，并有明显的转移、隐匿其应纳税的商品、货物以及其他财产或者应纳税的收入的迹象的，可以按照本法规定的批准权限采取税收保全措施或者强制执行措施。

第九十条 纳税人、扣缴义务人必须接受税务机关依法进行的税务检查，如实反映情况，提供有关资料，不得拒绝、隐瞒。

第九十一条 税务机关依法进行税务检查时，有权向有关单位和个人调查纳税人、扣缴义务人和其他当事人与纳税或者代扣代缴、代收代缴税款有关的情况，有关单位和个人有义务向税务机关如实提供有关资料及证明材料。

第九十二条 纳税人涉嫌逃避缴纳税款等税收违法行为的，税务机关应当立案查处。

税务机关在调查税收违法案件时，纳税人以锁门、锁柜等方式隐藏涉税证据或者财产、物品拒绝检查的，经县以上税务局（分局）局长批准，可以强行进入纳税人生产、经营场所，或者对纳税人所持或者控制的涉税财物、账簿凭证、资料等强行开封、开锁，实施强制检查、调取证据。税务机关实施强制检查、调取证据，应当在公安机关协助和保护下进行，公安机关应当予以协助和保护。

对与案件有关的情况和资料，可以记录、录音、录像、照相和复制。

第九十三条 税务机关派出的人员进行税务检查时，应当出示税务检查证和税务检查通知书，并有责任为被检查人保守秘密；未出示税务检查证和税务检查通知书的，被检查人有权拒绝检查。

第九章　法 律 责 任

第九十四条 纳税人有下列行为之一的，由税务机关责令限期改正，可以处二千元以下的罚款；情节严重的，处二千元以上一万元以下的罚款：

（一）未按照规定的期限申报办理税务登记、变更或者注销登记的；

（二）未按照规定设置、保管账簿或者保管**会计**凭证和有关资料的；

（三）未按照规定将**会计核算软件**、使用说明书及有关资料报送税务机关备查的；

（四）未按照规定将其全部银行账号向税务机关报告的；

（五）未按照规定安装、使用税控装置，或者损毁或者擅自改动税控装置的；

（六）未按照规定向税务机关报送涉税信息的。

纳税人不办理税务登记的，由税务机关责令限期改正；逾期不改正的，经税务机关提请，由工商行政管理机关吊销其营业执照。

纳税人未按照规定使用税务登记证件，或者转借、涂改、损毁、买卖、伪造税务登记证件的，处二千元以上一万元以下的罚款；情节严重的，处一万元以上五万元以下的罚款。

第九十五条　扣缴义务人未按照规定设置、保管代扣代缴、代收代缴税款账簿或者保管代扣代缴、代收代缴税款会计凭证及有关资料的，由税务机关责令限期改正，可以处二千元以下的罚款；情节严重的，处二千元以上五千元以下的罚款。

第九十六条　纳税人未按照规定的期限办理纳税申报和报送纳税资料的，或者扣缴义务人未按照规定的期限向税务机关报送代扣代缴、代收代缴税款报告表和有关资料的，由税务机关责令限期改正，可以处二千元以下的罚款；情节严重的，可以处二千元以上一万元以下的罚款。

第九十七条　纳税人采取**欺骗、隐瞒手段进行虚假纳税申报或者不申报，逃避缴纳税款**的，由税务机关追缴其不缴或者少缴的税款，并处不缴或者少缴的税款百分之五十以上三倍以下的罚款；**涉嫌犯罪的，移送司法机关依法处理。**

扣缴义务人采取前款所列手段，不缴或者少缴已扣、已收税款，由税务机关追缴其不缴或者少缴的税款，并处不缴或者少缴的税款百分之五十以上三倍以下的罚款；**涉嫌犯罪的，移送司法机关依法处理。**

第一款所称采取欺骗、隐瞒手段是指下列情形：

（一）伪造、变造、转移、藏匿、毁灭账簿凭证或者其他相关资料；

（二）编造虚假计税依据，虚列支出或者转移、隐匿收入；

（三）骗取税收优惠资格；

（四）法律、行政法规规定的其他情形。

第九十八条　纳税人、扣缴义务人编造虚假计税依据的，由税务机关责令限期改正，并处五万元以下的罚款。

第九十九条　纳税人、扣缴义务人因过失违反税收法律、行政法规，造成未缴或者少缴税款的，税务机关除按照本法第八十六条的规定追缴其未缴或者少缴的税款外，并处未缴或者少缴税款百分之五十以下的罚款。

纳税人、扣缴义务人自法律、行政法规规定或者税务机关依照法律、行政法规的规定确定的申报缴纳税款期限届满之日起至税务检查前办理修正申报,并缴纳税款的,处补缴税款百分之二十以下的罚款。

第一百条　纳税人、扣缴义务人欠缴应纳税款,采取转移或者隐匿财产的手段,妨碍税务机关追缴欠缴的税款的,由税务机关追缴欠缴的税款,并处欠缴税款百分之五十以上三倍以下的罚款;涉嫌犯罪的,移送司法机关依法处理。

第一百零一条　以假报出口或者其他欺骗手段,骗取国家出口退税款,由税务机关追缴其骗取的退税款,并处骗取税款一倍以上五倍以下的罚款;涉嫌犯罪的,移送司法机关依法处理。

第一款所称假报出口是指具有下列情形之一的行为:

(一)虚构货物、劳务、服务出口的;

(二)伪造或者签订虚假的买卖合同的;

(三)以伪造、变造或者其他非法手段取得出口货物报关单、出口货物专用缴款书、运输单据、装货单等有关出口退税单据、凭证的;

(四)虚开、伪造、变造、非法购买增值税专用发票或者其他可以用于出口退税的发票以及其他凭证的;

(五)假以他人货物、劳务、服务申报出口退税的。

第一款所称其他欺骗手段是指具有下列情形之一的行为:

(一)骗取出口退税资格的;

(二)将未纳税或者免税货物、劳务、服务作为已税货物、劳务、服务出口的;

(三)虽有出口,但虚构、虚增该出口货物、劳务、服务的品名、数量、单价等要素,骗取未实际纳税部分出口退税款的。

对骗取国家出口退税款的,税务机关可以在规定期间内停止为其办理出口退税。

第一百零二条　纳税人以欺骗手段取得税收优惠资格的,税务机关应当取消其税收优惠资格,并处五万元以下的罚款;导致不缴或者少缴税款的,依照本法第九十七条逃避缴纳税款规定处理。涉嫌犯罪的,移送司法机关依法处理。

税务机关取消纳税人税收优惠资格后,应当及时通知其登记管理机关。

第一百零三条　以暴力、威胁方法拒不缴纳税款的,是抗税,除由税务机关追缴其拒缴的税款外,并处二十万元以下的罚款;涉嫌犯罪的,移送司法机关依法处理。

第一百零四条　纳税人、扣缴义务人办理了纳税申报或者税务机关向纳税人、扣缴义务人送达了税额确认通知书,但在规定期限内不缴或者少缴应纳或者应解缴的税款,经税务机关责令限期缴纳,逾期仍未缴纳的,税务机关除依照本法第六十四条的规定采取强制执行措施追缴其不缴或者少缴的税款外,可以处不缴或者少缴的税款百分之五十以上三倍以下的罚款。

纳税人有特殊困难不能及时完全履行纳税义务的,税务机关可以与纳税人达成执行协议,约定分阶段履行;纳税人采取补救措施的,可以减免加处的罚款或者滞纳金。

第一百零五条 扣缴义务人应扣未扣、应收而不收税款的,由税务机关向纳税人追缴税款,对扣缴义务人处应扣未扣、应收未收税款百分之五十以上**一倍**以下的罚款。

第一百零六条 纳税人、扣缴义务人逃避、拒绝或者以其他方式阻挠税务机关检查的,由税务机关责令改正,可以处一万元以下的罚款;情节严重的,处一万元以上五万元以下的罚款。

第一百零七条 伪造、变造发票的,由税务机关没收违法所得和作案工具,处五十万元以下的罚款;非法买卖、非法代开发票的,由税务机关没收违法所得,处五十万元以下的罚款;涉嫌犯罪的,移送司法机关依法处理。

违反本法第二十七条规定,未按照规定印制发票的,处五十万元以下的罚款;涉嫌犯罪的,移送司法机关依法处理。

第一百零八条 虚构、虚增交易,开具或者接受与经营交易事实不符的发票或者抵扣列支凭证的,构成虚开发票。

虚开发票的,处虚开税额二倍以下罚款;涉嫌犯罪的,移送司法机关依法处理。

第一百零九条 从事生产、经营的纳税人、扣缴义务人有本法规定的税收违法行为,拒不接受税务机关处理的,税务机关可以收缴其发票或者停止向其发售发票。

第一百一十条 纳税人、扣缴义务人的开户银行或者其他金融机构拒绝接受税务机关依法检查纳税人、扣缴义务人存款账户,或者拒绝执行税务机关作出的冻结存款或者扣缴税款的决定,或者在接到税务机关的书面通知后帮助纳税人、扣缴义务人转移存款,造成税款流失的,由税务机关处十万元以上五十万元以下的罚款,对直接负责的主管人员和其他直接责任人员处一千元以上一万元以下的罚款。

第一百一十一条 负有提供涉税信息协助义务和其他协助义务的纳税人、扣缴义务人以及其他有关单位和个人未按照本法规定履行提供涉税信息和其他协助义务的,经税务机关责令限期改正逾期仍不改正的,由税务机关对其处二千元以上一万元以下的罚款;造成国家税款重大损失的,处十万元以下的罚款。

第一百一十二条 本法规定的行政处罚,罚款额在**五千元**以下的,可以由**县以下税务分局**、税务所决定。

第一百一十三条 税务机关和司法机关的涉税罚没收入,应当按照税款入库预算级次上缴国库。

第一百一十四条 税务机关违反规定擅自改变税收征收管理范围和税款入库预

算级次的,责令限期改正,对直接负责的主管人员和其他直接责任人员依法**给予警告、记过或者记大过的处分;情节严重的,给予降级、撤职或者开除的处分。**

第一百一十五条　税务人员徇私舞弊,对依法应当移交司法机关追究刑事责任的不移交的,**依法给予处分**;情节严重**涉嫌犯罪的,移送司法机关依法处理。**

第一百一十六条　未经税务机关依法委托征收税款的,责令退还收取的财物,依法给予**处分**或者行政处罚;致使他人合法权益受到损失的,依法承担赔偿责任;**涉嫌犯罪的,移送司法机关依法处理。**

第一百一十七条　税务机关、税务人员查封、扣押纳税人个人及其所扶养家属维持生活必需的住房和用品的,责令退还,依法给予**处分;涉嫌犯罪的,移送司法机关依法处理。**

第一百一十八条　税务人员与纳税人、扣缴义务人勾结,唆使或者协助纳税人、扣缴义务人有违反**本法**规定的行为**的,依法给予处分;涉嫌犯罪的,移送司法机关依法处理。**

第一百一十九条　税务人员利用职务上的便利,收受或者索取纳税人、扣缴义务人财物或者谋取其他不正当利益**的,依法给予处分;涉嫌犯罪的,移送司法机关依法处理。**

第一百二十条　税务人员徇私舞弊或者玩忽职守,不征或者少征应征税款,致使国家税收遭受重大损失**的,依法给予处分;涉嫌犯罪的,移送司法机关依法处理。**

税务人员滥用职权,故意刁难纳税人、扣缴义务人的,调离税收工作岗位,并依法给予**处分**。

税务人员对控告、检举税收违法违纪行为的纳税人、扣缴义务人以及其他检举人进行打击报复的,依法给予**处分;涉嫌犯罪的,移送司法机关依法处理。**

第一百二十一条　违反法律、行政法规的规定提前征收、延缓征收或者摊派税款的,由其上级机关或者行政监察机关责令改正,对直接负责的主管人员和其他直接责任人员依法给予**处分**。

第一百二十二条　违反法律、行政法规的规定,擅自作出税收的开征、停征或者减税、免税、退税、补税以及其他同税收法律、行政法规相抵触的决定的,除依照本法规定撤销其擅自作出的决定外,补征应征未征税款,退还不应征收而征收的税款,并由上级机关**和**行政监察机关对于**直接负责的主管人员和其他直接责任人员给予处分;涉嫌犯罪的,移送司法机关依法处理。**

第一百二十三条　税务人员在征收税款或者查处税收违法案件时,未按照本法规定进行回避的,对直接负责的主管人员和其他直接责任人员,依法给予**处分**。

第一百二十四条 违反税收法律、行政法规应当给予行政处罚的行为,在五年内未被发现的,不再给予行政处罚。

对主动纠正税收违法行为或者配合税务机关查处税收违法行为的,可以视情节从轻、减轻、免予行政处罚或者减免征收税收利息。

第一百二十五条 未按照本法规定为纳税人、扣缴义务人、检举人保密的,对直接负责的主管人员和其他直接责任人员,由所在单位或者有关单位依法给予**处分**。

税务机关和税务人员有其他侵害纳税人权益情形的,按照前款规定处理。

第十章 争议处理

第一百二十六条 纳税人、扣缴义务人、纳税担保人同税务机关在纳税上**和直接涉及税款的行政处罚上发生争议时,可以依法申请行政复议;对行政复议决定不服的,应当先依照复议机关的纳税决定缴纳、解缴税款或者提供相应的担保,然后可以依法向人民法院起诉。**

对税务机关作出第一款以外的与征收税款金额无关的处罚决定、强制执行措施或者税收保全措施不服的,可以依法申请行政复议,也可以依法向人民法院起诉。

第一百二十七条 行政复议可以适用和解、调解。

和解协议或者调解书经申请人、被申请人签字后生效,申请人不得就同一事实、同一理由再次申请行政复议。

申请人与被申请人和解、调解不成的,行政复议机关应当及时作出行政复议决定。

行政复议决定维持征税处理决定的,申请人应当按照规定缴纳税款及税收利息。

第一百二十八条 行政复议机关不得作出对申请人更为不利的行政复议决定。

第一百二十九条 行政复议期间,税务机关作出的具体行政行为不停止执行;但是,有下列情形之一的,可以停止执行:

(一)被申请人认为需要停止执行的;

(二)行政复议机关认为需要停止执行的;

(三)申请人申请停止执行,行政复议机关认为其要求合理,决定停止执行的;

(四)法律规定停止执行的。

第一百三十条 复议过程中,被申请人对其做出的行政决定的合法性、合理性负有举证责任。申请人对下列事项承担举证责任:

(一)其申报的收入、支出、减税、免税、退税的真实性;

(二)依法履行了记录、保存、提供账簿凭证等涉税资料的义务。

第一百三十一条 按照国际税收条约、协定规定的情报交换机制取得的信息,税务机关经审核确认可以将其作为确定纳税人税额的依据;纳税人有异议的,由纳税人举证。

第一百三十二条 当事人对税务机关的处罚决定逾期不申请行政复议也不向人民法院起诉、又不履行的,作出处罚决定的税务机关可以采取本法第六十四条规定的强制执行措施,或者申请人民法院强制执行。

第十一章 附 则

第一百三十三条 纳税人、扣缴义务人可以委托税务代理人代为办理税务事宜。

第一百三十四条 关税及海关代征税收的征收管理,依照法律、行政法规的有关规定执行。

依照法律、行政法规规定申请出口退税的单位和个人视同纳税人管理。

第一百三十五条 中华人民共和国同外国缔结的有关税收的条约、协定同本法有不同规定的,依照条约、协定的规定办理,**我国声明保留的条款除外。**

第一百三十六条 纳税人、扣缴义务人应当使用中文向税务机关报送涉税资料,并以人民币为货币计量单位缴纳、解缴税款。

第一百三十七条 本法施行前颁布的税收法律与本法有不同规定的,适用本法规定。

第一百三十八条 国务院根据本法制定实施**条例**。

第一百三十九条 本法自 年 月 日起施行。

4. 中华人民共和国发票管理办法(2019 年修订)

中华人民共和国发票管理办法

(1993 年 12 月 12 日由国务院批准 1993 年 12 月 23 日财政部令第 6 号发布 根据 2010 年 12 月 20 日《国务院关于修改〈中华人民共和国发票管理办法〉的决定》第一次修订 根据 2019 年 3 月 2 日《国务院关于修改部分行政法规的决定》第二次修订)

第一章 总 则

第一条 为了加强发票管理和财务监督,保障国家税收收入,维护经济秩序,根据《中华人民共和国税收征收管理法》,制定本办法。

第二条 在中华人民共和国境内印制、领购、开具、取得、保管、缴销发票的单位和个人(以下称印制、使用发票的单位和个人),必须遵守本办法。

第三条 本办法所称发票,是指在购销商品、提供或者接受服务以及从事其他经营活动中,开具、收取的收付款凭证。

第四条 国务院税务主管部门统一负责全国的发票管理工作。省、自治区、直辖市税务机关依据职责做好本行政区域内的发票管理工作。

财政、审计、市场监督管理、公安等有关部门在各自的职责范围内,配合税务机关做好发票管理工作。

第五条 发票的种类、联次、内容以及使用范围由国务院税务主管部门规定。

第六条 对违反发票管理法规的行为,任何单位和个人可以举报。税务机关应当为检举人保密,并酌情给予奖励。

第二章 发票的印制

第七条 增值税专用发票由国务院税务主管部门确定的企业印制;其他发票,按照国务院税务主管部门的规定,由省、自治区、直辖市税务机关确定的企业印制。禁止私自印制、伪造、变造发票。

第八条 印制发票的企业应当具备下列条件:

(一)取得印刷经营许可证和营业执照;

(二)设备、技术水平能够满足印制发票的需要;

(三)有健全的财务制度和严格的质量监督、安全管理、保密制度。

税务机关应当以招标方式确定印制发票的企业,并发给发票准印证。

第九条 印制发票应当使用国务院税务主管部门确定的全国统一的发票防伪专用品。禁止非法制造发票防伪专用品。

第十条 发票应当套印全国统一发票监制章。全国统一发票监制章的式样和发票版面印刷的要求,由国务院税务主管部门规定。发票监制章由省、自治区、直辖市税务机关制作。禁止伪造发票监制章。

发票实行不定期换版制度。

第十一条 印制发票的企业按照税务机关的统一规定,建立发票印制管理制度和保管措施。

发票监制章和发票防伪专用品的使用和管理实行专人负责制度。

第十二条 印制发票的企业必须按照税务机关批准的式样和数量印制发票。

第十三条 发票应当使用中文印制。民族自治地方的发票,可以加印当地一种通用的民族文字。有实际需要的,也可以同时使用中外两种文字印制。

第十四条 各省、自治区、直辖市内的单位和个人使用的发票,除增值税专用发票外,应当在本省、自治区、直辖市内印制;确有必要到外省、自治区、直辖市印制的,应当由省、自治区、直辖市税务机关商印制地省、自治区、直辖市税务机关同意,由印制地省、自治区、直辖市税务机关确定的企业印制。

禁止在境外印制发票。

第三章 发票的领购

第十五条 需要领购发票的单位和个人,应当持税务登记证件、经办人身份证明、按照国务院税务主管部门规定式样制作的发票专用章的印模,向主管税务机关办理发票领购手续。主管税务机关根据领购单位和个人的经营范围和规模,确认领购发票的种类、数量以及领购方式,在5个工作日内发给发票领购簿。

单位和个人领购发票时,应当按照税务机关的规定报告发票使用情况,税务机关应当按照规定进行查验。

第十六条 需要临时使用发票的单位和个人,可以凭购销商品、提供或者接受服务以及从事其他经营活动的书面证明、经办人身份证明,直接向经营地税务机关申请代开发票。依照税收法律、行政法规规定应当缴纳税款的,税务机关应当先征收税款,再开具发票。税务机关根据发票管理的需要,可以按照国务院税务主管部门的规定委托其他单位代开发票。

禁止非法代开发票。

第十七条 临时到本省、自治区、直辖市以外从事经营活动的单位或者个人,应当凭所在地税务机关的证明,向经营地税务机关领购经营地的发票。

临时在本省、自治区、直辖市以内跨市、县从事经营活动领购发票的办法,由省、自治区、直辖市税务机关规定。

第十八条 税务机关对外省、自治区、直辖市来本辖区从事临时经营活动的单位和个人领购发票的,可以要求其提供保证人或者根据所领购发票的票面限额以及数量交纳不超过1万元的保证金,并限期缴销发票。

按期缴销发票的,解除保证人的担保义务或者退还保证金;未按期缴销发票的,由保证人或者以保证金承担法律责任。

税务机关收取保证金应当开具资金往来结算票据。

第四章 发票的开具和保管

第十九条 销售商品、提供服务以及从事其他经营活动的单位和个人,对外发生经营业务收取款项,收款方应当向付款方开具发票;特殊情况下,由付款方向收款方开具发票。

第二十条 所有单位和从事生产、经营活动的个人在购买商品、接受服务以及从事其他经营活动支付款项,应当向收款方取得发票。取得发票时,不得要求变更品名和金额。

第二十一条 不符合规定的发票,不得作为财务报销凭证,任何单位和个人有权拒收。

第二十二条 开具发票应当按照规定的时限、顺序、栏目,全部联次一次性如实开具,并加盖发票专用章。

任何单位和个人不得有下列虚开发票行为:

(一)为他人、为自己开具与实际经营业务情况不符的发票;

(二)让他人为自己开具与实际经营业务情况不符的发票;

(三)介绍他人开具与实际经营业务情况不符的发票。

第二十三条 安装税控装置的单位和个人,应当按照规定使用税控装置开具发票,并按期向主管税务机关报送开具发票的数据。

使用非税控电子器具开具发票的,应当将非税控电子器具使用的软件程序说明资料报主管税务机关备案,并按照规定保存、报送开具发票的数据。

国家推广使用网络发票管理系统开具发票,具体管理办法由国务院税务主管部门制定。

第二十四条 任何单位和个人应当按照发票管理规定使用发票,不得有下列行为:

(一)转借、转让、介绍他人转让发票、发票监制章和发票防伪专用品;

(二)知道或者应当知道是私自印制、伪造、变造、非法取得或者废止的发票而受让、开具、存放、携带、邮寄、运输;

(三)拆本使用发票;

(四)扩大发票使用范围;

(五)以其他凭证代替发票使用。

税务机关应当提供查询发票真伪的便捷渠道。

第二十五条 除国务院税务主管部门规定的特殊情形外,发票限于领购单位和个人在本省、自治区、直辖市内开具。

省、自治区、直辖市税务机关可以规定跨市、县开具发票的办法。

第二十六条 除国务院税务主管部门规定的特殊情形外,任何单位和个人不得跨规定的使用区域携带、邮寄、运输空白发票。

禁止携带、邮寄或者运输空白发票出入境。

第二十七条 开具发票的单位和个人应当建立发票使用登记制度,设置发票登记簿,并定期向主管税务机关报告发票使用情况。

第二十八条 开具发票的单位和个人应当在办理变更或者注销税务登记的同时,办理发票和发票领购簿的变更、缴销手续。

第二十九条 开具发票的单位和个人应当按照税务机关的规定存放和保管发票,不得擅自损毁。已经开具的发票存根联和发票登记簿,应当保存 5 年。保存期满,报经税务机关查验后销毁。

第五章 发票的检查

第三十条 税务机关在发票管理中有权进行下列检查:

(一)检查印制、领购、开具、取得、保管和缴销发票的情况;

(二)调出发票查验;

(三)查阅、复制与发票有关的凭证、资料;

(四)向当事各方询问与发票有关的问题和情况;

(五)在查处发票案件时,对与案件有关的情况和资料,可以记录、录音、录像、照相和复制。

第三十一条 印制、使用发票的单位和个人,必须接受税务机关依法检查,如实反映情况,提供有关资料,不得拒绝、隐瞒。

税务人员进行检查时,应当出示税务检查证。

第三十二条 税务机关需要将已开具的发票调出查验时,应当向被查验的单位和个人开具发票换票证。发票换票证与所调出查验的发票有同等的效力。被调出查验发票的单位和个人不得拒绝接受。

税务机关需要将空白发票调出查验时,应当开具收据;经查无问题的,应当及时返还。

第三十三条 单位和个人从中国境外取得的与纳税有关的发票或者凭证,税务机关在纳税审查时有疑义的,可以要求其提供境外公证机构或者注册会计师的确认证明,经税务机关审核认可后,方可作为记账核算的凭证。

第三十四条 税务机关在发票检查中需要核对发票存根联与发票联填写情况时,可以向持有发票或者发票存根联的单位发出发票填写情况核对卡,有关单位应当如实填写,按期报回。

第六章 罚 则

第三十五条 违反本办法的规定,有下列情形之一的,由税务机关责令改正,可以处1万元以下的罚款;有违法所得的予以没收:

(一) 应当开具而未开具发票,或者未按照规定的时限、顺序、栏目,全部联次一次性开具发票,或者未加盖发票专用章的;

(二) 使用税控装置开具发票,未按期向主管税务机关报送开具发票的数据的;

(三) 使用非税控电子器具开具发票,未将非税控电子器具使用的软件程序说明资料报主管税务机关备案,或者未按照规定保存、报送开具发票的数据的;

(四) 拆本使用发票的;

(五) 扩大发票使用范围的;

(六) 以其他凭证代替发票使用的;

(七) 跨规定区域开具发票的;

(八) 未按照规定缴销发票的;

(九) 未按照规定存放和保管发票的。

第三十六条 跨规定的使用区域携带、邮寄、运输空白发票,以及携带、邮寄或者运输空白发票出入境的,由税务机关责令改正,可以处1万元以下的罚款;情节严重的,处1万元以上3万元以下的罚款;有违法所得的予以没收。

丢失发票或者擅自损毁发票的,依照前款规定处罚。

第三十七条 违反本办法第二十二条第二款的规定虚开发票的,由税务机关没收违法所得;虚开金额在1万元以下的,可以并处5万元以下的罚款;虚开金额超过1万元的,并处5万元以上50万元以下的罚款;构成犯罪的,依法追究刑事责任。

非法代开发票的,依照前款规定处罚。

第三十八条 私自印制、伪造、变造发票,非法制造发票防伪专用品,伪造发票监制章的,由税务机关没收违法所得,没收、销毁作案工具和非法物品,并处1万元以上5万元以下的罚款;情节严重的,并处5万元以上50万元以下的罚款;对印制发票的企业,可以并处吊销发票准印证;构成犯罪的,依法追究刑事责任。

前款规定的处罚,《中华人民共和国税收征收管理法》有规定的,依照其规定执行。

第三十九条 有下列情形之一的,由税务机关处1万元以上5万元以下的罚款;情节严重的,处5万元以上50万元以下的罚款;有违法所得的予以没收:

(一) 转借、转让、介绍他人转让发票、发票监制章和发票防伪专用品的;

(二) 知道或者应当知道是私自印制、伪造、变造、非法取得或者废止的发票而受让、开具、存放、携带、邮寄、运输的。

第四十条 对违反发票管理规定 2 次以上或者情节严重的单位和个人，税务机关可以向社会公告。

第四十一条 违反发票管理法规，导致其他单位或者个人未缴、少缴或者骗取税款的，由税务机关没收违法所得，可以并处未缴、少缴或者骗取的税款 1 倍以下的罚款。

第四十二条 当事人对税务机关的处罚决定不服的，可以依法申请行政复议或者向人民法院提起行政诉讼。

第四十三条 税务人员利用职权之便，故意刁难印制、使用发票的单位和个人，或者有违反发票管理法规行为的，依照国家有关规定给予处分；构成犯罪的，依法追究刑事责任。

第七章 附　　则

第四十四条 国务院税务主管部门可以根据有关行业特殊的经营方式和业务需求，会同国务院有关主管部门制定该行业的发票管理办法。

国务院税务主管部门可以根据增值税专用发票管理的特殊需要，制定增值税专用发票的具体管理办法。

第四十五条 本办法自发布之日起施行。财政部 1986 年发布的《全国发票管理暂行办法》和原国家税务局 1991 年发布的《关于对外商投资企业和外国企业发票管理的暂行规定》同时废止。

5. 中华人民共和国发票管理办法实施细则(2019 年修正)

中华人民共和国发票管理办法实施细则

(2011 年 2 月 14 日国家税务总局令第 25 号公布　根据 2014 年 12 月 27 日《国家税务总局关于修改〈中华人民共和国发票管理办法实施细则〉的决定》、2018 年 6 月 5 日《国家税务总局关于修改部分税务部门规章的决定》、2019 年 7 月 24 日《国家税务总局关于公布取消一批税务证明事项以及废止和修改部分规章规范性文件的决定》修正)

第一章 总　　则

第一条 根据《中华人民共和国发票管理办法》(以下简称《办法》)规定，制定本实施细则。

第二条 在全国范围内统一式样的发票,由国家税务总局确定。

在省、自治区、直辖市范围内统一式样的发票,由省、自治区、直辖市税务局(以下简称省税务局)确定。

第三条 发票的基本联次包括存根联、发票联、记账联。存根联由收款方或开票方留存备查;发票联由付款方或受票方作为付款原始凭证;记账联由收款方或开票方作为记账原始凭证。

省以上税务机关可根据发票管理情况以及纳税人经营业务需要,增减除发票联以外的其他联次,并确定其用途。

第四条 发票的基本内容包括:发票的名称、发票代码和号码、联次及用途、客户名称、开户银行及账号、商品名称或经营项目、计量单位、数量、单价、大小写金额、开票人、开票日期、开票单位(个人)名称(章)等。

省以上税务机关可根据经济活动以及发票管理需要,确定发票的具体内容。

第五条 用票单位可以书面向税务机关要求使用印有本单位名称的发票,税务机关依据《办法》第十五条的规定,确认印有该单位名称发票的种类和数量。

第二章 发票的印制

第六条 发票准印证由国家税务总局统一监制,省税务局核发。

税务机关应当对印制发票企业实施监督管理,对不符合条件的,应当取消其印制发票的资格。

第七条 全国统一的发票防伪措施由国家税务总局确定,省税务局可以根据需要增加本地区的发票防伪措施,并向国家税务总局备案。

发票防伪专用品应当按照规定专库保管,不得丢失。次品、废品应当在税务机关监督下集中销毁。

第八条 全国统一发票监制章是税务机关管理发票的法定标志,其形状、规格、内容、印色由国家税务总局规定。

第九条 全国范围内发票换版由国家税务总局确定;省、自治区、直辖市范围内发票换版由省税务局确定。

发票换版时,应当进行公告。

第十条 监制发票的税务机关根据需要下达发票印制通知书,被指定的印制企业必须按照要求印制。

发票印制通知书应当载明印制发票企业名称、用票单位名称、发票名称、发票代码、种类、联次、规格、印色、印制数量、起止号码、交货时间、地点等内容。

第十一条 印制发票企业印制完毕的成品应当按照规定验收后专库保管,不得丢失。废品应当及时销毁。

第三章 发票的领购

第十二条 《办法》第十五条所称经办人身份证明是指经办人的居民身份证、护照或者其他能证明经办人身份的证件。

第十三条 《办法》第十五条所称发票专用章是指用票单位和个人在其开具发票时加盖的有其名称、税务登记号、发票专用章字样的印章。

发票专用章式样由国家税务总局确定。

第十四条 税务机关对领购发票单位和个人提供的发票专用章的印模应当留存备查。

第十五条 《办法》第十五条所称领购方式是指批量供应、交旧购新或者验旧购新等方式。

第十六条 《办法》第十五条所称发票领购簿的内容应当包括用票单位和个人的名称、所属行业、购票方式、核准购票种类、开票限额、发票名称、领购日期、准购数量、起止号码、违章记录、领购人签字(盖章)、核发税务机关(章)等内容。

第十七条 《办法》第十五条所称发票使用情况是指发票领用存情况及相关开票数据。

第十八条 税务机关在发售发票时,应当按照核准的收费标准收取工本管理费,并向购票单位和个人开具收据。发票工本费征缴办法按照国家有关规定执行。

第十九条 《办法》第十六条所称书面证明是指有关业务合同、协议或者税务机关认可的其他资料。

第二十条 税务机关应当与受托代开发票的单位签订协议,明确代开发票的种类、对象、内容和相关责任等内容。

第二十一条 《办法》第十八条所称保证人,是指在中国境内具有担保能力的公民、法人或者其他经济组织。

保证人同意为领购发票的单位和个人提供担保的,应当填写担保书。担保书内容包括:担保对象、范围、期限和责任以及其他有关事项。

担保书须经购票人、保证人和税务机关签字盖章后方为有效。

第二十二条 《办法》第十八条第二款所称由保证人或者以保证金承担法律责任,是指由保证人缴纳罚款或者以保证金缴纳罚款。

第二十三条 提供保证人或者交纳保证金的具体范围由省税务局规定。

第四章 发票的开具和保管

第二十四条 《办法》第十九条所称特殊情况下,由付款方向收款方开具发票,是指下列情况:

(一)收购单位和扣缴义务人支付个人款项时;

(二)国家税务总局认为其他需要由付款方向收款方开具发票的。

第二十五条 向消费者个人零售小额商品或者提供零星服务的,是否可免予逐笔开具发票,由省税务局确定。

第二十六条 填开发票的单位和个人必须在发生经营业务确认营业收入时开具发票。未发生经营业务一律不准开具发票。

第二十七条 开具发票后,如发生销货退回需开红字发票的,必须收回原发票并注明"作废"字样或取得对方有效证明。

开具发票后,如发生销售折让的,必须在收回原发票并注明"作废"字样后重新开具销售发票或取得对方有效证明后开具红字发票。

第二十八条 单位和个人在开具发票时,必须做到按照号码顺序填开,填写项目齐全,内容真实,字迹清楚,全部联次一次打印,内容完全一致,并在发票联和抵扣联加盖发票专用章。

第二十九条 开具发票应当使用中文。民族自治地方可以同时使用当地通用的一种民族文字。

第三十条 《办法》第二十六条所称规定的使用区域是指国家税务总局和省税务局规定的区域。

第三十一条 使用发票的单位和个人应当妥善保管发票。发生发票丢失情形时,应当于发现丢失当日书面报告税务机关。

第五章 发票的检查

第三十二条 《办法》第三十二条所称发票换票证仅限于在本县(市)范围内使用。需要调出外县(市)的发票查验时,应当提请该县(市)税务机关调取发票。

第三十三条 用票单位和个人有权申请税务机关对发票的真伪进行鉴别。收到申请的税务机关应当受理并负责鉴别发票的真伪;鉴别有困难的,可以提请发票监制税务机关协助鉴别。

在伪造、变造现场以及买卖地、存放地查获的发票,由当地税务机关鉴别。

第六章 罚 则

第三十四条 税务机关对违反发票管理法规的行为进行处罚,应当将行政处罚决定书面通知当事人;对违反发票管理法规的案件,应当立案查处。

对违反发票管理法规的行政处罚,由县以上税务机关决定;罚款额在2000元以下的,可由税务所决定。

第三十五条 《办法》第四十条所称的公告是指,税务机关应当在办税场所或者广播、电视、报纸、期刊、网络等新闻媒体上公告纳税人发票违法的情况。公告内容包括:纳税人名称、纳税人识别号、经营地点、违反发票管理法规的具体情况。

第三十六条 对违反发票管理法规情节严重构成犯罪的,税务机关应当依法移送司法机关处理。

第七章 附 则

第三十七条 《办法》和本实施细则所称"以上""以下"均含本数。

第三十八条 本实施细则自2011年2月1日起施行。

6. 中华人民共和国刑法(2020年修正)(危害税收征管罪部分)

中华人民共和国刑法

(1979年7月1日第五届全国人民代表大会第二次会议通过 1997年3月14日第八届全国人民代表大会第五次会议修订 根据1998年12月29日第九届全国人民代表大会常务委员会第六次会议通过的《全国人民代表大会常务委员会关于惩治骗购外汇、逃汇和非法买卖外汇犯罪的决定》、1999年12月25日第九届全国人民代表大会常务委员会第十三次会议通过的《中华人民共和国刑法修正案》、2001年8月31日第九届全国人民代表大会常务委员会第二十三次会议通过的《中华人民共和国刑法修正案(二)》、2001年12月29日第九届全国人民代表大会常务委员会第二十五次会议通过的《中华人民共和国刑法修正案(三)》、2002年12月28日第九届全国人民代表大会常务委员会第三十一次会议通过的《中华人民共和国刑法修正案(四)》、2005年2月28日第十届全国人民代表大会常务委员会第十四次会议通过的《中华人民共和国刑法修正案(五)》、2006年6月29日第十届全国人民代表大会常务委员会第二十二次会议通过的《中华人民共和国刑法修正案(六)》、2009年2月28日第十一届全国人民代表大会常务委员会第七次会议通过的《中华人民共和国刑法修正案(七)》、2009年8月27日第十一届全国人民代表大会常务委员会第十次会议通过的《全国人民代表大会常务委员会关于修改部分法律的决定》、2011年2月25日第十一届全国人民代表大会常务委员会第十九次会议通过的《中华人民共和国刑法修正案(八)》、2015年8月29日第十二届全国人民代表大会常务委员会第十六次会议通过的《中华人民共和国刑法修正案(九)》、2017年11月4日第十二届全国人民代表大会常务委员会第三十次会议通过的《中华人民共和国刑法修正案(十)》和2020年12月26日第十三届全国人民代表大会常务委员会第二十四次会议通过的《中华人民共和国刑法修正案(十一)》修正)

第二编 分 则

第三章 破坏社会主义市场经济秩序罪

第六节 危害税收征管罪

第二百零一条 纳税人采取欺骗、隐瞒手段进行虚假纳税申报或者不申报,逃避缴纳税款数额较大并且占应纳税额百分之十以上的,处三年以下有期徒刑或者拘役,并处罚金;数额巨大并且占应纳税额百分之三十以上的,处三年以上七年以下有期徒刑,并处罚金。

扣缴义务人采取前款所列手段,不缴或者少缴已扣、已收税款,数额较大的,依照前款的规定处罚。

对多次实施前两款行为,未经处理的,按照累计数额计算。

有第一款行为,经税务机关依法下达追缴通知后,补缴应纳税款,缴纳滞纳金,已受行政处罚的,不予追究刑事责任;但是,五年内因逃避缴纳税款受过刑事处罚或者被税务机关给予二次以上行政处罚的除外。

第二百零二条 以暴力、威胁方法拒不缴纳税款的,处三年以下有期徒刑或者拘役,并处拒缴税款一倍以上五倍以下罚金;情节严重的,处三年以上七年以下有期徒刑,并处拒缴税款一倍以上五倍以下罚金。

第二百零三条 纳税人欠缴应纳税款,采取转移或者隐匿财产的手段,致使税务机关无法追缴欠缴的税款,数额在一万元以上不满十万元的,处三年以下有期徒刑或者拘役,并处或者单处欠缴税款一倍以上五倍以下罚金;数额在十万元以上的,处三年以上七年以下有期徒刑,并处欠缴税款一倍以上五倍以下罚金。

第二百零四条 以假报出口或者其他欺骗手段,骗取国家出口退税款,数额较大的,处五年以下有期徒刑或者拘役,并处骗取税款一倍以上五倍以下罚金;数额巨大或者有其他严重情节的,处五年以上十年以下有期徒刑,并处骗取税款一倍以上五倍以下罚金;数额特别巨大或者有其他特别严重情节的,处十年以上有期徒刑或者无期徒刑,并处骗取税款一倍以上五倍以下罚金或者没收财产。

纳税人缴纳税款后,采取前款规定的欺骗方法,骗取所缴纳的税款的,依照本法第二百零一条的规定定罪处罚;骗取税款超过所缴纳的税款部分,依照前款的规定处罚。

第二百零五条 虚开增值税专用发票或者虚开用于骗取出口退税、抵扣税款的其他发票的,处三年以下有期徒刑或者拘役,并处二万元以上二十万元以下罚金;虚开的税款数额较大或者有其他严重情节的,处三年以上十年以下有期徒刑,并处五万元以上五十万元以下罚金;虚开的税款数额巨大或者有其他特别严重情节的,处十年以上有期徒刑或者无期徒刑,并处五万元以上五十万元以下罚金或者没收财产。

单位犯本条规定之罪的,对单位判处罚金,并对其直接负责的主管人员和其他直接责任人员,处三年以下有期徒刑或者拘役;虚开的税款数额较大或者有其他严重情节的,处三年以上十年以下有期徒刑;虚开的税款数额巨大或者有其他特别严重情节的,处十年以上有期徒刑或者无期徒刑。

虚开增值税专用发票或者虚开用于骗取出口退税、抵扣税款的其他发票,是指有为他人虚开、为自己虚开、让他人为自己虚开、介绍他人虚开行为之一的。

第二百零五条之一 虚开本法第二百零五条规定以外的其他发票,情节严重的,处二年以下有期徒刑、拘役或者管制,并处罚金;情节特别严重的,处二年以上七年以下有期徒刑,并处罚金。

单位犯前款罪的,对单位判处罚金,并对其直接负责的主管人员和其他直接责任人员,依照前款的规定处罚。

第二百零六条 伪造或者出售伪造的增值税专用发票的,处三年以下有期徒刑、拘役或者管制,并处二万元以上二十万元以下罚金;数量较大或者有其他严重情节的,处三年以上十年以下有期徒刑,并处五万元以上五十万元以下罚金;数量巨大或者有其他特别严重情节的,处十年以上有期徒刑或者无期徒刑,并处五万元以上五十万元以下罚金或者没收财产。

单位犯本条规定之罪的,对单位判处罚金,并对其直接负责的主管人员和其他直接责任人员,处三年以下有期徒刑、拘役或者管制;数量较大或者有其他严重情节的,处三年以上十年以下有期徒刑;数量巨大或者有其他特别严重情节的,处十年以上有期徒刑或者无期徒刑。

第二百零七条 非法出售增值税专用发票的,处三年以下有期徒刑、拘役或者管制,并处二万元以上二十万元以下罚金;数量较大的,处三年以上十年以下有期徒刑,并处五万元以上五十万元以下罚金;数量巨大的,处十年以上有期徒刑或者无期徒刑,并处五万元以上五十万元以下罚金或者没收财产。

第二百零八条 非法购买增值税专用发票或者购买伪造的增值税专用发票的,处五年以下有期徒刑或者拘役,并处或者单处二万元以上二十万元以下罚金。

非法购买增值税专用发票或者购买伪造的增值税专用发票又虚开或者出售的,分别依照本法第二百零五条、第二百零六条、第二百零七条的规定定罪处罚。

第二百零九条 伪造、擅自制造或者出售伪造、擅自制造的可以用于骗取出口退税、抵扣税款的其他发票的,处三年以下有期徒刑、拘役或者管制,并处二万元以上二十万元以下罚金;数量巨大的,处三年以上七年以下有期徒刑,并处五万元以上五十万元以下罚金;数量特别巨大的,处七年以上有期徒刑,并处五万元以上五十万元以下罚金或者没收财产。

伪造、擅自制造或者出售伪造、擅自制造的前款规定以外的其他发票的,处二年以下有期徒刑、拘役或者管制,并处或者单处一万元以上五万元以下罚金;情节严重的,处二年以上七年以下有期徒刑,并处五万元以上五十万元以下罚金。

非法出售可以用于骗取出口退税、抵扣税款的其他发票的,依照第一款的规定处罚。

非法出售第三款规定以外的其他发票的,依照第二款的规定处罚。

第二百一十条 盗窃增值税专用发票或者可以用于骗取出口退税、抵扣税款的其他发票的,依照本法第二百六十四条的规定定罪处罚。

使用欺骗手段骗取增值税专用发票或者可以用于骗取出口退税、抵扣税款的其他发票的,依照本法第二百六十六条的规定定罪处罚。

第二百一十条之一 明知是伪造的发票而持有,数量较大的,处二年以下有期徒刑、拘役或者管制,并处罚金;数量巨大的,处二年以上七年以下有期徒刑,并处罚金。

单位犯前款罪的,对单位判处罚金,并对其直接负责的主管人员和其他直接责任人员,依照前款的规定处罚。

第二百一十一条 单位犯本节第二百零一条、第二百零三条、第二百零四条、第二百零七条、第二百零八条、第二百零九条规定之罪的,对单位判处罚金,并对其直接负责的主管人员和其他直接责任人员,依照各该条的规定处罚。

第二百一十二条 犯本节第二百零一条至第二百零五条规定之罪,被判处罚金、没收财产的,在执行前,应当先由税务机关追缴税款和所骗取的出口退税款。

7. 2022年最新涉税犯罪刑事案件立案追诉标准

最高人民检察院 公安部关于印发《最高人民检察院 公安部关于公安机关管辖的刑事案件立案追诉标准的规定(二)》的通知

各省、自治区、直辖市人民检察院、公安厅(局),解放军军事检察院,新疆生产建设兵团人民检察院、公安局:

为适应新时期打击经济犯罪案件工作需要,服务保障经济社会高质量发展,根据《中华人民共和国刑法》《中华人民共和国刑事诉讼法》等法律规定,最高人民检察院、公安部研究修订了《最高人民检察院、公安部关于公安机关管辖的刑事案件立案追诉标准的规定(二)》,对公安机关管辖的部分经济犯罪案件立案追诉标准进行修改完善,现印发给你们,请遵照执行。各级公安机关应当依照此规定立案侦查,各级检察机关应当依照此规定审查批捕、审查起诉。工作中,要依法惩治各类经济犯罪活动,严格规范公正文明执法司法,同时要认真落实少捕慎诉慎押刑事司法政策、认罪认罚从宽制度,不断提高执法规范化水平和公信力。

通知印发后,相关司法解释对立案追诉标准作出进一步明确规定的,依照相关司法解释规定执行。各地在执行中遇到的问题,请及时分别报最高人民检察院和公安部。

最高人民检察院
公安部
2022年4月6日

最高人民检察院 公安部关于公安机关管辖的刑事案件立案追诉标准的规定(二)

(涉税犯罪刑事案件立案追诉标准)

第五十二条 【逃税案(刑法第二百零一条)】逃避缴纳税款,涉嫌下列情形之一的,应予立案追诉:

(一)纳税人采取欺骗、隐瞒手段进行虚假纳税申报或者不申报,逃避缴纳税款,数额在十万元以上并且占各税种应纳税总额百分之十以上,经税务机关依法下达追缴通知后,不补缴应纳税款、不缴纳滞纳金或者不接受行政处罚的;

(二)纳税人五年内因逃避缴纳税款受过刑事处罚或者被税务机关给予二次以上行政处罚,又逃避缴纳税款,数额在十万元以上并且占各税种应纳税总额百分之十以上的；

（三）扣缴义务人采取欺骗、隐瞒手段，不缴或者少缴已扣、已收税款，数额在十万元以上的。

纳税人在公安机关立案后再补缴应纳税款、缴纳滞纳金或者接受行政处罚的，不影响刑事责任的追究。

第五十三条　【抗税案（刑法第二百零二条）】以暴力、威胁方法拒不缴纳税款，涉嫌下列情形之一的，应予立案追诉：

（一）造成税务工作人员轻微伤以上的；

（二）以给税务工作人员及其亲友的生命、健康、财产等造成损害为威胁，抗拒缴纳税款的；

（三）聚众抗拒缴纳税款的；

（四）以其他暴力、威胁方法拒不缴纳税款的。

第五十四条　【逃避追缴欠税案（刑法第二百零三条）】纳税人欠缴应纳税款，采取转移或者隐匿财产的手段，致使税务机关无法追缴欠缴的税款，数额在一万元以上的，应予立案追诉。

第五十五条　【骗取出口退税案（刑法第二百零四条）】以假报出口或者其他欺骗手段，骗取国家出口退税款，数额在十万元以上的，应予立案追诉。

第五十六条　【虚开增值税专用发票、用于骗取出口退税、抵扣税款发票案（刑法第二百零五条）】虚开增值税专用发票或者虚开用于骗取出口退税、抵扣税款的其他发票，虚开的税款数额在十万元以上或者造成国家税款损失数额在五万元以上的，应予立案追诉。

第五十七条　【虚开发票案（刑法第二百零五条之一）】虚开刑法第二百零五条规定以外的其他发票，涉嫌下列情形之一的，应予立案追诉：

（一）虚开发票金额累计在五十万元以上的；

（二）虚开发票一百份以上且票面金额在三十万元以上的；

（三）五年内因虚开发票受过刑事处罚或者二次以上行政处罚，又虚开发票，数额达到第一、二项标准百分之六十以上的。

第五十八条　【伪造、出售伪造的增值税专用发票案（刑法第二百零六条）】伪造或者出售伪造的增值税专用发票，涉嫌下列情形之一的，应予立案追诉：

（一）票面税额累计在十万元以上的；

（二）伪造或者出售伪造的增值税专用发票十份以上且票面税额在六万元以上的；

（三）非法获利数额在一万元以上的。

第五十九条 【非法出售增值税专用发票案（刑法第二百零七条）】非法出售增值税专用发票，涉嫌下列情形之一的，应予立案追诉：

（一）票面税额累计在十万元以上的；

（二）非法出售增值税专用发票十份以上且票面税额在六万元以上的；

（三）非法获利数额在一万元以上的。

第六十条 【非法购买增值税专用发票、购买伪造的增值税专用发票案（刑法第二百零八条第一款）】非法购买增值税专用发票或者购买伪造的增值税专用发票，涉嫌下列情形之一的，应予立案追诉：

（一）非法购买增值税专用发票或者购买伪造的增值税专用发票二十份以上且票面税额在十万元以上的；

（二）票面税额累计在二十万元以上的。

第六十一条 【非法制造、出售非法制造的用于骗取出口退税、抵扣税款发票案（刑法第二百零九条第一款）】伪造、擅自制造或者出售伪造、擅自制造的用于骗取出口退税、抵扣税款的其他发票，涉嫌下列情形之一的，应予立案追诉：

（一）票面可以退税、抵扣税额累计在十万元以上的；

（二）伪造、擅自制造或者出售伪造、擅自制造的发票十份以上且票面可以退税、抵扣税额在六万元以上的；

（三）非法获利数额在一万元以上的。

第六十二条 【非法制造、出售非法制造的发票案（刑法第二百零九条第二款）】伪造、擅自制造或者出售伪造、擅自制造的不具有骗取出口退税、抵扣税款功能的其他发票，涉嫌下列情形之一的，应予立案追诉：

（一）伪造、擅自制造或者出售伪造、擅自制造的不具有骗取出口退税、抵扣税款功能的其他发票一百份以上且票面金额累计在三十万元以上的；

（二）票面金额累计在五十万元以上的；

（三）非法获利数额在一万元以上的。

第六十三条 【非法出售用于骗取出口退税、抵扣税款发票案（刑法第二百零九条第三款）】非法出售可以用于骗取出口退税、抵扣税款的其他发票，涉嫌下列情形之一的，应予立案追诉：

（一）票面可以退税、抵扣税额累计在十万元以上的；

（二）非法出售用于骗取出口退税、抵扣税款的其他发票十份以上且票面可以退税、抵扣税额在六万元以上的；

（三）非法获利数额在一万元以上的。

第六十四条 【非法出售发票案（刑法第二百零九条第四款）】非法出售增值税专用发票、用于骗取出口退税、抵扣税款的其他发票以外的发票，涉嫌下列情形之一的，应予立案追诉：

（一）非法出售增值税专用发票、用于骗取出口退税、抵扣税款的其他发票以外的发票一百份以上且票面金额累计在三十万元以上的；

（二）票面金额累计在五十万元以上的；

（三）非法获利数额在一万元以上的。

第六十五条 【持有伪造的发票案（刑法第二百一十条之一）】明知是伪造的发票而持有，涉嫌下列情形之一的，应予立案追诉：

（一）持有伪造的增值税专用发票或者可以用于骗取出口退税、抵扣税款的其他发票五十份以上且票面税额累计在二十五万元以上的；

（二）持有伪造的增值税专用发票或者可以用于骗取出口退税、抵扣税款的其他发票票面税额累计在五十万元以上的；

（三）持有伪造的第一项规定以外的其他发票一百份以上且票面金额在五十万元以上的；

（四）持有伪造的第一项规定以外的其他发票票面金额累计在一百万元以上的。

8. 关于加强网络直播规范管理工作的指导意见

国家互联网信息办公室 全国"扫黄打非"工作小组办公室
工业和信息化部 公安部 文化和旅游部
国家市场监督管理总局 国家广播电视总局
关于印发《关于加强网络直播规范管理工作的指导意见》的通知

（国信办发文〔2021〕3号）

各省、自治区、直辖市和新疆生产建设兵团网信办、"扫黄打非"办公室、通信管理局、公安厅（局）、文化和旅游厅（局）、市场监管局（厅、委）、广电局：

为进一步加强网络直播行业的规范管理，促进行业健康有序发展，国家互联网信息办公室、全国"扫黄打非"工作小组办公室、工业和信息化部、公安部、文化和旅游部、国家市场监督管理总局、国家广播电视总局等七部委联合发布《关于加强网络直播规范管理工作的指导意见》。现印发你们,请结合实际,认真贯彻执行。

国家互联网信息办公室
全国"扫黄打非"工作小组办公室
工业和信息化部
公安部
文化和旅游部
国家市场监督管理总局
国家广播电视总局
2021年2月9日

关于加强网络直播规范管理工作的指导意见

近年来,网络直播以其内容和形式的直观性、即时性和互动性,在促进经济社会发展、丰富人民群众精神文化生活等方面发挥了重要作用。随着移动互联网新技术新应用的迭代升级,网络直播行业进入了快速发展期,其媒体属性、社交属性、商业属性、娱乐属性日益凸显,深刻影响网络生态。与此同时,网络直播行业存在的主体责任缺失、内容生态不良、主播良莠不齐、充值打赏失范、商业营销混乱、青少年权益遭受侵害等问题,严重制约网络直播行业健康发展,给意识形态安全、社会公共利益和公民合法权益带来挑战,必须高度重视、认真解决。为切实加强网络直播行业正面引导和规范管理,保护广大网民合法权益,倡导行业加强网络文明建设,培育向上向善的网络文化,践行社会主义核心价值观,促进网络直播行业健康有序发展,经中央领导同志同意,现提出如下指导意见。

一、明确总体要求

全面贯彻党的十九大和十九届二中、三中、四中、五中全会精神,以习近平新时代中国特色社会主义思想为指导,坚持正确政治方向、舆论导向、价值取向,坚持依法办网、依法治网,准确把握网络直播行业特点规律和发展趋势,有效解决突出问题、难点问题、痛点问题,科学规范行业运行规则,构建良好产业生态,为广大网民特别是青少年营造积极健康、内容丰富、正能量充沛的网络直播空间。

二、督促落实主体责任

1. 压实平台主体责任。网络直播平台提供互联网直播信息服务,应当严格遵守法律法规和国家有关规定;严格履行网络直播平台法定职责义务,落实网络直播平台主体责任清单,对照网络直播行业主要问题清单建立健全和严格落实总编辑负责、内容审核、用户注册、跟帖评论、应急响应、技术安全、主播管理、培训考核、举报受理等内部管理制度。

2. 明确主播法律责任。自然人和组织机构利用网络直播平台开展直播活动,应当严格按照《互联网用户账号名称管理规定》等有关要求,落实网络实名制注册账号并规范使用账号名称。网络主播依法依规开展网络直播活动,不得从事危害国家安全、破坏社会稳定、扰乱社会秩序、侵犯他人合法权益、传播淫秽色情信息等法律法规禁止的活动;不得超许可范围发布互联网新闻信息;不得接受未经其监护人同意的未成年人充值打赏;不得从事平台内或跨平台违法违规交易;不得组织、煽动用户实施网络暴力;不得组织赌博或变相赌博等线上线下违法活动。

3. 强化用户行为规范。网络直播用户参与直播互动时,应当严格遵守法律法规,文明互动、理性表达、合理消费;不得在直播间发布、传播违法违规信息;不得组织、煽动对网络主播或用户的攻击和谩骂;不得利用机器软件或组织"水军"发表负面评论和恶意"灌水";不得营造斗富炫富、博取眼球等不良互动氛围。

三、确保导向正确和内容安全

4. 提升主流价值引领。网络直播平台应当坚持把社会效益放在首位、社会效益和经济效益相统一,强化导向意识,大力弘扬社会主义核心价值观,大力扶持优质主播,扩大优质内容生产供给;培养网络主播正确的世界观、价值观、人生观,有效提升直播平台"以文化人"的精神气质和文化力量。

5. 切实维护网民权益。网络直播平台应当严格遵守个人信息保护相关规定,规范收集和合法使用用户身份、地理位置、联系方式等个人信息行为;充分保障用户知情权、选择权和隐私权等合法权益;依法依规引导和规范用户合理消费、理性打赏;依法依规留存直播图像、互动留言、充值打赏等记录;加大对各类侵害网民权益行为的打击力度,切实维护网络直播行业秩序。

6. 加强未成年人保护。网络直播平台应当严禁为未满16周岁的未成年人提供网络主播账号注册服务,为已满16周岁未满18周岁未成年人提供网络主播账号注册服务应当征得监护人同意;应当向未成年人用户提供"青少年模式",防范未成年人沉迷网络直播,屏蔽不利于未成年人健康成长的网络直播内容,不得向未成年人提供充值打赏服务;建立未成年人专属客服团队,优先受理、及时处置涉未成年人的相关投诉和纠纷,对未成年人冒用成年人账号打赏的,核查属实后须按规定办理退款。

7. 筑牢信息安全屏障。网络直播平台应当建立健全信息安全管理制度,严格落实信息内容安全管理责任制,具备与创新发展相适应的安全可控的技术保障和防范措施;对新技术新应用新功能上线具有舆论属性或社会动员能力的直播信息服务,应严格进行安全评估;利用基于深度学习、虚拟现实等技术制作、发布的非真实直播信息内容,应当以显著方式予以标识。

8. 严惩违法违规行为。坚决打击利用网络直播颠覆国家政权、散播历史虚无主义、煽动宗教极端主义、宣扬民族分裂思想、教唆暴力恐怖等违法犯罪活动;严厉查处淫秽色情、造谣诽谤、赌博诈骗、侵权盗版、侵犯公民个人信息等违法犯罪行为;全面清理低俗庸俗、封建迷信、打"擦边球"等违法和不良信息。

四、建立健全制度规范

9. 强化准入备案管理。开展经营性网络表演活动的直播平台须持有《网络文化经营许可证》并进行 ICP 备案;开展网络视听节目服务的直播平台须持有《信息网络传播视听节目许可证》(或在全国网络视听平台信息登记管理系统中完成登记)并进行 ICP 备案;开展互联网新闻信息服务的直播平台须持有《互联网新闻信息服务许可证》。网络直播平台应当及时向属地网信等主管部门履行企业备案手续,停止提供直播服务的平台应当及时注销备案。

10. 构建行业制度体系。网络直播平台应当建立健全和严格落实相关管理制度。建立直播账号分类分级规范管理制度,对主播账号实行基于主体属性、运营内容、粉丝数量、直播热度等因素的分类分级管理;针对不同类别级别的网络主播账号应当在单场受赏总额、直播热度、直播时长和单日直播场次、场次时间间隔等方面合理设限,对违法违规主播实施必要的警示措施。建立直播打赏服务管理规则,明确平台向用户提供的打赏服务为信息和娱乐的消费服务,应当对单个虚拟消费品、单次打赏额度合理设置上限,对单日打赏额度累计触发相应阈值的用户进行消费提醒,必要时设置打赏冷静期和延时到账期。建立直播带货管理制度,依据主播账号分级规范设定具有营销资格的账号级别,依法依规确定推广商品和服务类别。

五、增强综合治理能力

11. 建立完善工作机制。各部门应当切实履行职能职责,依法依规加强对网络直播行业相关业务的监督管理。网信部门要进一步强化网络直播行业管理的统筹协调和日常监管,建立健全部门协调联动长效机制,制定出台支持和促进网络直播行业健康发展、生态治理和规范管理的政策措施;"扫黄打非"部门要履行网上"扫黄打非"联席会议牵头单位职责,会同有关部门挂牌督办重特大案件;工业和信息化部门要严格落实网络接入实名制管理要求,强化 ICP 备案管理;公安部门要全面提升对网络直播犯罪行为实施全方位遏制打击力度;文化和旅游部门要加强网络表演行业管理和执法工作,指导相关行业组织加强网络表演行业自律;市场监管部门要加强网络直播营销领域的监督管理;广电部门要研究制定网络视听节目等管理规范及准入标准。

12. 积极倡导社会监督。鼓励社会各界广泛参与网络直播行业治理,切实加强网络直播平台和政府、媒体、公众间的信息交流和有效沟通,构建网络直播规范管理的良好舆论环境。网络直播平台应当自觉接受社会监督,有效拓宽举报渠道,简化举报环节,及时受理、处置并反馈公众投诉举报。

发挥行业组织作用。网络社会组织要积极发挥桥梁纽带作用,大力倡导行业自律,积极开展公益活动,参与净化网络直播环境、维护良好网络生态。建立健全网络主播信用评价体系,为网络直播行业健康有序发展营造良好氛围。

9. 网络直播营销管理办法(试行)

网信办 公安部 商务部 文化和旅游部 税务总局

市场监管总局 广电总局

关于印发《网络直播营销管理办法(试行)》的通知

国信办发文〔2021〕5号

各省、自治区、直辖市和新疆生产建设兵团网信办、公安厅(局)、商务厅(局)、文化和旅游厅(局)、市场监管局(厅、委)、广电局,国家税务总局各省、自治区、直辖市和计划单列市税务局:

现将《网络直播营销管理办法(试行)》印发给你们,请认真遵照执行。

网信办 公安部

商务部 文化和旅游部

税务总局 市场监管总局

广电总局

2021年4月16日

网络直播营销管理办法(试行)

第一章 总 则

第一条 为加强网络直播营销管理,维护国家安全和公共利益,保护公民、法人和其他组织的合法权益,促进网络直播营销健康有序发展,根据《中华人民共和国网络安全法》《中华人民共和国电子商务法》《中华人民共和国广告法》《中华人民共和国反不正当竞争法》《网络信息内容生态治理规定》等法律、行政法规和国家有关规定,制定本办法。

第二条 在中华人民共和国境内,通过互联网站、应用程序、小程序等,以视频直播、音频直播、图文直播或多种直播相结合等形式开展营销的商业活动,适用本办法。

本办法所称直播营销平台,是指在网络直播营销中提供直播服务的各类平台,包括互联网直播服务平台、互联网音视频服务平台、电子商务平台等。

本办法所称直播间运营者,是指在直播营销平台上注册账号或者通过自建网站等其他网络服务,开设直播间从事网络直播营销活动的个人、法人和其他组织。

本办法所称直播营销人员,是指在网络直播营销中直接向社会公众开展营销的个人。

本办法所称直播营销人员服务机构,是指为直播营销人员从事网络直播营销活动提供策划、运营、经纪、培训等的专门机构。

从事网络直播营销活动,属于《中华人民共和国电子商务法》规定的"电子商务平台经营者"或"平台内经营者"定义的市场主体,应当依法履行相应的责任和义务。

第三条 从事网络直播营销活动,应当遵守法律法规,遵循公序良俗,遵守商业道德,坚持正确导向,弘扬社会主义核心价值观,营造良好网络生态。

第四条 国家网信部门和国务院公安、商务、文化和旅游、税务、市场监督管理、广播电视等有关主管部门建立健全线索移交、信息共享、会商研判、教育培训等工作机制,依据各自职责做好网络直播营销相关监督管理工作。

县级以上地方人民政府有关主管部门依据各自职责做好本行政区域内网络直播营销相关监督管理工作。

第二章 直播营销平台

第五条 直播营销平台应当依法依规履行备案手续,并按照有关规定开展安全评估。

从事网络直播营销活动,依法需要取得相关行政许可的,应当依法取得行政许可。

第六条 直播营销平台应当建立健全账号及直播营销功能注册注销、信息安全管理、营销行为规范、未成年人保护、消费者权益保护、个人信息保护、网络和数据安全管理等机制、措施。

直播营销平台应当配备与服务规模相适应的直播内容管理专业人员,具备维护互联网直播内容安全的技术能力,技术方案应符合国家相关标准。

第七条 直播营销平台应当依据相关法律法规和国家有关规定,制定并公开网络直播营销管理规则、平台公约。

直播营销平台应当与直播营销人员服务机构、直播间运营者签订协议,要求其规范直播营销人员招募、培训、管理流程,履行对直播营销内容、商品和服务的真实性、合法性审核义务。

直播营销平台应当制定直播营销商品和服务负面目录，列明法律法规规定的禁止生产销售、禁止网络交易、禁止商业推销宣传以及不适宜以直播形式营销的商品和服务类别。

第八条 直播营销平台应当对直播间运营者、直播营销人员进行基于身份证件信息、统一社会信用代码等真实身份信息认证，并依法依规向税务机关报送身份信息和其他涉税信息。直播营销平台应当采取必要措施保障处理的个人信息安全。

直播营销平台应当建立直播营销人员真实身份动态核验机制，在直播前核验所有直播营销人员身份信息，对与真实身份信息不符或按照国家有关规定不得从事网络直播发布的，不得为其提供直播发布服务。

第九条 直播营销平台应当加强网络直播营销信息内容管理，开展信息发布审核和实时巡查，发现违法和不良信息，应当立即采取处置措施，保存有关记录，并向有关主管部门报告。

直播营销平台应当加强直播间内链接、二维码等跳转服务的信息安全管理，防范信息安全风险。

第十条 直播营销平台应当建立健全风险识别模型，对涉嫌违法违规的高风险营销行为采取弹窗提示、违规警示、限制流量、暂停直播等措施。直播营销平台应当以显著方式警示用户平台外私下交易等行为的风险。

第十一条 直播营销平台提供付费导流等服务，对网络直播营销进行宣传、推广，构成商业广告的，应当履行广告发布者或者广告经营者的责任和义务。

直播营销平台不得为直播间运营者、直播营销人员虚假或者引人误解的商业宣传提供帮助、便利条件。

第十二条 直播营销平台应当建立健全未成年人保护机制，注重保护未成年人身心健康。网络直播营销中包含可能影响未成年人身心健康内容的，直播营销平台应当在信息展示前以显著方式作出提示。

第十三条 直播营销平台应当加强新技术新应用新功能上线和使用管理，对利用人工智能、数字视觉、虚拟现实、语音合成等技术展示的虚拟形象从事网络直播营销的，应当按照有关规定进行安全评估，并以显著方式予以标识。

第十四条 直播营销平台应当根据直播间运营者账号合规情况、关注和访问量、交易量和金额及其他指标维度，建立分级管理制度，根据级别确定服务范围及功能，对重点直播间运营者采取安排专人实时巡查、延长直播内容保存时间等措施。

直播营销平台应当对违反法律法规和服务协议的直播间运营者账号，视情采取警示提醒、限制功能、暂停发布、注销账号、禁止重新注册等处置措施,保存记录并向有关主管部门报告。

直播营销平台应当建立黑名单制度,将严重违法违规的直播营销人员及因违法失德造成恶劣社会影响的人员列入黑名单,并向有关主管部门报告。

第十五条 直播营销平台应当建立健全投诉、举报机制,明确处理流程和反馈期限,及时处理公众对于违法违规信息内容、营销行为投诉举报。

消费者通过直播间内链接、二维码等方式跳转到其他平台购买商品或者接受服务,发生争议时,相关直播营销平台应当积极协助消费者维护合法权益,提供必要的证据等支持。

第十六条 直播营销平台应当提示直播间运营者依法办理市场主体登记或税务登记,如实申报收入,依法履行纳税义务,并依法享受税收优惠。直播营销平台及直播营销人员服务机构应当依法履行代扣代缴义务。

第三章 直播间运营者和直播营销人员

第十七条 直播营销人员或者直播间运营者为自然人的,应当年满十六周岁;十六周岁以上的未成年人申请成为直播营销人员或者直播间运营者的,应当经监护人同意。

第十八条 直播间运营者、直播营销人员从事网络直播营销活动,应当遵守法律法规和国家有关规定,遵循社会公序良俗,真实、准确、全面地发布商品或服务信息,不得有下列行为:

(一)违反《网络信息内容生态治理规定》第六条、第七条规定的;

(二)发布虚假或者引人误解的信息,欺骗、误导用户;

(三)营销假冒伪劣、侵犯知识产权或不符合保障人身、财产安全要求的商品;

(四)虚构或者篡改交易、关注度、浏览量、点赞量等数据流量造假;

(五)知道或应当知道他人存在违法违规或高风险行为,仍为其推广、引流;

(六)骚扰、诋毁、谩骂及恐吓他人,侵害他人合法权益;

(七)传销、诈骗、赌博、贩卖违禁品及管制物品等;

(八)其他违反国家法律法规和有关规定的行为。

第十九条 直播间运营者、直播营销人员发布的直播内容构成商业广告的,应当履行广告发布者、广告经营者或者广告代言人的责任和义务。

第二十条 直播营销人员不得在涉及国家安全、公共安全、影响他人及社会正常生产生活秩序的场所从事网络直播营销活动。

直播间运营者、直播营销人员应当加强直播间管理，在下列重点环节的设置应当符合法律法规和国家有关规定，不得含有违法和不良信息，不得以暗示等方式误导用户：

（一）直播间运营者账号名称、头像、简介；

（二）直播间标题、封面；

（三）直播间布景、道具、商品展示；

（四）直播营销人员着装、形象；

（五）其他易引起用户关注的重点环节。

第二十一条　直播间运营者、直播营销人员应当依据平台服务协议做好语音和视频连线、评论、弹幕等互动内容的实时管理，不得以删除、屏蔽相关不利评价等方式欺骗、误导用户。

第二十二条　直播间运营者应当对商品和服务供应商的身份、地址、联系方式、行政许可、信用情况等信息进行核验，并留存相关记录备查。

第二十三条　直播间运营者、直播营销人员应当依法依规履行消费者权益保护责任和义务，不得故意拖延或者无正当理由拒绝消费者提出的合法合理要求。

第二十四条　直播间运营者、直播营销人员与直播营销人员服务机构合作开展商业合作的，应当与直播营销人员服务机构签订书面协议，明确信息安全管理、商品质量审核、消费者权益保护等义务并督促履行。

第二十五条　直播间运营者、直播营销人员使用其他人肖像作为虚拟形象从事网络直播营销活动的，应当征得肖像权人同意，不得利用信息技术手段伪造等方式侵害他人的肖像权。对自然人声音的保护，参照适用前述规定。

第四章　监督管理和法律责任

第二十六条　有关部门根据需要对直播营销平台履行主体责任情况开展监督检查，对存在问题的平台开展专项检查。

直播营销平台对有关部门依法实施的监督检查，应当予以配合，不得拒绝、阻挠。直播营销平台应当为有关部门依法调查、侦查活动提供技术支持和协助。

第二十七条　有关部门加强对行业协会商会的指导，鼓励建立完善行业标准，开展法律法规宣传，推动行业自律。

第二十八条　违反本办法，给他人造成损害的，依法承担民事责任；构成犯罪的，依法追究刑事责任；尚不构成犯罪的，由网信等有关主管部门依据各自职责依照有关法律法规予以处理。

第二十九条 有关部门对严重违反法律法规的直播营销市场主体名单实施信息共享,依法开展联合惩戒。

第五章 附　则

第三十条 本办法自 2021 年 5 月 25 日起施行。

10. 关于进一步规范网络直播营利行为促进行业健康发展的意见

国家互联网信息办公室　国家税务总局　国家市场监督管理总局印发《关于进一步规范网络直播营利行为促进行业健康发展的意见》的通知

税总所得发〔2022〕25 号

各省、自治区、直辖市和新疆生产建设兵团网信办、市场监管局(厅、委),国家税务总局各省、自治区、直辖市和计划单列市税务局,国家税务总局驻各地特派员办事处:

为进一步规范网络直播营利行为,促进网络直播行业规范健康发展,国家互联网信息办公室、国家税务总局、国家市场监督管理总局联合制定了《关于进一步规范网络直播营利行为促进行业健康发展的意见》。现予印发,请结合实际,认真贯彻执行。

国家互联网信息办公室
国家税务总局
国家市场监督管理总局
2022 年 3 月 25 日

关于进一步规范网络直播营利行为促进行业健康发展的意见

近年来,网络直播在促进灵活就业、服务经济发展等方面发挥了重要作用。同时,网络直播营利行为也存在网络直播平台管理责任不到位、商业营销行为不规范、偷逃缴纳税款等问题,制约行业健康发展,损害社会公平正义。为进一步规范网络直播营利行为、促进行业健康发展,现提出如下意见。

一、总体要求

以习近平新时代中国特色社会主义思想为指导,根据《中华人民共和国网络安全法》《中华人民共和国电子商务法》《中华人民共和国税收征收管理法》《中华人民共和国反不正当竞争法》《网络直播营销管理办法(试行)》《关于加强网络直播规范管理工作的指导意见》等法律法规和文件规定,强化信息共享、深化监管联动,着力构建跨部门协同监管长效机制,加强对网络直播营利行为的规范性引导,鼓励支持网络直播依法合规经营,切实推动网络直播行业在发展中规范,在规范中发展。

二、网络直播平台更好落实管理主体责任

(一)加强网络直播账号注册管理。网络直播平台应当严格按照有关法律法规规定及"后台实名、前台自愿"的原则,对网络直播发布者进行基于身份证件信息、统一社会信用代码等的认证登记,开展动态巡查核验,确保认证信息真实可信。网络直播平台应当每半年向所在地省级网信部门、主管税务机关报送存在网络直播营利行为的网络直播发布者个人身份、直播账号、网络昵称、取酬账户、收入类型及营利情况等信息。

(二)加强网络直播账号分级分类管理。网络直播平台应当严格按照有关法律法规要求,建立并严格执行网络直播账号分级分类管理制度;对违反相关法律法规的网络直播账号,依法依规采取警示提醒、责令限期改正、限制账号功能、暂停账号使用、永久关闭账号、禁止重新注册等处置措施,保存有关记录并按要求及时向有关部门报告。

(三)配合开展执法活动。网络直播平台应当在服务协议中明确提示网络直播发布者在市场主体登记、税收等方面的权利义务,但不得强制要求网络直播发布者成立工作室或者个体工商户。网络直播平台应当配合网信、市场监管、税务等部门依法实施的监督检查,提供必要的文件、资料和数据等,并为依法调查、检查活动提供技术支持和帮助。

三、规范网络直播营销行为,维护市场秩序

(一)积极营造网络直播公平竞争环境。网络直播平台和网络直播发布者不得对商品生产经营主体以及商品的性能、功能、质量、来源、曾获荣誉、资格资质、销售状况、交易信息、经营数据、用户评价等进行虚假或者引人误解的商业宣传,欺骗、误导消费者或者相关公众,不得帮助其他经营者实施上述行为。网络直播平台和网络直播发布者销售商品或者提供服务,采用价格比较方式开展促销活动的,应以文字形式显著标明销售价格、被比较价格及含义。网络直播平台和网络直播发布者不得利用服务协议、交易规则以及技术手段,对其他经营者在直播间的交易、交易价格等进行不合理限制或者附加不合理条件,或者向商家收取不合理费用。

(二)维护商家和消费者合法权益。网络直播发布者、网络直播服务机构、网络直播平台应当全面、真实、准确地披露商品或者服务信息,保障消费者的知情权和选择权,对直接关系消费者生命安全的重要消费信息进行必要、清晰的提示。应当积极协助商家和消费者维护合法权益,建立便捷有效的投诉、举报和争议在线解决机制,为商家和消费者维权提供必要的信息、数据等支持。加强网络直播销售产品质量安全监管,网络直播发布者、网络直播服务机构严禁利用网络直播平台销售假冒伪劣产品;不得在知道或者应当知道直播带货委托方或其他第三方存在违法违规或高风险行为的情况下,仍为其推广、引流;不得通过造谣、虚假营销宣传、自我打赏等方式吸引流量、炒作热度,诱导消费者打赏和购买商品。

四、规范税收管理,促进纳税遵从

(一)依法履行代扣代缴义务。网络直播平台、网络直播服务机构应当明确区分和界定网络直播发布者各类收入来源及性质,并依法履行个人所得税代扣代缴义务,不得通过成立网络直播发布者"公会"、借助第三方企业或者与网络直播发布者签订不履行个人所得税代扣代缴义务的免责协议等方式,转嫁或者逃避个人所得税代扣代缴义务;不得策划、帮助网络直播发布者实施逃避税。

(二)规范税收服务和征缴。各级税务部门要优化税费宣传辅导,促进网络直播平台、网络直播服务机构、网络直播发布者税法遵从,引导网络直播发布者规范纳税、依法享受税收优惠;网络直播发布者开办的企业和个人工作室,应按照国家有关规定设置账簿,对其原则上采用查账征收方式计征所得税;切实规范网络直播平台和相关第三方企业委托代征、代开发票等税收管理;进一步加强税收大数据分析,健全常态化监管机制。

(三)打击涉税违法犯罪行为。依法查处偷逃税等涉税违法犯罪行为,对情节严重、性质恶劣、社会反映强烈的典型案件进行公开曝光。对为网络直播发布者违法违规策划、帮助实施偷逃税行为的中介机构及相关人员依法严肃处理和公开曝光。

五、深化协同共治,推动提升监管合力

(一)加强信息共享。网信、税务部门、市场监管部门建立完善部门信息共享机制,共享网络直播发布者认证登记等直播营利信息,并畅通信息共享渠道,不断提升信息共享水平,协调推动其他有关部门依法开展部门信息共享。

(二)加强联合奖惩。保护网络直播平台、网络直播服务机构、网络直播发布者依法规范开展生产经营活动的各项合法权益,对依法依规经营、积极承担社会责任、诚信纳税的,各有关部门依法依规评先树优给予鼓励支持。对存在违法违规营利行为的网络直播发布者,以及存在违法违规行为或者纵容、帮助网络直播发布者开展违法违规营利行为的网络直播平台,依法予以处罚;构成犯罪的,依法追究刑事责任。对违法违规造成恶劣影响的网络直播发布者,由相关部门依法依规纳入严重失信主体名单。

11. 关于开展"清朗·整治网络直播、短视频领域乱象"专项行动的通知

中央网信办　国家税务总局　国家市场监督管理总局
关于开展"清朗·整治网络直播、短视频领域乱象"专项行动的通知

各省、自治区、直辖市和新疆生产建设兵团网信办、市场监督管理局(厅、委),国家税务总局各省、自治区、直辖市和计划单列市税务局,国家税务总局驻各地特派员办事处:

按照2022年"清朗"系列专项行动安排,中央网信办、国家税务总局、国家市场监督管理总局自即日起,开展为期两个月的"清朗·整治网络直播、短视频领域乱象"专项行动。

一、工作目标

聚焦各类网络直播、短视频行业乱象,分析背后深层次原因,着力破解平台信息内容呈现不良、功能运行失范、充值打赏失度等突出问题。创新规范管理方式方法,健全网络直播、短视频综合治理体系,进一步压实平台信息内容管理主体责任。统筹行业发展与行业规范,坚决打击各种违法违规行为,推动行业健康有序发展。

二、主要任务

以集中整治"色、丑、怪、假、俗、赌"等违法违规内容呈现乱象为切入点,进一步规范重点环节功能,从严整治功能失范、"网红乱象"、打赏失度、违规营利、恶意营销等突出问题。

(一)从严整治重要功能运行失范问题

1. 全面规范开屏及推荐等重要页面呈现。整治开屏页面呈现各种打色情擦边球的"泛黄"、低俗内容;整治热门、交友、跳舞、户外、附近等频道推荐页面信息不良呈现问题,游戏类直播平台开黑等频道推荐页面呈现陪玩陪练信息。

2. 全面规范频道、活动设置。整治部分直播平台设置"性感""诱惑"等庸俗媚俗频道;严格规范部分直播平台开设抽奖、竞猜、返利、夺宝等活动,坚决打击变相实施博彩诱导用户参与赌博行为。

3. 全面规范互动环节。从严整治连麦PK环节恶俗惩罚问题;全面清理直播平台群聊环节的色情低俗群组,动态、广场、评论弹幕等环节低俗、涉毒涉赌、非法引流导流等违法和不良信息。

(二)从严整治账号管理问题

1. 严管"网红账号"。及时发现并从严处置发布违规内容的账号;依法将经常性发布违规内容恶意博眼球的"网红账号"纳入平台"黑名单"。

2. 严管 MCN 机构账号。从严整治 MCN 机构通过发布"打擦边球"、真假难辨等内容,恶意制造"网红账号"行为;整治 MCN 机构账号恶意"串联互动"博流量、恶意发布同质化文案炮制热点等行为;督促 MCN 机构切实履行签约账号管理责任。

3. 强化账号全流程管理。规范注册管理,对同一主体注册网络主播、短视频账号数量设定上限;规范过程管理,健全账号分类分级管理制度,打击并防范粉丝数、观看数、点赞数、打赏数、交易数等数据造假行为;从严整治"换马甲直播"等规避监管行为,坚决遏制劣迹艺人违规复出,从严整治"跨平台注册""引流到站外"等被封账号变相转世行为。

(三)从严整治直播打赏失度问题

1. 诱导打赏问题。清理直播间或评论环节发布"充值进群""冲榜私信"等诱导信息;整治由 MCN 机构、网络主播等扮演或操纵"假粉丝"豪刷礼物,骗取其他用户跟风打赏行为;整治违规求助粉丝刷礼物、语言刺激等烘托 PK 打赏氛围,诱导用户冲动打赏行为。

2. 刺激打赏问题。严格规范直播平台设置的以打赏金额多少为基础的榜单;严格规范直播平台天价礼物、单次打赏限额失度问题;严格规范直播平台设置的以打赏金额多少为基础的算法模型。

3. 未成年人打赏问题。全面清理直播间、评论弹幕等环节,"绕过沉迷""绕过限制"等相关信息;严厉打击部分网络主播明知或应知对方是未成年人,依旧打着送礼物等各种幌子哄骗未成年人打赏行为;全面整改未成年人充值打赏不能得到有效处置与及时退还问题。

(四)从严治理违法违规营利问题

1. 营销带货虚假宣传问题。从严打击直播、短视频"图文不符"、带货商品与实际货品不一致等虚假宣传行为;重点整治直播、短视频带货中对产品效果、交易数据、用户评价等进行夸大或造假行为;从严整治直播、短视频"全年最低价""史上最低价"等涉嫌价格欺诈行为。

2. 偷逃税问题。从严整治直播、短视频平台未按规定为充值打赏用户或购物用户开具发票问题;从严整治直播、短视频平台未依法区分、界定网络主播或账号运营者收入来源、性质,未依法履行税收代扣代缴义务,未按要求报送网络主播或账号运营者营利行为收入信息等问题;从严整治网络主播或账号运营者借助他人、MCN 机构、第三方企业偷逃个人所得税等行为;从严整治涉税中介等违规提供税收策划服务、涉税服务虚假宣传、歪曲解读税收政策等信息。

3. 借特定人群违规牟利。从严整治直播间、短视频恶意借未成年人出镜牟利;从严整治恶意借患病或残障人士、孤寡老人等进行带货牟利;从严整治肆意编造演绎情感纠纷等虚假猎奇剧情,吸引用户尤其是老年用户关注后,进行变相欺诈销售。

（五）从严整治恶意营销问题

1. 虚假人设。从严整治通过编造故事、摆拍作秀等手段，营造名媛人设，进行炒作引流等问题；从严整治营造"卖惨"人设，博取同情进行商品推广等问题；从严整治营造成功人设，打着分享成功学、职场经验旗号，实则宣扬厚黑学、金钱至上理念等问题。

2. 逢热必蹭。打击在灾难或事故现场以救援者或受难者姿态进行拍摄等，以帮扶救援为名，行借机蹭热度、消费灾情之实的行为；打击对走红的热点人物，进行实地围追堵截，以其为主角或背景进行拍摄，借势引流量，严重干扰当事人正常生活等行为；打击对热点事件、人物、话题进行"反蹭"，罔顾事实对热点事件、人物进行恶意调侃、抨击，甚至无中生有、编造谣言等行为。

三、工作要求

1. 高度重视，加强组织领导。提高政治站位，切实增强做好工作的思想自觉、政治自觉、行动自觉，精心组织、扎实推进。

2. 突出重点，狠抓工作落实。坚持问题导向，紧盯重点平台、重点功能、重点环节、重点账号，加大督导检查、执法处罚工作力度，确保工作实效。

3. 强化协作，有力有效配合。加强协调联动，及时协商研究解决各类新情况、新问题，共同将专项行动推向深入，做细做实。

4. 总结经验，建立长效机制。及时提炼总结专项行动成效做法，积极探索行业规范管理的新理念新思路新方法，建立健全促进行业健康有序发展的长效工作机制。

12. 关于规范涉税中介服务行为 促进涉税中介行业健康发展的通知

国家税务总局 国家互联网信息办公室 国家市场监督管理总局
关于规范涉税中介服务行为 促进涉税中介行业健康发展的通知

税总纳服发〔2022〕34号

国家税务总局各省、自治区、直辖市和计划单列市税务局，国家税务总局驻各地特派员办事处，各省、自治区、直辖市互联网信息办公室、市场监督管理局（厅、委），新疆生产建设兵团互联网信息办公室、市场监督管理局：

为深入贯彻落实中办、国办印发的《关于进一步深化税收征管改革的意见》，促进涉税中介行业规范、有序、健康发展，国家税务总局、国家互联网信息办公室、国家市场监督管理总局决定，联合开展规范涉税中介服务行为，促进涉税中介行业健康发展相关工作。现就有关事项通知如下：

一、工作目标

进一步规范涉税中介服务行为，着力解决涉税中介违规提供税收策划服务、帮助纳税人逃避税，以及在各类自媒体、互联网平台发布违法违规信息招揽业务、歪曲解读税收政策、扰乱正常税收秩序等问题，促进涉税中介行业健康发展，为市场主体发展营造公平法治的环境，保障国家税收利益和纳税人缴费人合法权益，维护国家经济秩序和税收安全。

二、规范内容

根据中办、国办印发的《关于进一步深化税收征管改革的意见》关于加强对涉税中介组织的执业监管和行业监管的要求，针对近期涉税中介领域出现的新情况、新问题，此次规范涉税中介服务行为相关工作重点聚焦以下内容：

（一）涉税中介通过各类自媒体、互联网平台以对避税效果作出保证性承诺为噱头招揽业务，以利用注册"空壳"企业、伪造享受税收优惠资质等方式，帮助纳税人偷逃税款或骗取享受税收优惠为目的，违规提供税收策划服务的问题。

（二）涉税中介通过各类自媒体、互联网平台发布涉税服务虚假宣传及广告信息，妨碍市场公平竞争、损害委托人利益的问题。

（三）涉税中介通过各类自媒体、互联网平台发布不实信息，歪曲解读税收政策，扰乱正常税收秩序的问题。

三、工作职责分工

税务、网信、市场监管部门要充分发挥部门职能作用，强化重要问题的协调会商，建立监测研判、调查处理、协同管理的闭环运行机制，形成工作合力。

（一）税务部门牵头负责、协调各有关部门联合开展工作。税务部门监测涉税中介发布的违法违规信息，并对相关信息进行甄别，对涉嫌虚假宣传的，要将发布主体和发布平台的信息推送给网信和市场监管部门处理；对涉嫌虚假广告的，要将广告主、广告发布者及发布内容推送给市场监管部门确认处理；对涉嫌歪曲解读税收政策以及违规提供税收策划服务的，要依法依规进行调查处理，并将涉税中介发布虚假广告等违法违规行为纳入信用管理。

（二）网信部门依法依规对网站平台中涉税中介发布的违法违规等信息进行清理，对严重违反法律的网站平台和账号依法依规予以处理。

（三）市场监管部门依法查处涉税中介从事虚假宣传、发布虚假违法广告等违法行为，对商业宣传或广告内容中涉及的涉税中介机构以及涉税服务的真实性、合法性等问题，通报同级税务部门研提甄别意见。

四、实施时间

2022年4月至2022年9月。

五、工作步骤

（一）自查整改。各地税务部门要加强宣传引导，督促涉税中介机构聚焦违规开展税收策划、虚假宣传及广告和歪曲解读税收政策等问题，全面开展自查，对自查存在问题的，于2022年5月底前完成整改。

（二）监测研判。各级税务、网信和市场监管部门要加强信息沟通和研判，提升联合治理效能。税务部门要认真开展涉税中介发布违法违规信息监测工作，加强信息甄别研判，并按工作职责分工推送相应部门处理。对于网信和市场监管部门通报的涉税服务信息，税务部门要及时进行甄别研判，书面回复明确性意见。

（三）调查处理。对经甄别涉嫌虚假宣传或虚假广告的信息，各地税务、市场监管部门要依法依规进行调查处理。对于涉嫌违规提供税收策划服务，帮助纳税人偷逃税款或骗取享受税收优惠的，税务部门要对涉税中介及相关委托人进行立案查处。对于涉嫌歪曲解读税收政策扰乱正常税收秩序的，税务部门要对涉税中介进行查处。

（四）协同管理。对经查实的虚假宣传、虚假广告，各地税务、网信、市场监管部门要按照各自职能，对相关主体和平台进行协同联动管理。网信和市场监管部门将相关处理结果及时反馈同级税务部门汇总。

六、工作要求

（一）提高思想认识。各级税务、网信、市场监管部门要进一步提高政治站位，统一思想认识，加强规范涉税中介服务行为工作的部门协作，促进涉税中介行业健康发展，深化拓展税收共治格局。

（二）强化责任落实。各地税务、网信、市场监管部门要压实工作责任，明确责任单位及责任人，按照既定的工作步骤、时限和有关要求，稳妥有序开展工作。要定期组织召开协调会议，研究工作开展过程中遇到的重大问题，畅通有关问题信息推送、共享渠道，形成各方联动、闭环处理的工作机制。

（三）总结报送成效。各省税务部门要会同有关部门及时总结工作成效，上报本辖区工作开展情况。对于查处的违规开展税收策划、虚假宣传、虚假广告和歪曲解读税收政策的具体案例要形成4类清单，于2022年9月底前一并上报税务总局(纳税服务司)。

（四）实行常态化管理。相关工作结束后，各地税务、网信、市场监管部门要在总结工作成效与经验基础上，建立涉税中介税收策划和发布涉税信息的长效管理机制，常态化开展相关查处工作，持续规范涉税中介行业秩序。

（五）支持行业健康发展。税务部门要积极发挥涉税中介机构作用，支持其按市场化原则为纳税人提供个性化服务。加大对涉税中介机构及其信用信息公告力度，为纳税人自主选择涉税服务提供便利。根据涉税中介信用情况有针对性地采取激励措施，促进涉税中介行业诚信经营。

各省税务、网信、市场监管部门在联合开展工作中遇到的重要情况和问题，请及时向上级主管单位报告。

国家税务总局

国家互联网信息办公室

国家市场监督管理总局

2022年4月18日

13. 涉税专业服务监管办法（试行）

国家税务总局关于发布《涉税专业服务监管办法（试行）》的公告

国家税务总局公告2017年第13号

注释：修改第九条第三款。参见：《国家税务总局关于进一步完善涉税专业服务监管制度有关事项的公告》（国家税务总局公告2019年第43号）。

为深入贯彻落实国务院"放管服"改革部署要求，规范涉税专业服务，维护国家税收利益和纳税人合法权益，依据《中华人民共和国税收征收管理法》及其实施细则和国务院有关决定，国家税务总局制定了《涉税专业服务监管办法（试行）》，现予以发布，自2017年9月1日起施行。

特此公告。

国家税务总局

2017年5月5日

涉税专业服务监管办法（试行）

第一条 为贯彻落实国务院简政放权、放管结合、优化服务工作要求，维护国家税收利益，保护纳税人合法权益，规范涉税专业服务，依据《中华人民共和国税收征收管理法》及其实施细则和国务院有关决定，制定本办法。

第二条 税务机关对涉税专业服务机构在中华人民共和国境内从事涉税专业服务进行监管。

第三条 涉税专业服务是指涉税专业服务机构接受委托,利用专业知识和技能,就涉税事项向委托人提供的税务代理等服务。

第四条 涉税专业服务机构是指税务师事务所和从事涉税专业服务的会计师事务所、律师事务所、代理记账机构、税务代理公司、财税类咨询公司等机构。

第五条 涉税专业服务机构可以从事下列涉税业务:

(一)纳税申报代理。对纳税人、扣缴义务人提供的资料进行归集和专业判断,代理纳税人、扣缴义务人进行纳税申报准备和签署纳税申报表、扣缴税款报告表以及相关文件。

(二)一般税务咨询。对纳税人、扣缴义务人的日常办税事项提供税务咨询服务。

(三)专业税务顾问。对纳税人、扣缴义务人的涉税事项提供长期的专业税务顾问服务。

(四)税收策划。对纳税人、扣缴义务人的经营和投资活动提供符合税收法律法规及相关规定的纳税计划、纳税方案。

(五)涉税鉴证。按照法律、法规以及依据法律、法规制定的相关规定要求,对涉税事项真实性和合法性出具鉴定和证明。

(六)纳税情况审查。接受行政机关、司法机关委托,依法对企业纳税情况进行审查,作出专业结论。

(七)其他税务事项代理。接受纳税人、扣缴义务人的委托,代理建账记账、发票领用、减免退税申请等税务事项。

(八)其他涉税服务。

前款第三项至第六项涉税业务,应当由具有税务师事务所、会计师事务所、律师事务所资质的涉税专业服务机构从事,相关文书应由税务师、注册会计师、律师签字,并承担相应的责任。

第六条 涉税专业服务机构从事涉税业务,应当遵守税收法律、法规及相关税收规定,遵循涉税专业服务业务规范。

涉税专业服务机构为委托人出具的各类涉税报告和文书,由双方留存备查,其中,税收法律、法规及国家税务总局规定报送的,应当向税务机关报送。

第七条 税务机关应当对税务师事务所实施行政登记管理。未经行政登记不得使用"税务师事务所"名称,不能享有税务师事务所的合法权益。

税务师事务所合伙人或者股东由税务师、注册会计师、律师担任,税务师占比应高于百分之五十,国家税务总局另有规定的除外。

税务师事务所办理商事登记后,应当向省税务机关办理行政登记。省税务机关准予行政登记的,颁发《税务师事务所行政登记证书》,并将相关资料报送国家税务总局,抄送省税务师行业协会。不予行政登记的,书面通知申请人,说明不予行政登记的理由。

税务师事务所行政登记流程(规范)另行制定。

从事涉税专业服务的会计师事务所和律师事务所,依法取得会计师事务所执业证书或律师事务所执业许可证,视同行政登记。

第八条 税务机关对涉税专业服务机构及其从事涉税服务人员进行实名制管理。

税务机关依托金税三期应用系统,建立涉税专业服务管理信息库。综合运用从金税三期核心征管系统采集的涉税专业服务机构的基本信息、涉税专业服务机构报送的人员信息和经纳税人(扣缴义务人)确认的实名办税(自有办税人员和涉税专业服务机构代理办税人员)信息,建立对涉税专业服务机构及其从事涉税服务人员的分类管理,确立涉税专业服务机构及其从事涉税服务人员与纳税人(扣缴义务人)的代理关系,区分纳税人自有办税人员和涉税专业服务机构代理办税人员,实现对涉税专业服务机构及其从事涉税服务人员和纳税人(扣缴义务人)的全面动态实名信息管理。

涉税专业服务机构应当向税务机关提供机构和从事涉税服务人员的姓名、身份证号、专业资格证书编号、业务委托协议等实名信息。

第九条 税务机关应当建立业务信息采集制度,利用现有的信息化平台分类采集业务信息,加强内部信息共享,提高分析利用水平。

涉税专业服务机构应当以年度报告形式,向税务机关报送从事涉税专业服务的总体情况。

税务师事务所、会计师事务所、律师事务所从事专业税务顾问、税收策划、涉税鉴证、纳税情况审查业务,应当向税务机关单独报送相关业务信息。

第十条 税务机关对涉税专业服务机构从事涉税专业服务的执业情况进行检查,根据举报、投诉情况进行调查。

第十一条 税务机关应当建立信用评价管理制度,对涉税专业服务机构从事涉税专业服务情况进行信用评价,对其从事涉税服务人员进行信用记录。

税务机关应以涉税专业服务机构的纳税信用为基础,结合委托人纳税信用、纳税人评价、税务机关评价、实名办税、业务规模、服务质量、执业质量检查、业务信息质量等情况,建立科学合理的信用评价指标体系,进行信用等级评价或信用记录,具体办法另行制定。

第十二条 税务机关应当加强对税务师行业协会的监督指导,与其他相关行业协会建立工作联系制度。

税务机关可以委托行业协会对涉税专业服务机构从事涉税专业服务的执业质量进行评价。

全国税务师行业协会负责拟制涉税专业服务业务规范(准则、规则),报国家税务总局批准后施行。

第十三条 税务机关应当在门户网站、电子税务局和办税服务场所公告纳入监管的涉税专业服务机构名单及其信用情况,同时公告未经行政登记的税务师事务所名单。

第十四条 涉税专业服务机构及其涉税服务人员有下列情形之一的,由税务机关责令限期改正或予以约谈;逾期不改正的,由税务机关降低信用等级或纳入信用记录,暂停受理所代理的涉税业务(暂停时间不超过六个月);情节严重的,由税务机关纳入涉税服务失信名录,予以公告并向社会信用平台推送,其所代理的涉税业务,税务机关不予受理:

(一)使用税务师事务所名称未办理行政登记的;

(二)未按照办税实名制要求提供涉税专业服务机构和从事涉税服务人员实名信息的;

(三)未按照业务信息采集要求报送从事涉税专业服务有关情况的;

(四)报送信息与实际不符的;

(五)拒不配合税务机关检查、调查的;

(六)其他违反税务机关监管规定的行为。

税务师事务所有前款第一项情形且逾期不改正的,省税务机关应当提请工商部门吊销其营业执照。

第十五条 涉税专业服务机构及其涉税服务人员有下列情形之一的,由税务机关列为重点监管对象,降低信用等级或纳入信用记录,暂停受理所代理的涉税业务(暂停时间不超过六个月);情节较重的,由税务机关纳入涉税服务失信名录,予以公告并向社会信用平台推送,其所代理的涉税业务,税务机关不予受理;情节严重的,其中,税务师事务所由省税务机关宣布《税务师事务所行政登记证书》无效,提请工商部门吊销其营业执照,提请全国税务师行业协会取消税务师职业资格证书登记、收回其职业资格证书并向社会公告,其他涉税服务机构及其从事涉税服务人员由税务机关提请其他行业主管部门及行业协会予以相应处理:

(一)违反税收法律、行政法规,造成委托人未缴或者少缴税款,按照《中华人民共和国税收征收管理法》及其实施细则相关规定被处罚的；

（二）未按涉税专业服务相关业务规范执业，出具虚假意见的；

（三）采取隐瞒、欺诈、贿赂、串通、回扣等不正当竞争手段承揽业务，损害委托人或他人利益的；

（四）利用服务之便，谋取不正当利益的；

（五）以税务机关和税务人员的名义敲诈纳税人、扣缴义务人的；

（六）向税务机关工作人员行贿或者指使、诱导委托人行贿的；

（七）其他违反税收法律法规的行为。

第十六条　税务机关应当为涉税专业服务机构提供便捷的服务，依托信息化平台为信用等级高的涉税专业服务机构开展批量纳税申报、信息报送等业务提供便利化服务。

第十七条　税务机关所需的涉税专业服务，应当通过政府采购方式购买。

税务机关和税务人员不得参与或违规干预涉税专业服务机构经营活动。

第十八条　税务师行业协会应当加强税务师行业自律管理，提高服务能力、强化培训服务，促进转型升级和行业健康发展。

税务师事务所自愿加入税务师行业协会。从事涉税专业服务的会计师事务所、律师事务所、代理记账机构除加入各自行业协会接受行业自律管理外，可自愿加入税务师行业协会税务代理人分会；鼓励其他没有加入任何行业协会的涉税专业服务机构自愿加入税务师行业协会税务代理人分会。

第十九条　各省税务机关依据本办法，结合本地实际，制定涉税专业服务机构从事涉税专业服务的具体实施办法。

第二十条　本办法自2017年9月1日起施行。

14. 关于进一步加强涉税专业服务行业自律和行政监管的通知

国家税务总局
关于进一步加强涉税专业服务行业自律和行政监管的通知

税总纳服函〔2021〕254号

国家税务总局各省、自治区、直辖市和计划单列市税务局，国家税务总局驻各地特派员办事处，局内各单位：

涉税专业服务行业是推进税收治理体系和治理能力现代化的重要力量。近年来，涉税专业服务行业发挥其专业和人才优势，在深化增值税改革和个人所得税改革、落实减税降费政策、引导纳税人遵从税法等方面发挥了积极作用。但同时也存在部分涉税专业服务机构及其从业人员执业不规范、开展虚假宣传谋取不正当利益、曲解税收政策误导纳税人等问题。为进一步发挥行业协会和社会中介组织作用，规范涉税专业服务机构及其从业人员执业行为，助力税收改革发展，按照中办、国办印发的《关于进一步深化税收征管改革的意见》和《国务院办公厅关于进一步规范财务审计秩序促进注册会计师行业健康发展的意见》精神，结合党史学习教育和"我为纳税人缴费人办实事暨便民办税春风行动"有关要求，现就进一步加强涉税专业服务行业自律和行政监管有关事项通知如下：

一、坚持行业党建引领

税务师行业作为涉税专业服务的主力军，要深入学习贯彻习近平新时代中国特色社会主义思想，坚持党建引领，扎实开展党史学习教育，统一全行业的思想认识，认真抓好党员教育与执业活动、文化建设、职业道德建设互促共融，为推动涉税专业服务行业高质量发展提供坚强的政治保障。要充分发挥基层党组织的战斗堡垒作用和共产党员的先锋模范作用，增强从业人员的思想和行动自觉，主动服从服务于税收现代化建设和经济社会发展大局。税务师行业协会要紧密联系注册会计师、律师、代理记账等涉税行业协会，开展富有特色的组织活动，教育引导行业从业人员深入践行社会主义核心价值观，主动开展税收志愿服务活动，为优化税收营商环境，构建税收共治格局做出积极贡献。

二、加强行业自律管理

（一）增强诚信经营意识。涉税专业服务行业要牢固树立"诚信为本"的理念，教育引导涉税专业服务机构及其从业人员将社会效益放在首位，恪守职业道德规范，积极支持和服务税收领域的各项改革，不得通过线上线下渠道，对税收政策和管理服务措施进行误导式解读；不得使用虚假承诺、虚假广告等手段进行业务推介；不得借改革之机诱导纳税人购买中介服务，谋取不正当利益。

（二）严格行业自律管理。涉税行业协会要进一步建立健全行业诚信自律机制，不断完善行业自律规约、职业道德准则。严格开展自律管理，对涉税专业服务机构及从业人员违反行业自律规约、道德准则造成负面影响的问题，及时进行点对点批评教育并采取相应处理措施。涉税行业协会要在协会网站定期公告行业自律处理结果。

（三）保障纳税人信息安全。涉税行业协会要切实引导涉税专业服务机构及其从业人员保障纳税人的知情权和保密权，严格落实数据安全相关法律法规要求，在提供发票数据查询、下载、存储和使用等涉税服务时，要与纳税人签订服务协议，取得其明确授权,并约定数据使用规则与用途等事项,不得超越纳税人授权范围使用纳税人的涉税数据,不得利用发票等数据谋取不正当利益。

(四)加强行业交流协作。税务师行业协会要在税务机关指导下完善涉税专业服务业务规范,加强与各涉税行业协会交流合作,共同完善涉税专业服务质量评价机制,规范涉税专业服务执业行为,充分发挥行业自律作用。

三、加强涉税专业服务行政监管

(一)规范纳税申报代理行为。各地税务机关要加强涉税专业服务实名管理,明晰纳税申报代理权利与责任,规范涉税专业服务机构及其从业人员申报代理行为,在委托人授权的范围内开展代理业务,如实准确填写申报表中"经办人""经办人身份证号""代理机构签章""代理机构统一社会信用代码"等信息,切实防范"越权代理""隐身代理"问题。

(二)加强发票服务等涉税业务管理。各地税务机关要进一步规范涉税专业服务机构提供发票服务等涉税业务行为。要将以税控设备托管、软件远程控制等形式提供发票领用、开具、发票数据查询、下载、储存、使用等发票服务的机构纳入涉税专业服务监管,采集涉税专业服务机构(人员)基本信息和业务委托协议,规范业务委托协议中授权范围、数据安全及法律责任等有关内容。要切实防范发票服务风险,按规定将涉税专业服务信用等级在 TSC 2 级及以下(纳入监管不满一个评价年度而信用积分在 200 分及以下)的涉税专业服务机构列为重点监管对象,限制其在线上报送业务委托协议信息。

(三)强化涉税专业服务信用评价和风险管理。各地税务机关加强涉税专业服务信用评价,鼓励委托人对涉税专业服务机构及其从业人员服务质量开展评价。进一步优化涉税专业服务机构信息公告栏排名机制,探索建立从事涉税专业服务人员年度累积信用积分激励机制,强化信用评价结果分级分类运用,引导涉税专业服务行业诚信经营。健全完善涉税专业服务风险管理机制,设立涉税专业服务监管制度遵从、涉税委托代理等风险指标体系,依托信息化风险管理平台,开展常态化风险评估、应对处理,切实降低涉税专业服务风险。

(四)严肃查处违法违规行为。各地税务机关要充实涉税专业服务监管力量,畅通涉税专业服务举报投诉渠道,加强涉税专业服务日常监管。对实际开展纳税申报代理、发票服务、税务咨询等涉税业务而未纳入监管、使用税务师事务所名称未办理行政登记、(注册)税务师挂名执业、无相关资质开展税收策划、出具涉税鉴证报告等违反监管规定的问题,及时责令限期改正或予以约谈。对涉税专业服务行业内较为突出的出具虚假意见、泄露委托人及关联方发票涉税数据等敏感信息、开展虚假宣传谋取不正当利益、歪曲解读税收政策措施扰乱税收秩序等问题,开展严厉整治。对经查属实的,按照《涉税专业服务监管办法(试行)》相关规定,采取列为重点监管对象、暂停受理所代理的涉税业务、扣减涉税专业服务信用积分、降低信用等级、纳入涉税服务失信名录等措施予以严肃处理。要加大典型案例曝光力度,形成警示震慑效应,促进规范涉税专业服务行业秩序。

四、构建部门协同共管合力

各地税务机关要加强与财政、司法行政、市场监管等相关部门的沟通联系,健全完善部门协同监管机制,加大信息共享力度,共同推动对税务师事务所、会计师事务所、律师事务所、代理记账机构等各类涉税专业服务机构的监管。协调市场监管等相关部门对通过各类渠道推销涉税服务的涉税中介开展线上线下一体化监管,引导其依法依规开展经营活动,并提醒其按照《涉税专业服务监管办法(试行)》规范从业。

各地税务机关在加强涉税专业服务行业自律和行政监管中遇到的重要情况和问题,请及时向税务总局(纳税服务司)报告。各省税务机关要结合涉税专业服务信用等级评价工作,于每年4月30日前,向税务总局(纳税服务司)报送上一年度涉税专业服务行业自律和行政监管工作情况。

国家税务总局
2021年9月17日

15. 涉案企业合规建设、评估和审查办法(试行)

中华全国工商业联合会办公厅等部门
关于印发《涉案企业合规建设、评估和审查办法(试行)》的通知
全联厅发〔2022〕13号

为贯彻落实最高人民检察院、司法部、财政部等九部委联合印发的《关于建立涉案企业合规第三方监督评估机制的指导意见(试行)》及其实施细则,依法推进企业合规改革试点工作,规范第三方监督评估机制工作有序开展,全国工商联、最高人民检察院、司法部、财政部、生态环境部、国务院国有资产监督管理委员会、国家税务总局、国家市场监督管理总局、中国贸促会研究制定了《涉案企业合规建设、评估和审查办法(试行)》,现印发你们,请结合实际认真贯彻落实。贯彻落实中遇到的重要问题和情况,请及时层报全国工商联、最高人民检察院、司法部、财政部、生态环境部、国务院国

有资产监督管理委员会、国家税务总局、国家市场监督管理总局、中国国际贸易促进委员会。

中华全国工商业联合会办公厅

最高人民检察院办公厅

司法部办公厅

财政部办公厅

生态环境部办公厅

国务院国有资产监督管理委员会办公厅

国家税务总局办公厅

国家市场监督管理总局办公厅

中国国际贸易促进委员会办公室

2022年4月19日

涉案企业合规建设、评估和审查办法(试行)

为深入学习贯彻习近平新时代中国特色社会主义思想,全面贯彻习近平法治思想,完整、准确、全面贯彻新发展理念,认真落实最高人民检察院、司法部、财政部、生态环境部、国务院国资委、税务总局、市场监管总局、全国工商联、中国贸促会《关于建立涉案企业合规第三方监督评估机制的指导意见(试行)》(以下简称《指导意见》)及其实施细则,依法推进企业合规改革试点工作,规范第三方监督评估机制(以下简称第三方机制)相关工作有序开展,结合工作实际,制定本办法。

第一章 总 则

第一条 涉案企业合规建设,是指涉案企业针对与涉嫌犯罪有密切联系的合规风险,制定专项合规整改计划,完善企业治理结构,健全内部规章制度,形成有效合规管理体系的活动。

涉案企业合规评估,是指第三方监督评估组织(以下简称第三方组织)对涉案企业专项合规整改计划和相关合规管理体系有效性进行了解、评价、监督和考察的活动。

涉案企业合规审查,是指负责办理案件的人民检察院对第三方组织的评估过程和结论进行审核。

针对未启动第三方机制的小微企业合规,可以由人民检察院对其提交的合规计划和整改报告进行审查。

第二条 对于涉案企业合规建设经评估符合有效性标准的,人民检察院可以参考评估结论依法作出不批准逮捕、变更强制措施、不起诉的决定,提出从宽处罚的量刑建议,或者向有关主管机关提出从宽处罚、处分的检察意见。

对于涉案企业合规建设经评估未达到有效性标准或者采用弄虚作假手段骗取评估结论的,人民检察院可以依法作出批准逮捕、起诉的决定,提出从严处罚的量刑建议,或者向有关主管机关提出从严处罚、处分的检察意见。

第二章 涉案企业合规建设

第三条 涉案企业应当全面停止涉罪违规违法行为,退缴违规违法所得,补缴税款和滞纳金并缴纳相关罚款,全力配合有关主管机关、公安机关、检察机关及第三方组织的相关工作。

第四条 涉案企业一般应当成立合规建设领导小组,由其实际控制人、主要负责人和直接负责的主管人员等组成,必要时可以聘请外部专业机构或者专业人员参与或者协助。合规建设领导小组应当在全面分析研判企业合规风险的基础上,结合本行业合规建设指引,研究制定专项合规计划和内部规章制度。

第五条 涉案企业制定的专项合规计划,应当能够有效防止再次发生相同或者类似的违法犯罪行为。

第六条 涉案企业实际控制人、主要负责人应当在专项合规计划中作出合规承诺并明确宣示,合规是企业的优先价值,对违规违法行为采取零容忍的态度,确保合规融入企业的发展目标、发展战略和管理体系。

第七条 涉案企业应当设置与企业类型、规模、业务范围、行业特点等相适应的合规管理机构或者管理人员。

合规管理机构或者管理人员可以专设或者兼理,合规管理的职责必须明确、具体、可考核。

第八条 涉案企业应当针对合规风险防控和合规管理机构履职的需要,通过制定合规管理规范、弥补监督管理漏洞等方式,建立健全合规管理的制度机制。

涉案企业的合规管理机构和各层级管理经营组织均应当根据其职能特点设立合规目标,细化合规措施。

合规管理制度机制应当确保合规管理机构或者管理人员独立履行职责,对于涉及重大合规风险的决策具有充分发表意见并参与决策的权利。

第九条 涉案企业应当为合规管理制度机制的有效运行提供必要的人员、培训、宣传、场所、设备和经费等人力物力保障。

第十条 涉案企业应当建立监测、举报、调查、处理机制,保证及时发现和监控合规风险,纠正和处理违规行为。

第十一条 涉案企业应当建立合规绩效评价机制,引入合规指标对企业主要负责人、经营管理人员、关键技术人员等进行考核。

第十二条 涉案企业应当建立持续整改、定期报告等机制,保证合规管理制度机制根据企业经营发展实际不断调整和完善。

第三章 涉案企业合规评估

第十三条 第三方组织可以根据涉案企业情况和工作需要,制定具体细化、可操作的合规评估工作方案。

第十四条 第三方组织对涉案企业专项合规整改计划和相关合规管理体系有效性的评估,重点包括以下内容:

(一)对涉案合规风险的有效识别、控制;

(二)对违规违法行为的及时处置;

(三)合规管理机构或者管理人员的合理配置;

(四)合规管理制度机制建立以及人力物力的充分保障;

(五)监测、举报、调查、处理机制及合规绩效评价机制的正常运行;

(六)持续整改机制和合规文化已经基本形成。

第十五条 第三方组织应当以涉案合规风险整改防控为重点,结合特定行业合规评估指标,制定符合涉案企业实际的评估指标体系。

评估指标的权重可以根据涉案企业类型、规模、业务范围、行业特点以及涉罪行为等因素设置,并适当提高合规管理的重点领域、薄弱环节和重要岗位等方面指标的权重。

第四章 涉案企业合规审查

第十六条 第三方机制管委会和人民检察院收到第三方组织报送的合规考察书面报告后,应当及时进行审查,重点审查以下内容:

(一)第三方组织制定和执行的评估方案是否适当;

(二)评估材料是否全面、客观、专业,足以支持考察报告的结论;

(三)第三方组织或其组成人员是否存在可能影响公正履职的不当行为或者涉嫌违法犯罪行为。

经第三方机制管委会和人民检察院审查,认为第三方组织已经完成监督评估工作的,由第三方机制管委会宣告第三方组织解散。对于审查中发现的疑点和重点问题,人民检察院可以要求第三方组织或其组成人员说明情况,也可以直接进行调查核实。

第十七条　人民检察院对小微企业提交合规计划和整改报告的审查,重点包括合规承诺的履行、合规计划的执行、合规整改的实效等内容。

第十八条　第三方机制管委会收到关于第三方组织或其组成人员存在行为不当或者涉嫌违法犯罪的反映、异议,或者人民检察院收到上述内容的申诉、控告的,双方应当及时互相通报情况并会商提出处理建议。

第十九条　第三方机制管委会或者人民检察院经审查合规考察书面报告等材料发现,或者经对收到的反映、异议或者申诉、控告调查核实确认,第三方组织或其组成人员存在违反《指导意见》及其实施细则规定的禁止性行为,足以影响评估结论真实性、有效性的,第三方机制管委会应当重新组建第三方组织进行评估。

第五章　附　　则

第二十条　本办法所称涉案企业,是指涉嫌单位犯罪的企业,或者实际控制人、经营管理人员、关键技术人员等涉嫌实施与生产经营活动密切相关犯罪的企业。

对与涉案企业存在关联合规风险或者由类案暴露出合规风险的企业,负责办理案件的人民检察院可以对其提出合规整改的检察建议。

第二十一条　涉案企业应当以全面合规为目标、专项合规为重点,并根据规模、业务范围、行业特点等因素变化,逐步增设必要的专项合规计划,推动实现全面合规。

第二十二条　大中小微企业的划分,根据国家相关标准执行。

第二十三条　本办法由国家层面第三方机制管委会负责解释。自印发之日起施行。

参 考 文 献

[1] 卞耀武.中华人民共和国税收征收管理法释义[M].北京:法律出版社,2001.

[2] 刘剑文,熊伟.税法基础理论[M].北京:北京大学出版社,2004.

[3] 庞金伟.税务风险管理[M].北京:经济科学出版社,2021.

[4] 翁武耀.税收犯罪立法研究——以意大利税收刑法为视角[M].北京:法律出版社,2022.

[5] 苏强.企业所得税汇算清缴财税处理实务与申报表填报案例解析[M].北京:经济科学出版社,2022.

[6] 秦燕,刘剑.网络直播平台的税务处理[J].注册税务师,2021(12):37-42.

[7] 熊伟,毛彦,许恋天.网络主播个人所得税法律适用问题辨析[J].国际税收,2022(5):52-60.

[8] 熊伟.网络主播个人所得税法律适用与征收管理研究[R/OL].武汉:武汉大学财税与法律研究中心[2022-2-28]. http://economiclaw.whu.edu.cn/info/1005/5496.htm.

[9] 魏尼,赵清海,魏景峰.增值税专用发票虚开的判定与预防[M].第2版.北京:中国经济出版社,2019.